Gt. Brit. Public record office.

RERUM BRITANNICARUM MEDII ÆVI
SCRIPTORES,

OR

CHRONICLES AND MEMORIALS OF GREAT BRITAIN
AND IRELAND

DURING

THE MIDDLE AGES.

no. 96, v. 1

THE CHRONICLES AND MEMORIALS

OF

GREAT BRITAIN AND IRELAND

DURING THE MIDDLE AGES.

PUBLISHED BY THE AUTHORITY OF HER MAJESTY'S TREASURY, UNDER THE DIRECTION OF THE MASTER OF THE ROLLS.

ON the 26th of January 1857, the Master of the Rolls submitted to the Treasury a proposal for the publication of materials for the History of this Country from the Invasion of the Romans to the reign of Henry VIII.

The Master of the Rolls suggested that these materials should be selected for publication under competent editors without reference to periodical or chronological arrangement, without mutilation or abridgment, preference being given, in the first instance, to such materials as were most scarce and valuable.

He proposed that each chronicle or historical document to be edited should be treated in the same way as if the editor were engaged on an Editio Princeps; and for this purpose the most correct text should be formed from an accurate collation of the best MSS.

To render the work more generally useful, the Master of the Rolls suggested that the editor should give an account of the MSS. employed by him, of their age and their peculiarities; that he should add to the work a brief account of the life and times of the author, and any remarks necessary to explain the chronology; but no other note or comment was to be allowed, except what might be necessary to establish the correctness of the text.

The works to be published in octavo, separately, as they were finished; the whole responsibility of the task resting upon the editors, who were to be chosen by the Master of the Rolls with the sanction of the Treasury.

The Lords of Her Majesty's Treasury, after a careful consideration of the subject, expressed their opinion in a Treasury Minute, dated February 9, 1857, that the plan recommended by the Master of the Rolls " was well calculated for the accomplishment of this important national object, in an effectual and satisfactory manner, within a reasonable time, and provided proper attention be paid to economy, in making the detailed arrangements, without unnecessary expense."

They expressed their approbation of the proposal that each Chronicle and historical document should be edited in such a manner as to represent with all possible correctness the text of each writer, derived from a collation of the best MSS., and that no notes should be added, except such as were illustrative of the various readings. They suggested, however, that the preface to each work should contain, in addition to the particulars proposed by the Master of the Rolls, a biographical account of the author, so far as authentic materials existed for that purpose, and an estimate of his historical credibility and value.

Rolls House,
December 1857.

MEMORIALS

OF

ST. EDMUND'S ABBEY.

EDITED BY

THOMAS ARNOLD,

M.A., UNIVERSITY COLLEGE, OXFORD;
FELLOW OF THE ROYAL UNIVERSITY OF IRELAND.

VOL. I.

PUBLISHED BY THE AUTHORITY OF THE LORDS COMMISSIONERS OF HER MAJESTY'S TREASURY, UNDER THE DIRECTION OF THE MASTER OF THE ROLLS.

LONDON:
PRINTED FOR HER MAJESTY'S STATIONERY OFFICE,
BY EYRE AND SPOTTISWOODE,
PRINTERS TO THE QUEEN'S MOST EXCELLENT MAJESTY.

And to be purchased, either directly or through any Bookseller, from
EYRE AND SPOTTISWOODE, EAST HARDING STREET, FLEET STREET, E.C.; or
ADAM AND CHARLES BLACK, 6, NORTH BRIDGE, EDINBURGH; or
HODGES, FIGGIS, & Co., 104, GRAFTON STREET, DUBLIN.

1890.

UNIVERSITY
LIBRARY
PRINCETON, N.J.

CONTENTS.

	Page
INTRODUCTION	iii
PASSIO SANCTI EADMUNDI, BY ABBO OF FLEURY	3
DE MIRACULIS SANCTI EADMUNDI, BY HERMANNUS THE ARCHDEACON	26
DE INFANTIA SANCTI EADMUNDI, BY GAUFRIDUS DE FONTIBUS	93
OPUS DE MIRACULIS SANCTI ÆDMUNDI, BY ABBOT SAMSON	107
CRONICA, BY JOCELIN DE BRAKELONDE	209

APPENDIX :—

A. ENTRY IN DOMESDAY BOOK CONCERNING BURY ST. EDMUNDS	339
B. PASSAGES IN THE MS. BOD. 297	340
D. EXTRACT FROM JOHN OF SALISBURY'S POLYCRATICUS	357
E. EXTRACTS FROM MS. BOD. 240	358

ERRATA.

Page 10, line 20, *for* resistere. Qui, *read* resistere, (qui.
„ 10, „ 22, *for* vocatur, *read* vocatur,).
„ 24, „ 21, *for* Christiane, *read* Christianæ.
„ 26, note ª, *for* p. *read* § vii.
„ 27, line 25, *for* Suthtune, *read* Suthtune.
„ 29, note ª, *for* eorundem, *read* cordis.
„ 29, „ *for* pertinentis, *read* pertinentia.
„ 29, „ *for* Appendix p., *read* Appendix, p. 340.
„ 34, line 6, *for* cum, *read* cum.
„ 48, „ 23, *for* vereratione, *read* veneratione.
„ 64, „ 15, *for* anathemata, *read* anathemate.
„ 109, „ 19, *for* colo-, *read* cole-.
„ 120, marg. *for* A.D. 1016, *read* A.D. 1010.
„ 222, note ª, line 5, *for* excile, *read* exile.
„ 282, line 12, *for* " Quomodo, &c., *read* ' Quomodo obscur. est aurum
                                                  ' mutatus est color optimus ! ' "
„ 348, „ 10, *for* Ailuodus, *read* Ailnodus.
„ 358, note, *for* § 3, *read* p. lxv.

INTRODUCTION.

ANNALS AND MEMORIALS OF ST. EDMUND'S ABBEY.

I.

THE articles on the ancient monasteries of England in the latest edition of Dugdale's Monasticon, valuable and laborious as they are, were put together with a certain crudity. The mass of original material, in the shape of charters, terriers, and other documents is often very great; but it is seldom so handled as to make the past live again, and exhibit with anything like vividness the features of the life of a monastery, as these were known to contemporaries. The nature and the vastness of their task furnish, however, a sufficient excuse to Dugdale and his successors for any such shortcomings. The first need was, authentic materials; these they have supplied; and they have also often indicated the sources from which yet more can be obtained. To make these materials instructive to the living generation, and subservient to historical science,—to invest the dry bones of Dugdale's monastic notices with the substantial human features of a great progressive existence, buried indeed in the past, but on the relics and dust of which we ourselves stand and are supported,—this, as it is a task of great labour and discrimination, so it is sure to reward the labourers and their age with the gifts of deepened insight and larger sympathy. It is well known that the same abbey, of which records and memorials are here collected, fell, nearly fifty years ago, under the luminous gaze of Thomas Carlyle,—who in his " Past and Present,"

Objects proposed.

availing himself of the narrative of Jocelyn de Brakelonde,[1] then recently published for the first time, drew that vivid portraiture of Abbot Samson with which we are all familiar, and used his story as evidence in favour of that theory of "Hero-worship" on which he loved to insist. However far below such a forerunner, —" infra Lucili censum ingeniumque,"—I propose to use the more varied materials here offered to the reader in the same general spirit, and while describing—or rather allowing to speak for themselves,—the founders and continuators, the ruling ideas and cardinal institutions of St. Edmund's abbey, to trace the deeply interesting historic sequence connecting by an unbroken chain the age of our great Alfred with the times of Luther and Sir Thomas More.

II.

The monastery of St. Edmund, in Suffolk, flourished for five hundred years,—to omit the period before clerks made way for monks—at the ancient town of Beodricsworth.[2] Its position was probably the same as that of the modern Bury; a hill, rising rather steeply out of the rich meadows through which the river Lark flows towards the Ouse and the North Sea, is covered by the houses of the townsmen, and cut off sharply to the south by the meadows bordering the little river Linnet, which, coming from the west, here joins the Lark. On the low ground below the hill, between it and the Lark, may be seen what remains of the monastic buildings. Farthest to the south is the beautiful church of St. Mary, built by Rodulph and Hervé the sacrists in the

---

[1] See p. 209.
[2] That is, the estate or property of Beodric; the name—*beod, rica,*—seems to mean "a table chieftain;" comp. *beod-geneat,* a table companion. But there is some countenance in the MSS. for *Beadricsworth,* which would come from *beadu-rica,* one mighty in war. Abbo calls it a *villa regia,* meaning, apparently, a royal residence.

second quarter of the twelfth century,[1] but showing many an enlargement and alteration in the styles of later times. A tower eighty-six feet high, which was formerly the gate-tower of the cemetery or churchyard, and stood exactly opposite the great western door of the abbey church, is still in good preservation. Of the church itself—huge fragments of compacted—one might almost say coagulated—flints, from which the cut stone that originally encased them has been removed, and which in some cases are used to form the walls of modern houses,—are all that remains. On the left of the gate-tower, a few steps further north, its west end flush with the street, is the fine church of St. James, built in the twelfth century, under the circumstances described below in § X. Still proceeding north, we come to the entrance tower of the monastery; it is of perpendicular architecture and in good preservation. Within it, the open space fronting the monastic buildings has been converted into a botanic garden. The remains of the abbot's house or "camera" are considerable; of the other buildings little is left. Beyond the Lark to the east, the rising ground which was once the terraced vineyard of the abbey may be clearly made out. It is remarkable that the monastery was to the north of the great church, not, as is usually the case, to the south, the reason probably being that the natural drainage of the ground is towards the north. The western front of the church consisted of a lofty central tower, with two lower octagon towers flanking it; the effect must have much resembled that which the west front of Ely cathedral, were it perfect, would now produce.[2]

The abbey precinct, a roughly oblong site, containing the whole of the town as well as the monastery, was

---

[1] Battely's *Antiquitates*, App., art. 14.
[2] In the appendix to the second volume it is intended to insert a ground plan showing the extent of the convent buildings in the fifteenth century.

marked by crosses at the four corners;—of these crosses no trace appears now to exist. The enclosed space was the *banna-leuca* or ban-lieue,[1] and " was taken to be a " distinct jurisdiction" within the hundred of Thinghoe.[2] Thinghoe, "hill of the council," is identified by Mr. Gage with the hill now called Shirehouse Heath, which rises outside the town to the north-west. The name tells us that the first stirrings of government and judicial process in the district were connected with the site of this hill.

III.

General view of the materials for the history of Bury St. Edmund's abbey.

A general survey of the documents which have come down to us shows that, in a certain sense, there is no lack of materials for the history of the abbey. Beginning from the tenth century a series of chronicles, charters, registers, and illustrative pieces of many kinds is producible, to which no other English monastery, except perhaps St. Alban's, affords a parallel, and which, if the object were merely to describe the course of change affecting the property, would leave little to be desired.

The history of the community, and of any remarkable men who may have arisen in it from age to age, is less easily ascertained. In one or two noted instances, a monk writing at the time, like Jocelin, in the case of Abbot Samson, has thrown a strong light both on the interior and exterior life of the monastic flock gathered round the body of St. Edmund. But in general, while we have ample information as to the organisation of the convent, the names and functions of the various officers or "obediencers," and the arrangements for daily duty and prayer, we rarely obtain any insight into the characters of the individual men who carried on the work from generation to generation. Bury was less

---

[1] See note on p. 301.   [2] Gage's Suffolk: Thingoe Hundred, 1838, p. xviii.

was first printed from a Harleian MS. for the Camden Society by Mr. Gage Rokewode, in 1840. The remarkable use made of the book by Carlyle in his *Past and Present*, to illustrate his theory of hero-worship, is known to us all. The work having long been out of print, it has been thought desirable to include it in the present publication. With chronicles of the second class it is impossible to deal on any general principle. When the insertions are made by Bury monks in chronicles, otherwise known, which did not originate with them (as in the case of a fine copy of Florence of Worcester, in the Bodleian Library, Bod. 297), the obvious course is to print the insertions, if they are of any historical value, and leave the work in which they inhere untouched. This has been done in the case of the MS. in question.[1]

The Chronicle in *Harl*. 447, which I will designate as *Anonymus Buriensis I.*, gives a sketch of general history, with special notices of Bury events, down to the death of Abbot Samson, in 1212. It has been partly printed, and made the subject of a masterly criticism, by Dr. F. Liebermann, in his "Ungedruckte Anglo-Nor. " Geschichtsquellen." It is described, not very accurately, in Hardy's *Catalogue* (iii. 30).

The Chronicle written by John de Taxter, a monk of Bury, and brought down by him to 1265, was, as to the later and only valuable portion of it, printed by Mr. Thorpe as a continuation to the work of Florence of Worcester, edited by him for the English Historical Society in 1848. In the same work Mr. Thorpe printed another continuation (*Anonymus Buriensis II.*), carrying on the narrative from 1265 to 1295.

The Chronicle of John of Everisdon appears to be extant (Hardy, iii. 176) only in a MS. belonging to the College of Arms. Excerpts from it may be read in the

---

[1] See p. 340. In the Bodleian catalogue this chronicle bears the name of Marianus Scotus, but it is in fact the work of Florence, founded on the labours of his Irish predecessor.

fortunate in this respect than Durham, which, in the annals compiled by its "Tres Scriptores" (Surtees Society, 1839), possesses a most valuable continuous record of the chief events that befel the convent and see of St. Cuthbert, from the middle of the twelfth century to the times of Bishop Tonstall.

The materials for the history of Bury may be arranged under five heads; they consist of, 1. charters; 2. chronicles; 3. historical pieces of various kinds; 4. registers; and 5. notices relating to St. Edmund's, scattered through the works of chroniclers, hagiographers, and poets, down to the dissolution of the monasteries.

1. The charters are either royal, papal, or private. Of those of the first class the earliest is that granted by King Edmund, Athelstan's brother, in 945 (see below, p. 340). In several registers, especially in the fine volume (formerly belonging to R. Bacon, but now in the British Museum), called the Registrum Album, copies are given of charters granted by Cnut, Edward the Confessor, William the Conqueror, Stephen, and others. The *Codex Diplomaticus* contains twenty-four royal charters in favour of St. Edmund.[1] Of the papal charters, none, so far as I am aware, have hitherto been printed. One of the most important of them, that of Pope Alexander II., has been given below (p. 345), and one or two others will hereafter appear. Of the private charters, which also are numerous, fifteen are printed in the *Codex*.

2. The chronicles either relate to the history of the abbey itself, or describe the course of public events, while inserting in their proper chronological place notices of things especially interesting to the monks of Bury. Of the former class, the Chronicle of Jocelin de Brakelonde,—an unfinished narrative of the official life of Abbot Samson,—is the most important example. It

---

[1] These are, Nos. 404, 735, 761, 821, 825, 832, 851, 852 868, 874, 877, 878, 879, 880, 881, 882, 883, 884, 894, 905, 910, 915, and 1342.

Chronicles of John of Oxnead and Bartholomew de Cotton (see the Rolls editions of those writers); but Everisden's work, which apparently extends to about the end of the thirteenth century, has never been printed as a whole. He was cellerar in the monastery at Bury.

A curious tract contained in a MS. belonging to the Public Library at Cambridge (*Add.* 850), gives a brief history of the abbey from its foundation under Cnut to the writer's own time, about the middle of the fourteenth century. This tract I hope to give hereafter in its proper place. It may be designated *Anonymus Buriensis III.*

This list of chronicles must be wound up with the work of Boston of Bury, extant in a MS. of the fifteenth century, at Queen's College, Oxford. This MS. I have not yet had time to examine. If Bale's notice of the author can be depended upon, he flourished about 1410, and his chronicle relates to the affairs of his own monastery.

3. *Historical Pieces.* Among these may be enumerated, first, such interpolations in MSS. as those in Bod. 297, mentioned on the last page. Secondly, records of miracles; see pp. 26, 107 of the present volume; these records are generally arranged chronologically, and contain much that illustrates English social life in the Middle Ages, with, occasionally, notices that are of historical value. Thirdly, hagiographies; under this head are included the great legendary life of St. Edmund in the MS. Bodl. 240, " Vita et Passio cum Miraculis " Sancti Edmundi Regis et Martyris excerpta de " cronicis et diversis historiis seu legendis," the last miracles being dated in 1375; the " Passio " of St. Edmund, by Abbo; and the story of his infancy by Galfridus de Fontibus; the last two works being printed in the present volume. To these must be added the metrical lives by Denis Piramus and Robert of Gloucester, the elaborate poem of Lydgate, and the narrative found in the Curteys Register, and used by Battely in

his work "De Antiquitatibus Sancti Edmundi Burgi" (1745). Fourthly, narratives of elections; of these, the "electio Hugonis," in 1214, and the "electio Symonis," in 1257, will, I hope, appear in the next volume. Fifthly, narratives of various kinds; such as the account of the great building works of Hervé the sacrist, in the time of Abbot Anselm, recorded in the Registrum Alphabeticum, and the details of the terrible riots of 1327, found in the Lakenheath and other registers.

4. *Registers.* A monastic register is a kind of minute-book, recording the transactions of a convent during the life of any one superior. Thus, the Registrum Thomæ, or the Registrum Curteys, records the principal things that were done under the rule of each of those abbots. This description will fit the more important registers; but there are some collections of documents which pass under the same name, for want of one more distinctive, and yet do not represent the life and will of the whole community, but only one particular function of that life, or the affairs of some institution dependent on the main body. Thus we meet with the Registrum Sacristæ, the Registrum Celerarii, and the Registrum Ikworth; this last being named from a monk of that name who was infirmarian at Bury in the fifteenth century, and containing a statement of the lands, rents, &c. belonging to the infirmary of the monastery. But there was no very clear or permanent demarcation of duties among the monastic officials, so far at least as property was concerned. Under a weak abbot, the prior, sub-prior, sacrist, sub-sacrist, cellerar, or any of them, would take upon himself to borrow money, sign deeds, and pledge the convent's credit; thus it happened that when Samson succeeded the feeble Abbot Hugh, no less than thirty-three seals were found which had been used by different officials, and publicly broken by the new abbot. But even a strong abbot would commit sometimes a larger, sometimes a smaller share of the convent business to a particular official, according to his judgment

of his fitness, irrespectively of his special functions. Several instances of this occur in Jocelin's narrative. Hence we may find the register of a sacrist, or that of a cellerar, though the one was supposed to have special charge of the buildings, the other of the larder and kitchen, no less crammed with copies of conveyances, leases, quit-claims, extents, and other documents affecting land, than the general registers passing under the names of abbots.

The following is, I think, a complete list of the Bury registers, arranged in alphabetical order, and with indication of the place where each is now kept:—

Registrum Album (Brit. Mus. Add. 14,847).
„ Alphabeticum (Camb. Pub. Libr. G. g. iv. 4).
„ S. Benet de Hulme (Cottonian, Galba E. ii.).
„ Celerarii, Pars. II. (Sir Charles Bunbury).[1]
„ „ „ III. (library of Sir Thomas Phillipps, Middleham, Glouc.).
„ Covel.[2]
„ Cratfield (Cottonian, Tib. B. ix.).
„ Croftis (Brit. Mus. Harl. 27).
„ Curteys, I. (Brit. Mus. Add. 14,848).
„ „ II. (Brit. Mus. Add. 7096).
„ Hanmer (Sir Thomas Hanmer, Mildenhall).
„ Hostlariæ (Cottonian, Claud. A. xii.).
„ Ikworth (Brit. Mus. Lansdown 416).
„ Kempe (Brit. Mus. Harl. 645).
„ Lakynghethe (Lakenheath) (Brit. Mus. Harl. 743).
„ Nigrum (Cambr. Mm. iv. 19).
„ in Officio Duc. Lancastriæ (Record Office).
„ in Officio Reg. Buriensis (at Bury St. Edmund's).

---

[1] Part I. of the Registrum Celerarii appears to be identical with the Reg. Alphabeticum above mentioned.

[2] This Register is mentioned by Tanner in the *Notitia*, but where it is I do not know. Dr. Covel was master of Christ's College, Cambridge.

Registrum Pinchebeck, or Vestiarii (Cambr. Ee. iii. 60).
„ Rubrum (Cambr. Ff. ii. 29, and Ff. iv. 35).
„ Sacristæ, I. (Cambr. Ff. ii. 33).
„ „ II. (Harl. 58).
„ in arch. Sudbury [1]?
„ Thomæ (Brit. Mus. Harl. 230).
„ Werketone (Brit Mus. Harl. 638).

5. *Extraneous notices.* These are numerous and varied, for the monastery of St. Edmund rose to such an importance in the world that nearly every chronicler, between the eleventh and the fifteenth centuries, found occasion to refer to it. The earliest are those in the Saxon Chronicle, Asser's Life of Alfred, and Ethelwerd's Chronicle. William of Malmesbury has a long passage on St. Edmund and his house, founded on Abbo and Herman, in his *Gesta Regum;* the same is repeated with additions in his *Gesta Pontificum.* Domesday Book (see p. 339) describes the state of the town and monastery at the date of the survey, and devotes a separate heading to the scattered manors which called St. Edmund their owner. Florence of Worcester, Geoffrey Gaimar, Ordericus Vitalis, and Roger Hoveden, make more or less frequent mention of the foundation and its rulers. Matthew Paris, using Abbo's life, and the narrative of the saint's infancy by Galfridus, with apparently other sources, constructs a long account of the circumstances preceding Edmund's martyrdom. This is borrowed word for word by Matthew of Westminster, and is abridged by Bromton. That the chronicles of John of Oxnead and Bartholomew Cotton abound with notices of Bury is merely the result of their free appropriation

---

[1] This Register was much used by Battely, but since his day it seems to have disappeared. The archdeacon of Norfolk, who resides at Sudbury, informed me that all old papers formerly in the archives there were removed some years ago to Norwich. An application to Dean Goulburn of Norwich produced no result.

of the works of Taxter and Everisden. Lastly, in the writings of Walsingham, who brings us to the fifteenth century, there are many important references to the affairs of the monastery.

IV.

Although nearly two centuries divided the death of St. Edmund from that of St. Cuthbert, and there is no reason, except the common possession of sanctity and heroic endurance, for supposing any special resemblance in their characters, yet when we inquire into the development of the *cultus* which was consecrated to their memory, we are struck by some remarkable points of likeness. Of both the incorruption of the mortal remains was confidently believed; over the tombs of both arose, first chapels, then churches, then magnificent cathedrals. Eardulf the bishop and Eadred the abbot, dreading a visit from the ruthless Northmen, took up the body of St. Cuthbert from Lindisfarne in 875, and wandered about with it for seven years, settling at last at Chester-le-Street. Egelwin the priest, alarmed for the safety of the treasure of which he was the guardian when Thurkill made a descent in the Orwell in 1010, took up the body of St. Edmund from its resting place at Beodricsworth, and wandering up to London remained there three years, till the state of Suffolk was quiet enough to allow of his returning home. Miracles prevented St. Cuthbert's body from being carried over to Ireland; miracles prevented St. Edmund's body from becoming a prey to the pious cupidity of the Londoners. On the completion of Abbot Baldwin's new church at Bury in 1095, there is a solemn translation of the body of St. Edmund to the shrine prepared for it, Bishop Walkeline, and Ranulf, the king's chaplain, being the presiding functionaries. On the completion of Durham cathedral in 1104, there is a yet more solemn trans-

St. Cuthbert and St. Edmund.

lation of the body of St. Cuthbert from the cemetery in the cloister into the church, the same Ranulf, now bishop of Durham, presiding, and the ceremony being crowned by a visitation of the relics which verifies their reported incorruption. A similar visitation of the relics of St. Edmund, resulting in a similar verification, is made by Abbot Samson in 1198.

But while, in what may be called the hagiological, or *post mortem*, existence of the two saints, we are met by these curious resemblances, their historical existence exhibits a broad contrast. Of Cuthbert's real life and character we know a great deal; of Edmund's next to nothing. In a story well and simply told, Cuthbert's own monks bequeathed to future times a contemporary picture of the great hermit-bishop; his last illness, his dying counsels, his death, imprint themselves vividly on the heart and memory; again, in the elaborate life of Cuthbert by Beda, we have testimony almost contemporary, for Beda was eleven years old when Cuthbert died. With Edmund the case is very different. A few lines,—in the Saxon Chronicle and Asser's Life of Alfred,—comprise all the really contemporary information that exists. Abbo of Fleury, though he wrote with some advantages, having heard from the mouth of St. Dunstan all that the archbishop could tell him, and being able to appeal to an armour-bearer of Edmund, whom, in extreme old age, Dunstan had conversed with at the court of Athelstan, still lived three generations later than the martyr, and evidently described him, and what had happened to him, with that freedom, which men whose information is scanty, and their imagination strong, are not sorry to enjoy. As time wore on, and the accumulations of property and local influence which the grants of kings and private donors had showered on the monks of St. Edmund, drew the attention of Anglo-Norman society more and more to the saint and his cult, it was natural that a desire for fuller knowledge should arise. In times anterior to the growth of the critical spirit, such a desire has always tended to gratify itself; and this was the case with St. Edmund. In the twelfth century, the precise circumstances under which he, a German prince living in "Old Saxony," had been raised to the throne of East Anglia, and the causes which incited Hinguar and Hubba to attack his dominions, were made known[1] in England. In the thirteenth century the last-named matter received still further attention, and the descent of Hinguar and Hubba was found to be connected with an earlier arrival of their father, Lothbrok, on the East Anglian coast.[2] In the fourteenth century the history was made more complete and satisfactory by the discovery of the names of Edmund's father and mother, and even of the town in Germany where he was born.[3] In this perfect shape the fullblown legend meets us in the narrative extracted by Archdeacon Battely from the Curteys Register;[4] and in the same form, slightly abbreviated, it appears in the "Nova Legenda Angliæ" of John Capgrave.

An outline of the perfect legend must be given here, in order that the means of distinguishing what is really verifiable respecting Edmund from the accretions of myth may be at the reader's command.[5] It runs as follows. Sprung from the royal stock of Old Saxony, Edmund was born in 841 at Norhimbergis (Nuremberg), the residence of his father King Alcmund, and

Legend of St. Edmund.

---

[1] Gaufridus *de Infantia*, infra, p. 93.
[2] Matthew Paris, *Chron. Maj.*, i. 393 (Rolls edition).
[3] Vita et Passio in Bod., 240.
[4] William Curteys was abbot from 1429 to 1457.
[5] And also that such "biographies" as that lately published in the "Dictionary of National Biography" may not circulate unchallenged. The writer of this article names Edmund's father and mother, and the place of his birth, with a credulity equal to that of Abbot Curteys, but less excusable.

his mother Siwara. As he grew up his piety and virtue became conspicuous. In his fifteenth year, the visit of an English prince to his father's court changed the whole course of his life. The king of East Anglia at this time was named Offa. Being childless, he resolved to make a pilgrimage to Jerusalem, to pray for an heir at the Holy Places. On his way, he stayed for some time with the king of Saxony, who was his kinsman, and received with pleasure and gratitude the attentions with which he was loaded by the young Edmund, his entertainer's second son. On his departure he gave Edmund a gold ring, and showed him another, which, if presented to him at any future time, was to serve for ample credentials to the person presenting it. Offa accomplished his pilgrimage successfully ; on his return, when he had reached St. George's channel, he was taken ill and died. Before his death, he summoned his followers around him, adverted to his childless state, and ordered them to take the ring above mentioned, return with it to Saxony, and offer the East Anglian crown to the young prince Edmund, whom he had chosen for his heir. They obeyed ; Alcmund feared to resist the will of Heaven ; and Edmund accompanied the Englishmen to their own country. Making the land on the coast of Norfolk, they came to shore at a place called Maydenebure, *i.e.*, Maiden's Bower. Edmund knelt on the strand, and prayed for his adopted country ; after his prayer twelve springs burst from the ground, which in this writer's time had not ceased to flow. Edmund afterwards built a royal residence near the springs, and the place came to be named Honestanestun (Honey-stone-town, or Hunstanton). For a year after his arrival Edmund lived at Attleburgh ; then, there being an alarm of Danish pirates, and Hunferth, the bishop of Elmham, strongly favouring him, the men of Norfolk came to him and chose him for their king. From Attleburgh he was brought to

Bures, on the borders of Essex and Suffolk, and there accepted as king by the men of Suffolk.

From this point to the year before Edmund's death the legend is silent; but when it comes to the Danish raids and Abbo's account of Hinguar, it breaks out again into vigorous life. The father of Hinguar and Hubba was Lodbroc,[1] whose name means "odiosus "rivus," lothely brook. Being once in a small open boat, he was driven across the North Sea by an accidental storm, and landed at Reedham near Yarmouth. The natives brought him to King Edmund, who received him kindly. An expert fowler and hunter, Lodbroc soon made friends with the king's huntsman, Bern. But after a time, Lodbrok's superior skill as a hunter, and the king's increasing partiality for him, filled the mind of Bern with jealousy and hatred; one day he fell upon the Dane when they were alone together, murdered him, and hid the body in a wood. The legend goes on to describe how the crime was discovered by means of Lodbroc's faithful greyhound. Upon the advice of his knights and counsellors, Edmund sentenced Bern, in punishment of his crime, to be set adrift in the same boat which had brought Lodbroc from Denmark. This wonderful vessel in due time wafted Bern safely across the sea to the dominions of Hinguar. The boat was at once recognised, and Hinguar ordered Bern to be put to the torture, till he should confess what had become of Lodbroc. To save himself, Bern declared that Lodbroc had been put to death in East Anglia by Edmund's orders. The rage of Hinguar and Hubba knew no bounds; they lost no time in mustering an army of 20,000 men, with which they embarked for England, bent on avenging their father's death. Adverse winds drove them out of their course, and compelled them to

---

[1] Regnar Lodbrog, the supposed author of the well-known death-song, is evidently intended.

land at Berwick; but with no more delay than could be helped, they quitted Northumbria, and made that terrible descent on East Anglia which all the chronicles tell of, and which resulted in the martyrdom of its holy king.

This is the account of that raid given by Matthew Paris, and copied into the chronicles of Bromton and Matthew of Westminster. There is another and simpler version, which knows nothing of any visit of Lodbroc to England, but tells how Lodbroc in Denmark once taunted his sons with the slightness of their warlike achievements in comparison with those of Edmund, who had gone from Saxony, and in a few years made himself unquestioned master of all East Anglia. The pride and envy of Hinguar and Hubba were aroused, and they resolved upon that expedition against Edmund, which they afterwards carried out in the manner described in the chronicles. Such is the account of Galfridus de Fontibus; see below p. 103.

It needs no words to prove that all that we have related is an unsubstantial edifice of myth, with a streak of historical fact appearing here and there. That Edmund's family was of the race of the Old Saxons,—a recent arrival from Germany,—is probably true, for the statement comes from Abbo, who might have learned it from St. Dunstan. His birth at Nuremberg,—the names of his father and mother,—are mythical. Nuremberg was not a Saxon, but a Franconian city, and is scarcely heard of till the eleventh century. The name of Alcmund may have been arrived at thus. There was a St. Adalbert, a holy deacon, who had accompanied St. Willibrord on his missionary visits to Holland, and whose relics were kept in the monastery of Egmund. An abbot of this monastery in the thirteenth century, Florentius by name, desiring to know more about his founder and patron, visited Bury in 1296, and saw there a " Cronica Regum " Angliæ," in which he read that Adalbert was Edmund's brother, and had reigned before him in East Anglia for thirty-seven years.[1] He learned also that the name of their father was Alcmund.[2] The name of Siwara, as Battely remarks, occurs in the legend of St. Botulf, a saint much reverenced at Bury (see below, p. 352), and was perhaps selected on that account. Of the pretty story of the landing at Hunstanton so much as this may perhaps be historical, that Edmund had a liking for the place and built a house there. There is a St. Edmund's Point on the coast near Hunstanton, and the local tradition of his connexion with the place has never failed. Whether Hinguar was the son of Lodbroc, and whether, if so, this Lodbroc should be identified with the Ragnar Lodbrok of Icelandic poetry, it is impossible to decide with certainty. Writing of the Danish or Norman pirates who infested the northern seas in the ninth century, Adam of Bremen says, "the most cruel of "them was Inguar, son of Lodparch, who everywhere "put the Christians to death with tortures." He gives as his authority the "Gesta Francorum," a work not now extant, but certainly a source quite independent of any English chronicle. This Lodparch or Lodbroc, might be identified with Regnar, and we might pronounce as confidently as Mr. Sharon Turner[3] that he was put to death by Ella, king in Deira between 862 and 867, but for the inconvenient fact that all the Icelandic writers

---

[1] See the Life of St. Adalbert the Deacon, in Mabillon's *Acta Bened.*, sæc. iii., Part I., p. 645. It seems evident that this Adalbert was confounded, either by Florentius or by the monks of Bury, with the Ethelbert of East Anglia, treacherously put to death by Offa of Mercia in 793. In the list of kings given by Florence, no name occurs between those of Ethelbert and Edmund, probably because, after the murder, East Anglia fell for a considerable time under the rule of Mercia; but the fact may have suggested the association of their names in a manner not historically tenable.

[2] This reference to Mabillon is found in Archdeacon Battely's work, "De Antiquitatibus S. Ed-"mundi Burgi," p. 15.

[3] History of the Anglo-Saxons, i. 464.

assign his death to the *eighth* century, not the ninth. The whole development of the myth in which Bern figures is manifestly pure fiction.

Two views of the martyrdom. Two somewhat divergent views were taken very early of Edmund's martyrdom; one may be called the clerical, the other the secular view. According to the first, represented by Abbo, Florence, and Malmesbury, the saint, when attacked by the Danes, made no resistance; like Jesus Christ, he was led as a sheep to the slaughter, and was dumb as a lamb before his shearer. The secular view,—for which there is rather the better evidence,—represented by the Saxon Chronicle, Asser, and Ethelwerd, states that Edmund fought stoutly ("atrociter pugnavit") against the Danes, when, after wintering at Thetford, they proceeded to ravage the country in their usual way.

After all, though myths have gathered around his memory, and little of authentic fact can be discerned, we cannot be wrong in holding Edmund to have been a just ruler and a strong-souled Christian man, who deliberately preferred to die rather than lead a life to which his Maker had not called him, and for which he found no warrant in his conscience. For him, the simple, spontaneous *first* thought held good throughout, and no treacherous paralysing *second* thought was allowed to move him. It is easy to conceive many plausible reasons which might have led him to submit to Hinguar's terms, (to halve his treasures with him, and reign as his subordinate,) since no better could be obtained. About the treasures indeed he made no difficulty (p. 13); but on the point of reigning under Hinguar he was immovable. Beneath Abbo's turgid language something like the following line of thought may be traced; he, Edmund, had been appointed by God, and as it were consecrated by the solemn rite of coronation, to rule and guide his people, and bring them to Christ; to raise them, in concert with the clergy, to

INTRODUCTION. xxi

whatever height of temporal and spiritual good it might be possible for them to reach. Now these unbelieving Danes told him he must no longer rule his people as God's, but as their vicegerent. Was he free to do so? Did conscience ever point in that direction? How could he tell what men, ignorant of the true God, and besotted with idolatrous ideas, might require him, after he had become their servant, to do? In the end he made up his mind (p. 14) to refuse to reign under Hinguar unless the latter first embraced Christianity. His cruel scourging followed, and his being made a target for the Danish arrows, according to the well-known story of the martyrdom.

V.

For the story of the speaking head, and the gentle wolf holding it between his paws (p. 18), Abbo is the original authority. During many years the relics lay at Hoxne in a decent tomb ("competenti mausoleo," p. 19), before they were removed to Beodricsworth; but as to the length of this interval the accounts differ. Abbo merely says that it was "many years"; Herman (p. 30) assigns to it not less than fifty-five years, for he states the removal to have occurred in the reign of Athelstan (925-941); Samson only speaks of a long period of neglect and apathy, and of a miracle (p. 111) which aroused the slumbering devotion of the natives; the writer of the "Vita et Passio" (Bod. 240, p. 632) fixes it at thirty-six years; the Curteys Register (Part I., f. 211) at thirty-three. In the narrative of Herman there is a difficulty peculiar to himself; he says, p. 27, that the first resting-place of the body was in the "villula" of Suthtune, close to the scene of the martyrdom. There is no trace of any village or hamlet called Sutton in the neighbourhood of Hoxne;

First translation of the relics, from Hoxne to Beodricsworth.

and one can only suppose that in the centuries that have intervened since Herman wrote, the population has shifted, and the name been lost.

Charter of Edmund.

In the reign of Edmund, son of Edward the Elder, who granted in 945 the lands round Beodricsworth to the "family" of the monastery, we reach firm ground. This family consisted of four priests and two deacons; Herman (p. 30) gives their names. Their position and duties about the shrine must have closely resembled those of the seven keepers of the shrine of St. Cuthbert, mentioned by Symeon of Durham, who had charge of the property and the relics before they were given into the care of monks.[1] The first church into which the body was translated from Hoxne was a large basilica built of wood (p. 19). Samson (p. 112) must be mistaken in placing the institution of the keepers as late as the reign of Ethelred (978–1016).

The motives of the translation to Beodricsworth are nowhere stated. But as Abbo calls it a "villa regia," it must have been a place of importance in his day, and therefore a likely scene for the concerted effort which the building of a large church required. That it was on Suffolk, not on Norfolk ground, would perhaps be enough to cause it to be preferred to Thetford or Elmham, which last was then the seat of the bishopric.

The work of Abbo of Fleury.

At the time, then, when the first piece in the present volume was written, the monastery of Beodricsworth had been in existence from fifty to seventy years. The author of the "Passio Sancti Eadmundi," Abbo of Fleury, was one of the most enlightened and active-minded men of his day. He was a monk of Fleury, a great monastery on the Loire above Orleans, founded in the seventh century. This was the house which

---

[1] *Hist. Dun. Eccl.*, vol. i., p. 65 (Rolls ed.).

boasted that it possessed the body of St. Benedict, abstracted by the monk Aigulph from Monte Cassino.[1] From his life by his disciple Aimoin (Migne, vol. 139), we learn that Abbo was a native of Orleans; that, being sent early to the monastic school at Fleury, he mastered there five out of the seven arts, viz., grammar, arithmetic, dialectic, astronomy, and music; that, a deputation coming to Fleury from the monks of Ramsay in Huntingdonshire asking that a man of learning might be sent to them, Abbo was selected for the office; and that after a stay of two years in England, during which the archbishops of York and Canterbury — Odo and Dunstan — vied with each other which should make the most of him, he was recalled to Fleury by his abbot. The narrative goes on to say that he was soon afterwards placed at the head of the monastery, describes the vexations which he met with at the hands of the bishop of Orleans, and graphically relates his extraordinary death. This took place at La Reole on the Garonne, a monastery subject to Fleury, among the Gascon monks of which he was endeavouring to tighten the reins of discipline. There was no personal animosity against Abbo, but his French followers were the objects of the bitterest antipathy to the Gascons, and in a free fight which broke out between them (November, 1004), Abbo received a deep spear-thrust through the left arm, of the effects of which he died. The narrator speaks as an eye-witness. Aimoin's nervous Latin style, which is quite free from the multiform bad taste and florid verbosity so common in the tenth century, does great credit to Abbo's teaching; we see that the worst period for European culture is over, and that the schools of Bec and Paris are not far off.

His tragical death.

---

[1] Symeon of Dur., *Hist. Regum*, ii. 85 (Rolls ed.). The exciting story of this pious burglary may be read in the narrative of Adrevaldus (Migne, *Patrol.*, vol. 124).

In his prefatory letter to St. Dunstan, Abbo states that he has made this study on St. Edmund at the earnest entreaty of the monks of Ramsay, and that it embodies the substance of what he had heard the archbishop say to the bishop of Rochester. At the conclusion Abbo refers to the incorruption of Edmund's flesh as a certain proof of the virginal purity of his life, and exhorts those who minister round his tomb, if they cannot imitate him in his spotless continence, at least to keep the love of pleasure within them continually mortified. He was speaking to men, some of whom were certainly married, as was the case with the seven guardians of St. Cuthbert. The strain of feeling in his words indicates what soon afterwards happened—the substitution, under the pressure of general opinion, of Benedictine monks, bound by the vow of chastity, for the seculars who had the charge of the sacred relics.

VI.

General history of the monastery from A.D. 985 to A.D. 1095.

This substitution took place in the reign of Cnut, and was preceded, according to the narrative of Herman, by several noteworthy events. In the time of the clerical guardians, probably between 940 and 970, the saint, after a long period of inaction, had shown his power (p. 30) by rescuing out of the hands of a wicked sheriff, named Leofstan, a woman who had taken refuge at the shrine. This Leofstan seems to have been a different person from the young nobleman of the same name mentioned by Abbo (p. 23) who was punished for insisting on seeing the saint's body. Again there is a blank interval of 30 or 40 years; at the end of which the descent of the Danish corsair, Thurkill, on Ipswich (1010) ushers in that period of public and conspicuous life for the memory of St. Edmund, which was only closed by the suppression of the monastery in the sixteenth century. The principal guardian of the shrine was now Egelwin, who, having been long devout to the saint as a layman, had at last taken the monastic habit, and was said to be favoured with a peculiar intimity of intercourse and association by his unseen patron. Alarmed on hearing that the Danes had landed, Egelwin took up the body of St. Edmund from Beodricsworth, and went in search of some place of greater safety. Passing through Essex, and meeting with more than one marvellous deliverance, Egelwin reached London, and remained there about three years (p. 42). The presence of the holy relics is said to have been the occasion of numerous cures of sickness, and the Londoners and their bishop (Ælfhun) strove to retain such a guest among them; but the attempt was miraculously foiled (p. 45). Egelwin carried back the relics to Beodricsworth, and a period of tranquillity succeeded (p. 46).

Herman seems to have misconceived the sequence of events at this time; and Abbot Samson quietly follows in his track. The demand of tribute from the clerks of St. Edmund, and their refusal conveyed through Egelwin, being related in immediate connexion with Sweyn's sudden death, must be supposed to have happened early in 1014, for Sweyn died in February of that year. His story therefore should have followed that of the translation to London, which belongs to the years 1010-1013. Yet both Herman and Samson relate, and evidently conceive of, the Sweyn series of events, as *anterior* to that connected with the translation to London.

The narrative of Herman (pp. 37, 38) seems to be the earliest authority for the tradition that Sweyn met his death at the hands of St. Edmund. The Saxon Chronicle gives no countenance to it; but it is told by Florence of Worcester and William of Malmesbury, and repeated of course by later chroniclers. The author of the *Encomium Emmæ*, writing between 1042 and 1052, and wishing to please Emma, Cnut's widow, represents her savage father-in-law as having made a pious, edifying, and *natural* end. Being taken ill, he says, Sweyn sent for Cnut; and "while he was giving him many " instructions concerning the government of the king- " dom and the propagation of Christianity, he com- " mitted the regal sceptre to that worthiest of men ; " . . . and not long after he paid the debt of nature, " surrendering his soul to heaven and his mortal part " to earth." Dietmar of Merseburg,[1] a yet earlier authority, though he agrees with the English writers in describing Sweyn as an impious ruffian, knows nothing of any supernatural circumstances attending his death. On the whole it seems reasonable to suppose that the legend, grounded perhaps on a demand for money from the monastery made by Sweyn (for nothing is more probable than that) was of local origin, and grew up in Suffolk in the second half of the eleventh century.

There is no good reason to doubt, that Cnut, whatever may have been the precise circumstances attending his father's death, saw it to be his interest, when by the murder of Edmund Ironside he had become master of the whole kingdom, to conciliate the English clergy generally, and the church of St. Edmund in particular.

Charter of Cnut.

He gave to this last an ample charter of liberties, which is still extant (p. 342). The *fundus* or "farm" of St. Edmund at Beodricsworth was to be for ever in the possession of monks, who were to be free from episcopal jurisdiction. Whenever the English people had to pay the Danegelt for the support of the Danish fleet and army of occupation, the tenants of St. Edmund were to be taxed at the same rate for the benefit of the monastery. Certain regal rights in regard to fisheries were granted to the monks by the same charter, and four thousand eels from Lakenheath every year as Queen Emma's gift; finally, full jurisdiction in all causes in

---

[1] Pertz, *Germania*, V., 723.

INTRODUCTION. xxvii

vills attached to the monastery and which should in future be annexed to it, is conceded: "Omnia jura " quarumcunque causarum in villis quæ monasterio " adjacent, et quæ adjiciendæ sint per gratiam Dei." But this grant falls far short of the jurisdiction over the "eight and a half hundreds," that is, over a third of the county of Suffolk, which was bestowed by the lavish piety of Edward the Confessor.

This charter was granted in 1028. Eight years before, the same causes which led to the establishment of Aldwin and his monks at Durham,[1] in the room of the dispossessed clerks, produced a corresponding change at Beodricsworth. Greater strictness of life in those who watched by Edmund's shrine was deemed to be necessary, in order not only that fitting reverence might be paid to his sacred memory, and adequate respect shown to his present power with God, but that the dwellers in the region round about might be more effectually helped—partly by the example of the new guardians, partly by the more active intercession which might be hoped for on the saint's part—in all their spiritual concerns. The clerks were accordingly turned out, and twenty monks, headed by Uvius, prior of Hulme, were brought from the monasteries of St. Benet Hulme[2] and Ely, and installed at Beodricsworth.[3] The chief promoter of the change was Ælfwin, bishop of Elmham, who had formerly been a monk at Ely. The wooden church - (ante, § V.) was now replaced by one of stone, commenced by order of Cnut in 1020, in expiation, says John of Salisbury, of his father's sacrilegious behaviour towards the saint, and consecrated (p. 348) by Agelnoth archbishop of Canterbury in 1032.

Abbot succeeded abbot; Uvius, who died in 1044, was followed by Leofstan, and he by the Frenchman,

---

[1] Symeon, *Hist. Dun. Eccl.*, vol. i., p. 122 (Rolls ed.).
[2] This house had been founded a few years before in the manor of Horning, fourteen miles from Norwich.
[3] Reg. i., Curteys.

xxviii   INTRODUCTION.

Baldwin, who ruled the monastery with great ability and success for more than thirty years, dying in 1097. Much is told of the devotion and liberality exhibited towards St. Edmund by Edward the Confessor. This king, when he had come within a mile of the shrine, dismounted from his horse and accomplished the rest of the way on foot. It was he who granted to St. Edmund the jurisdiction over the eight and a half hundreds mentioned above,[1] and also the valuable manor of Mildenhall, a place lying sixteen miles from Bury to the north-west, on the border of the fens. Of the examination of the relics made by Abbot Leofstan, and the erection of the new church by Baldwin, something will have to be said further on.

VII.

Herman the archdeacon. For many of the preceding details the sole authority is Hermannus, whose work succeeds that of Abbo in the present collection. It is found in the fine MS., Tiberius B. ii., of the Cottonian collection, described by Sir Thomas D. Hardy as of the eleventh century; if so, it was probably the writer's autograph. From this text seems to have been derived that used by Martene,[2] and the small Digby MS., No. 39. A complete copy of it, made by Augustin Baker, a Benedictine, in the seventeenth century, is in the library of Jesus College, Oxford.[3]

Tanner, in his Bibliotheca, identifies this Herman with the bishop of the same name who was at Wilton

---

[1] The names of these hundreds are — Thing-hoe, Thedwastre, Blackbourn, Bradmere, Lackford, Risbridge, the two hundreds of Babergh, and the half-hundred of Cosford. See Gage's *History and Antiquities of Suffolk*, 1838.

[2] *Amplissima Collectio*, vi. 822.

[3] Fr. Baker, writing at Cambray in 1627, states that he compiled this thick volume (Jesus, 75, 30) from MSS., which he consulted in England, during the time when the persecution of Catholics was slack on account of the treaty which was on foot for the prince's marriage to the Infanta. When the treaty was broken off, the persecution broke out afresh, and he was compelled to leave England.

and then at Salisbury towards the end of the eleventh
century. But this cannot be, for bishop Herman
(Stubbs' *Reg. Angl.*) died in 1078, long before the
treatise of Herman the archdeacon was written. All
that is really known about him is found in his own
work (*infra*, pp. 62, 92). He was in the confidence
of Arfast, bishop of Thetford, at the time when the
latter first endeavoured to establish his see at Bury,
and dictated, and himself wrote, the letters which
formed the bishop's side of the correspondence. At this
time he was probably an archdeacon under the bishop,
as he is expressly styled in the marginal notes of the
fourteenth century, found in Bod. 240. Later in life he
must have become a monk at Bury, and of his enthusiastic
attachment to the monastery every page of his work
bears evidence. In his prologue (p. 27) he tells us that
he compiled his work at the request of Abbot Baldwin,
who was then dead, partly from oral testimony, partly
from an old work written in a difficult and crabbed hand,
"calamo . . . difficillimo, et, ut ita dicam, adamantino,"
—in order that the memory of St. Edmund's wonderful
and beneficent acts might not perish from the minds of
men. His Latin style is tumid and incorrect, and that
he should have been selected by Baldwin for the task
imposed on him seems to show that there was a great
dearth of learned monks in the monastery at that
time. His work ends imperfect soon after the description of the translation of the relics into the new church,
in 1095.

VIII.

The abbacy of Leofstan (1044-1065) nearly coincided
with the reign of Edward the Confessor. It was a
period at Beodricsworth of sloth and torpor (p. 52),
from which the monks are said to have been aroused by
the continual entreaties and reproaches of a Winchester
woman named Ælfgeth, who, having been cured at the
shrine of a congenital dumbness, would not rest till

Abbots Leofstan and Baldwin.

the saint and his resting-place were better cared for. Egelwin, now very old, was invited to be present at the examination of the relics which was resolved upon, and which may probably be dated between 1050 and 1060. Egelwin reported that the body remained in the same state in which it had been left at the time of the last visitation. In order to satisfy himself that, as related by Abbo (p. 20), the head was firmly reunited to the body, the abbot (pp. 54, 134) is said to have ordered a young monk named Turstan to take hold of the feet, while he himself held the head; pulling against Turstan, he easily convinced himself of the solidity of the whole body.

Upon the death of Leofstan, in 1065, the favour of Edward the Confessor caused the election to fall on his French physician, Baldwin of St. Denis, a native of Chartres. Baldwin, while a monk at St. Denis, and afterwards, when he was prior of Leberaw, in Alsace, had studied medicine, and, acquiring fame by his practice of the healing art, had been invited by Edward to take up his residence at the English court. The monks found no reason to regret that they accepted the king's recommendation. Baldwin proved himself to be an able and firm ruler, energetic yet prudent, moderate in controversy, but generally succeeding in doing what he wished to do. He continued, after the Conquest, to be in high favour at court; the first William obliged him to be near his person for long periods together. The estimation in which he was held did not cease with his life; even in the fourteenth century it was believed that miracles were wrought at his tomb.[1]

The combined tact and energy of the new abbot were crowned with success in the two most important events of his life, the baffling of the attempts of Bishop Arfast to transfer the East Anglian see from Thetford to Bury, and the erection of a grand church, cathedral-like

---

[1] Henry de Blaneford in the *Opus Chronicorum*, iii. 159 (Rolls series).

in its proportions, over the relics of St. Edmund. It is difficult to fathom the precise motives of Arfast in wishing to transfer the see to Bury, which, like Thetford itself, would seem to lie too far west to be a convenient religious centre for the immense diocese of East Anglia. He seems to have thought that, in the interest of ecclesiastical discipline, the exemption from episcopal control claimed by the monks needed to be abridged; perhaps, too, he believed that if the see were once settled at Bury, the great temporal resources of the abbey would in time become more or less available for episcopal purposes. There were precedents, he might have said; a bishopric has from the first been inseparable from the monastery which guards the body and continues the work of St. Cuthbert; and the same has been the case at Canterbury. Thirty years later he might have adduced the case of Ely, when, in 1109, a bishop's see was instituted in close connexion with the monastery of St. Etheldreda. On the other hand, if the contending parties could have looked into futurity, the resistance of Baldwin would have found much to justify it. What but the proximity of two institutions, diverse in character and, to some extent, in aims, with the friction which was the certain consequence, produced those scandalous and interminable quarrels between the archbishops and the monks,—the shame and disgrace of the primatial city,—which are described by Gervase of Canterbury and later writers? To a less extent the same thing occurred at Durham, as we know from the *Tres Dun. Scriptores.*[1] While at Westminster, the exemption of the abbey from episcopal control resulted in the peaceful and glorious history which began with the foundation by Anglo-Saxon Edward, and, in a certain sense outliving the Reformation, has continued to our own days.

---

[1] Published by the Surtees Society.

The claim of Arfast seems to have been first made about A.D. 1070. In 1071 Abbot Baldwin proceeded to Rome, and was received with great favour by Alexander II. It was the time when the movement to put down the married clergy was at its height; Hildebrand's influence was predominant; and monks were in high favour at Rome. One need not doubt that Baldwin went provided with suitable offerings to lay on the tombs of the Apostles; but on this point a discreet silence is maintained. The pope gave him a crosier and ring, and a precious altar of porphyry, to which the privilege was attached (p. 345), that if at any future time the rest of England lay under excommunication or interdict, mass might still be performed on this altar (which Alexander himself dedicated in honour of the Blessed Virgin Mary and St. Edmund), unless a special papal prohibition forbade it. At the same time Baldwin obtained (*ibid.*) a brief of privilege, which took the monks of St. Edmund under the special protection of the Roman pontiffs, and forbade that a bishop's see should ever be established at Beodricsworth. After Baldwin's return from this successful visit to Rome, it seems that Arfast still continued to press his annoying and importunate claim. But an accident which befel him while riding in a wood (p. 62), and nearly caused the loss of his eyesight, led to his resorting to the medical skill and experience of Baldwin, and with the happiest result. Being cured, Herman declares that Arfast renounced all claim to jurisdiction over the monastery; but adds that some time afterwards he renewed his efforts. At last, in a great synod held at Winchester, in 1081, at which the chief men of the kingdom, both ecclesiastical and secular, were present, the question was fully argued before the king, and the right of the monks to complete exemption from episcopal control, as well as that of their abbot to seek consecration, and their own to seek ordination, at the hands of whatever prelate he or they might select, was absolutely confirmed and embodied in a cheirograph or charter of liberties.[1] Though this instrument does not refer to the brief of Alexander II., the genuineness of the latter is proved by the existence of a letter from Gregory VII. to Lanfranc,[2] written in 1073, in which he expresses surprise at the presumption of Arfast in contemning the decrees of Pope Alexander in favour of the monastery, and urges the archbishop to repress his foolish conduct (" nugas ").

Towards the end of his abbacy Baldwin became conscious that the church built in Cnut's time sixty years before was now unsuitable for modern needs. The limits of the town were extended;[3] the assessment was double what it had been under Edward the Confessor; grants of land had been pouring in; and while the wealth of the institution was thus increasing, the plain Saxon structure of the church, which probably much resembled St. Michael's at Oxford or St. Bennet's at Cambridge, fell lamentably behind those architectural grandeurs which the Norman genius, educated by Byzantium, had begun to raise in all the European countries to which its power extended. Baldwin resolved to erect a great abbey church, and did so. Its vaulting, its pillars, its marbles, were all on the noblest scale; many persons are said by Herman to have declared that they had never seen a more beautiful or attractive basilica.[4] It is this church, almost rivalling perhaps the contemporaneous magnificent structure at Durham, of which a few colossal fragments still fall under the traveller's eye. Baldwin desired that the dedication of the church and the translation of the saint's body into it should be celebrated at the same time. Some sinister influences at court, according to

---

[1] p. 347.
[2] Mabillon, *Ann. Bened.*, vol. v., lib. 64.
[3] Domesday Survey, see p. 339.
[4] p. 85.

xxxiv INTRODUCTION.

Herman, interfered with the execution of the first portion of the project, though the translation was permitted. Some of the Norman courtiers, who will rue, thinks Herman, their impious murmurs for evermore, dared to hint that the fact of the incorruption of St. Edmund's body was not thoroughly established, and that it might be desirable to apply the wealth which had been lavished on the decoration of the shrine to the sustentation of the king's troops. Again, the bishop of the diocese, Herbert Losinga, asserted a claim to be one of the translating prelates. This was resisted; but to exclude him from all share in the dedication of the church would have been a more serious matter. Whatever may have been the precise causes, the dedication was, as has been said, forbidden; but the translation was carried out with great pomp. Walkelin of Winchester was the presiding prelate; he was assisted by Ranulf, the king's chaplain,—the too famous Ranulf the Flambard,—who a few years later, when bishop of Durham, was the chief personage in a similar ceremony at the shrine of St. Cuthbert.[1] The translation took place on the 29th April 1095, in the presence of a vast concourse of people, and with incidents which are fully related by Herman, and re-told in better Latin by Samson.

A.D. 1104.

Baldwin died in 1097; and the Red King, as was his custom, kept the abbacy in his own hands for a considerable time.

IX.

Galfridus "On the Infancy of St. Edmund."

Herman's work, as was mentioned at the end of § VII., ends imperfect soon after the translation of 1095. The next piece in the collection is a short tract by Galfridus de Fontibus, written in the time of Abbot Ording (1148–1156), on the "Infancy of St. Edmund." In Hardy's Catalogue (vol. i. p. 538) it is conjectured that this Gaufridus was identical with the Godefridus de

---

[1] Symeon, *Hist. Dun. Eccl.*, vol. i., p. 260 (Rolls ed.).

Fontibus who died bishop of Cambray in 1238, and is known as the author of an "Expositio" on the Franciscan rule. But this supposition is excluded by the dedication to Abbot Ording; there was, of course, no Franciscan order in the twelfth century. Nothing is known about this Gaufridus from any external source. But from statements in his Prologue it may be gathered that he lived at Thetford (p. 94); that he was intimately acquainted with the monks of St. Edmund, and exchanged visits with them (p. 93); and that, having in the course of conversation given proof that he possessed information not generally known about the early life of St. Edmund, he was entreated by Prior Sihtric and the Sub-prior Gocelin to set down what he knew in writing. He did so, and dedicated the work to the Abbot Ording, who, he says, had been "watchful " in attendance on the king from his boyhood,"—regiis excubiis a puero insistenti. This king must have been Stephen of Blois. The tract relates the legend of the birth at Nuremberg, the adoption by Offa, &c., as it has been given above (§ IV.). Hunstanton is not far from Thetford; and I am disposed to think that Gaufridus had picked up a number of traditions about St. Edmund on that part of the Norfolk coast, to which he now became the means of giving a wider currency.[1]

Whether the surname "de Fontibus" implies that the writer had been a monk at Fountains, or whether it may have been merely a kind of nickname given to him on account of his often telling the story of the "fontes," the twelve springs which burst out of the ground where Edmund landed, it is impossible to determine. Galfridus probably belonged to the house of regular Canons in the patronage of St. Edmund at Thetford, whom, about 1160, Abbot Hugo displaced in order to introduce a colony of Benedictine nuns.[2]

---

[1] Such traditions still exist; see on Hunstanton in Murray's Handbook for Norfolk and Suffolk.

[2] Tanner's *Notitia*.

X.

General sketch of the history of the abbey in the twelfth century.

In 1100 Henry I. gave the abbacy to Robert[1] the son of his cousin Hugh Lupus, earl of Chester. This seems to have been a bad case of the invasion of ecclesiastical patronage by the secular power, so much complained of at this period, and limited by the compromise of Rheims in 1122. With regard to this and similar appointments, St. Anselm, then archbishop of Canterbury, appealed to Rome. Herbert, bishop of Norwich, took this opportunity of reviving the claim to the religious superiority over the convent of St. Edmund which had been made by Arfast his predecessor. Probably the bishop argued that, had there been episcopal control, so scandalous an appointment as that of Robert could not have been made. The attempt did not succeed (p. 354); but in 1102, at a council convened by St. Anselm, Robert, with several other abbots, was deposed from office. Another Robert, a monk of Westminster, was then elected by the convent and administered the abbey with abbatial powers during five years. All this time he was not regularly consecrated to the office, doubtless because the king refused to recognise the appointment, and withheld the temporalities.[2] Yet there was never a time when the wealth of St. Edmund was used with greater wisdom or in a more

A.D. 1101.

---

[1] This Robert was a monk of St. Evroult in Normandy, a monastery which had received endowments from the Earl of Chester. There are several passages in St. Anselm's letters (ii. 4, iii. 61, 68, iv. 14) where he complains of the conduct of Abbot Roger of St. Evroult in forcing the young Robert on the monks of Bury.

[2] That is, the temporalities annexed to the office of abbot, the income of which, during a vacancy, was paid into the royal exchequer. The revenues of the convent, as distinct from the abbot, were not affected by the vacancy; see below, p. 216. This distinction between the two branches of revenue was first made by the second Robert (*infra*, p. 291). It was naturally considered a "nobile factum" by the monks, since it secured to them the means of subsistence during vacancies, when otherwise the king might have seized all.

magnificent temper. By the agency of Godefrid the sacrist Robert built a new refectory, a chapter-house, a dormitory, and a house for the abbot.[1] In 1107, the opposition of the king having been apparently overcome, Robert was consecrated abbot by Archbishop Anselm on the feast of the Assumption (Aug. 15), but died about a month afterwards.[2] After a seven years' interregnum Albold, prior of St. Nicasius, at Meaux, was elected abbot, and consecrated by Archbishop Ralph. He died in 1119, and was succeeded two years later by Anselm, nephew to St. Anselm, who had an unquiet term of twenty-seven years. Battely relates many particulars respecting him from the Registers. Two great building sacrists, Rodolph and Hervé, belong to this time. The fine church of St. James still standing, is the monument of the earnest desire of Abbot Anselm to go on a pilgrimage to the tomb of Santiago in Spain; the monks persuaded him to build this church in St. James's honour instead. A.D. 1114. A.D. 1121.

Ording, who was abbot till 1156, was a "homo illite-"ratus" according to Jocelin (p. 219), who nevertheless was a good abbot, and ruled the house wisely. He had, as we have seen, had charge of the education of Stephen of Blois, and with this fact we may doubtless connect the grant of a liberal charter, copies of which occur in several of the Registers, and of other privileges or remissions. A.D. 1148.

Hugo, prior of Westminster, was chosen abbot in 1157. Gervase relates how he obtained the benediction from A.D. 1157.

---

[1] Battely, p. 57; and *infra*, p. 356.

[2] Battely (p. 54), finding it stated in the Lakenheath Register that the second Robert ruled the convent for five years, and in Eadmer's Chronicle that he was consecrated in 1107, naturally thought that his term of office must have lasted to 1112, and that all opposing statements must be erroneous. The passage in Bod. 297 (p. 356) makes everything clear.

Archbishop Theobald, and vowed to him canonical obedience. But a bull obtained from Alexander III. in 1172 made the abbey immediately subject to Rome. To obtain this privilege was a matter of great cost, and the convent was heavily in debt at the time. But the general feeling among the monks was, that, for the sake of being their own masters, it would be worth their while to strip the very gold and silver off the shrine. They did not consider, says Jocelin (p. 213), that, they might some day need the protection of a bishop or archbishop against a tyrannous or spendthrift abbot.

Hugo was a mixture of weakness and severity; he had no insight into character; he was a slave to public opinion. Men of upright and strong natures, like Samson his sub-sacrist, he disliked and kept down; incapables who flattered him were placed in all the convent offices. The result was a general and increasing maladministration of St. Edmund's house. The debts incurred, the ignoble shifts to meet them, the disingenuous attempts to blind the king, when he threatened an inquiry, are related by Jocelin in the opening of his chronicle. When, in 1180, in consequence of an accident, Abbot Hugo died, the convent had sunk to a thoroughly low condition, both morally and financially.

The story of Samson, his successor, furnished Carlyle with material for a series of graphic chapters in his *Past and Present*, under the title of "The Ancient Monk;" and the masterly picture then drawn will ever remain a standing ornament to our literature. But before speaking further of him as a man, I shall deal with him as an author, a character which he has hitherto been rather suspected than known to possess, viz., as the writer of the piece which, in the present collection, follows the tract of Galfridus,—" De Miraculis Sancti Ædmundi."

XI.

The small volume, Titus, A. VIII., in the Cottonian Collection, is a beautifully written text of the thirteenth century, consisting, in the main, besides a copy of the Life by Abbo, of a work " On the Miracles of St. Ed-" mund." It is in two books. In the prologue to the first book the writer gives no indication tending to let us know who he was. That to the second book is ascribed by a marginal note of the fifteenth century to Osbert of Clare, prior of Westminster; to whom also are assigned the accounts of thirteen of the miracles which follow. There is no reas.n to doubt the correctness of these indications; but they are not inconsistent with the belief that the work as a whole was compiled by Abbot Samson, who incorporated with it a portion of a treatise, otherwise unknown to us, written some fifty years before by Osbert of Clare. Clare is a village in Essex, near the Suffolk border; it supplied part of their title to the earls of Gloucester in this century. Osbert, as appears from his letters, which are extant in a Cottonian MS. (Vitell., A. 17), was prior of Westminster, and flourished between 1108 and 1140. His style is florid and his ideas fanciful; he has little in common with the grave and earnest writer of the first book.[1]

The writer of the work in Titus, A. VIII., was unquestionably Abbot Samson. The evidence is found in a number of marginal notes, of even date with the four-

---

[1] A Bodleian MS. (Digb. 109), a beautifully written text of the thirteenth century, contains, as a continuation of the saint's Life by Abbo, seven chapters on his miracles, which are extracted from the first book of the work in Titus, A. VIII. In the fine folio in the library of Trinity College, Dublin, containing a collection of "Lives of Saints," in a hand somewhat later than that of the Digby MS., the saint's Life by Abbo is followed, as in this last, by several of his "gloriosa mira-" cula." Those selected are not always the same as in Digb. 109, and they are quoted in no intelligible order.

teenth century text, which ascribe to Samson, among other writers, the authorship of various passages in the general history of the abbey contained in the MS. Bod. 240. Thus, in the account (*infra*, p. 109) of the blind man cured at the tomb (which does not occur in Herman), the versions of the story found in Bod. 240 and Titus, A. VIII., from "Interea quamvis athleta" to the end of the chapter, agree almost word for word. Opposite to this passage, in the margin of Bod. 240 (p. 631), are the words "Ex libro de miraculis ejus. Sampson." Similarly, the account in Titus, A. VIII. (p. 112), of the punishment which fell on Leofstan, the sheriff, while it is almost identical in its wording with the corresponding passage on p. 633 of Bod. 240, is certified to be from the hand of Samson by the marginal note in the last-named MS., "Sampson abbas Sancti Edmundi." The same agreement exists as to the stories of the "mulier " contracta " (p. 127), and Osgod Clapa (p. 135); and the authorship of both is fixed by the marginal note on p. 640 of the Bodleian MS., "Ex libro primo miraculo- " rum Sampsonis Abbatis."

The date at which the work was written can be fixed within certain limits. The author says in the prologue to the first book (p. 108) that the command of superiors and the encouragement of his brother monks had urged him to write. If the author was Samson, these words are only applicable to the period of his life before he became abbot, *i.e.*, before 1180. Yet the chapter on William Curzun (p. 148) must have been written after 1189, for it opens "Regnante Henrico secundo,"—words which could only have been written in a succeeding reign. This chapter may be regarded as a later addition,—a sort of appendix to the first book,—added while Samson was abbot.

With his own work,—which may be described as Herman rewritten,—Samson appears to have incorporated the whole or a portion of a work on the same subject, written, as already stated, by Osbert of Clare. His plan seems to have been,—to head his second book with the narrative of the great translation of 1095, and to subjoin accounts of later miracles. Finding Osbert's prologue and epistle ready to his hand, he made use of them. After having compiled seven chapters, and added much that was not known to Herman, Samson seems to have found his matter run short, and to have then inserted a number of miracles recorded by Osbert. After these, two unimportant miracles are given, whether related by Samson or from some later hand[1] it is impossible to say, and the work ends abruptly.

XII.

Writing under a sense of the hopelessness of democracy, and believing that the heroic ruler, gifted with the necessary courage and insight, was the sole hope whether of a misguided nation or a struggling institution, Carlyle, who had read the chronicle of Jocelin de Brakelonde, then recently edited for the Camden Society, conceived that here was a living example of the truth and value of his principle. As Samson had,—undertaking the government of his monastery,—raised it from a condition of the greatest embarrassment and helplessness to a position of firm well-being in which it commanded general respect, so, suggested Carlyle, may Englishmen, their eyes being opened to the qualities of their great men, set the heroic element in command and precedence wherever wise organisation is required, and thus escape from the dangers which threaten to engulf the social fabric.

Samson as clerk and monk.

---

[1] Probably the latter; see p. 377.

With what a firm and powerful touch, what graphic painting, and what wealth of human sympathy, this purpose was carried out, is known to us all. Still no literary gifts would have sufficed to make the character and work of Samson live, had they not been intrinsically worthy of admiration. And since, the more Jocelin's biography is studied the stronger is the impression we derive of the mental and moral greatness of the rugged monk who is its subject, it seems not undesirable,—now that we have come to Abbot Samson in regular course,—to explore, with somewhat more minuteness than was done by Carlyle, the notices of his life that have descended to us, and to connect him more closely than Carlyle was concerned to do with the ideas and conflicts of his age.[1]

Of Samson's early life we know next to nothing. He is said[2] to have been born at Tottington, a village in Norfolk near Thetford; the year must have been 1135. When, as abbot, he preached English sermons, and read the Bible in English to the people, in his church at Bury, he used the Norfolk dialect, "linguam "Norfolchiæ" (p. 245). He seems to have lost his father early, for we hear of his gratitude to one who had taken care of his "patrimony," and been otherwise kind to him in his youth (p. 247). William of Diss, a schoolmaster, probably at Diss, a small town on the borders of Norfolk and Suffolk, gave him free admission to his school, which good turn Samson in after years requited by giving his son a benefice (p. 248). Some of his kinsmen were of high birth, but they took no notice of him when he was a poor struggling clerk, and he

---

[1] An able paper, entitled "Samson von Tottington," was read by Hofrath Phillips in 1864 before the Vienna Academy, and may be seen in their *Sitzungsberichte* for that year.

[2] In the Swaffham Register among the Harleian MSS., quoted by Battely, p. 83; he misprints the name "Botington."

kept aloof from them when he was a mitred abbot
(p. 247). The schools of Oxford were not yet attractive
enough to draw a poor clerk thither; but those of Paris,
—where he might have heard Peter Lombard the Master
of the Sentences, and Richard of St. Victor,—were duly
attended by Samson, a friend supporting him there by
the proceeds of the sale of holy water (*ib.*). On his
return from Paris, which would appear to have been
about 1160, he seems to have obtained the post of a
" magister scholarum " or schoolmaster, and to have
been inducted to the school at Bury. A careful consideration of the story of his first visit to Rome (p. 252)
makes it probable that while he had charge of the
school at Bury he became intimate with the prior and
the monks, and that the arbitrary and weak-minded
abbot Hugo extended to him the ill-feeling which he
entertained towards many of them. Some time between
1159 and 1162 Samson, being still schoolmaster and
clerk, was commissioned by the Bury monks to go to
Rome, to obtain from Pope Alexander II. a confirmation
of the rights claimed by the convent over the benefice
of Woolpit. In this journey he ran considerable risks.
The anti-pope Octavian was supported by the emperor,
and the German party, when clerks carrying letters of
Pope Alexander fell into their hands, used to imprison
some, hang others, and cutting off the lips and noses of
the rest, send them back to the pope "to his disgrace
" and confusion," *in dedecus et confusionem ipsius.*
Samson bore himself warily. The Scottish kingdom at
this time, England being in favour of Alexander,
naturally sided with Octavian; and Samson, as occasion
arose, pretended to be a Scot, and shouted to any that
questioned him, "Ride, ride Rome, turne Cantwereberei."[1]

---

[1] The meaning seems to be,—"I am riding towards Rome, turning from Canterbury." If he had meant to say, " returning to Canter- bury," he would at once have been taken for an English adherent of Alexander.

Having obtained the desired writ, on his return, he had a narrow escape. At a certain castle he was stopped and searched. Putting his hand into his bag, he took out his drinking-cup; and it chanced, " the Lord God so " willing it, and St. Edmund," that along with the cup, between it and his hand, he pulled out the papal writ. He raised his hand aloft, and the writ was not seen. He was robbed of his clothes and his money, and had to beg the rest of his way home; but he evidently thought himself lucky in having fared no worse. On his return to Bury the anger of Abbot Hugh flamed out against him, and he was banished to Castle Acre, where he remained a long time.[1]

In 1166 Samson was professed a monk of St. Edmund.[2] For the next fourteen years he was under the trying rule of Abbot Hugh. We know but few particulars, but it seems that the abbot did not like him, because he would never join the tribe of flatterers, who with glozing speeches won favours from the weak old man. He seems to have been again imprisoned, and again sent to Castle Acre;—he along with several others,—"quia locuti su-" mus pro communi bono ecclesiæ nostræ contra " voluntatem abbatis."[3] Abbot Hugh died in No-

---

[1] It may be conjectured that while at Castle Acre, he was employed as a preceptor in the family of the Earl de Warenne. A clerk so able, and so experienced in teaching, who had studied withal at Paris, would be a welcome inmate in a great baronial castle such as that of the Warennes at Castle Acre.

[2] MS. Harl. 447, sub anno 1166, —"Samson abbas factus est mona-" chus."

[3] See p. 212. It seems clear that when Samson told Jocelin in 1173 of his imprisonment and banishment, he was speaking of something that had happened quite recently, not of an event so far back as 1160 or 1161. "My son," he said, " the " newly burnt child dreads the " fire; so it is with me and many " others. Prior Hugh was lately " deposed and sent into exile; " Dionysius, Hugh, and Roger, " who were banished, have but " just returned. I in like manner " was imprisoned, and afterwards " sent to Acre, because we spoke " for the common good of our " church against the will of the " abbot. This is the hour of dark-" ness; this is the time when flat-" terers prevail, and are believed " . . . . . Videat Dominus et " judicet."

vember 1180, and it was found that there was not money enough left in the convent treasury to bury him. The revenue was forestalled before it came in to pay the crushing interest on loans obtained from Jew money-lenders. Not one, but *thirty-three* convent seals were in existence (p. 242), and were used by various office-holders, without authority of abbot or prior, to pledge the credit of the house. The debt amounted to 3,052*l.*, which must be multiplied twelve or fifteen times to arrive at the present value of money. Samson was at this time sub-sacrist, and was engaged in collecting money and materials for building the great tower of the church. But the knights who had been appointed custodians of the temporalities for the king during the vacancy would not allow him to go on with the work (p. 218). If any application of convent funds were made at present, they said it must be for the reduction of debt. Meantime, the sequestration of the abbatial revenues during the vacancy did not distress the monks as it would once have done. For by the "nobile factum" (p. 292) of Abbot Robert II., in the reign of the first Henry, the property and rents of the abbot had been separated from those of the convent; while therefore the death of an abbot vested *his* rents temporarily in the king, it did not affect those on which the monks depended.

After an interval of more than a year (p. 223), the great business of choosing an abbot was taken in hand. King Henry signified his desire that the vacancy should be filled. The prior and twelve monks, among whom were Samson, William the sacrist, and Hugo the third prior, journeyed from Bury to the court, which was then at Bishop's Waltham. They took with them a sealed paper, on which, with the unanimous concurrence of six electors chosen for the purpose, three names had been written, Samson the sub-sacrist, Roger the cellerar, and

Hugo the third prior. The thirteen members of the deputation were only to break the seal if the king were willing to let the convent choose an abbot from its own body; otherwise the paper was to be brought back unopened. The king gave the desired consent; so the seal was broken and the names read out. The king said he knew none of the three, and required the deputation to add three other names to the list. This they quickly did, naming Robert the prior, William the sacrist, and Dionisius. The king said, "They have been expeditious; God " is with them." Nevertheless, "for the honour of his " realm," he required them to nominate also three monks from other convents. The deputies were disturbed at this, " suspecting guile;" however, they did as they were ordered. From the enlarged list the king now desired them to remove three names; immediately they removed the names of the strangers. William the sacrist retired; two other names were removed; and now only those of Samson and the prior were left. Dionisius, speaking for all the deputies, began to discuss the merits of these two. Both, he said, were excellent men, of regular life, learned, and well esteemed; but ever " in the corner of his dis- " course," (" in angulo sui sermonis ") he put forward Samson, and it was soon quite evident which was the candidate whom the convent wanted. After a little fencing, the deputies openly declared " Volumus Samsonem." The king accepted their choice, though he knew not the man; if they had made a mistake, he threatened to let them know it. Samson knelt before the king and kissed his feet; then rising he marched to the altar with his brethren, singing the Miserere, with head erect and firm countenance. " Per oculos Dei," said the king to those who stood by, " this abbot-elect believes himself to be a " fit man to govern an abbey!" (p. 229).

XIII.

For thirty years Samson ruled the monastery of St. Edmund; and when he died, the unstinted reverence, love, and sorrow of the community followed him to the grave. He may perhaps be described as the Dr. Johnson of the twelfth century, but uniting in the character some features of that of Laud;—he had the intellectual force and manly rectitude of the one, the ruling and organising faculty of the other. The first business to which he applied himself was the debt; he insisted on the production of every claim against the convent, while by visiting in person each of its numerous manors in turn, he obtained an accurate knowledge of its resources. Within a year he had quieted the creditors, and put all their claims in train for payment; within twelve years the entire debt was paid off (p. 236).

Samson seems to have regarded his own life under two principal aspects; and, to understand it, we must look at it in the same way. First, he was the servant, after God, of St. Edmund; his representative in English society; the upholder of his name and fame; the person chiefly responsible for due reverence being paid to him,—which reverence, according to the ideas of the time, was a condition precedent of spiritual and temporal favours flowing from the saint's intercession. The story of his dream which he told to Jocelin (p. 241) shows that he believed that St. Edmund had singled him out in his boyhood to be his servant, and to resist with his help the allurements of the world. He rewrote with additions, while he was still a simple monk, the work of Herman on the Miracles of St. Edmund (pp. 107-208), and took care, when any new event was reported to the saint's honour (p. 272), that it should be written down. His love and reverence for his patron impelled him, when an accidental fire had provided an

opportunity, to have the coffin opened so that he might
look on his master's face; the story has been told from
Jocelin in great detail by Carlyle. Finally, he spared
no expense or trouble in enlarging the church and
adorning the shrine; it was he who finished the
great western tower,[1] as well as several of the interior
chapels (p. 297); built a new almonry and a new
infirmary; and incrusted the feretry with gold and
silver (p. 298).

Apart from this special devotion to St. Edmund, it is
easy to see that Samson was an earnestly religious man,
and not a Christian by halves. After the news had
come of the capture of Jerusalem by the Saracens
(p. 244), Samson took the loss of the Holy Places so
much to heart, that from that time he wore under-
garments of hair cloth, and abstained from the use of
meat. He read admirably—*elegantissime*—the Bible in
English (p. 245), and used to preach to the people in
English, "according to the speech of Norfolk where he
" was bred and born," and caused a pulpit to be erected
in the church for this purpose.

The other aspect of Samson's life was secular; he
was, as abbot of St. Edmund's, a baron of parliament,
one of the king's principal tenants in chief, the adminis-
trator of the revenues of a great institution, founded, or
at least carried on, for social and civilising, no less than
for spiritual ends, and at the head of the judicial
system of a third part of Suffolk. In the eight hundreds
and a half,—the "liberty of St. Edmund,"—the king's
justices in eyre put in no appearance. Nor did he
approve of any one who under-valued the importance
of this part of his work. "The abbot seemed to love
" the active rather than the contemplative life, and he
" gave more praise to good office-bearers than to good
" choir-monks; he seldom commended any one merely
" for his learning, unless he had a knowledge of secular

---

[1] Battely, App., art. 21.

" affairs; and when he heard of any prelate's retiring
" from the care of souls and becoming an anchorite, in
" this he praised him not" (p. 245).

His worth was soon discovered at Rome, and within seven months from his election, Pope Lucius III. appointed him a judge in the church courts. Other popes nominated him on various commissions;—one of which, to inquire into and determine a dispute between the monks of Coventry and the bishop of Lichfield, —took Samson to Oxford. There he dwelt in lodgings, and dispensed a liberal hospitality to a number of the expelled Coventry monks, and also to schoolmasters from the country round. "Never in his life," says Jocelin (p. 296), "did he seem happier than at that " time." He had an opportunity at one and the same time of protecting monks from an arbitrary bishop, and of doing honour to the teaching profession to which he had himself belonged.

Samson's loyalty to his king went far beyond lip-service. When Richard was a prisoner in Germany,— no one knew exactly where,—the abbot of St. Edmund's volunteered in parliament to go and search for him until he found him. Somewhat later he did go to Germany, found the king, and brought him many gifts (p. 259). But when a privilege of the convent was in question, Samson stood firm against Cœur-de-Lion himself. A tenant of St. Edmund died, leaving an infant daughter, his heiress. Richard wished to obtain the wardship of the child for one of his courtiers. But Samson, in his character of feudal superior, had already given it away, and the king's disappointment and wrath did not shake him. "Let the king send if he will," he said, " and seize the wardship; he has force and power to
" carry out his will, and to take away the abbacy from
" me altogether. I will never yield my consent to what
" he demands, nor shall this ever be done by me. For
" there is cause to fear in such cases that what is done

"may be drawn into a precedent to the prejudice of my successors; on such a score the king shall never have money from me. *Videat altissimus.* I will bear patiently whatever happens." But he sent to the king timely presents, and Richard was mollified. He and Samson became better friends than ever; and the king sent him a ring of price which had been given to him by Pope Innocent III. (p. 299).

A characteristic story is told of him, in relation to a quarrel about jurisdiction with the archbishop of Canterbury (p. 255). The archbishop had a manor at Eleigh, a village within the liberty. A man had been killed on this manor; the question was, should the homicide be tried in the archbishop's court, or in the abbot's. Archbishop Baldwin relied on a charter which Henry II. had given to the church of Canterbury after the murder of St. Thomas-à-Becket. The king, being appealed to, declared that he never intended to grant anything derogatory to the privileges of St. Edmund. Then Samson said, adopting a principle not unknown to modern times,—*beati possidentes,*—"It is a sounder plan that the archbishop should complain of me, than I of the archbishop. I will put myself in seisin of this liberty, and afterwards I will defend myself with St. Edmund's help, whose rights in the matter are attested by our charters." Accordingly, he sent without delay twenty armed men to Eleigh, who arrested three men charged with the homicide, brought them to St. Edmund's, and lodged them in prison. The matter was brought by the indignant archbishop before the king; Samson had to appear before him at Canterbury. Charters were produced on both sides. The king remarked that he knew not what to say, unless that the charters were repugnant one to the other. Samson answered, "Whatever may be said about the charters, we are in possession, and have been up till now;" and he appealed to the judgment of the two counties,

Norfolk and Suffolk. The archbishop objected to this, because the men of Norfolk and Suffolk loved St. Edmund, and would not judge impartially. The king rose up in anger, and withdrew, saying, "He that can "take, let him take," and so the case was adjourned. What became of the homicides, we are not told.

In governing the abbey Samson showed great discernment and great firmness;—the fit and capable, *idoneos*, he appointed to offices; the unfit he deposed, or transferred to work which they would be less likely to mar.

He was inflexible in maintaining the privileges of the convent, sometimes with an excess of vehemence. Dean Herbert put up a windmill without his leave at Haberdon; whereat Samson was so angry that he could scarcely either eat or speak. He gave orders to his carpenter (p. 263) to pull the mill down; but the dean anticipated him by doing so himself. When the abbot of Cluny came to Bury, Samson showed great sensitiveness on the point of precedence (p. 322).

He was extremely masterful; it was observed that he usually succeeded in getting his own way, whatever opposition he might meet with. When Prior Robert died, there was great canvassing and excitement in the house about the appointment of his successor. The claims of Hermer the sub-prior, a man of age and learning, seemed difficult to withstand. But the preference of Samson for Herbert, one of his chaplains, a much younger man,—though he did not directly propose him,—turned the scale in his favour, and Hermer's chance was gone (p. 322). Again, in a quarrel between him and the convent about Radulf the gate-porter, in which, if Jocelin's account may be trusted, the convent were in the right, Samson battled the matter through, and had his own way.

Samson had under him more than fifty knights, holding lands of St. Edmund, either from the abbot directly, or from intermediate lords. *Mutatis mutandis* these knights answered to the country gentlemen and squires of the present day. It may be conceived what trouble he must have had in dealing with such persons, who were generally proud of their Norman blood, hard bargainers, and litigious. After receiving their homages (p. 233), he demanded an aid from them according to custom. They promised an aid of twenty shillings for each knight's fee; which seemed liberal. But as the affair proceeded, a deduction of payment in respect of twelve out of the fifty-two knights was declared to be necessary, in order that these twelve might *help* the remaining forty! Samson was angry, but for the time he had to yield. His life for thirty years was one long conflict. One night Jocelin heard him tossing on his bed and sighing heavily. In the morning he asked the reason; Samson replied, "There is nothing strange in " it; you eat, drink, and ride, and do other things with " me: but you little think of the charge of the house " and the family, of the various and difficult business " of the pastoral care which besets me, and makes my " soul sorrowful and anxious." He once said that if he was in the same condition as before he was professed, and had five or six marks by the year to give him a livelihood in teaching, he would never become either monk or abbot. Another time he declared, "cum " juramento," that if he had known beforehand how heavy a burden it was to have the custody of an abbey, he would have much preferred the calling of a librarian to that of an abbot and a baron (p. 241). For that was an "obedience," he said, which he had always desired above all others.

Nevertheless, with all drawbacks, the joy of valiant energy and successful toil must sometimes have brightened the horizon of the abbot's anxious life. " Within fifteen years after his election," says Jocelin, " more and greater things had been done with the

"offerings of the sacristy than in the forty years before
"it." Jocelin's Chronicle ends at the beginning of 1202,
ten years before Samson's death. Apart from conveyances and other legal instruments to which the abbot was a party, many of which are preserved in the old registers, his history in these last years is nearly a blank. One may be certain that when the great western tower of the church fell suddenly, "absque
"omni impulsu turbinis,"[1] in 1210, the calamity must have been a severe shock to Samson. He died at the end of 1212, and an unknown monk, the author of the chronicle in Harl. 447,[2] thus wrote of him:—

"On the 30th December, at St. Edmund's, died
"Samson, of pious memory, the venerable abbot of that
"place. Who, after he had prosperously ruled the abbey
"committed to him for thirty years, and had freed it
"from a load of debt,—had enriched it with privileges,
"liberties, possessions, and spacious buildings, and had
"restored the worship of the church, both internally and
"externally, in the most ample manner, bidding his last
"farewell to his sons, by whom the blessed man deserved
"to be blest for evermore, while they all were standing
"by, and gazing with awe at a death which was a cause
"for admiration, not for regret,[3] in the fourth year of
"the interdict, rested in peace."

XIV.

In his work on the Miracles of St. Edmund, Samson must be regarded rather as a compiler and re-writer than as an original author. The prologue to the first book (p. 107), which is written in a massive and manly style, seems to be his own composition, and the same

The composition of Samson's work "De Miraculis."

---

[1] Harl. 447, f. 132.
[2] Of this MS. a large portion will appear in the second volume of these annals.
[3] non miserabilem, sed mirabilem.

may be said of the theory of miraculous interposition at p. 143. There are, besides, three narratives in the first book,—those of the blind man cured in the wood of Hoxne (p. 109), the dumb girl who recovered her speech at the shrine (p. 144), and William de Curzun (p. 148), of which the first two were taken by Samson from unknown sources, while the third may have been within his personal knowledge. All the other narratives in the first book had been before told by Herman, and Samson has merely re-written them, adding no new facts, but greatly improving the style. In the second book he appears chiefly as a compiler. The prologue and prefatory letter, with their inflated diction and fantastic mystical interpretations, are ascribed in the Cottonian MS. (Titus A. VIII.) to Osbert of Clare, and we may leave to him all the credit of them. Samson seems simply to have annexed them while making up his own work. Chapters VIII.-XX. of the second book are also distinctly ascribed to Osbert of Clare both in Titus A. VIII. and in Bod. 240. The two slight narratives in Ch. XXI., one of which is unfinished, appear to have been added after Samson's death. Ch. I. (p. 155) is Herman's account of the translation of 1095, re-written. Chapter II. is also founded on Herman (see p. 92). Chapter III. gives the entire story of a miracle which Herman, as his work has come down to us, left unfinished (p. 92). The four chapters which follow are ascribed to Samson in the Bodleian MS. A close examination, however, shows that he cannot have been the original writer of three of these chapters. For instance, in Ch. V. the writer speaks of himself as a contemporary of Seietha ("Multi mecum aut fama norunt "aut facie,") and the monk Tolinus; but Tolinus was sacrist in the time of Abbot Baldwin, and must have been dead long before Samson was born. With Ch. V. Ch. VI. is closely connected, and evidently from the same hand. Again, in Ch. VII., which describes a visit

Osbert of Clare.

of Lambert, the abbot of St. Nicholas at Angers, to St. Edmund's convent, the writer speaks of an incident which occurred while he was writing down the substance of what Lambert had said ("dum hæc in antiqua " . . . describerem ecclesia"). But this cannot have happened later than A.D. 1118; for in that year Lambert resigned his abbacy, having held it since 1096.[1] It seems evident, therefore, that here too Samson was annexing the work of another writer. Who was this writer? So far as date is concerned, it might have been Osbert of Clare. But since the marginal references in Bod. 240 (which are not of later date than about 1370), while they assign Chapters VIII.-XX. to Osbert, in the case of these earlier chapters are either wanting or give them to Samson, it does not seem reasonable, in the teeth of the only evidence which we have, to regard Osbert as their author. A note at the end of Herman's work (p. 92) seems to throw some light on the matter. In this note it is said that "six miracles are here "wanting which are in the book of dan John of C. "the prior." Including Herman's unfinished tale of the sea, exactly six miracles are related in the chapters (III.-VII.) now under discussion. Nothing, so far as I am aware, is known of this prior John; but if we assume him to have flourished in the times of the abbots Albold and Anselm, that is, in the first half of the twelfth century, and to have contributed a narrative of certain miracles to the "Cronica Sancti Ed- "mundi" which were kept in the monastery, there is nothing improbable in the supposition that among them were the very miracles which Samson has here inserted in his second book.

Of Osbert of Clare there are sufficiently full notices in Tanner's Bibliotheca and Hardy's Catalogue. The period of his literary activity was between 1108 and

---

[1] Gallia Christiana, vol. xiv., p. 672 (Paris, 1856).

1154. He is the author (Catalogue I., 636) of a Life of Edward the Confessor, written on the occasion of his being sent by King Stephen to Rome to endeavour to obtain Edward's canonisation. Of this work, which has never been printed, there is a MS. in the library of Corpus College, Cambridge. There remain also of Osbert's composition, a Life of St. Eadburga, daughter of Edward the Elder, extant among the Laud MSS. at Oxford, and a "Passio" of St. Athelbert, the East Anglian prince murdered by Offa of Mercia, of which there are MSS. at Univ. Coll., Oxford, and Corpus College, Cambridge. (See Catalogue I., 494, 564.) Osbert's "Letters," about forty in number (Catal. I., 495), were printed by Mr. R. Anstruther at Brussels in 1846.

XV.

Battle of Fornham (p. 209).

The Battle of Fornham,[1] for all England eastward of the fens, was an event of great importance and deep impressiveness. It was one link in the chain of successes by which Henry II. overcame as formidable a combination as was ever banded together against a European sovereign. His three sons—Henry, the young King, who had been crowned in 1170, Richard, and Geoffrey—were supported by the kings of France and Scotland, the count of Flanders, and by several powerful English earls, in claiming from their father a larger surrender of his regal and territorial rights than he was willing to make. Civil war broke out in England in the summer of 1173, and a Scottish army made a destructive raid across the border. In retaliation for this, a mercenary force, commanded by Richard de Lucy the justiciary and Humphrey de Bohun, commenced to march northward.

---

[1] "Flandrenses capti sunt extra villam," p. 209.

On their way they laid siege to Leicester, the earl of which, Robert de Bellomont, had deserted the king in France and joined the confederacy. The siege began on the 3rd July, and the place capitulated before the end of the month, the citizens being allowed to retire with a portion of their property to any royal town or castle.[1] The royal forces then proceeded on their march to the border. William of Scotland retired before them; Berwick was taken; and part of the Lowlands ravaged. Meantime the earl of Leicester, in concert with the count of Flanders, had raised a large force of Flemings, found transport for them, and setting sail had landed at Walton-le-Naze on the 29th September. He was welcomed to East Anglia by the earl Hugh Bigot, whose strong and well-stored castle of Framlingham was only some twenty miles distant. Leicester was accompanied by his countess, and Sir Hugh de Chastel his cousin. The earls made an attempt on Walton castle, but could not take it. Their united force then advanced to Framlingham, whence the earl of Leicester marched on Haughley, a castle belonging to Ranulf de Broc, and took it on the 13th October. He returned to Framlingham, apparently uncertain what to do next.[2]

---

[1] Matthew Paris here adds to the account which he is copying from Wendover,—" Then therefore they " [the people of Leicester] fled for " refuge to the territory of St. " Alban, the English protomartyr, " and that of St. Edmund, king and " martyr, as to a haven of safety. " For at that time they were held " in so great reverence, that their " towns afforded an asylum and " safe shelter from their enemies " to all fugitives." Compare the story at p. 364 of the present volume.

[2] In this short campaign of the earl of Leicester, William of Newburgh and Jordan Fantosme insert a successful assault on the city of Norwich, and a demonstration, which the courage and loyalty of the inhabitants rendered futile, against the strong and wealthy seaport town of Dunwich. But there can be no doubt,—as is shown in Mr. Howlett's notes on the passages of those authors relating to the matter, in his valuable edition of *Chronicles, Stephen*, &c., lately published in the Rolls Series, — that they confound what occurred in June 1174, when Norwich really

lviii INTRODUCTION.

Earl Hugh was not likely to consent to his remaining there long, quartering his Flemings on the inhabitants, and, according to Diceto, his stay was particularly disagreeable, "plurimum odiosa," to the countess of Norfolk. It was arranged, great as was the risk he ran, that he should endeavour to force his way through Huntingdonshire and Northamptonshire into his own county of Leicester.

The news of Leicester's landing reached the royal commanders in the north, and filled them with alarm. If Fantosme may be trusted, they succeeded in concealing the intelligence from the Scots, and concluded a truce with King William until the 14th January of the following year. Returning south with all expedition, they arrived at Bury St. Edmund's. Here they found that a force had been collected from the neighbouring districts to oppose the insurgents: it was under the command of Reginald earl of Cornwall, a natural son of Henry I., Robert earl of Gloucester, and William earl of Arundel. The united force must have been in every way superior to that under the command of Leicester.

The result soon declared itself. Marching from Framlingham towards Mildenhall, and ignorant, apparently, how large a hostile force was concentrated at Bury, the earl of Leicester led his Flemings by Fornham St. Geneviéve, within four miles of the north gate of the town. The royal troops issued to the attack, raising the banner of St. Edmund.[1] The fighting was soon over; the earl and countess of Leicester, Sir Hugh de

---

was taken by a mixed force of Flemings and insurgents,—with the incidents of the earl of Leicester's campaign in 1173. The narratives of Diceto, Hoveden, and Wendover, —which agree in all important particulars,—are coherent and intelligible, and clearly show that there was no time for such important operations as those mentioned against Norwich and Dunwich in the brief interval between the earl's landing and his defeat at Fornham. See *Chronicles, Stephen,* &c., i. 179, iii. 273.

[1] Hoveden, ii. 55.

Chastel, and all their Norman followers, were taken prisoners; the unfortunate Flemings, except a small number held for ransom, were butchered or drowned. In the meadows near the Lark, in the Fornham parishes, the bones of men, bearing more or fewer marks of a violent death, have often been dug up. The countess of Leicester, says Wendover, flung into a river on the battle-field a precious ring which she wore on her finger, that her enemies might not have the benefit of it. Mr. Gage Rokewode, in his interesting note on the battle at p. 105 of the Camden edition of Jocelin's Chronicle, states that a gold ring with a ruby, supposed to be identical with the countess's ring, was found " some years since," in the bed of the river at Fornham St. Martin, and came into the possession of Charles Blomfield, Esq.

XVI.

Of Jocelin de Brakelond as an author little needs to be said. He tells us himself that he joined the monastic community in 1173 (p. 209), that he was appointed chaplain to Samson soon after his election, and was in close attendance upon him by day and night for six years (p. 241), that afterwards he was *hospitiarius* or guest-master (pp. 297, 326), and that at one time he was *elemosinarius,* or almoner (p. 272). He mentions (p. 223) that he had written on St. Robert, a boy said to have been put to death by the Jews, whose tomb was at St. Edmund's; but the work is not known to be extant. Bale, but without the least authority, ascribes to Jocelin the tract on the election of the abbot who succeeded Samson, *Super electione Hugonis*. The style of this work is different from that of the Chronicle upon Samson's abbacy; besides which, there seems some reason to identify the "J. elemosynarius," fre-

Jocelin de Brakelond.

quently named by the author of *Super electione Hugonis* as a person who took a prominent part against the election of Hugo de Northwold, with Jocelin de Brakelond. This is a point which will be more closely examined hereafter.

Jocelin's Chronicle exists entire only in the Harleian MS. 1005; but (as mentioned in the note at p. 310) the portion of it relating to the examination of the relics in 1198, occurs in two Bodleian MSS. There is also a separate text, at fol. 123 of the Harleian MS., of the passage on the ancient customs relating to the payments due from the town to the convent (see p. 299).

The monk who added the story of Henry of Essex (p. 272) describes Jocelin as " a man excellently reli-" gious, powerful in speech and work."

XVII.

The first piece in the Appendix is an extract from Domesday Book relating to the town of Bury. The commissioners who drew up the returns generally had to report that English towns and villages were less prosperous than they were in the reign of Edward the Confessor. This was not the case at Bury. Under the prudent government of Abbot Baldwin, the annual value of the town had doubled at the time of the survey, compared with its value under Edward, and a larger number of persons was maintained. Thirty-five knights were holding lands of the abbot. In the time of Abbot Samson, this number had increased to fifty-two. The increase cannot be ascribed in any considerable degree to new accessions of landed property, but must have been due to the progress of agriculture,—to the clearing of forests, drainage of marshes, and reclamation of wastes,—whereby it became possible to divide manors, each member remaining as desirable a property as the undivided estate had formerly been.

The eighteen passages which follow are extracted from a MS. in the Bodleian Library (Bod. 297) which is described in Hardy's Catalogue (II., 46) as "a very "fine copy of Florence of Worcester, with the continua-"tion to 1131, apparently transcribed by a monk of "Bury." The additions to Florence are generally written on the margin; sometimes however they are inserted in the text. The first piece (p. 340) is the charter of Edmund in 945 granting the town of Beodricsworth to the clerks who were then guarding the shrine. This copy seems to be a more perfect one than that which was printed by J. M. Kemble in the *Codex Diplomaticus* (vol. II., p. 258); in the latter the boundaries of the grant are not given, and five signatures, including that of the Queen Elfgyva, are wanting.

B.—Passages from Bod. 297.

The third extract gives the charter of Cnut "In "nomine poliarchis," of which the registers contain many copies. The fifth (p. 344) contains the bull of Alexander II. dated in 1171, being the first of the long series of papal favours, by which the convent was taken into immediate dependence on the Holy See, and exempted from episcopal jurisdiction. The sixth (p. 347) is the charter given by the Conqueror in 1081, annulling the claim to jurisdiction which had been set up by Bishop Arfast. The seventh (p. 350) is the Conqueror's letter on the same occasion to the Sheriff of Norfolk. Comparing this with the copy printed by Battely (p. 146) from the Registrum Sacristæ, it appears that the latter has a clause which does not appear in the Bodleian MS., and which runs as follows:—habere debebat, *et quod Arphastus episcopus neque successores ejus de præfata ecclesia et villa nihil exclamare debeant.* Some Bury transcriber must have interpolated this clause, as if to make assurance doubly sure.

Except from the ninth extract, we know nothing of the pious prior, Benedict Saxo, who died in 1094. The tenth passage contains some curious particulars about SS. Botulf and Jurmin ("Germin," Malmsb. *Gesta Pont.*, § 74, Rolls ed.). S. Botulf, whose life is narrated in the Acta Sanctorum under the 17th June, is there described as the abbot of Ikanhoe, apparently a place in Lincolnshire; but at Bury he was venerated as a bishop. It is difficult to understand why a saint who is closely connected with Boston (Botulf's town) and Lincolnshire should have been supposed to lie at the little Suffolk village of Grundisburgh, near Woodbridge. Jurmin (whom the editor of Malmesbury's *Gest. Pont.* in the Rolls series confounds with St. Germanus of Auxerre) is said in the *Historia Eliensis*[1] to have been the son of Anna king of East Anglia, and to have fallen beside his father in battle with Penda of Mercia at Blythburg (near Dunwich in Suffolk), in 653 or 654. The epithet "clito" given both here and in Herman's narrative (p. 88) implies that he was a prince.

The eleventh passage dates Abbot Baldwin's death in 1097; and this is very early testimony. The date is the same in Florence, Symeon, and Hoveden. On the other hand Harl. 447,[2] and the "Hist. de St. Denis" quoted by Dr. Liebermann at p. 203 of his work, place the death on the 4th January 1098.

The thirteenth passage, as is sufficiently explained in the notes on p. 353, describes the ineffectual attempt of Herbert de Losinga bishop of Norwich to extend his jurisdiction over the convent.

The sixteenth passage completely explains the misleading entry in the index of the Lakenheath Register, which induced Battely to believe that the second abbot Robert, having been consecrated by St. Anselm in 1107,

---

[1] Liebermann, Anglo-Norm. Geschichtsquelle, p. 278, note.
[2] Ibid, p. 130.

had ruled the monastery for five years from that time. On the contrary, nothing can be clearer than that Robert II., having been consecrated on the festival of the Assumption (Aug. 15) in 1107, died on the 16th September following, and that the abbacy then remained vacant eight years. It was not easy to understand how this could be, seeing that the wise and successful government of Robert during five years is noticed in so many registers. But it appears from this passage that he " presided over the church *with abbatial rights* for more " than four years *before* his consecration."

Appendix D. contains a passage from the *Polycraticus* of John of Salisbury, in which it is related that Prince Eustace, the eldest son of King Stephen, after having caused some of the lands of St. Edmund to be plundered, was seized by a sudden illness and died. D.—John of Salisbury.

Appendix E. contains some extracts from the great historical MS. relating to the abbey of which some account will be given in the next section. The first seven pages relate to the twenty-four years between the establishment of the monks at Beodricsworth (A.D. 1020) and the visit of Edward the Confessor; there is much matter in them that is not contained in Herman or in Samson. Thus details are given of the introduction of the monks: and a very curious story is told of the *caruage*, or tax of fourpence on every plough land (p. 362), which the people of East Anglia had granted to the convent after Sweyn's death to help them in building the new church, but which afterwards, through sloth on one side and encroachment on the other, was diverted to the use of Norwich cathedral. The twenty-eight sections from *De morte predantium* (p. 364) to the end are a continuous extract from the MS. (pp. 662-7), and contain a number of stories which are for the most part later in date than any related by Samson. They do not continue E.—Bod. 240.

beyond the year 1220, because it was not practicable to extend the history of the abbey in the present volume much beyond the death of Abbot Samson.

XVIII.

Description of MSS.

The MSS. that have been used for the present volume are the following:—

A.	Bodl. Fell 4	⎫
B.	„ Rawl. C. 440	⎬ Abbo's Passio.
Fairfax 12	Bodl. Libr.	
Lambeth 362	Lambeth Libr.	⎭
C.	Cott. Tib. B. 11	⎫
C'.	Bodl. Digby 39	⎬ Hermannus de Miraculis.
D.	Bodl. 240	
Jes. Coll. Oxf. 75		⎭
H.	Bibl. Pub. Cant. Ff. 1. 27	⎫ Gaufridus de Infantia.
D.	Bodl. 240	⎭
F.	Cott. Titus A. viii.	⎫
Ff.	Bodl. Digby 109	⎬ Samsonus de Miraculis.
Fff.	Trin. Coll. Dubl.	
D.	Bodl. 240	⎭
J.	Harl. 1005	⎫ Jocelin's Chronicle.
J'.	„ „ second text	⎭
G.	Bodl. 297	Appendix B.

1. The copies of Abbo's Passio are numerous; a list of them may be seen in Hardy's Catalogue, vol. I., p. 526. I made chief use of Fell 4, a very good MS., but imperfect at the beginning. Fairfax 12 is imperfect at the end. The Lambeth MS., which is considered to be of the eleventh century, appears to agree closely with Fell 4. This work has not till now been printed in this country, but it was included by Surius in his Vitæ

Sanctorum (1575), and also by the Abbé Migne in vol. 139 of his Patrologia.

2. The Cottonian volume, Tiber. B. II., is a beautiful MS. of the end of the eleventh or beginning of the twelfth century; the gold enrichment is sometimes splendid. Yet for some reason or other the colourist has but scantily performed his duty; and the places where the name "Eadmundus" should appear in colour are left generally blank. A copy of Abbo's Passio, with the Miracula of Hermannus, fills the volume.

Digby 39 agrees exactly with the Paris MS. (Bibl. du Roi, 2621), which was printed by Martene. Both contain the first eighteen sections of the work of Herman the archdeacon, and break off at the point indicated below, on p. 50. The Bodleian MS. (240), of which I am about to speak in the next paragraph, gives large extracts from Herman's work, often with abridgment, but does not pretend to reproduce it as a whole.

Of the Jesus Coll. MS. some account was given in § VII. above.

3. At the end of a volume (Ff. I. 27) of miscellaneous and variously dated contents in the Cambridge Public Library occurs a copy, in a hand of the fifteenth century, of the tract of Gaufridus on the Childhood of St. Edmund. The text is full of blunders, but some of the worst of these can be removed by collation with Bod. 240; see note at p. 93.

The huge codex just adverted to, Bodl. 240, which was formerly quoted as "MS. Bod. N. E. F. X.," is a most interesting volume. It consists of more than 800 closely written, double-columned pages, in hands of the last quarter of the fourteenth century. The first 581 pages are a copy of the "Historia Aurea" of Johannes Anglicus, by whom is meant (according to a 17th century annotator) John of Tinmouth or Tynemouth, who was abbot of St. Edmund's from 1385 to 1389.[1] A late entry, following the elaborate index with which the volume opens, states that this copy of the Historia Aurea was made in 1377, at the cost of Roger of Huntingdon, and that it belonged to the monks of St. Edmund. Following the history, from p. 582 to p. 624, are a number of short lives of saints, chiefly English or British, which marginal notes, of even date with the text, often refer to the "Martyrologium" or the "Sanctilogium de Sanctis Walliæ et Scociæ" of Johannes Anglicus. From p. 624 to p. 677 extends a continuous "Vita et Passio cum Miraculis Sancti "Edmundi." The rubric declares this work to have been compiled and abridged from various chronicles, histories, and legends. It begins with the legendary birth of Edmund at Nuremberg, describes his life and death from Gaufridus, Abbo, and others, relates the rise of the monastery and the celebrity of the shrine, and then reports a long series of miracles which were said to have happened in the 13th and 14th centuries, several being dated in 1375. The work is compiled with considerable skill, and to print it as a whole might be a course not without arguments to recommend it. On the other hand, as it is only indirectly and incidentally historical, and the compiler or compilers,—who of course have no critical faculty,—write at a great distance in time from the chief part of what they describe, its publication could scarcely be said to come

---

[1] A note in a still later hand suggests that the author was "rather Guido, abbot of St. Denis "in France." This Guido was abbot of St. Denis from 1326 to 1343, and wrote a Sanctilogium (never printed) in fourteen books. He seems to have written no "His- "toria," and it may be conjectured that what John of Tinmouth borrowed from him was portions of his Sanctilogium, with the addition of lives of local saints.. Is the "Historia Aurea" identical with the "Legenda Aurea" of Jacobus de Voragine, of which Guido of St. Denis made free use when compiling his Sanctilogium? See Felibien, *Hist. de l'abbaye royale de St. Denys*, 1706; p. 274.

strictly within the objects which the Rolls series was projected to subserve.

4. The Cottonian MS., Titus A. VIII., after a number of pieces of later date, gives an excellent copy of Abbo's "Passio" (ff. 65-78), and follows it up with a work "Super Miraculis Sancti Ædmundi," which I have shown in § XI. of this Introduction may with good reason be ascribed to Abbot Samson. The Passio and the work on the Miracles are both in the same hand, one of the second half of the thirteenth century. Further particulars are given respecting this MS. under No. 1110 in Sir Thomas D. Hardy's Catalogue.

The Bodleian MS., Digby 109, is merely a selection of chapters from the first book of Samson's work on the Miracles. The chapters selected are 3, 4, 5, 8, 9, and 12. These are followed by an office of St. Edmund, with nine lessons, prayers, and hymns, which occupy the rest of the volume. It seems to have been compiled for devotional purposes.

The MS. at Trinity College, Dublin, is a fine volume of Lives of the Saints, in a hand of the late 13th or early 14th century. At fol. 76 occurs a copy of Abbo's "Passio;" this is followed immediately by a few of St. Edmund's miracles. These are taken from Samson's work, but in two or three cases are differently worded. Then follows a "Translation of St. Ragenerius," said to be a cousin of St. Edmund (ff. 92 to 95); the author is Bruningus, a priest of Northampton. After this comes a Life of St. Fremund, St. Edmund's nephew, written by a cleric named Burghard.

5. The well-known Harleian MS. 1005, called "Liber "Albus," is a volume about 9 inches by 5, in hands (after the first 96 folios, which are later,) of the end of the twelfth or beginning of the thirteenth century. A complete list of its contents may be seen in the article on Bury in Dugdale's Monasticon, vol. III. The "Cronica" of Jocelin begin at f. 121, and fill forty-three folios. The hand, though there is here and there much

appearance of variation, is probably the same throughout; it abounds in abbreviations, but is not otherwise difficult or careless.

On the second text (J^1.) of a small portion of Jocelin's work occurring at f. 123, see above, p. lx.

6. The MS. Bodl. 297, containing the passages printed in the Appendix (pp. 340–356), is a fine twelfth century copy of Marianus, that is, Florence of Worcester, continued to A.D. 1131. The insertions and additions evidently proceed from a monk or monks of St. Edmund. It seems to me not impossible that Herman the archdeacon was concerned in them; at any rate any one who will compare the passage on the architecture of the new church at p. 85 with that on the same subject at p. 351, will see that they must have had a common origin.

XIX.

The extremely valuable contribution to existing literature on St. Edmund, which is contained in Dr. Liebermann's "Ungedruckte Anglo-Normannische Ge-"schichtsquellen" (Strassburg, 1879), consists, first, in a long paper on Herman and his work; secondly, in a critical account and partial reproduction of the MS. Harl. 447, of which something was said on p. viii.

1. The paper on Herman, which is the 15th in order among the seventeen historical pieces, previously unprinted, of which Dr. Liebermann's work consists, is entitled *Heremanni archidiaconi Miracula sancti Edmundi*. An abstract of each section of Herman's work is given first; then follow critical observations, tending to the establishment of tests by which the historical value and philosophical import of this and other mediæval narratives of miracles may be ascertained; lastly, all that portion of the work which had not been already printed by Martene, *i.e.*, speaking roughly, two thirds of the whole, is put in type. The illustrative foot-notes are of great merit.

INTRODUCTION. lxix

As the series of miracles attributed to the intercession of St. Edmund reaches down to 1375, and probably later, and the more modern portions of it, as given in the Bodleian MS. 240, contain much curious and interesting matter, I shall not follow Dr. Liebermann on the present occasion in his critical discussion of the miracles related by Herman, preferring to treat the subject as a whole, when the stock of narratives of this class comes to an end. Dr. Liebermann writes in a moderate and equitable spirit; and though, apparently, he would not admit the objective reality of any of the supernatural interventions recorded, he guards himself carefully from the supposition that he has the design of imputing anything like fraud or conscious mendacity to the writer.

The more important among Dr. Liebermann's valuable notes may here be noticed; reference being made to the pages of the present volume, and also to those of Dr. Liebermann's work; the last are distinguished by L. :—

p. 26. L. 203. All English accounts seem to fix the death of Abbot Baldwin to the end of 1097; Chr. E. says, about Christmas; Florence, 29 Dec.; Symeon and Hoveden, 31 Dec. But Félibien, the author of the *Histoire de St. Denis* (quoted by Dr. L.), gives 4 Jan. 1098 as the date.

p. 27. L. 203. "Suthtune." Dr. Liebermann is disposed to identify the Suthtune, or Sutton, where Edmund was first interred, with Stuston (not Stutton), a village to the west of Hoxne; but for this there is no sufficient ground.

p. 29. L. 232. "Elveredi veridici." This epithet of "Alfred the truth-teller" is, according to Dr. L., only found here. He has overlooked the passage in Asser (*Mon. Hist. Brit.*, p. 471), "Angulsaxonum rege veridico."

p. 29. L. 232. " Edered debilis pedibus." Dr. L. refers to Sharon Turner for a notice of this weakness of the feet in Edred. See also Lappenberg (*Anglo-Saxon Kings*, II., 154, Bohn), who refers to the Life of St. Dunstan (Rolls ed., p. 31). Malmesbury (*Gesta Regum*, I., 162, Rolls ed.) seems to indicate some kind of convulsions, " tortiones crebras corporis," as Edred's malady.

p. 29. L. 232. In the passage on the upper margin (which, however, I cannot refer to a date so early as the 12th century) Dr. L. has " hilari-" tate cordis quæque loca pertinencia." This is doubtless right ; I had not the opportunity of collating my transcript here with the MS.

p. 39. L. 234. " in regione quæ dicitur Flec." Dr. L. refers to the manor of Flegge, mentioned in the Valor Ecclesiasticus (Dugdale, III., 97), among the estates of St. Bennet Hulme ; but whatever this Flegge may have been, (for there is no such place now), it is simpler to understand the passage in the text of the two hundreds in Norfolk which still bear the name of Flegg.

p. 39. L. 235. " insidiis Eodrici." Dr. L. remarks that this imputation of the murder of Edmund Ironside to Edric Streone, of which there is no hint in the Saxon Chronicles, appears in this work of Herman for the first time. For Florence, Symeon, and all the other authorities who have it, are of later date.

p. 41. L. 205. " patris . . . Ealfuini." Dr. L. points out that this Ealfwin, or Ælfwin, is mentioned again (see p. 65) as present and testifying on behalf of St. Edmund at the assembly held in 1081; also that he was present at the Council of Rheims (Florence, Symeon, Hoveden), in 1049.

p. 43. L. 205. "Ealsegate." Dr. L. refers to the account in Stow's London (I., 17, ed. 1720) of the origin of the name of "Cripplegate." This account, which is full of blunders, states that in 1010 "Alwyne, bishop of Helmeham," caused St. Edmund's body to be brought "from Bedrisworth . . . to London in at "Creplegate. . . . At which Gate (it was "said) the Body entering in, Miracles were "wrought; and some of the Lame to go up-"right, praising God." Stow refers to lives of St. Edmund by "Abbas" (*i.e.*, Abbo), Burchard, and Lidgate.

p. 47. L. 237. "Thurkyllo." Thurkil, as Dr. L. states, was outlawed by Cnut in 1021, together with his Saxon wife Eadgyth, daughter of the alderman Ulfkytel. But a reconciliation took place in 1023, and Cnut committed to Thurkil the government of Denmark. See Lapp., *A.-S. Kings*, II., 253.

p. 54. L. 242. "torpore . . . captus." Dr. L. refers to the statement of Malmesbury (*Gest. Pont.*, p. 156) that the king sent Baldwin, his physician, to Bury to cure Leofstan; but that, not succeeding in this, Baldwin stayed on at St. Edmund's, and after many years, in which he had gained the goodwill of the heads of the convent, "Lefstano non tam successit "quam accessit abbas." Dr. L. further states that the story is noticed by Gilbert de Nogent in his work *De Pignoribus Sanctorum*, which was published by D'Achery, along with de Nogent's other works, in 1651.

p. 54. L. 243. "Osgod-clap." See below, p. 135. Osgod died, as stated by Dr. L. from the Saxon Chronicle, in 1054, and, apparently, in England. The sudden death of Hardacnut occurred at the feast given by Osgod after the marriage of his daughter Gytha to the Danish chieftain Tovi, surnamed the Proud; see Florence, a. 1042, and Lappenberg. He, and also probably his son-in-law, were benefactors to the monastery at Waltham; see the *De Invent. Sanctæ Crucis* (Hardy's Catalogue), quoted by Dr. L., and the Monasticon.

p. 58. L. 247. "consuetæ medicinæ. Quoting Orderic (Book V., ch. 3), Dr. L. remarks that the Conqueror's chief physician was Gislebert or Gilbert, bishop of Lisieux.

p. 60. L. 248. "Ærfasto." Dr. L. refers to the character given of this Arfast or Aerfast by William of Malmesbury in the *Gest. Pont.* (p. 150, Rolls ed.).

p. 61. L. 250. "apostolico privilegio munitus." Dr. L., quoting from Battely the account of the extraordinary favours,—ring, crosier, altar, and special privilege during an interdict,— conferred on Baldwin by Alexander II., suspects "a falsification of later date." But this passage occurs entire in the text of the very early Bodleian copy of Marianus; see below, p. 345.

p. 61. L. 250. "archipræsulis." Dr. L. quotes Lanfranc's letters to Arfast (Ep. 20, 26), warning him not to molest St. Edmund's house, and to remove his excommunication from his clerks till the case could be regularly tried.

p. 62. L. 251. "velle castellum." Dr. L., with some support from a marginal reading, has "ca-

" tellum," a little dog; but this does not seem to make the passage more intelligible.

p. 62. L. 252. "spica hordei detrahitur." Dr. L. quotes here from Battely, p. 142,—who found them in the Reg. Rubrum B.,—the following lines:—

" unde versus:
 " Arfastus sedem sibi vult fore·Martyris ædem,
 " Cassatur nisus; privatur lumine visus."

p. 63. L. 252. "suapte sit." Dr. L. gives, from Battely's version of this passage quoted above, " sua parte sit;" a much better reading.

p. 65. L. 254. "Etiam." "Et jam," L.

p. 66. L. 255. " regibus ab antiquis." Especially Cnut and Edward, as Dr. L. observes, following Battely in this place.

p. 67. L. 257. "undecies centum." Eleven hundred pounds, or between sixteen and seventeen hundred marks, in silver money. Dr. L. refers to "centum marcas auri" (p. 63) and "ultra " decuplum" (p. 65).

p. 70. L. 260. "abbas Gerwinus." Dr. L. quotes some curious information about this abbot of St. Riquier's from the *Chron. Centulense* in D'Achery's *Spicilegium*.

p. 73. L. 263. "beatus Nicholaus." Dr. L. refers to the well-known narrative by John of Bari, abridged in Orderic's seventh book, of the abduction of the relics of St. Nicholas, in 1087, from Myra to their own city, by some Barian sailors. On the subject of the cultus of St. Nicholas in England, see Alban Butler, Dec. 6. The apparition of St. Nicholas, here mentioned, seems to be that recorded by Orderic as having happened to the sailor Disigio.

p. 74. L. 263. "adeo." Dr. L. reads "a Deo."

p. 77. L. 266. "Samsonis." Dr. L. identifies him with Samson of Bayeux, one of the Conqueror's chaplains, brother of Thomas archbishop of York, bishop of Worcester from 1096 to 1112. See Orderic, books VI. and VII. Henry of Huntingdon (Ep. de Cont. Mundi) calls him "clarissimus."

p. 78. L. 267. "martyrem Anglicum." Dr. L. refers to the doubt at first entertained by Lanfranc as to the character of the martyrdom of Archbishop Ælfege. See his conversation with St. Anselm in Eadmer's *Vita Anselmi* (p. 350, Rolls ed.).

p. 84. L. 273. "illud Ambrosianum." Dr. L. has been no more successful than I in discovering this precise passage in the works of St. Ambrose, though it would be easy to quote from him sentences of similar import.

p. 84. L. 274. "magno tabulatus opere." Dr. L. understands these words of the wooden church erected at Beodricsworth, and takes them with what follows; see p. 19; this on the whole is preferable.

p. 92. L. 281. "libro domini Johannis de C. prioris." Dr. L. thinks that the "C." of the MS. may be read as "T.", and that John of Tinmouth (Tynemouth), abbot of Bury in 1385, may be the person meant. It seems to me that the letter C can be nothing else than C; and even if it could, there is no reason to suppose that John of Tinmouth, of whose literary labours notice will be taken in the next volume, wrote any work on the miracles of St. Edmund. The same may be said of John of Cambridge, a name suggested by Dr. L. if C. be the reading;

there is no more reason for pitching upon him than upon John of Cornwall (Descr. Catal., II., 393), or John of Canterbury (*ib.*, III., 350). See what was said on these six miracles in § XIV. above.

Dr. Liebermann's minute and able criticism of the Harleian MS. 447 will be considered in connexion with the portion of that text which I hope to print in the second volume of these Annals.

In bringing to a close this first portion of a work so arduous and encumbered with detail that I must confess it ought to have been undertaken by a man of fewer years and greater leisure than myself, I desire to thank Mr. Falconer Madan, of the Bodleian Library, for much assistance and furtherance given in various ways, particularly in resolving difficult contractions in Bodl. 240 and other MSS.; to Lord Francis Hervey, M.P. for Bury St. Edmund's, and to Mr. Dewing of the same ancient borough, for information respecting the localities and the numerous Suffolk collections which throw more or less light on the history of the abbey; to the librarians at Oxford and Cambridge, Mr. Nicholson and Mr. Robertson Smith; and, lastly, to my friend, the Rev. S. S. Lewis, of Corpus College, Cambridge, from whom, whenever my editorial necessities have drawn me to his university, I have received the greatest kindness in the way of hospitality, and all possible assistance in carrying on my work.

THOMAS ARNOLD.

Dublin, October 1889.

PASSIO SANCTI EADMUNDI.

ABBONIS FLORIACENSIS PASSIO SANCTI EADMUNDI.

Incipit epistola passionis sancti Eadmundi regis et martyris.

Domino sanctæ metropolitanæ Dorobernensis ecclesiæ, archiepiscopo Dunstano, vere moribus et ætate maturo, Abbo Floriacensis monachus levita, etsi indignus, a Christo Domino irriguum superius et irriguum inferius. Postquam a te, venerabilis pater, digressus sum cum multa alacritate cordis, et ad monasterium quod nosti festinus redii, cœperunt me obnixe hi cum quibus fraterna caritate detentus hospitando hactenus degui, pulsare manu sancti desiderii, ut mirabilium patratoris Eadmundi regis et martyris passionem litteris digererem, asserentes id posteris profuturum, tibi gratum, ac meæ parvitatis apud Anglorum ecclesias non inutile monimentum. Audierant enim, quod eam[1] pluribus ignotam, a nemine scriptam, tua sanctitas ex antiquitatis memoria collectam historialiter me præsente retulisset domino Rofensis episcopo[a] ecclesiæ, et abbati monasterii quod dicitur Malmesberi,[b] ac aliis

Epistle dedicatory to archbishop Dunstan.

The monks of Ramsey have entreated me to write the life of St. Edmund,

as lately related by yourself in my hearing, to the bishop of Rochester,

---

[1] *jam*, Surius.

---

[a] Ælfstan was bishop of Rochester at this time; see Stubbs' *Reg. Sacr. Angl.*

[b] William of Malmesbury (*Gest. Pont.* lib. v.) says that this was Elfric, who was afterwards bishop of Crediton. But there is a difficulty; for in the prologue to the Saxon homily on St. Edmund in Bod. 343, it is said that Abbo paid this visit to St. Dunstan "þreom "geare ærþam þe he forðferde," three years before he died, that is, in 985; but Elfric was made bishop of Crediton in 979.

circumassistentibus, sicut tuus mos est, fratribus, quos pabulo divini verbi Latina et patria lingua pascere non desinis. Quibus fatebaris, oculos suffusus lacrimis, quod eam junior didicisses a quodam sene decrepito, qui eam simpliciter et plena fide referebat gloriosissimo regi Anglorum Adelstano, jure-jurando asserens quod eadem die fuisset armiger beati viri qua pro Christo martyr occubuit. Cujus assertioni quia in tantum fidem accommodasti, ut promptuario memoriæ verba ex integro reconderes, quæ postmodum junioribus mellito ore eructares, cœperunt fratres instantius meæ pusillanimitati [1] incumbere, ut eorum ferventi desiderio satisfacerem, ac pro virium facultate tantorum operum seriem perire non sinerem. Quorum petitioni cum pro sui reverentia nollem contradicere, posthabitis aliquantulum sæcularium litterarum studiis, quasi ad interiorem philosophiam animæ me contuli, dum ejus qui vere philosophatus est in throno regni virtutes scribere proposui, maxime tamen eas, quæ post ejus obitum, sæculis inauditæ, factæ sunt; quibus nemo crederet nisi eas tuæ assertionis irrefragabilis auctoritas roborasset. Siquidem tu, cui nix capitis credi compellit, quando referebas de ea quæ nunc est incorruptione regis, quidam diligentius inquisivit utrum hæc ita esse possent. Cujus quæstionis ambiguum volens purgare, tu, magnæ [2] peritiæ sacrarium, pro exemplo adjecisti, quod multomagis audientium attonita corda concussit, quia sanctus Domini Cuthbertus, incomparabilis confessor et episcopus, non solum adhuc expectat diem primæ resurrectionis incorrupto corpore, sed etiam perfusus quodam blando te[m]pore. Quod ego admirans pro argumento habui, quo tandem ad sancti regis [3] gesta elucubranda certior accessi, fidens de ejus et tuis meritis incomparabilibus.

---

[1] *pusillitati*, Sur.
[2] B.; *rasta*, Sur.
[3] Jes. Coll. 75 et Sur.; *patris*, B.

Cui primitias mei laboris consecrans suppliciter obsecro, ut vel una die vertas mihi tuum otium in honestum negotium, resecando hinc superflua, supplendo hiantia, quoniam ex ore tuo, præter seriem ultimi miraculi, per[1] omnia veracem secutus verax digessi, exhortans omnes ad amorem tanti martyris. Vale pater in Christo. *Explicit epistola.*

The work is sent to you, because every part of it, except the last miracle, is related on your authority.

---

[1] B.; Jes. Coll. 75 ; om. Sur.

INCIPIT PASSIO SANCTI EADMUNDI REGIS ET MARTYRIS.

The Saxons, Jutes, and Angles, called in by the Britons, at last rise upon their hosts and drive them out.

I. Asciti aliquando in Britanniam munere precario in perniciosum auxilium tres Germaniæ populi, hoc est, Saxones, Juti, et Angli, primum Britonibus interdiu fuere præsidii. Qui cum sæpius bellis lacessiti se et suos defensarent fortiter, illi vero ignaviæ operam dantes quasi proletarii ad solam voluptatem domi resident, fisi de invicta fortitudine stipendiariorum militum quos sibi conduxerant, ipsos miseros indigenas domo patriaque pellere deliberant. Factumque est, et exclusis Britonibus statuunt inter se dividere victores alienigenæ insulam, bonis omnibus fecundissimam, indignum judicantes tam ignavorum dominio detineri, quæ ad defensionem suam idoneis posset præbere sufficientem alimoniam et optimis viris. Qua occasione inducti, orientalem ipsius insulæ partem, quæ usque hodie lingua Anglorum Eastengle vocatur, sortito nomine Saxones sunt adepti, Jutis et Anglis ad alia tendentibus, in quibus suæ sortis funiculo potirentur, ne esset cum sodalibus ullum de possessione litigium, quibus suppeteret amplitudo terræ ad regnandi emolumentum. Unde contigit ut per regiones et provincias divisa plurimis primum ducibus deinde regibus sufficeret una eademque Britannia.

Description of East Anglia.

II. At prædicta orientalis pars cum aliis tum eo nobilis habetur, quod aquis pæne undique alluitur, quoniam a subsolano et euro cingitur oceano, ab aquilone vero immensarum paludum uligine, quæ exorientes propter æqualitatem terræ a meditullio

ferme totius Britann[i]æ, per centum et eo amplius
millia cum maximis fluminibus descendunt in mare.
Ab ea autem parte qua sol vergitur in occasum, ipsa
provincia reliquæ insulæ est contigua,[1] et ob id pervia;
sed ne crebra irruptione hostium incursetur,
aggere adinstar altioris muri fossa humo præmunitur.
Interius ubere gleba[2] satis admodum læta, hortorum
nemorumque amœnitate gratissima, ferarum venatione
insignis, pascuis pecorum et jumentorum non mediocriter
fertilis. De piscosis fluminibus reticemus, cum
hinc eam, ut dictum est, lingua maris allambit, inde,
paludibus dilatatis, stagnorum ad duo vel tria millia
spatiosorum innumerabilis multitudo præterfluit. Quæ
paludes præbent pluribus monachorum gregibus optatos
solitariæ conversationis sinus, quibus inclusi non indigeant
solitudine eremi, ex quibus sunt sancti monachorum
patris Benedicti cælibes cœnobitæ, in loco [a]
celebri hac tempestate.

III. Sed, ut ad propositum revertamur, huic provinciæ tam feraci præfuit sanctissimus Deoque acceptus Eadmundus, ex Antiquorum Saxonum nobili prosapia oriundus, a primævo suæ ætatis tempore cultor veracissimus fidei Christianæ. Qui atavis regibus editus, cum bonis polleret moribus, omnium comprovincialium unanimi favore non tantum eligitur ex generis successione, quantum rapitur, ut eis præesset sceptrigera potestate. Nam erat ei species digna imperio, quam serenissimi cordis jugiter venustabat tranquilla devotio. Erat omnibus blando eloquio affabilis, humilitatis gratia præclarus, et inter suos coævos mirabili mansuetudine residebat dominus, absque ullo fastu superbiæ. Jamque vir sanctus præferebat in

Edmund its king; a prince endowed with all virtues.

---

[1] B.; *continua,* Sur.   [2] B.; *glebæ,* Sur.

---

[a] Ramsey, Hunts.

vultu, quod postea manifestatum est divino nutu; quoniam puer toto conamine virtutis arripuit gradum quem divina pietas præsciebat martyrio finiendum.

The enemy of mankind resolves to tempt him.

IV. Nactus vero culmen regiminis, quantæ fuerit in subjectos benignitatis, quantæ in perversos districtionis, non est nostræ facultatis evolvere, qui ejus minima, quo conveniret sermone, non possumus expedire. Siquidem ita columbinæ simplicitatis mansuetudine temperavit serpentinæ calliditatis astutiam, ut nec antiqui hostis deciperetur simulatione fraudulenta, nec malignorum hominum reciperet contra justitiam sententias, rem quam nesciebat diligentissime investigans; gradiensque via regia, nec declinabat ad dexteram, extollendo se de meritis, nec ad sinistram, succumbendo vitiis humanæ fragilitatis. Erat quoque egentibus dapsilis liberaliter, pupillis et viduis clementissimus pater, semper habens præ oculis dictum illud Sapientis: "Principem te constituerunt? noli extolli, sed "esto in illis quasi unus ex illis." Cumque tam conspicuus in Christo et Ecclesia emineret bonorum actuum ornamentis, ejus patientiam, sicut et sancti Job, aggressus est experiri inimicus humani generis: qui eo bonis plus invidet, quo appetitu[1] bonæ voluntatis caret.

Ecclus. xxxii. 1.

He makes use of Inguar and Hubba, two Danish pirates, as his instruments.

V. Quocirca unum ex suis membris ei adversarium immisit, qui, omnibus quæ habuerat undique sublatis, ad impatientiam, si posset, erumpere cogeret, ut desperans Deo in faciem benediceret.[a] Fuit autem idem adversarius Inguar vocabulo dictus; qui cum altero, Hubba nomine, ejusdem perversitatis homine, nisi divina

---

[1] sic A.; *apparitu*, Sur.

---

[a] *Benedicere* is used in the sense of *maledicere* four times in the first two chapters of the Book of Job. See, in Ducange, *Benedictio contraria appellatione*.

PASSIO SANCTI EADMUNDI.

impediretur miseratione, conatus est in exterminium adducere totius fines Britanniæ. Nec mirum, cum venerint indurati frigore suæ malitiæ ab illo terræ vertice, quo sedem suam posuit qui per elationem Altissimo similis esse concupivit. Denique constat, juxta prophetæ vaticinium, quod ab aquilone venit omne malum, sicut plus æquo didicere perperam passi adversos jactus cadentis tesseræ, qui[1] aquilonalium gentium experti sunt sævitiam. Quas[2] certum est adeo crudeles esse naturali ferocitate, ut nesciant malis hominum mitescere; quandoquidem quidam ex eis populi vescuntur humanis carnibus, quo ex facto Græca appellatione antropofagi vocantur. Talesque nationes abundant plurimæ infra Scythiam, prope Hyperboreos montes, quæ antichristum, ut legimus, secuturæ sunt ante omnes gentes, ut absque ulla miseratione pascantur hominum cruciatibus, qui caracterem bestiæ noluerint circumferre in frontibus. Unde jam inquietando christicolas pacem cum eis habere nequeunt, maxime Dani, occidentis regionibus nimium vicini, qui circa eas[3] piraticam exercent frequentibus latrociniis. Ex eorum ergo genere prædicti duces Inguar et Hubba, Northanimbrorum primitus aggressi expugnare provinciam, gravi depopulatione totam pervagantur ex ordine. Quorum pessimis conatibus nullus resistere potuit ex provincialibus quin[4] multarentur merita supernæ indignationis ira, agente ministro iniquitatis Hubba. Quem, præda facta, Inguar reliquit ibi crudelitatis socium, et a boreali parte orientali subito astans cum magna classe ad ejus quamdam civitatem [a] latenter appulit, quam ignaris civibus ingressus ignibus cremandam dedit. Pueros, senes cum junioribus,

They attack and ravage Northumbria.

Leaving Hubba there, Inguar suddenly falls upon East Anglia; he ravages and burns a city.

---

[1] A.; *quo*, Sur.
[2] A., Sur.; *quos*, B.
[3] A., Sur.; *eos*, B.
[4] A., Sur.; *qui*, B.

[a] *civitatem*. Lynn seems to be meant.

in plateis civitatis obviam factos jugulat, et matronalem seu virginalem pudicitiam ludibrio tradendam mandat. Maritus cum conjuge aut mortuus aut moribundus jacebat in limine; infans raptus a matris uberibus, ut major esset ejulatus, trucidabatur coram maternis obtutibus. Furebat impius miles lustrata urbe ardendo ad flagitium, quo posset placere tyranno qui solo crudelitatis studio jusserat perire innoxios.

He inquires where Edmund is to be found, and learns that he is at Hoxne.

VI. Cumque jam multitudine interfectorum Achimeniam rabiem impiissimus Inguar[1] non tantum exsaturasset, quantum fatigatus in posterum distulisset,[2] evocat quosdam plebeios quos suo gladio credidit esse indignos, ac ubi rex eorum tunc temporis vitam degeret, sollicitus perscrutator investigare studet. Nam ad eum fama pervenerat, quod idem rex gloriosus, videlicet Eadmundus, florenti ætate et robustis viribus bello per omnia esset strenuus; et idcirco festinabat passim tradere neci quos circumquaque poterat reperire, ne stipatus militum agmine ad defensionem suorum posset rex sibi resistere. Qui morabatur eo tempore ab urbe[a] longius, in villa quæ lingua eorum Hægelisdun[3] dicitur, a qua et silva vicina eodem nomine vocatur, existimans impiissimus, ut se rei veritas habebat, quia quantos suus satelles funestus præoccuparet ad interitum perducere, tantos, si dimicandum esset, regius occursus in exercitum contraheret minus. Classem

Danish mode of warfare.

quoque absque valida manu deserere non audebat, quoniam, velut lupis vespertinis mos est clanculo ad

---

[1] Desunt hæc duo verba in B. et Surio.
[2] B., Sur.; *detulisset*, A.
[3] A.; *Hagilisdun*, Sur.; *Begilisdun*, B.

---

[a] *ab urbe.* That is, from Bures (the "Burus" of Asser), the royal residence, which is close to the border of Essex.

plana descendere, repetitis quantocius noctis¹ silvarum latibulis, sic consuevit eadem Danorum et Alanorum natio; cum semper studeat rapto vivere, numquam tamen indicta pugna palam contendit cum hoste, nisi præventa insidiis, ablata spe ad portus navium remeandi.

VII. Quapropter circumspectus plurimum, accito uno ex commilitonibus, eum ad regem hujusmodi curarum tumultibus expeditum dirigit, qui exploret quæ sit ei summa rei familiaris, improvisum, ut contigit, quærens subjugare tormentis, si ejus nollet obtemperare feralibus edictis. Ipse cum grandi comitatu succenturiatus lento pede subsequitur, et iniquæ legationis bajulo imperat, ut timoris periculo nudus ita incautum adoriatur. "Terra marique metuendus dominus noster "Inguar, rex invictissimus, diversas sibi terras sub-"jiciendo armis ad hujus provinciæ optatum litus "cum multis navibus hyematurus appulit, atque id-"circo mandat ut cum eo antiquos thesauros et pa-"ternas divitias sub eo regnaturus dividas. Cujus si "aspernaris potentiam innumeris legionibus fultam, "tuo præjudicio et vita indignus judicaberis et "regno. Et quis tu, ut tantæ potentiæ insolenter² "audeas contradicere? Marinæ tempestatis procella "nostris servit remigiis, nec removet a proposito "directæ intentionis quibus nec ingens mugitus cœli "nec crebri jactus fulminum unquam nocuerunt, "favente gratia elementorum. Esto itaque cum tuis "omnibus sub hoc imperatore maximo cui famulantur "elementa, quoniam novit piissimus in omni negotio "pa[r]cere subjectis et debellare superbos."

rg. Æn. vi.

VIII. Quo audito, rex sanctissimus alto cordis dolore ingemuit, et accito uno ex suis episcopis qui erat ei a secretis, quid super his respondere deberet consulit.

---

¹ A., B.; *notis*, Sur. | ² A., Sur.; *insolerter*, B.

Cumque ille, timidus pro vita regis, ad consentiendum plurimis hortaretur exemplis, rex obstupuit, et capitis defixo lumine in terras paululum conticuit, et sic demum ora resolvit. "O episcope, vivi ad id per-

Edmund reasons out the matter.

"venimus quod numquam veriti sumus. Ecce barbarus *Virg. Ecl.*
"advena districto ense veteribus regni nostri colonis
"imminet, et quondam felix indigena suspirando ge-
"mens tacet. Et utinam impraesentiarum vivendo
"quique gemerent ne cruenta caede perirent, quatenus
"patriae dulcibus arvis etiam me occumbente super-
"stites fierent, et ad pristinae felicitatis gloriam
"postmodum redirent." Cui episcopus, "Quos," inquit,
"optas esse superstites patriae, cum hostilis jam gla-
"dius vix aliquem reliquerit in plana urbe? Hebetatis
"securibus tuorum cadaveribus, te destitutum milite
"veniunt loris constringere. Quapropter, rex, dimi-
"dium animae meae, nisi fugae praesidio aut deditionis
"infausto patrocinio praecaveas, hic statim aderunt
"tortores, quorum nefando obsequio poenam lues."
"Hoc est," ait, "quod desidero, quod omnibus votis
"antepono, ne supersim meis fidelibus karissimis,
"quos cum liberis et uxoribus in lecto[1] eorum animas
"furando[2] perdidit pirata truculentus. Et quid sug-
"geris? ut in extremis vitae, desolatus meo satellite,
"fugiendo[3] inferam crimen nostrae gloriae. Semper
"delatoriae accusationis calumpniam evitavi; num-
"quam relictae militiae probra sustinui, eo quod
"honestum mihi esset pro patria mori; et nunc ero
"mei voluntarius proditor, cui pro amissione carorum
"ipsa lux est fastidio? Omnipotens rerum arbiter
"testis assistit, quod me seu vivum seu mortuum
"nichil separabit a caritate Christi, cujus in con-
"fessione baptismatis suscepi annulum fidei abre-
"nunciato Sathana et omnibus pompis ejus. Qua

---

[1] om. *in lecto*, B.
[2] A., Sur.; *furendo*, B.
[3] B., Sur.; *fugiente*, A.

"abrenuntiatione contigit, ut ad laudem et gloriam
"æternæ Trinitatis tertio mererer consecrari, delibutus
"ob compendium perennis vitæ sanctificati crismatis
"perunctione. Primo quidem accepta stola lavacri
"salutaris, secundo per confirmationem exhibitam
"majusculo pontificali signaculo, tertio ubi vestra et
"totius populi communi acclamatione usus sum hac
"regni perfunctoria potestate. Sicque unguento mys-
"ticæ consecrationis tripliciter irroratus, Anglorum
"reipublicæ decrevi plus prodesse quam præesse, asper-
"nando subdere colla jugo nisi divino servitio.[1]
"Nunc simulata benivolentia prætendit callidus suæ
"machinationis muscipulam, qua servum Christi irre-
"tiri deliberat, maxime cum promittit quod nobis
"largitas divina concessit. Vitam indulget, qua nec-
"dum careo; regnum promittit quod habeo; opes
"conferre cupit, quibus non egeo. Pro his ergo nunc
"incipiam servire duobus dominis, qui me sub Christo
"solo vivere, sub Christo solo regnare, præsentibus
"palatinis devoverim?"[2]

IX. Tunc conversus ad eum qui de conditione regni locuturus ab impiissimo Inguar fuerat missus, "Made-
"factus," inquit, "cruore meorum mortis supplicio
"dignus extiteras; sed plane Christi mei exemplum
"secutus nolo puras commaculare manus, qui pro
"ejus nomine, si ita contigerit, libenter paratus sum
"vestris telis occumbere. Ideo pernici gradu rediens
"festinus domino tuo hæc responsa perfer quantocius.
"Bene, fili diaboli, patrem tuum imitaris, qui superbi-
"endo intumescens cœlo corruit, et mendacio suo
"humanum genus involvere gestiens, plurimos pœnæ
"suæ obnoxios fecit. Cujus sectator præcipuus, me
"nec minis terrere prævales, nec blandæ perditionis
"lenociniis illectum decipies, quem Christi institutis
"non inermem repperies. Thesauros et divitias quas

---

[1] A., Sur.; *sercio*, B.   [2] A., Sur.; *noverim*, B.

"nobis hactenus contulit propitia divinitas, sumat
"consumatque tua insatiabilis aviditas, quoniam etsi
"hoc corpus caducum fragile [1] confringas velut vas
"fictile, vera libertas animi numquam tibi vel ad mo-
"mentum suberit. Honestius enim est perpetuam defen-
"dere libertatem, si non armis saltem jugulis, quam
"reposcere amissam lacrimosis querimoniis, quoniam
"pro altero gloriosum est mori, pro altero vero oppo-
"nitur contumacia servilis. Quippe servus, quascum-
"que domini conditiones accepit, acceptas servare
"convenit; si eas quamlibet iniquas respuit, reus
"majestatis adjudicatur servilibus suppliciis. Sed
"esto; gravis est hujus servitutis usus; at gravior
"exulceratio quæ solet nasci ex hujusmodi infortunio;
"siquidem, ut noverunt qui frequentius ratiocinando
"forensibus causis intersunt, ex repugnantibus facta [2]
"complexionis consequentia, certum est quia si liber-
"tas petitur proculdubio dominus suo contemptu
"læditur. Idcirco, seu sponte seu invitus, de carcere
"suo meus [3] ad cœlum evolet liber spiritus, nulla
"emancipationis aut abalienationis specie contami-
"natus, quia regem diminutum capite nunquam,
"Danus, videbis ad triumphum supervivere.[4] Solli-
"citas me spe regni, interfectis omnibus meis, ac si
"mihi tam dira sit cupido regnandi, ut velim præesse
"domibus vacuis habitatore nobili et pretiosa supel-
"lectili. Ut cœpit tua sæva feritas, post famulos
"regem solio diripiat, trahat, exspuat, colaphis cædat,
"ad ultimum jugulet. Rex regum ista miserans
"videt, et secum ut credo regnaturum ad æternam
"vitam transferet. Unde noveris quod pro amore
"vitæ temporalis Christianus rex Eadmundus non se
"subjiciet pagano duci, nisi prius effectus fueris compos

---

[1] sic A. et B.; *caducum et fragile*, Sur.
[2] A., Sur.; *per facta*, B.
[3] A., Sur.; *omnis*, B.
[4] multas hic mendas habet B.

" nostræ religionis, malens esse signifer in castris
" æterni regis."

X. Vix sanctus vir verba compleverat, et renuntia- *Going out, the messenger finds Inguar close at hand.* turus miles pedem domo extulerat, cui ecce Inguar obvius jubet breviloquio ut[1] utatur, illi pandens per omnia arcana regis ultima. Quæ ille dum exequitur, imperat tyrannus circumfundi omnem turbam suorum exterius, solumque regem teneant, quem suis legibus rebellem jam cognoverat. Tunc sanctus rex Eadmun- *By his order Edmund is seized, bound to a tree, mocked, and cruelly scourged.* dus in palatio, ut membrum Christi, projectis armis capitur, et vinculis arctioribus arctatus constringitur, atque innocens sistitur ante impium ducem quasi Christus ante Pilatum præsidem, cupiens ejus sequi vestigia, qui pro nobis immolatus est hostia. Vinctus itaque multis modis illuditur, et tandem, fustigatus acri instantia, perducitur ad quamdam arborem vicinam, ad quam religatus flagris dirissimis diutissime vexatur, nec vincitur, semper Christum invocando flebilibus vocibus. Quare adversarii in furorem versi, *The Danes make him a target for their arrows.* quasi ludendo ad signum eum toto corpore sagittarum telis confodiunt, multiplicantes acerbitatem cruciatus crebris telorum jactibus, quoniam vulnera vulneribus imprimebant, dum jacula jaculis locum dabant. Sicque factum est ut spiculorum terebratis aculeis circumfossus palpitans horreret, velut asper hericius, aut spinis hirtus[2] carduus, in passione similis Sebastiano egregio martyri. Cumque nec sic Inguar furcifer eum lanistis assensum *His sublime endurance.* præbere conspiceret, Christum inclamantem jugiter, lictori mandat protinus ut amputet caput ejus. Ille seminecem, cui adhuc vitalis calor palpitabat in tepido pectore, ut vix posset subsistere, avellit cruento stipiti festinus avulsumque, retectis costarum latebris præ punctionibus crebris, ac si raptum eculeo aut sævis tortum ungulis, jubet caput extendere quod

---

[1] om. B. | [2] A., Sur.; *hirtinis*, B.

semper fuerat insigne regali diademate. Cumque staret,[1] mitissimus, ut aries de toto grege electus, volens felici commercio mutare vitam sæculo, divinis intentus beneficiis, jam recreabatur visione internæ lucis, qua in agone positus satiari cupiebat attentius. Unde inter verba orationis eum arrepto pugione spiculator uno ictu decapitando hac luce privavit. Atque ita, duodecimo kalendas Decembris, Deo gratissimum holocaustum Eadmundus, igne passionis examinatus, cum palma victoriæ et corona justitiæ, rex et martyr intravit senatum curiæ cœlestis.

His head is cut off.

XI. Talique exitu crucis mortificationem,[2] quam jugiter in suo corpore rex pertulit, Christi Domini sui secutus vestigia consummavit. Ille quidem, purus sceleris, in columna ad quam vinctus fuit sanguinem, non pro se sed pro nobis, flagellorum suorum signa reliquit; iste pro adipiscenda gloria immarcessibili cruento stipite similes pœnas dedit. Ille integer vitæ ob detergendam rubiginem nostrorum facinorum sustinuit benignissimus immanium clavorum acerbitatem in palmis et pedibus; iste propter amorem nominis Domini toto corpore gravibus sagittis horridus, et medullitus asperitate tormentorum dilaniatus, in confessione patienter perstitit, quam ad ultimum accepta capitali sententia finivit. Cujus corpus ita truncum et aculeis hirsutum relinquentes, cum suo auctore Dani, ministri diaboli, illud caput sanctum, quod non impinguaverat peccatoris oleum, sed certi mysterii sacramentum, in silvam cui vocabulum est Haglesdun recedentes asportaverunt, ac inter densa veprium fruticeta[3] longius projectum occuluerunt, id omni sagacitate elaborantes, ne a Christianis, quos vix paucos reliquerant, sacratissimum corpus martyris cum capite pro tumulantium modulo honestæ traderetur sepulturæ.

Conformity of Edmund's sufferings to those of Christ.

The Danes leave the martyr's body where it is, and hide the head in the wood of Hoxne.

---

[1] om. B.
[2] *mortificatione*, B.
[3] A., B.; *fruteta*, Sur.

XII. Huic autem¹ spectaculo tam horribili quidam nostræ religionis delitescendo interfuit, quem subtractum, ut credimus, paganorum gladiis divina providentia ad manifestandum hujus rei indaginem reservavit, licet omnino ignoraverit quid de capite factum esset, nisi quod cum eo carnifices Danos interiorem silvam petere conspexisset. Quamobrem, quantulacumque reddita ecclesiis pace, cœperunt Christiani de latibulis consurgere, diligenti inquisitione satagentes ut caput sui regis et martyris inventum reliquo corpore unirent, et juxta suam facultatem condigno honore reconderent. Siquidem, paganis abeuntibus et depopulationi quoque locorum operam dantibus, illud corpus sanctissimum adhuc sub divo positum facillime est repertum in eodem campo ubi rex occubuit, completo cursu sui certaminis. Quo, propter antiquam beneficiorum memoriam et ingenitam regis clementiam, populi undique confluentes, cœperunt mœsto animo graviter ferre quod caruissent tanta corporis portione. Quorum animis superna inspiravit benignitas, postquam audierunt illius verba utilia, qui tantæ visionis, ut dictum est, particeps extiterat, ut collecta plurima² multitudine quaquaversum per invia silvarum experirentur, si ad id loci devenire contingeret, quo viri sancti caput jaceret. Pro certo etenim omnibus vere sapientibus inerat, quod alienæ sectæ cultores invidendo nostræ fidei sustulissent caput martyris, quod non longius infra³ densitatem saltus abscondissent, aut⁴ vili cespite obrutum avibus⁵ aut feris devorandum reliquissent.⁶ Cumque inito consilio omnes pari affectu ad id concurrerent, decreverunt ut cornibus vel tubis ductilibus singuli⁷ contenti essent, quatenus circumcirca

---

¹ om. B.
² B.; *plurimorum*, A., Sur.
³ A., B.; *intra*, Sur.
⁴ *ut*, B.
⁵ *aut avibus*, B., Sur.
⁶ A.; om. B. et Sur.
⁷ om. B.

pervagantes vocibus aut tubarum strepitu sibi mutuo innuerent, ne aut lustrata repeterent aut non lustrata desererent.

A marvel; the head guides them by calling out in English, "Her, her, her."

XIII. Quod ut factum est, res dictu mirabilis et sæculis inaudita contigit. Quippe caput sancti regis, longius remotum a suo corpore, prorupit in vocem absque fibrarum opitulatione, aut arteriarum præcordiali munere. Vispillonum [1] sane more pluribus pedetentim invia perlustrantibus, cum jam posset audiri loquens, ad voces se invicem cohortantium, et utpote socii ad socium alternatim clamantium, Ubi es? illud respondebat, designando locum, patria lingua dicens, *Her, her, her.* Quod interpretatum Latinus sermo exprimit, Hic, hic, hic. Nec umquam eadem repetendo clamare destitit, quoad omnes ad se perduxit. Palpitabat mortuæ linguæ plectrum infra mœnia faucium, manifestans in se Verbigenæ magnalia, qui rudenti asellæ humana compegit verba, ut increparet prophetæ insipientiam. Cui miraculo rerum conditor illud annexuit, dum cœlesti thesauro insolitum custodem dedit.

A huge wolf is found holding the head between his paws.

Quippe immanis lupus eo loco [2] divina miseratione est repertus, qui illud sacrum caput inter brachia complexus procumbebat humi, excubias impendens martyri. Nec sibi depositum permisit lædere quampiam bestiarum, quod inviolabile solo tenus prostratus oblita voracitate servabat attentius. Quod stupefacti videntes qui confluxerant, beatissimum regem et martyrem Eadmundum illi viro desideriorum judicaverunt meritis similem, qui inter esurientium rictus leonum illæsus sprevit minas insidiantium. Dan. vi.

The seekers take it, and carry it to the place where the body lies. The wolf follows them

XIV. Assumentes ergo unanimi devotione quam invenerant inestimabilis pretii margaritam, cum profusis præ gaudio lacrimarum imbribus retulerunt ad suum corpus, benedicentes Deum in hymnis et laudibus,

---

[1] A., B.; *vespillonum*, Sur. | [2] A.; *loci*, B., Sur.

prosequente usque ad locum sepulcri lupo, earundem reliquiarum custode et bajulo. Qui eis a tergo imminens, et quasi pro perdito pignore lugens, cum neminem etiam irritatus læderet, nemini importunus existeret, nota dilectæ solitudinis secreta illæsus repetiit, nec ulterius in illis locis lupus specie tam terribilis apparuit. Quo tandem recedente, cum summa diligentia et omni sagacitatis studio aptantes quibus creditum est caput corpori sancto pro tempore, tradiderunt utrumque pariter junctum competenti mausoleo. Qua[1] etiam, ædificata vili opere desuper basilica, multis annis requievit humatus, donec sedatis omnimodo bellorum incendiis et valida tempestate persecutionis, cœpit respirare religiosa pietas fidelium, erepta de pressuris tribulationum. Quæ, ubi tempus opportunum invenit, devotionem quam circa beatissimum regem et martyrem Eadmundum habuit, operum exhibitione multipliciter propalavit. Idem namque sanctus, sub vili tugurio sanctificatæ domus, cujus esset apud Deum meriti crebris manifestabat miraculorum signis. Quibus rebus permota ejusdem provinciæ multitudo, non solum vulgi sed etiam nobilium, in villa regia quæ lingua Anglorum Bedrices-gueord dicitur, Latina vero Bedrici-curtis vocatur, construxit permaximam miro ligneo tabulatu ecclesiam, ad quam eum, ut decebat, transtulit cum magna gloria.

XV. Sed, mirum dictu! cum illud pretiosum corpus martyris putrefactum putaretur ob diuturnum spatium transacti temporis, ita sanum et incolume repertum est, ut non dicam redintegratum et compactum corpori, sed omnino in eo nichil vulneris, nichil cicatricis apparuerit. Sicque cum reverentia nominatus sanctus rex et martyr Eadmundus, integer et viventi similimus, ad prædictum locum est translatus, ubi adhuc in eadem forma expectat beatæ resurrectionis gaudia

---

[1] B.; *quo*, A.; *quo loco*, Sur.

repromissa. Tantum in ejus collo ob signum martyrii rubet una tenuissima ruga in modum fili coccinei, sicut testari erat solita quædam beatæ recordationis fœmina, Oswen vocabulo dicta, quæ paulo ante hæc nostra moderna tempora, apud ejus sacrosanctum tumulum jejuniis et orationibus vacans, multa transegit annorum curicula. Cui venerabili fœminæ aut divina revelatione aut nimia devotione mos inolevit, ut patefacto beati martyris sepulcro, quotannis¹ in Dominica cœna, ejus attondendo præcideret capillos et ungues. Quæ omnia diligenter colligens et in capsella recondens non neglexit, quamdiu vixit, excolere mira affectione, posita super altare ejusdem ecclesiæ, ubi adhuc reservantur debita veneratione.

XVI. Sed et beatæ memoriæ Theodredus,*² ejusdem provinciæ religiosus episcopus, qui propter meritorum prærogativam bonus appellabatur, quod de incorruptione sancti regis diximus tali ordine est expertus. Cum, ut narrare adorsi³ sumus, præfato loco martyris tumulationi congruo a quibusque religiosius⁴ multa conferrentur donaria et ornamenta, in auro et argento pretiosissimo, quidam malignæ mentis homines, omnis boni immemores, aggressi sunt sub nocturno silentio

---

¹ *quot annis vixit*, B.
² *Theodoricus*, B.
³ A., Sur.; *exorti*, B.
⁴ A.; B. et Sur. *religiosis*.

---

* There was a Theodred, bishop of Elmham, between 975 and 995 (Stubbs' *Reg. Sacr. Angl.*); but as the bishop here mentioned is described as "sacræ memoriæ," from which words the natural inference is that he was dead when Abbo wrote, it has been thought that some other Theodred must be meant, since Abbo's treatise cannot be of later date than 988, the death-year of St. Dunstan. Hence the story has been referred to the Theodred who was bishop of London between 926 and 951. But it may be observed that in the early middle ages, the addition of "sacræ" or "beatæ memoriæ" did not always imply that the person spoken of was dead. Thus Eddi Stephanus has "beatæ me-"moriæ Acca," although it is certain that Acca was alive when Eddi so wrote.

eandem infringere basilicam latrocinandi studio. Fuerunt autem octo qui absque ulla reverentia sancti decreverant satisfacere suæ vesanæ¹ voluntati, capiendo furtim omnia quæcumque invenissent sibi utilia infra ejusdem monasterii septa. Unde sumptis machinis et quibuslibet utensilibus quibus ad id perficiendum habebant opus, quadam nocte aggrediuntur præmeditatum facinus, et stantes in atrio ecclesiæ diverso conatu unusquisque conceptæ instat nequitiæ. Quorum alius postibus scalam applicat, ut per insertam fenestram se ingerat; alius cum lima aut fabrili malleo instat seræ aut pessulo; alii cum vangis et ligonibus suffossionem parietis machinantur. Sicque disposito opere, cum singuli certatim insudant pro virium facultate, sanctus martyr eos ligat in ipso conamine, ut nec pedem loco possent movere, nec arreptum officium deserere, sed alius cum sua scala penderet sublimis in acre, alius palam incurvus fossor fieret, qui ad id opus furtivus venisset.ᵃ Interea quidam matriculariorum qui infra basilicam jacebat, somno excitus, lecto procumbebat invitus, quem martyris potentia suo conatu vinxerat, nè suis obvius factis² mirabilibus sonus fragoris creber custodis pulsaret aures interius. Sed quid dicam, non posse surgere, quando nec in vocem³ poterat erumpere? Tandem mane adhuc persistentes fures incepto operi comprehensi a pluribus traduntur vinculis arctioribus, et tandem prædicti sancti episcopi Theodredi judicio subduntur. Qui

---

¹ *vesaniæ*, B.
² *fluctus*, B.
³ *in vocem patriam*, B.

ᵃ A similar story is told of St. Spiridion by Sozomen the historian; see Alban Butler, Dec. 14.

inpremeditatus sententiam dedit, quam se dedisse postea omni tempore vitæ suæ pœnituit. Nam omnes simul jussit affigi patibulis, eo quod ausi fuissent atrium sancti Eadmundi martyris furtive ingredi; non reducens ad memoriam quod Dominus per prophetam admonet, "Eos qui ducuntur ad mortem eruere ne cesses"; factum quoque Helisei[1] prophetæ, qui latrunculos de Samaria pastos pane et aqua remisit ad propria, dicens regi volenti percutere ilico, quod non eos cepisset in gladio et arcu suo; Apostoli etiam præceptum, quo dicit, Sæcularia negotia si habueritis, contemptibiles qui sunt in ecclesia, id est, viros sæculares, constituite ad judicandum. Unde canonica auctoritas prohibet ne quis episcopus aut quilibet de clero delatoris fungatur officio, quoniam satis dedecet ministros vitæ cœlestis assensum præbere in mortem cujuslibet hominis. Quamobrem prædictus episcopus in se reversus graviter indoluit, et sibi pœnitentiam indicens diutius se in[2] gravibus lamentis dedit. Quæ peracta pœnitentia, populos suæ dioceseos mandat, mandando convocat, convocando suppliciter persuadet, ut triduano jejunio a se divinæ indignationis iracundiam removeant, removendo avertant, quatenus sacrificio spiritus contribulati placatus Dominus illi suam gratiam concederet, qua corpus beati martyris tangere et lavare auderet; qui, licet tantis virtutibus floreret in mundo, vili tamen et sibi incongruo continebatur mausoleo. Factumque est, et illud sanctissimi regis corpus ante dilaceratum et truncum, ita ut jam retulimus, unitum et incorruptum repperit, tetigit, lavit, et rursum novis et optimis vestibus indutum ligneo locello reposuit, benedicens Deum qui mirabilis est in sanctis suis et gloriosus in omnibus operibus suis.

---

[1] *Elisei*, Sur. | [2] A., B.; om. Sur.

XVII. Nec piget referre de quodam magnæ[1] potentiæ viro, Leofstano vocabulo, qui juvenilis ætatis impetum non refrænans ad id flagitii lasciviendo prorupit, ut sibi quadam singularis potentiæ auctoritate præciperet ostendi corpus tanti martyris. Cumque inhiberetur a pluribus, maxime tamen a suis fidelibus, prævaluit ejus imperium, quoniam propter arrogantiam suæ nobilitatis omnibus erat terrori. Reseratoque locello astitit, aspexit, et in eodem momento in amentiam versum tradidit illum Dominus in reprobum sensum, ac pœna sua didicit quia præsumpsisset quod non licuit. Quod audiens pater ejus, vir religiosus admodum, cui erat Ælfgar[2] vocabulum, horruit facinus flagitiosissimum, et martyri gratias retulit, filiumque a se removit. Qui tandem ad summam inopiam perductus judicio Dei vitam finivit, vermibus consumptus.

XVIII. Sicque sanctus rex et martyr Eadmundus omnibus innotuit, non se esse inferiorem meritis Laurentii beati levitæ et martyris, cujus corpus, ut refert beatus pater Gregorius, cum quidam, seu digni seu indigni, levare volentes conspicerent, contigit ut octo ex eis ibidem subita morte perirent. O quanta reverentia locus ille dignus extitit, qui sub specie dormientis tantum Christi testem continet, et in quo tantæ virtutes fiunt et factæ esse referuntur, quantas hac tempestate apud Anglos nusquam alibi audivimus; quas ego brevitatis studio prætereo, ne alicujus fastidiosi offensam incurrerem, justo prolixior, credens ista sufficere quæ dicta sunt ardenti desiderio eorum qui, præter Deum, hujus martyris patrocinio nil præferunt. De quo constat, sicut et de aliis sanctis omnibus jam cum Christo regnantibus, quod licet ejus anima sit in

---

[1] *magno*, B. | [2] A.; *Alfgar*, Sur.; *Elfbanus*, B.

cœlesti gloria, non tamen per visitationem die noctuque longe est a corporis præsentia, cum quo promeruit ea quibus jam perfruitur beatæ immortalitatis gaudia. Nam dum in æterna patria ei jungitur qui ubique totus est, de eo habet posse quicquid habuerit et velle, præter id solum quod infatigabili desiderio concupiscit, ut per resurrectionem circumdetur stola mutatæ carnis; quoniam tunc erit perfecta beatitudo sanctorum, cum ad id fuerit Christo largiente perventum.

<small>The present incorruption of St. Edmund must be regarded as a proof of his original purity on earth.</small>

XIX. Sed de hoc sancto martyre æstimari licet, cujus sit sanctitatis in hac vita, cujus caro mortua præfert quoddam resurrectionis decus sine sui labe aliqua; quandoquidem eos, qui hujuscemodi munere donati sunt, extollant Catholici patres, suæ religionis indiculo, de singulari virginitatis adepto privilegio; dicentes quod justa remuneratione etiam hic gaudent præter mortem[1] de carnis incorruptione, qui eam usque ad mortem servaverunt, non sine jugis martyrii valida persecutione. Quid enim majus, sub caritate Christianæ fidei, quam adipisci hominem cum gratia quod habet angelus ex natura? Unde divinum oraculum quasi singulari quodam dono repromittit, quod virgines sequentur Agnum quocumque ierit. Considerandum igitur quis iste fuerit, qui in regni culmine inter tot divitias et luxus sæculi semet ipsum calcata carnis petulantia vincere studuit, quod ejus ostendit caro incorruptibilis. Cui humano obsequio famulantes satagant illi ea placere munditia, quam ei perpetuo placuisse manifestant membra incorrupta, et si non possunt virgineo flore pudicitiæ, saltem expertæ voluptatis jugi mortificatione. Quoniam si illa sanctæ animæ invisibilis et illocalis[2] præsentia alicujus

<small>Apoc. xiv.</small>

---

[1] *morem*, Sur.; sed lectio quam de A. et B. exhibuimus magis arridet.

[2] A., B.; *illocabilis*, Sur.

famulantium spurcitia offendatur, timendum est, quod propheta terribiliter comminatur, "In terra sanctorum "iniqua gessit, et ideo gloriam Domini non videbit." Cujus terrore sententiæ permoti, hujus sancti Eadmundi regis et martyris imploremus patrocinium, ut nos cum sibi digne famulantibus expiet a peccatis quibus meremur supplicium, per cum qui vivit et regnat in sæcula sæculorum, Amen.

Explicit passio sancti Eadmundi regis et martyris.

HERMANNI ARCHIDIACONI LIBER DE MIRACULIS SANCTI EADMUNDI.[a]

Prologue.

Ad memorandum Christi Domini testamentum in sæculum confiteamur Domino.[1] Per sanctum enim [Eadmundum] memoriam fecit Dominus mirabilium suorum oppido, misericordia ejus et miseratione precedente in humana conditione, sine qua nemo salvandorum potietur edulio spiritualis intelligentiæ. Memores simus virtutum suorum operum, per se suosque sanctos effectorum, nec habeat nos memoriæ negligentia, quia turpi maculatur nota, cujus mens pigrescit et lingua. Feriet siquidem, heu! multos illud propheticum anathema, "Maledictus ducens opus Domini per ne- Jer. xlviii. "glecta;" cum ipse Dominus etiam in fine seculorum 10. remuneraturus sit quemque secundum meritum, bonos misericordia, malos autem potestate judiciaria. Et nostris quibusdam præcessoribus olim erat pondus criminis, si mutus esset titulus memoriæ nominis, quia, si cætera desint, dignum saltem judicatur ubi justi memoria cum laudibus sit. Unde quoddam promeritum talibus dat psalmographus, inquiens, "In memoria æterna erit Ps. cxi. 7. "justus." Memoria quorum fuerit æternalis, non dubium quin non similium fore debeat taciturnalis, quoniam silentio claudentur perpetuali, carcere clausi stigiali. Quod nos Dei adjutorio evitandum ducentes, et in gratia spiritus sancti munerum largitoris confidentes, ad sancti [Eadmundi] orientalis Angliæ procuratoris ·memoranda accingimur vertere stili ultima

---

[1] Hæc verba, quæ apud Martene (Ampliss. Coll. vi., 822) inveni- | untur, desunt in Cottoniano codice, C.

[a] See Introduction, p. .

enucleatim de eo memorari quæque dignissima. Quædam nobis prolata credulo virorum eloquio; quædam quoque repperimus exarata calamo cujusdam difficillimo, et, ut ita dicam, adamantino. Ad quæ contexenda non nos provocat, quod absit, nostra præsumptio, sed felicis memoriæ patris Baldewini obsequenda jussio, fratrumque sibi subjectorum caritativa exhortatio, ut quod tempore plurium cum[1] neglegentia sic est amissum, saltem, quoad vivimus, reparetur per talentum a Deo nobis commissum. Ad hoc guttatim suam irroret virtutem, qui totius scientiæ omnia continentis habet vocem, quique meritis patroni, unde loquimur, suam protegat plebem, "ne miseri tristem Zabuli trudantur " in ædem," sed æterni memores Domini, hereditate data gentium, opus ejus sentiamus, manuum veritatem scilicet et judicium.

1. Universæ carnis viam ingresso [Eadmundo] glorioso, palmaque percepta martyrii pro viatico, (instabat enim, ut cronica testatur Anglica, annus incarnati Domini octingentesimus septuagesimus, formati vero mundi, his exceptis, decursis quinque milibus,) idem justus [Eadmundus], qui ut palma floruerat bonis operibus, agonia peracta in domo Domini multiplicatur ut Libani cedrus. Mausoleatus quidem, ut majorum nobis intimarunt relata, in villula Suthtunc dicta, de prope loco martyrizationis, pro instanti fervore rabidæ persecutionis, non auso quippe eum transferre aliquo suorum ad quemlibet magni nominis locum. Sic sanctus illo requievit, domuncula orationis super eum habita præparvissima, quoad paulatim refriguit persecutio Danorum sævissima, locusque claruit, quem Dei providentia suo martyri dignissimum disposuit. Clarebat denique circum-quaque, juxta statum sancti funeris candelabrum, fulgor nimius in obscuritatibus nocturnis, non hominum sed vere celestium, splendor

A.D. 870. Sax. Chron.

After the martyrdom St. Edmund is buried at Sutton.

A bright light shines round his tomb.

---

[1] sic Martene; *tempore pluri negl.*, C.

quarum cœli penetrabat fastigium, monstrans de eo nil dubitative, quem Deus sic munificaret cœlico lumine. Hoc primordium signi competenter Dei gratia præbet suo martyri, ut sentiat mens humana lumine vigere cuncta creata, signante super nos lumine vultus Domini, data nobis lætitia sui fidelis [Eadmundi]. Qui[1] regioni Æstengle, cui fuerat quasi eptarcha, patrocinator permanens, cum Dei gratia suffragari non destitit circum-circa, apud omnipotentem promerens, ut credimus, nullum post se, præter Deum, successorem in illis partibus. Partiebatur enim Anglia tunc temporis regum plurium regimine, sed acciderat in Westsæexe majoritas regiminis cuidam EDERED nomine, jam jam manente Christianæ fidei ritu, præter fines orientales, concussas, ut prælibatum est in passione sancti, gentilium impetu. Quæ vesana tempestas, et Deo odiosa gentilitas, crebro circumquaque qua potuit impulit in locis navalibus fines Angliæ per quinquennium Ederedi tempore, semper cedendo adversæ raro vero prosperæ. Etiam, ut memoratur, torva gens appetiit fines Franciæ gloriosæ, perveniens Parisius, qui locus vernat ut Domini paradysus in omni re. Nec mirum illud, quia permittit Deus fieri quod non vult. Sed repulsa duris insecutionibus Francorum, cogitur ad mare quod sibi erat solitum, fitque canis reversus ad vomitum. Sic iterum, annis ferme duodetriginta, qua potest infestans Angliam, Elveredo, prædicti Ederedi fratre, tenente monarchiam, hujus tempore, dexteræ excelsi mutatione, dispartitur, minuitur, et adnullatur piratica improbaque gens Danica a sua infestatione. Jam enim ultio Dei per sanctum [Eadmundum] debebat propalari ; sanctus quoque manifestari cujus apud Deum foret meriti. Qui jam non admodum mundo manifestatus signis miraculorum, in loco ubi divinitus venerabillimum sibi

---

[1] Totus hic locus, usque ad verba *Domini Creatoris* (p. 30), deest in Martene.

delegit mausoleum, credimus ac credendo tenemus, tum pro incuria scriptorum, tanti martyris signa parvi-pendentium si qua fuerunt, more rudium, tum propter offensa praesentialis populi, nondum veniente tempore ejus miserendi. Inter haec siquidem abierit quorundam regum tempus, quos hic apponit calamus, Ederedi praedicti, suique fratris ac successoris Elveredi [1] veridici, cui papa Martinus direxit partem ligni quo Christus fuit affixus; et Romae scolam Anglicam dedit liberam prece ipsius. Hac etiam aetate, fulciebatur Francia decora Caroli Calvi regimine. Post Elveredum quoque venit in regnum Edwardus filius suus, habens "senex" cognomentum. Sequendo hunc Ædelstanus regnat, Angliamque diu partitam solus sibi subjugat. Sequitur Eadmundus,[a] et Edered debilis pedibus, nec non Edwi rex in brevi tempore, Edgaro fratre partim cum eo sceptrigerante eoque post eum plenius regnante. Nunc demum, tempore propinquante misericordiae, rex Edwardus martyr et sanctus succedit in culmine, nostro patrono par et aequalis gloria passionis, et honore debitae venerationis. Hinc ad Anglicum provehitur regimen Edelredus, anno sub eodem honorifice diadematizatus in regis villa Kingestune nomine a suis primoribus, multis in imperium participatus prosperitatibus, nec minus, ut memoratur, lacessitus adversitatibus. Praefato itaque Ædelstano regna moderante, Deique gratia condonante, orientalis rex et

Æthelstan.
Edgar.
Edward the Martyr.
Ethelred II. A.D. 978.

---

[1] supra lineam, " vel Aluredi vel Aelfredi "; C.

---

[a] On the upper margin, with a reference to "Eadmundus," a hand of the 14th century has written: "Iste Edmundus frater Athelstani, " felix aequivocatione nostri pro- " tectoris, locum ubi condigne " requiescit revisit humilitate " mentis, regio dono munificavit " hilaritate eorundem quaeque loca " pertinentis chirographi sui " caractere firmans ratissima, quod " nostris temporibus eadem adhuc " servat ecclesia. Facta est autem " haec praefata donatio anno Verbi " incarnati DCCCCXLV. et anno v" " regni ipsius." See the Charter of Edmund in the Appendix, p. .

martyr [Eadmundus] in Beodrici villa pulsans[1] sibi propria, jamjam declaratur sanctus, virtute signorum splendescens, usquequaque notificatus. Hoc desiderio desiderabili, clericorum aggregantur personæ paucorum servientium inibi, quorum nomina prælibamus pro veraci testimonio, quæque sine testibus dantes exterminio. Fuerunt quippe diaconus Leofricus, et alter presbyter ejus æquivocus; Alfricus sacerdos, Bomfild quoque, ipsius ordinis compos; Kenelmus levita, ac Eilmund vivens sacerdotii vita. Dioceseus autem episcopus, ex ipsis servientibus unus, vocabatur Adulfus,[a] regionis Grantebrigiæ ortus. Ad laudem ergo redemptoris et in honorem sui martyris, miracula disseramus nostri protectoris, fisi de munere Domini Creatoris.

First translation of the body to Beodricsworth.

Names of its guardians.

2. Quia ergo in tempore gratiæ benignissima Dei potimur misericordia, laudem Domini proloquendo nostra proferant eloquia, exarando pretiosi martyris [Eadmundi] gesta mirifica, patrata per eum quando et quomodo voluit omnipotentis clementia. Operatur enim per suos fideles Omnipotens, ut per instrumenta artificialia quivis artifex prudens, quod et propheticis approbatur dictis, dicendo, "Mirabilis Deus in suis Ps. lxvii. "sanctis." Quæ operata mirabilia fidem credendi nobis augent et implent, si vera relatione florent ut debent. Quidam igitur Leofstanus nuncupatus, pollens honore vice-comitatus in diocesi qua noster veneratur

The story of Leofstan, the wicked sheriff.

---

[1] lege *pausans.*

---

[a] Although the translation itself is said above to have taken place in the reign of Athelstan, the duties of Eadulf, bishop of Elmham, about the Beodricsworth shrine cannot have commenced till some years later. For it is known (Stubbs, *Reg. Sacr.*, p. 15) that he was consecrated to the see by Archbishop Odo; but Odo was not moved to Canterbury till 942, two years after the death of Athelstan. Signatures of Eadulf to charters (*ibid.*) in 956 and 964 occur in the *Codex Diplomaticus.*

sanctus, ad improbationem suæ malignitatis nil sancto deferens dignitatis, quippe cujus cor plenum nequitiæ minus habebat tenoris justitiæ,[1] die Kalendarum Maiarum placitaturus aderat cuidam acervo, quem Thinghogo[2] solite vocat populi frequens appellatio. Quo demoratus versat in animo truci ac deteriori, siquid actionis justæ vel injustæ habeat alicubi, unde quoquo modo terrenus augeatur census. Sic vorax talium consuetudo suos solet variare sensus, ut offensa malint hominum quam nil reprehensionis eorum. In offensa tunc forte ceciderat vicecomitis mulier quædam lapsa per casus criminis, affectaque timore muliebri ne subderetur afflicta judiciariæ manui, sanctum martyrem expetit redemptorem, et sancti asyli subiens loca, juxta martyris pignora clericorum[3] pausat licentia. Quod dum judex comperit quem diximus, modo altercationis quis eorum sit potissimus, vel martyr in liberatione aut judex in damnatione, apparitores citissime dirigit, qui sibi ream deducant præcipit, et ad supplendum facinus sui rabide jubet violari loca sancti, infelix nescius futurum tale quid in ejus detrimentum. Eunt apparitores ex imperantis jussione deteriores, intrant absque venerationis honore sancti basilicam, aspere requirunt a loci servitoribus vicecomitis ream. Hoc ecclesiæ majores, Bomfild sacerdos levitaque Leofricus, abnegationi ingerentes, scilicet quam sanctus susceperat in ereptionem se præbere nullatenus in condemnationem, infelices ministri, ausu dæmonico permoti, violando sancta sancti rapiunt, ac eam deducunt qua possunt vi, clericis hac illacque genuflexis vindictam imprecantibus septem psalmis et letaniis. Quorum vocem imprecationis Deus audiens, non auribus surdis suo satisfacit martyri, ut glorificetur in seculum seculi.

---

[1] quatuor hæc verba desunt in Martene.
[2] *Dunghogo*, Martene.
[3] subjicit Martene, *qui adhuc ibi manebant.*

Eia tyro Dei, [Eadmunde], tyrocinii jam signum exere, et hostes sanctæ Dei ecclesiæ comprime. Captivatam releva, cujus apud Deum sis potentiæ revela. Interea loci vice-dominus infamis post suos descenderat cursores in atrium martyris, habita statione ad sepulturam cujusdam Bundi presbyteri, non progressurus ulterius absque dedecore sui. Illuc virtus operata deifica alienatione mentis cum infecit et amentia, sic martyris mulierculam liberans, et ab oculis ducentium devians, quorum curæ versus suum damnatum dominum jam erat majoritas, quam perfici quod eorum cœperat protervitas. Posset videri tot uno impetu fieri, ream pervasam liberari, judicem quoque a dæmone possideri. Qui perosus cœlo ac terræ vitam finiit male, tum vivus possessus a dæmone, tum itidem possidetur cadaver exanime, nec diu sinu retentus sepulturæ mergitur in stagnum, insutus tergore vitulino, tale sic habens monumentum, "Quique non resurget in judicio," Ps. i. 5. cum impiis; jam enim erit vindicta Domini ut securis ad radicem arboris.

The story of Sweyn, king of Denmark; he demands tribute from Beodricsworth, but it is refused.

3. Plausu manuum lætitiæ spiritualis Deo proferatur jubilum vocis materialis, quoniam rex et martyr EADMUNDUS præpollens magnificus Edelredi regis temporibus refulsit miris virtutibus.[1] Qua ætate quidam Sueyn dictus nomine, effrenis animi elatus nimietate, et ad vim propagandæ dominationis fastum suæ protendens intentionis, nativum parvipendendo regnum, audacem tetenderat animum ad invasionem regni Anglorum, quo tunc Edelredus pater incliti regis Eadwardi præerat, rex quidem omnium quæ paci ac quieti competebant. Sed quia raro quid prosperi cedit in longum dilectoribus sæculi, dumque pax secure speratur, insperata confusio pro foribus minitatur, præfatus rex Danicus, apparata classium copia,

---

[1] Tota hæc clausula deest in Martene.

quam potuit citius pervasioni diu meditatæ institit festinus, loco contiguo Angliæ, Geynsburch nomine, accipiens litus, ad damnum sui videlicet, cui occultum Dei judicium imminet. Cognito itaque ejus navali adventu Edelredus, sed et pauperrimo primatum et ut ita dicam nullo resistendi consilio fretus, habenas linquens regionis Angliæ Normanniam petit cum uxore, cedens ad tempus potenti fortunæ. E contra procax Sueyn, pervasor audax Angliæ, eo fugato abinde, vix valet quis eloqui quanta rabies sibi fuerit cordi, cum parcens nemini dederit omnem patriam vastitati inestimabili. Insuper lugubre malum, scilicet ubique ponit tributum, quod infortunium hodieque luit Anglia,[a] multum felix, dives, ac dulcis nimium, si non forent tributa suorum regum. Sed tunc martyr [Eadmundas] valens apud Deum, quod fuit contrarium vertit in prosperum. Pervulgata quippe mali fama, turbatis omnibus pro formidine tyrannica, dolet, gemit tristis Anglia principe frustrata; exsequitur, velit nolit, quæ pervasorie rex imponit; nec persona quævis ab hac exsecutione fit immunis. Solum martyris familia fieri respuit tributaria, sui sancti poscens auxilia. Exactoribus itaque plerisque missis callidioribus, gregatim circumquaque satagunt ut regius aggregetur fiscus, mentientes tanti operis viam donec ad sancti descendunt mansiunculam, Beodrici villam nuncupatam, sibi, dum vixerat, suorumque antecessorum regum[1] orientalium, a quodam, ut dicitur, rege Beodrico proprie nominatam, sed modo pignoribus martyris

The Danegelt.

---

[1] Martene; *regnum*, C.

---

[a] The Danegelt, a tax of 1s., and afterwards of 2s., on each hide of land, was abolished by Edward the Confessor, but revived by the Conqueror, under whom and his sons it continued to be levied; finally it was remitted by Stephen in 1136, soon after his accession. This passage must therefore have been written before that date.

sacrosanctis dedicatam, suisque servitoribus a prædictis regibus concedendo victualiter delegatam. Illuc sine reverentia sibi jussa requirentes vectigalia, ore fulgureo villæ cultores territant, nisi quod quærunt annuant. Sed abnuunt Beodricenses, sancto confidentes, qui erga eum non pigritantes malum infortunii removent[1] virtute Dei, quibus adest jam solita quam dat Deus fidelibus clementia. Porro unanimi eloquio ab incolis censu refutato tributario, tum quia se tributarios nullius fore dicunt nisi sancti solius, tum defendi se ab hoc martyris protectione, ut soliti erant ab omni infestatione, ministri falsitatis dominum repedarunt iniquitatis,[2] evasionem suam pro magno reputantes, nedum tributum a tam libero loco exigentes.

Egelwin the monk, a devoted servant of the saint; the men of Beodricsworth use his intervention. St. Edmund appears to him in a vision.

4. Quoniam vero quærentibus fideli mente nusquam deest, sed affluit largitio Dominicæ misericordiæ, cultores Beodricenses, hoc utillimum providentes et in calamitate lugubri commanentes, ante sanctum martyris corpus invocando nomen Domini singultuosis precum effusionibus, animis invigilantes, exorant patrem Eadmundum diri Sueyn removeri tributum. Cujus necessitatis interventus apud sanctum fit medius Egelwinus monachus. Ipse enim sancti famulus, nocturnæ relevationis mutuis allocutionibus, ut ore ad os loquebatur sibi sæpius. Qui in habitu laicali despecta dudum pompa seculari, in eadem ecclesia ad amorem sancti contulerat se primus monastico ordini, sub constitutione regulari desiderantissime cucullatus inibi a Deo, spiritualium exercitationi insudans operum, ut devotus erga sanctum servilem exhibens cultum, incorrupta sancti corporis membra pura sæpe superfundebat aqua, capillos sancti capitis componens dentibus pectineis; quod detraxerat cum pectine diligens reliquiarum more servabat in buxide. Hac

---

[1] legendum est forte, *removet*. | [2] Martène; *initatis*, C.

excellentia prerogativæ singularis ditatus, martyris consecretalis cubicularius a suis vocabatur agnitoribus, omnimodis debitum impendendo servitium ut viventi in carne solet quis hominum.

Hujus rei gratia pro diversis oppressionibus sancto colloqui solitus, ut amico amicus, per noctis silentia viam levaminis ac consilii salubrioris responsa crebro capiebat utilia. Inter hæc præfato monacho querela populi commanentis eo notificata sancto, meruit sincera cordis ejus fiducia juxta quod petierat exaudiri, et ab ingruenti oppressione per opacæ noctis silentia, deditus sopori, ut humanus expetit usus, revelari. Tunc felix EADMUNDUS suorum misertus, verba cum minis rei [1] Sueyn mittit, dicens, "In meos quid furis, quid tributarios facis? Cessa, cessa tributum exigere, quod nullo dederunt sub rege, nec requisitum vel persolutum fuit post me eorum aliquorum tempore, quia si te "ab hac infestatione non removes, prope cognosces "quod Deo michique pro populo displices."

5. Sic famulus Dei, injuncta per soporem tenaci memoriæ commendans, ad sui populi relevationem sub designato termino viam hilaris arripit pro posse suo, tandemque meta viæ finita regis diu quæsiti utitur presentia. Quo stipato Danorum miserorumque Anglorum satellite plurimo, necnon perorata salutatione eloquio Egelwini, ut decebat, luculentissimo, legationis causa cur venerit palam prosecuta, miscendo duris blanda, sed et mitissimis demulcendo aspera, mandatum martyris indicat et edocet, videlicet ne suos cultores pondere tributi ullatenus oneret, sin autem, interminationem veram futuræ incommoditatis sentiet. Tum magis magisque martyris mandato sollicitatur ab Egelwino secretario trux Sueyn et frendens ut leo, ad Geynesburch in generali placito; sed martyr sanctus

Egelwin goes to Sweyn's camp, and asks that the servant of St. Edmund may be free of tribute. Sweyn refuses.

[1] *reqi?*

spretus cum nuntio instat interminationis negotio, nuntium contumeliis verborum lacessitum, spretum, ac pulsum muniens divinæ securitatis clipeo. Ipse longe positus et Deo proximus hostem proterit, inimicum perimit, tributum minuit. Ecce! martyr EADMUNDUS, potentia signorum mirificus, æquiparatur Mercurio [a] martyri ulciscenti injuriarum blasfemias apostatæ Juliani, in genitricem Dei Basiliumque virum Domini. Uterque, consummato cursu vitæ roseo martyrii certamine, confringunt reges in die suæ vindictæ, ad leva- Ps. men et auxilium suorum, conquassando capita fortium in terra multorum. Quia de torrente, id est, morte pro Christo biberunt, propterea eorum exaltatur caput.

Egelwin departs; near Lincoln he hears of Sweyn's sudden death.

6. Supra memorato Egelwino deturpato verbis ac minis a rege iniquo, contumeliis quoque, sub jurisjurandi sponsione nisi fugiat confutandum fore, paululum affectus mœstitia discedens, verum in suo protectore non ficta mente confidens, declinata jam die Lincol[n]ienses fines ingressus quo potest cum suis procurat corpus. Deinde fessos artus pauxillæ concedens quieti, dispositione Dei et voluntate sancti obripitur dulcedine somni, eo usus firmiter ut plerumque talibus solet fieri delectabiliter. Quo martyr adest, pretiosus procurator ejus ac dictator viæ ipsius, allevians [1] eum ponderis mœstitia, inculcando [2] se de effectu [3] Sueyn

---

[1] *allevans*, Martene.
[2] Martene; *inculcaldo*, C.
[3] *defectui*, Martene.

---

[a] The absurd legend which made a Christian martyr, St. Mercurius, the slayer of the Emperor Julian, is not found in any regular ecclesiastical historian, nor in any genuine Acta, nor in the writings of the Fathers (Ruinart, *Acta primorum Martyrum*, Præfatio); it is only extant in the *Chronicon Paschale*, that singular work which, discovered in Sicily in the sixteenth century, when it was known by the name of *Fasti Siculi*, attracted great attention from Onufrio Panvini, Sigonius, and other learned men.

auditurum gratissima, antequam ad propria unde
venerit adpropiet habitacula. Quinetiam præmonet,
somno excitum itineris arripere gressum ante diei
crepusculum. Surgit impiger monachus, complicibus
excitis a stratibus; procuratis necessariis carpit onus
itineris, partim martyris effamine fisus, partim regis
indignantis duris rationibus pavidus. Sed præcessus
ac subsecutus a quibusdam viantibus militibus, ab uno
suorum ducit inquirendum conditionem eorum, verens
ne loco suo præmittantur extorquendo tributum. Inde
pavefactus quam maxime, et post eos equitans longius-
cule, tandem inquisitoris responsione, auditus etiam
sui intentione, perpendit eos perstrepere verbis prolatis
Danice. Imminente quippe accessu posterorum, cum
jam proximaret incessus præcedentium, datis saluta-
tionibus ut moris est viatoribus in invicem, gratum
duxit protelandum cum eis aliquod affamen. In quo
ab insistentibus oculo subtili cognitus, verbis unius
sic est adorsus. " Quæso te amicabili ratione, utrumne
" sis presbyter ille quem æstimo conjectationis modo,
" ut videris esse, nudius tertius ante regem Sweyn
" locutus fuisse, audacter interminando ex sancti tui
" Eadmundi injuncta legatione." Hoc eodem profi-
tente humili voce se sine dubitatione,[1] cum gaudio
audit quod idem gaudenter intulit, regem post suum
vaticinium, sequenti nocte mala morte multatum, perfossum cuspide terribiliter vita[2] decessisse. Quæ inti-
mata nullius credulitatis figens anchora, inter spem et
metum tenuit, quoad propria revisere potuit, veriusque
factum cognovit relatione plurium. Celebrior ergo
pro tam insperato facto habitus est sanctus ab ipso,
cujus ereptione sensit liberos non solum suæ pauperes
villæ, sed etiam per Angliam totam deferbuisse invasionem gulosam, ad revelationem pauperum, quorum
non obliviscitur Deus eorum.

---

[1] *se sine dubio fore*, Martene. | [2] Martene; *vitam*, C.

7. Sed ne claritas tanti miraculi obumbraretur raritate testimonii, voluit Omnipotens proferri in propatulo, quod invictus martyr egerit pro suo populo. Contigit autem in vice-comitatu Æstsexsse, in domo cujusdam villæ, eadem nocte qua Sweyn malo periit omine, quendam sic infirmitatis mole depressum, sic sola facie, sic pectore vivente paululum morituro simillimum, ut viribus negatis nulli[1] astantium videretur esse vitalis. Ad signum vero triumphi insignis Eadmundi hic encleticus[2] morti contiguus triduo in agonia positus sic in medium ab amicis vicinisque custoditus, in verba prorumpens pandit astantibus, Sweyn sancti perfossum cuspide vitam male perdidisse Dei pro sancto ultione. Quod ut aperuit virtute oris, residens in medio lectuli, dono Dei omnipotentis, eo signo verum affirmat quo se moriens[3] ut prius in stratu collocat, datque fidem verbis, faciens morem morientis.[4] Jam nunc viget veridici effectualiter sententia Pauli, docens Romanos Dei invisibilia per ea quæ facta sunt Rom. i. 20. a mundi cognosci creatura, ut superius de Sweyn relata ultio peregit divina; scilicet per ægrotum subito locutum, moxque defunctum, quod erat ignotum fit[3] proculdubio notissimum, ad conditoris laudem, cui totus orbis dicit, Amen.

8. [Ad roborandum superioris facti regis pervasoris sanctique nostri procuratoris miraculum, ne cujuslibet mens vacillet dubia, præsens habeatur Anglorum cronica, in qua per annos dominicales regum Anglorum repperiri possunt annales, inter quos et Sweyn vorax invasio decennalis fuit, Anglis detestanda confusio, præter fines orientales sancti Eadmundi protectione vigentes. Ubi locis in quibusdam, ut nobis Ælfwen religiosa reclusa quædam,[6] apud Sanctum

---

[1] Martene; *nulla*, C.
[2] *encleticus*, Martene.
[3] *mortuum*, Martene.
[4] *faciens—morientis*, om. Martene.
[5] Martene; *sit*, C.
[6] subaudi *dixit*.

Benedictum in Holm solitarie vivens, memoratæ ætatis reminiscens, nec tributum concessum nec collectum ; in quibusdam, ut in regione quæ dicitur Flec,ᵃ congregatum ac Teotfordi a patre prædictæ reclusæ, Thurcytel nomine, deportatum, sed minime persolutum, potius, regis intellecto fine, redditum unicuique suum fuisse.]¹ Sicque grassante lætitia Danorum in præcipitium versa mærorum, corpore domini sui Anglica non merito sepultura, dispositione dictante superna, cadaveris locus multo sale repletur, ne ingruens fætor obsit navigantibus remeantibus ad fines proprios, exitus habentibus per omnia pessimos, unde benedicatur Deus, potenter deponens potentes fine tenus.

9. [Rege regum ex alto ² virtute dominationis, prostrato simul rege confusionis, instabat utique inscriptio millenarii millesimus xiiii. annus incarnationis Domini. Redit Ædelredus a Normannia cum decentis navigii manu valida, prætermissi jam regni recipiens gubernacula laude ac voluntate compatriotarum ; laboriose postea, quamvis parum vigens in regnum, Eadmundo ferreolatere suo successore, sed non amplius anni unius regimine, Cnutone tamen cum eo sceptrigerante, corona vero regni Ædmundo remanente. Nocte siquidem sequentis diei festivitatis sanctissimi Andreæ apostoli, quintadecima indictione, Lundoniæ perimitur, insidiis Eodrici Streone perfidissimi ducis, sed cum avo suo rege pacifico Ædgaro sepultus. Cui si vitæ cursus foret socius, multa beato martyri bona impertisset attentius, quod quia non explevit effectu operis, tamen non frustrabitur munere bonæ voluntatis, dicente de quibusdam benevolentibus Scriptura,* "Sufficit voluntas ⁵? " bona."]³

Reigns of Ethelred and his son Edmund Ironside. A.D. 1014.

---

¹ quæ uncis sunt inclusa om. Martene.
² *exaltato?*
³ [ ] om. Martene.

* The country round Yarmouth, still known as the hundreds of East and West Flegg.

A.D. 1010.
Thurkill's raid on Ipswich. Ægelwin takes up the remains of St. Edmund, and wanders about with them.

10. Verum quia nil gradus stabilis præter æterna nanciscitur dubius orbis, Anglia, totiens propulsata infestatione Danica ab aquilone, iterum perpetitur malum incursione Danorum, ad Gippeswich versus solis ortum [1] cum quodam Thurkillo [a] appulsis navibus, confinia sancti martyris Eadmundi exterminantibus, quæque supellectilia devastantibus.[2] Qua tempestate tunc orta Danorum res acriter invadentium Anglorum, Christi testis Eadmundus cum locello vehiculo superpositus ab Ægelwino suo jam dicto secretario circumcirca deducitur, ne tantum thesaurum manus deprehendat malorum, vel frustrentur eo, quos [3] fovebat, remediabili præsidio. Hac compulsus formidinis sollicitudine Ægelwinus instat procurando officiosissime, cum amminiculis quibus audet, deducens per diverticula qua potest, maxima diffugiens ædificia, hospitari contentus ad quæque humilia. Similis ipse itinerantium nundinas pro mercibus frequentantium, quo dum redeunt, timoris viam ineunt, semper a tergo timentes, nec minus timidum iter ante se prætendentes. Felix ac felicior felicissimo quiscumque modum coemptionis iniens cum Ægelwino, cui præ manibus viget tanta merces Dei dono. Non auro mercabitur Arabiæ, vel ulla specie nundinarum in die, quod talis ac tantus emptor repperit sola fide.

He comes into Essex; inhospitably received by the priest.

11. Sic Ægelwinus, tanta merce ditissima fretus, calle diurno non tamen sine pavore transcurso, intrat Æstsexe fines vespertinalibus horis, mansiunculam in-

---

[1] Martene; *ortus*, C.
[2] Martene; *devastibus*, C.
[3] *eo quo quos*, Martene.

---

[a] This Thurkill, not named in the Saxon Chronicles till 1017, is mentioned by Florence as one of the Danish vikings who first landed in England in 1009, and made the descent upon Ipswich in 1010. See Lappenberg's "Anglo-Saxon Kings," vol. ii.

venit levamen laboris. Quo notata cujusdam Ead- *Eadbriht; whose property is consumed by fire.*
brihti presbyteri habitatione, patris scilicet Ealfuini,ᵃ
postea abbatis Rameseye; quæritat gratiam hospitandi,
cum sua modica supellectili. Sed presbyter, quæ sit
supellex ignarus, hostiumque circumquaque rumore
pavefactus, ingressum domus renuit, deforis autem
commanendi locum annuit. Eo contentus Egelwinus
cum suo domino noctis deducit excursus, cujus cum
Deo meritum fit dehinc pluribus notissimum, dum
pernoctant aforis presbyteri domo, sanctus in vehiculo
ductorque cubans sub eo. Sic sanctus est illi¹ tugu-
rium, et nocte lumen lucidum, velut in meridie mundus
solis claret lumine. Quam felicia quiescentis lectisternia, ubi servus secum somni carpit otia, dominus
tuetur servum per noctis silentis cursum, vice sermonis
Cantici Canticorum, "Ego dormio vigilatque cor meum." *Cant. v. 2.*
Utique vigil merito vigilavit [Eadmundus] modo, sed
et Egelwinus dormivit sub eo somno soporifero, dum
in gallorum corticinio, quod diei potest crepusculo,
movent se vehiculi rotæ, non hominis sed Dei motione,
sancto quid ex hostibus præsciente viamque progredi
volente. Surgit a stratu dulci qui dormierat; tandem
præmeditatus novit quis agitationis rotarum actor
fuerat; paratus iter cum aurora properare properat.
Jam solis orbita horæ primæ progressa linea, cernunt
itinerantes post se prospicientes mansionis relictæ res
omnes versas ab igne, seu fecerit furor hostium, seu
fati vindicis aliquod prestigium. Dicuntur enim sic
evenientia vulgariter² fore fatalia, sed, ut credimus,
ignis consumpsit edacitas, quod dura presbyteri recu-
savit hospitalitas. Legerat hic scriptum, sed non
intellexerat, vere hospitalem se fieri debere, sine mur- *1 Pet. iv. 9.*
murationis angore. Istic reducitur memoriæ ratio Loth

---

¹ *illa*, Martene. | ² Martene; *vulgaliter*, C.

ᵃ "Aylwynus or Alfwinus became | "was so for thirty-six years."
abbot [of Ramsey] in 1043, and | Monasticon, vol. ii.

et Gomorrœ, salvati unius, iraque Dei pereuntis alterius. Nec abest Segor intellectus, id est, martyr
Eadmundus, in quo et per quem Loth salvatur, typo
cujus Egelwinus memoratur.[1]

Segor=Zoar.

12. Itinere citato taliter cursu diei peragrato, dum
pervenit sanctus et auriga ejus ad aquæ cujusdam
transitum, fit ibi dubium, quomodo sancti gleba trans-
ierit in rheda. Tabulatus quidem pontis, arctior rotarum vehiculi spatiis, pontem per medium videbatur
prohibere transitum. Sed facit virtus divina pro suo
sancto laudabilia. Transit enim sanctus cum rheda,
cui pons et flumen jacet via æqua. Aspicit Egelwinus
ammirator hujus visus; laudat sanctissimi meritum
Eadmundi, per quem benedicitur filius Dei; cujus rotæ
vehiculi, dantes certa vestigia, super flumen cucurrit
dextra, æque super pontem sinistra, more Petri cal-
cantis æquor nutu Domini. Hinc Deus benedictus
per omnia, modificans suis fidelibus cuncta creata.
Lætus ad hæc Egelwinus pro visu miraculi, Lundoniæ
properat pignora sancti, ut in securitatis portu com-
maneat, sanctusque[2] suus ad laudem Dei virtutibus
præfulgeat.

The car with the relics brought over the narrow bridge,

Nunc viam intendendo veri-similium et, ut ita
fateamur, argumentorum probabilium, qua solent argu-
mentari, videlicet magna magnis conveniri, lætare jam
Lundonia, urbs Angliæ opulentissima; magna quidem
tuis magnatibus, sed fies major ac maxima martyris
[Eadmundi] magnitudinibus. Satis et admodum gemu-
isti cum non pariente sterili; verum ecce! sterilis
lætare quæ non paris, quæ nullos parturis vel habes
sanctos; clama et erumpe, laudis exhibendo mocelos, (modos?)
quia venit tibi suffragator ab Eastengle, felix sui
nominis nuncupatione. Jam secure Zacharizabis
cum Zacharia; visitavit oriens ex alto nostra. Cujus

and thence to London; cures.

---

[1] *Legerat—memoratur* om. Martene. | [2] Martene; *sanctisque*, C.

visitationis lator Egelwinus, desideriorum desiderator, in civitatis ingressu præfatæ percipitur,[1] Deo sanctoque [Eadmundo] cooperante, a via quæ Anglice dicitur Ealsegate,[a][2] usque ad ecclesiam beati Gregorii [b] papæ, xviii. curatis desiderata curatione,[3] ab eis vario corporum pulso languore.[4]

13. Ad spectaculum sanitatis quorum, interea dum juxta fertur quædam in sporta, a cingulo [5] pedetenus membris contracta, audito plausu prodigiorum sancti, "O," inquit, "utinam mei perciperent oculi, quis, qualis, "et quantus hanc urbem ingreditur sanctus." Illico stans in pedes corbem [6] exilit, diu sibi peregrinæ sanitatis munus excipit, nona decima facta curatorum,[7] virtutes Dei in sancto [Eadmundo] magnificantium. Postmodum Egelwinus hilaris desiderabile reponit pignus sancti in ecclesia memorati Gregorii, infra atrium apostoli Pauli. Illuc ferme triennio cum suis excubando thesaurizat pro certo, sed non ignorat cui ea congregat, id est, [Eadmundo], sibi in animo omnium horarum momento. Quot et quæ virtutum signa cum martyre patravit hic celsa Dei gratia, pulchrius ulla re foret scriptum relatu, si non torpuissent priores infecti socordiæ nexu, necdum a se vigilando repulsis torporis ac negligentiæ tenebris, studii pigritantibus otiis.

The body is deposited in the church of St. Gregory.

---

[1] *percipit*, Martene.

[2] *Ealsegale*, Martene.

[3] *desideratam curationem*. Martene.

[4] *Nunc viam — languore* om. Martene.

[5] *singulo*, Martene.

[6] *carlem*, Martene.

[7] Martene; *curantium*, C.

---

[a] Coming to London from Essex, Egelwin would naturally enter the city by the eastern gate, Aldgate. (Stow's *London*).

[b] St. Gregory's church used to stand very near old St. Paul's, at the south-west corner of the cathedral. It was destroyed by the great fire of 1666, and not rebuilt, the ground on which it stood being thrown into St. Paul's Church Yard (Stow's *London*, ed. by Strype).

Punishment of the arrogant Dane.

14. Attamen ne dicamur in meridie palpitare, a nobis excusso pigritiæ fasce, dilectores dicamus, quod indicat rumor verus ac moderatus. Oblata fuere sancto donaria rerum multarum innumerabilia; incolæ, cives, et advenæ sua dant xenia; quæque parum videtur cuique sua donare. Talis est omnibus devotio; sancti quoque sic religiosa crescit veneratio. Inter quæ quidam Danus, tanta veneratione vanus, abusus devotione, sed et torva plenus intentione, accedens ad sancti lecticam[1] illiusque proterve unde operiebatur[2] elevans pallam, oculo quærit protervo circumspicere, quis vel quantus habeatur sanctus, de eorum genere dictus, "Qui circumspiciens non impune malum sentit "fore quicquid fit proterve," illico lumine frustratur quia septimum est quod Deus abhominatur. Talium memor Ecclesiastes, concionatur dicens, "Sex sunt quæ "odit Deus, et septimum abominatur anima ejus," id est, oculos sublimes, quibus omnes notantur arrogantes. Sed tumor arrogantiæ talis in modum vertitur melioritatis, Deo et sancto peccatori propitiantibus, Danoque fuso ad pœnitudinis fletus, humillime quærendo misericordiam donec impensam adipiscatur veniam. Et quia cor contritum respicit Deus et humiliatum, et quanto corda duriora tanto sæpe per bonum flexibiliora, exauditur Danus receptis visibus sanus, gratanter munificat sanctum armillis aureis ambarum manuum, fuerat enim ex ordine magnatuum, laudans a modo Deum, venerando quoque sanctum [Eadmundum]. *Prov. vi. 16.*

15. Ante legem oppido, subque legis constituto, Deo suis in fidelibus olim mirificato, adest sub gratia modo, sanctum de quo loquimur diatim mirificando. Et jure, cum protestetur veritatis voce, extra[3] patriam propriam acceptum fieri[4] quemque prophetam. Qua

---

[1] *lætitiam,* Martene.
[2] Martene; *opiebatur,* C.
[3] *intra,* Martene.
[4] *non fieri,* Martene.

acceptione potitus infra Lundoniæ mœnia martyr [Eadmundus] mirificus signis per opera mira animat suos, privata secum sine mora repeti[1][a] territoria. Ad quod petita qua debebatur licentia, concessaque non absque animositatis injuria, advenit cum suis Ælfhun dictus præsul urbis, simulans modum devotionis; verum quod dissimulavit verus rei finis palam propalavit. Idem præfatus pontifex, se quarto[b] ut sancti levaret pignora accedens, immobile repperit quod movere temptaverit; additisque quattuor aliis sanctus Domini perstat immobilis; sed non pro duodecim movetur, nec dum totidem numero adhibentur. Animus enim præsulis fuerat memorati, tractarat quoque cum suis et id consilii, sanctum vi se deferri[2] in basilica apostoli Pauli, si quo modo ab ecclesiola ubi manserat posset efferri. Bona quidem devotio, sed a voluntate sancti discrepabat talis intentio. Interea, præsentibus aspectu tali stupentibus, lectica sancti veluti monte quodam immobili persistente, appropiat Egelwinus, martyris servitor fidissimus; sanctum invocans orat medullitus ne eum hac vice suæ voluntatis frustretur ostentamine, impræsentiarum ostendendo, utrumne velit propria repeti, se dehinc movendo. Quem martyr exaudivit ut crebro consuevit, et exauditus quartus cum suis tribus beati levat corpus, levatoque nil sentiunt levius, ac si sit ponderis nullius. Sic hymnizando cum populi frequentia, itinerantes urbis exeunt receptacula. Repedat [Eadmundus] agonitheta sua mansionaria, refrigerata jam Danorum sævitia; Beodricensibus inest modus exultationis adventando corpore sui regis, et

---

[1] *repetit*, Martene.   [2] *deferre*, Martene.

---

[a] The reading of C. is right. The saint wonderfully encourages his followers, that with him his own proper territory should be revisited.

[b] The meaning seems to be, " approaching and offering himself for a fourth"; see below, " quartus cum suis tribus."

quo caruerant temporum per spatia, exultant a modo signorum cum gloria.

16. Requies est iterum præsentalis villa[1] Beodrici Æstengle protectori [Eadmundo] martyri; quin et aula cæli cohereditando Christo communis fit sibi, hic suos patrocinando, illic haud minus pro suis interveniendo. Adversa mutat in prosperum, prospera firmat in integrum; nil surreptionis malæ requisitus suis fidelibus sinit inesse, vel inane. Valens apud Deum alienat qualitates rerum, tergiversat acredinem passionum, radicitus mitigans iniquorum[2] motus animorum vicissitudine patrata rerum diversarum.

Cnut becomes master of England, and reigns well.

Quo[a] tempore hæreditarius Sweyn, Chnut dictus nomine, intentans malum Angliæ nisi ejus dominetur ubique, in malitia factus omnibus opinabilis, tamen ad hoc Deo protegente fit inexplebilis, quia non patrizavit in rebus iniquis, efficiens verum illud proverbiale, nequaquam lupum, sicut putatur, tam magnum fore.[b] In regnum sic promotus quo voluit prosperatur totus, instinctu bonæ mentis stabiliens sequi quæque optima legis. Ad Windlesors habito concilii termino, disponit confirmandum quicquid potissimum sanctarum legum invenerit esse tenendum. Demum quippe protectorem suum post Deum invisens sanctum [Eadmundum], actu regali xeniavit locum donis ac redditibus propriis munificavit, liberumque omni consuetudine chyrographizavit.

His liberality to St. Edmund.

Cnut's other good qualities.

17. Nec prætereundum silentio, hic rex bonus quid elemosinæ fecerit modo, videlicet sicubi monasteria vel castella nominata petiit, clericali et monastico ordini

---

[1] *villæ*, Martene. [2] om. Martene.

---

[a] The whole of this passage, down to "salvator hominum," on p. 49, is wanting in Martene.
[b] This is a good mediæval counterpart of the modern proverb, "the "devil is not so black as he is "painted."

ex suo sumptu pueros docendos tradidit, non quos invenerat de libertinis, verum ex elegantioribus de paupertinis. Quosdam etiam sic incedens regio more liberos dabat propria manus datione, reminiscens paginæ divinæ, de pulvere egenum suscitare, pauperemque de stercore erigere. Pape! talis est mutatio excelsi dexteræ. Quæ Saulum mutavit in Paulum, in eodem lupum magnum, nunc habet ferum hominem in Christianissimum regem. Qui ad augmentum boni, et ut foret expeditioris animi, implendo statum publicæ rei, sequens illud Moysei quod enarrat liber Exodi, partiendo videlicet Aaron et Ur sub Moyse laborem populi, idem rex per omnia sollers sollicitudinem regni quadrifarie partiens, tetrarchas stabilierat, quos fidelis voti reppererat, Westsaxe sibi ipsi partem majorem, Ædrico cuidam Myrcen secundam portionem, Yrco tertiam Northymbre vocatam, Thurkyllo comiti Æstengle quartam, quo redundabat copia aureo cornu plena.

xvii.

He divides England into four provinces.

Quo tetrarchizante, sanctique martyris [Eadmundi] veneratione pullulante, clericalis ordo famulatus sancto in ordinem monachicum mutatur in eodem loco, indagine veritatis talia commutando felici commercio, ut rex et martyr venerandus frequentiori famulatu necnon digniori veneraretur. Nec hoc absque regis concessu et optimatum ejus fuit assensu, sed et monitu sani consilii Ælfwini præsulis diocesiani, Eliensis quidem monachi, amatoris autem ordinis sancti, tunc tempore concessis et datis martyri sancto multis donariis, anno millesimo xx^{mo} Domini generationis, comitatu vero Thurcilli comitis, ad honorem sancti suppeditantis. Ita Chnut, boni regiminis rex, senium vitæ cursu felici peragens, ad Scaftesbyri pridie Idus Novembris mutat hominem se mortalem mortalis. Inde delatus Wintoniæ, ibidemque tumulatus cum regali decoramine, Anglia dolente ex magna suæ prosperitatis amissione. Quæ viduata rege unius anni progressione,

Clerks are replaced by monks as guardians of Edmund's shrine.

A.D. 1020.

Death of Cnut, A.D. 1035.

Reigns of Harold and Hardecnut. demum post annum suscipit duorum filiorum regis memorati sceptrigeratum, scilicet Haroldi duobus annis ac semis, post quem Hardechnut tribus dimidiis; quorum progressu temporis non viguit Anglia sed viluit, parum enim eis bonitas patris emolumentum fuit. Martyr vero [Eadmundus] ostensione virtutum mundo pretiosus locum suæ pausationis diatim ditabat *Uvius the first abbot.* cumulo meliorationis, illuc abbatizante Uvio, sub monachili constitutione constituto primo, quoad tempus iterum propinquabat misericordiæ, gentis Angligenæ miserentis miseriae. Quo tempore in orationem humilium jam Domino respiciente, non spernens suorum precem, Angliæ providit utillimum regem, scilicet *Edward the Confessor.* Eadwardum nobilem Æthelredi regis inclitam sobolem, qui post patrem calamitatibus actus plurimis, die Paschali inthronizatur hæreditarius rex, supervivens regi- *A.D. 1043.* bus prædictis. Hujus sceptrigerium anno millesimo quadragesimo tertio Dominice carnis habuit initium, quod Angliæ totiens afflictæ maximum fuit refrigerium, felix quidem eo vivente, bonarum legum observatione. *He visits the shrine.* Is votivus omni bonitate mentis bonum dilexit. Effector factus operationis, adiens sanctum [Eadmundum], vix effari potest cum qua veneratione descenderit ad illum. Eques rex imperialis fit modo pedes, via miliarii adventans cum optimatibus suis, venerando martyrem sanctum, tum impetrans regni gubernationis suffragium. *Grant of the 8½ hundreds, and of Mildenhall.* Qua tunc suffragatorem reditibus imperialibus honorat, centurias quas Anglice hundrez vocant, octo et semis sibi circum-circa se donat, regiamque mansionem nomine Mildenhale his adauget, ut cœtus fratrum illuc commanentium, Deo sanctoque famulantium, ex his usualiter victitet. Quæ omnia caractere perpetuo caraxata. Stabilit locum cum suis appendiciis libertate regia data, qua locus adhuc fruitur, melius quoque frueretur, si non mala mente hominum perturbaretur. Sed non perdet fructum mercedis exsecutor cujusque operis. At rex Eadwardus, cultor justitiæ factus, regnat famosus Dei, ecclesiæ nimium gloriosus, sic ut ejus amoris liberalitate gaudeat Anglia multarum doctarum artium adventatione. Hujus itaque temporis ætate viguit suffragator noster Eadmundus virtutum vigore omnium, affectu provocato in se infirmis beneficiis sanitatum impensione, juxta fidem se petentium, sine qua nullus salvator[1] hominum.

18. Ex partibus diversis Britanniæ majoris sanctum plures revisunt causa sanitatis. Quidam sibi salutis necessaria statim experiuntur; quidam dilata ad tempus prestolantur; nullus tamen abit ingratus, cujus fide cooperante non miseratur sanctus. Talibus interest quædam infirma, sic cingulo tenus inferius debilitata, sic pedibus ac cruribus[2] frustata, ut scabellulis in manibus clunibusque uteretur pro pedibus, donec remediabilis Eadmundus salutaris suus foret medicus. Ad quem tunc forte descenderat devotionis gratia quædam nobilis matrona, ab Esexse finibus orta, nomine Ælfueve,[3] in sancti basilica pernoctans excubando oblationis suæ lumine accenso, ut credo, nutu divino, futura sancto pro testimonio. Sanctæ autem prædictæ basilicæ matricularius extiterat Brunstanus, vir fidelis et monachus, quem etiam latere noluit deifica virtus, siquid operis divini sanctus esset operaturus. Accubat encletica nocte eadem in ecclesia ut erat solita, consuete sancti suffragium prestolatur et invocat, quod et martyr [Eadmundus] de sacrario divinitatis excitus accelerat. Egreditur[4] enim sub silentio noctis de locello suæ sanctæ pausationis, in modum viri habitus[5] venerabilis, fulgorando se obeunte cœlestis claritatis fulgore; sicque transgrediens sancta sanctorum itinere silenti reserat valvas[6] interioris asyli, progressus circumspective ad occiduam partem domus Domini.

Cure of a cripple: the lady Ælfueve and Brunstan the verger are witnesses.

---

[1] Lege *salvatur*.
[2] Mart.; *cruoribus*, C.
[3] *Ælfesga*, Mart.
[4] Mart.; *egredietur*, C.
[5] *admodum*, Mart.
[6] Mart.; *vallas*, C.

Talis et nocturnus itinerator, quo venerat de intus, revertitur eo; sed in reversione divinus fit operator, futurus suæ pauperis mirificus adjutor. Appropiat[1] quo debilis recubat, signum crucis a capite ad pedes desuper sicuti jacet figurat, compaginans redintegrando nervos ac membra jam jam diebus multis et annis debilia; dehinc martyr pretiosus ad sancta sanctorum venerandos infert gressus. Vere Deus mirabilis agit mirabilia suis in sanctis; spiritales agunt spiritalia profutura plusquam corporalia. Extendit se jam sana mulier diu debilitata, dat vocem clamoris in extensione, cum quodam corporis angore. Nec etiam mirum, laxatis contractionibus compaginum, dum superadstans sanctus pro medela signat debile corpus. Vigiliis instat matrona superius dicta; videns talia timet velut in extasi missa; surgit matricularius frater Brunstanus pavoris horrore pervasus, partim sonitu vocis infirmæ sed modo recuperatæ, partim audito strepitu stupet quasi pro latronum ingressu. Videt, ac si in ingressu cujusdam, moveri cortinam quæ ante sancti appendebat lecticam; quas etiam manu cum sera clauserat valvas invenit reseratas; et sic diligenti ac timida perscrutatione verum repperit fidelis matronæ protestatione. Hæc quæque nocturnaliter visa protestans verissima verax creditur, dum coram sana muliercula præsentatur. Jam sinaxi matutinorum instante, modulataque quo competebat more, miraculum propalatur impresentiarum, laus Deo decantatur et jubilum, Deus adoratur in sanctum [Eadmundum], martyr [Eadmundus] veneratur in Deum, Deo vivente in sæcula sæculorum. Amen.[a]

Cure of a dumb woman named Ælfgeth, in the time of abbot Leofstan.

19. Benedictus Dominus, die quotidie repræsentans suis suum salutare per prophetam promissum, omnes fines terræ visurum, iter salutarium nostrorum prospe-

[1] Mart.; *appropriat*, C.

[a] The text of Martene ends at this point.

rando, jamque fide multiplicata mortis exitus propulsando. Cujus gratia [Eadmundus] ejus athleta, orientalium Anglorum decus et parma, victrici virtutum fulget in gloria, Eadwardo rege regni modificante sceptrigeria. Hujus lenis simplicitas miræque pacis securitas suos sibi sic propagavit compatriotas, devinxit ac intime fœderavit regiones finitimas, ut illius quondam Davidici pacificique Salomonis more regnaret in regnum pacificus omnibus, divitiarum inexplebilium ditatus honore. His præmissis temporibus abbatizabat apud sanctum [Eadmundum] pater Leofstanus, vir sagacis ingenii, et, ut tunc moris erat, præditus in ordine monachili. Virtus autem sancti martyris, si non erat, ut consueverat, frequens ac præsentialis, tamen pro raritate verantium[1] operabatur etiam salutem se petentium. Unde cuidam Ælfgeth nuncupatæ, a territorio Wintoniensi progressæ, mutæ, ut aiunt, a nativitate dono Dei dignatur misereri, soluto vinculo totius impedimenti, impendens ei modulos loquelæ mirabiliter, quos natura dempserat casualiter. Quam cum mutis gemitibus accubuisse ante pignora sancti personati fratres ecclesiæ viderant sæpissime, verborum locutione carentem omnino, modo vero martyris miraculo verbositantem balbutiendo. O mirum ac repetitum prodigium! numquam loquens loquitur, rationale ratione utitur; qua si caret, ad horam reparatur per Dei misericordiam. Huic adjacet diversum ac simile illud Balaamitæ loquentis asinæ; quodammodo præter naturam rationalitas rationale animal facit asinam. Verum ibi pro suo populo Deus; hic cum Deo in muliere operatur martyr [Eadmundus]. Hæc firmiter usa viribus linguæ, vivensque post hæc circa sanctum religiose ad laudem martyris miraculum in ea patrantis strenue habebatur a multis, tum quia sancto adhærebat

---

[1] Lege *venerantium.*

sedula, tum pro ejus plus solito sanctiore vita. Dicebatur enim humana fiducia habere cum sancto saepe colloquia, sive pro quorundam interveniendo profectibus, seu quaedam intelligens placita sancti voluntatibus.

This Ælfgeth reported to the monks the displeasure of the saint at the neglected state of his shrine.

20. Etiam tempore misericordiae mundo pleniter imminente, decursis quae fuerunt ante legem et sub lege, dum plena esset terra Domini misericordia, justitia autem minus curae in humana diligentia, voluit sciri victoriosissimus martyr per mulierem cui longam abripuerat taciturnitatem, qua negligentia venerationis afficiebatur a veneratoribus suis. Imperat deinde sanctus competentibus horis mulierculae, et imperans semel, bis, ac ter, sub interminatione indicit potenter, ut suapte revelet patri monasterii, sine dilatione ullius interstitii, qua venerationis incuria jaceant ipsius sacra pignora. Telae aranearum sunt sibi tegmina, ipsa araneae lignique caries, indecens nausia; jacet incultus omni decore, non respectus, multorum dierum transcurso tenore. Et quod Deo constat displicentius, omni venerationis honore veneratur minus ab hominibus, oblita Dei misericordia per eum totiens magnifice suis exhibita. Haec praelato monasterii relata tertio, inculcata quoque sermone timido tandem in medio fratrum. Sanum devenit consilium, communiter pro hoc tri-

The monks resolve that the relics shall be examined.

duanum celebrari jejunium, in proxima quinta feria pretiosi martyris pignora fore digniter respicienda. Itaque secunda feria, instante tertia, quartaque, Ninivitarum more, additis vigiliis, orationibus, cum psalmodiis, jam adest quinta feria praesentialis. Ad opus dispositum quasdam personas fratrum disponit abb[as] secum. Reseratur ergo locellus in quo sanctum quiescit

Egelwin, now very old, is called in as a witness.

corpus; illuc adducitur Ægelwinus, sancti fidelis monachus, jam prae senectute caligans visibus; rogatur ut manibus probet, si sic martyr ut olim dimiserit

He identifies the

jacet. Palpat manibus Ægelwinus, et invenit ut

dimiserat de intus, scilicet crucis Dominicæ philac- *cross hanging from the martyr's*
terium a collo dependens supra pectus sanctissimum, *neck, which*
quod archipræsul et martyr Domini Ælfegus[a] olim *St. Elphege had wished*
Lundoniæ desiderans[1] comparare multo auri pondere, *to obtain.*
sed nequit propter Ægelwinum custodem martyris,
etiam si proferret secum aurea dona Tharsis. Hoc *The body is exposed to*
signo sancti corpore palpato, abbate cum fratribus *view.*
astante cum laudis hymnodio, exponitur gleba martyris super scabellum cum honore decenti. Jacet
integer ut dormiens, jam jam decus resurgentis innu-
ens. Quantus et quam dulcis tunc efferbuerit odor *The odour of sanctity.*
suavitatis, præter odoramenta incensi vel thymiamatis,
non lingua valet proferre cujusvis, cum non solum in
ipsa domo fraglaverit[2] orationis per diem totum, verum
in claustro, quo confluebat psalmodiando monachorum
confessio, etiam in officinis redundabat odoratio suavis.
Exuitur itaque sanctus sancti martyrii vestibus partim
rubeis rubore sanguinis, partim perforatis ictibus telorum crebris, sed tamen reponendis, saluti credentium
profuturis. Pulvillulus quoque, qui alio nomine dicitur *The pillow.*
auricularis, sub sancto capite repertus est talis, non
ex plumis vel bombice alicujus generis, sed solummodo
tenuissimis lignorum dolaturis. His visis, sanctoque
revestito novis quibus competebat induviis, rememo-
ratur abbas sancti sanctæ decapitationis, ac remorans[3]
suis innuit monachis, utrum, ut alias legitur, caput
hujus martyris decollatum cum corpore jam sit

---

[1] lege *desideravit.*
[2] lege *fragraverit.*
[3] lege *rememorans.*

---

[a] A hand of the late 14th century has written on the top margin the following note:—Hic patet quod translatio sancti Edmundi de Beodricesworth ad Lond[onias] præcessit occisionem Suani, licet hic superius in processu habeatur contrarium, quia sanctus Alfegus, qui voluit crucem ab Ailwino London. comparasse, martirizatus fuit fere per tres annos ante occisionem Suani.

The head is found attached to the body. solidatum; et memorans tentat, tentando probat. Caput accipit inter ambas manus; trahit, totumque sequitur corpus. Quam mirabilis Deus operatur mirabilia solus! Resolidavit ac redintegravit, quod solidum dudum integrumque creavit. Expavefactus abbas ad hoc miraculum in locello reponit priori pignus sanctissimum, ejus manibus torpore perpetuo captus in reliquum, fortassis quod fuerat actum Deo nec sancto beneplacitum. Exuviæ vero martyris in servatorio reconduntur cum phylacteriis, unde de sacrario divinitatis præsto sunt beneficia multis, ad laudem ejus, qui cum Patre et Spiritu Sancto vivit et regnat Deus.

The story of Osgod Clapa the Dane, who is punished for his pride. 21. Etiam levi narratu stili quislibet concinne valet referre plenitudine veri, quia plurium versatur in ore, Anglorum et Danorum relatione, comitum principumque, litteratorum et inlitteratorum, his adaucta multitudine. Michi quoque minimo omnium auditu fit credibillimum, gloriosum patronum nostrum [Eadmundum] apud Deum sic operari facillimum, cum in varia vice calamitatum crebro compertus sit ab invocantibus eum, et hoc nostra ætate quam plurimum. Superioris autem relatus, ut percepimus, talis habetur tractatus. Æstate quadam imminente, et in ipsa una Dominica die, fortuito casu devenit Eadwardum regem in Beodrici villa tenere mansionem, juxta præcepti sui regiam voluntatem. Quo cum libitu regis lætitia fuit genialis, Danis et Anglis hac usquequaque potitis, cum optimatibus illiusque terræ satrapis. Inter quos quidam major domus, Osgodclap cognomine vocitatus, quodam mane pedetenus decoratus mastrugarum decore, armillas quoque bajulans in brachiis ambobus superbe, Danico more deaurata securi in humero dependente, sed postmodum tali suo decore verso in infami dedecore; is, cum fastu superbiæ sic progressus ab hospitio majorum domus, incompetens sancti basilicam intrat stupefactus, vocibus multorum conclamatus cur incesserit sic infatuatus, securi de foris a domo Domini non dimissa, vel, quod levius erat, ad hospitium unde venerat derelicta. Intrans autem martyris domum inreverens et infrunitus transit ecclesiæ chorum; qui properans ad sancta sanctorum non sincere conatur securim a collo deponere, vel se arroganter super eam appodiare, sed resilit a manu viri virtute sancti, ac si decussa foret humo alicujus vi. Ipse etiam allisus ad ecclesiæ maceriam amens prosilit ad terram, volutans humo velut maniam passus debacchando. Accurrit videre quid hoc sit populus; erat enim sæculo vir famosissimus, sed rebus martyris infestissimus. Inter hæc rege Eadwardo gratia intentionis devotæ capitulo monachorum præsente pro assequenda et confirmanda societate, dum ad id intendunt operis profuturi præsentibus ac futuris, auditur in ecclesia strepitus clamoris, auditusque cognoscitur ex mandato regis et nutu monasterii patris. Quo se strenuus vertens rex, secumque cum suis Leofstanus cœnobii pater, vident miseria captum hominem, videlicet passum mentis alienationem, sive pro gloria Dei, ut de cæco nato verba testantur evangelii, sive Deus voluit cum suo sancto punire, quod infelix homo meditatus erat inique. Et quoniam fuerat de regis primoribus, petit pro eo regalis majestas ut reconcilietur divinitus, aspersione aquæ benedictæ perfusus, psalmis ac letaniis, multis quoque fusis precibus. Sed et assecla sancti frater Ægelwinus hortatur, quod probaverat de similibus hujus, ut talis energuminus ad tumbam martyris deportetur bajulantium manibus, si forte fratrum orationibus sibi Deus propitietur et sanctus. Quo facto dealbati fratres circum-circa genuflectendo, septem psalmorum cantu letaniæque progressu intercedunt pro eo, donec de pietatis Dei sacrario et martyris [Eadmundi] merito prodiret illi salvatio, scilicet quinque sensuum recuperatio. Sic salvatus ergo se peccasse recognoscit homo; laus et hymnus persolvitur Deo et sancto. Stat post hæc recuperatus, amplectens sancti lecticam brachiis ambobus; jurat spondendo, spondet jurando, se deinceps obsecundari sancto fideli modo, nec ullatenus quoad vixerit suis adversari rebus. Verum cum Dominus noverit, qui vel cujusmodi ejus sint, et ex prosperitate peccantium plerumque tergiversetur animus eorum, in signum futurorum remanet hic debilis virtute manuum ambarum, forte lueus punienda quinque sensuum commissa quinta linea. Memoratur in libris prophetarum quid exactionis habuerint extendentes stolide manus supra Dei sanctuarium; et ecce hic justissime luit quod sensualiter commisit, ut in omnibus glorificetur Deus, reddens unicuique juxta suum opus. 2 Mach. xv. 32.

A.D. 1065. Death of abbot Leofstan; Baldwin, the king's physician, is appointed to succeed him.

22. Et quia ruunt ad occasum cuncta vergentibus annis, confectus senio Leofstanus abbas, simul et manibus obsessis chyragra, ad patres apponitur, mutans hominem in hac vita, adhuc Eadwardo piissimo tenente regalia jura. Cujus in curia regali demorabatur per id temporis quidam Baldewinus, ex Franciæ partibus gloriosis, monachus sancti Dionisii Parisiacensis, præpositus vero Lebraha [a] monasterii in Alemannia in territorio Elysacii, sed et medicina peritus, ex hoc quoque a rege Anglorum cum multa diligentia habitus. Cognito autem obitu prædicti abbatis in auribus regis, cogitat præfatus rex quem ejus in locum subroget, cogitandoque memoratum Baldewinum in abbatem promovet. Sic enim vult Deus, quod et efficitur

---

[a] The monastery of Leberaw, near Strasburg, was founded by Fulrad, abbot of St. Denis, who was a native of Alsace, about 774, as a cell to St. Denis. Here were said to rest the relics of St. Alexander, the first pope of the name; and here Fulrad himself chose to be buried. See the art. "Fulradus" in the Dictionary of Christian Biography. Two charters of Charlemagne in favour of Lebraha,—which Mabillon, however, considered to be either spurious or interpolated,—bearing date 791 and 803, are given in vol. 97 of Migne's *Patrologia*.

celerius. Mandando pervenit ad abbatiam regis mandatum; indicit priori fratribusque personatis, cum loci diocesianis, curiam fore petendum recipiendo sibi Dei dispositione regisque voluntate præ-utillimum patronum. Venitur Windelesoriis ad locum regii decoris, aperit rex secretum suæ voluntatis, et aperto dicit et jurat se locum diligere [Eadmundi] pretiosi martyris, tum pro linea sancti consanguineæ proximitatis, tum causa debitæ societatis. Et quoniam carebant provisore, ait ex suis curialibus sese eis optimum previdisse;[1] præsentialiterque monstratus Baldewinus communi favore fit abbas electus, prosecuta ejus ordinatione die Assumptionis Sanctæ Mariæ, rege cum suis præsente. Sic deinde præficitur abbatiæ, in illam ingressus cum quibusdam regis legatis bono omine, feliciter abbatizans vivente suo domino rege Eadwardo, quamvis tempore parvo. Quo trahente decursum versus ævi declinium, infirmatur apud regium quod exstruxerat Westmonasterium, et infirmatus finit hominem vigilia Epiphaniorum, fere ad Angliæ totius exterminium. Quo regali tumulato more ante diei missam Theophaniorum, die statim cum introitu missæ inthronizatur in solio regni Haroldus filius comitis Godwini, callida vi veniens ad regnum, ideoque passus in eo detrimentum, rex manens non amplius decem mensium. Hic locum martyris [Eadmundi] venerans dilexit, præfatoque Baldewino patri libertatem loci prout reges ante se dederant concessit, votisque satisfecisset, si non fortunæ possibilitas obstitisset. Sed interim Willelmus comes Normannicus, plurima [2] navium copia fretus, cum gentium multitudine qua potuit navigio regem prædictum et Angliam appetiit, et quasi boni Eadwardi suique quodammodo consanguinei justior hæreditarius possedit. Rumor enim habebatur plurium, bonæ memoriæ regem Eadwardum jam dicto Duci Normannico

Death of Edward the Confessor.

---

[1] *providisse?* | [2] *plura*, MS.

denominasse regnum, tam consanguinitatis causa, quam etiam quia non erat ei successionis soboles ulla. Quibus de causis appetitu sic promoto Anglici regiminis, et Hæstinges navibus appulsis Normannicis, fit bellum die statuta, quo perimitur rex Anglorum vice eorum variata. Quod regni discidium vere quædam prognosticaverat cometes, in transacta[1] æstate ejusdem anni fere per octo dies apparens.

23. Hic demum reor huic operi supersedendum, breviter epylogizando tot regimina regum quot superius exaravimus post pretiosi martyris EADMUNDI martyrium; videlicet xv., ut cronica testatur Anglorum, usque ad tempus Willelmi prioris, sub quo Francorum mos per Angliam inolevit, res etiam Anglorum variabiliter alterari cœpit.

24. Igitur anno Domini hominis millesimo lx^{mo} vi^{to}, a martyris autem pretiosi martyris EADMUNDI centesimo lx^{mo}[2] vi^{to}, Willelmo comite Normannico in regem Anglorum coronato, comes et rex quoad vixit utrique patriæ præfuit, tali modo promotus in regimine, dexteræ Excelsi mutatione. Ejus quoque temporibus abbatizans erat apud sanctum [Eadmundum] domnus Baldewinus, loci pater verus ac restaurator inclitus, placens regi præmisso bonitatis ostensione et officio consuetæ medicinæ. Horum præfatorum vicibus viguit virtutibus Domini martyr [Eadmundus], suorum patronus piissimus, obstantibus autem sibi suisque refragator constantissimus, ut in quibusdam nostris patuit ætatibus.

Quidam Normannicus præmissi regis aulicus, ceu moris est gentis illius ut quæque viderint cupitis velint gestibus, quoddam manerium sancti adjacens sibi invasit, invadendo etiam suo vicino copulavit. Unde ab abbate verbis oratoriis pulsatus persæpe, rectitudinem de die in diem procrastinat inde, usus voce

---

[1] *intrasacta*, MS.   [2] lege *xc^{mo}*.

corvina, nescius quid futuri pariat dies crastina. Conventus demum a loci seniore fratribusque in claustro eorum, a rectitudinis tergiversando tramite, negat quod invaserat se dimitti debere, inquiens in fratres et in sanctum verba probrosa, non usus discretiva, sed voce fellita. Dum enim abbas et fratres orarent ut sancto [Eadmundo] suam terram quam vi tulerat redderet, effreni lingua profert se nescire quid [Eadmundus] dormiens de terra faceret, sed sibi, profectibus ac regiis insistenti negotiis, haec et alia utilior esset quam martyri vel suis monachis. Sicque datus in reprobum sensum, praedictus miles discedit, super quem martyr [Eadmundus] revera vigilavit. Quem ultio divina post paucos dies cefalargica passione percussit, quae etiam usque ad diem mortis in oculo dextro signum sibi permansit. Macula enim fuit alba super-co-operiens oculi pupillam, in modum pisi grossissimi habens figuram. Qui dum superiori torqueretur passione recenti, potius suorum, ut putamus, instinctu, quam spontaneae voluntatis meditatu, dirigit sancto per suos cereum pulchrae magnitudinis, ut medelam reciperet tanti doloris. Verum quia sancti sciunt quodammodo quae cordium intima patent Deo, recusat Deus et sanctus cereum quem mittit mala mens vel malus animus, et, ut relatu videntis qui affuit didicimus, decidit ad terram fractus in novem partibus. Probatur hic scripturae veritas indiciis talibus, inquiens, "Iniquorum dona non probat Altissimus." Ideo multatur male, permanens insipiens in suo corde. Ecce sancti miraculum ad quoddam nos ducit ridiculum, quia rebelli et tumido imprimitur macula malae passionis in oculo, veluti quondam cauteriabatur in fronte teta mortis [a] alicui reo.

---

[a] The Greek letter Θ, Theta, for θάνατος, signified death. "Vetus "interpres Juvenalis Sat. 4 : Ju- "dices literam Theta apponunt ad "eorum nomina quos supplicio "afficiunt" : Ducange.

The attempt of Arfast, bishop of Thetford, to extend his jurisdiction over St. Edmund's abbey.

25. Etiam exercuit Deus vindictam et martyr sanctus in quadam majori persona nostris temporibus, videlicet quodam nomine Ærfasto, duarum East-Engle vicecomitatuum episcopo, secundum sæculum strenuæ probitatis viro. Sed quia "corrumpunt mores bonos 1 Cor. xv. "colloquia mala," irretitus consilio quorundam suorum et aliorum per devia. Consiliantur enim tales suos dominos more Achytofel; non ad alicujus profectus honorem, verum ad adulationis humanæ favorem, dicentes contra naturam album nigrum vel quod nigrum est album, omniaque vertentes in contrarium. Idem præsul pulsat sacrosanctam abbatiam quibus non deberet questibus. Vult redigere consilio suorum et aliorum quorundam in servitute, quod reges ac sui præcessores firmaverant in libertatem. Partem suæ diocesis locum dicit esse pretiosi martyris. Quærit injuste sæculari modo potius præesse, quam secundum Deum, ut deberet, prodesse. Insectatur lupi more caulis ovium, scilicet gregi monachorum adversans inique, intro gestiens ponere pedem primum, sic ut ingerat deinde corpus totum. Contra quod abbas Baldwinus, gregis martyris [Eadmundi] pastor fidissimus, animam dare paratus pro ovibus, fisus suo protectori, repellit instantiam calamitatis hujusce. Pauca respondit ad hæc illata, securus regum c[h]yrographizatione sui loci suis a prædecessoribus habita. Nec propter hoc quiescit episcopus; adauget calamitatem eo amplius; fit loco locique pertinentibus importunus; grassatur in malitiam modis omnibus, nullius habens episcopii sui scriptum antecessoris vel c[h]yrographum, testimonio suæ calamitatis. Utitur solummodo quarundam vilium testimoniis personarum, etiam non legalium, dictis bacularium,[a] hoc idem aures regis

---

[a] Both *bacularis* and *bacularius*, cross-bearer, were in use, according to Ducange.

nausitans, donec ejus licentia baculum[a] quendam a monasterio rapit usurpans. Sed nec sine labore, dato pro eo, ut aiunt, multorum denariorum pondere. Putat siquidem injuriosus sic per baculum, cujusdam sui antecessoris quondam sustentaculum, vindicare sibi loci sanctissimi participium. Sed tantum fit longius quantum distat ab Ynacho Codrus, vel quantum ab occidente prolongatur eous. Hæc inter pater Baldwinus regis licentia Romam profectus, illuc etiam promotus a papa Alexandro secundo ad ordinem presbyteratus. Qua vice quoque Romam fuere Lanfrancus Cantuariensis ac Thomas Eboracensis pro infulæ pontificalis honore. Redit domnus et abbas Baldwinus etiam apostolico privilegio munitus, juxta libertatem suo loco concessam a regibus. Omnia quæ propter exardescit præsul supradictus indesinenter, iram multiplicans in tribulando, super memoratum abbatem insurgens, synodaliter proclamitando, aiens eum petiisse Romam, dedignando sui pontificis quærere licentiam. Adversum quod abbas, bonæ responsionis usus verbo cujusdam dicentis, "Sapiens verbis innotescit paucis," synodali voce respondit, regis et archipræsulis sui quod licentia profectus sit, sicque ex hoc eorum audientiam appellavit. Ad quod frangitur annullatus episcopi sermo, cujus exaltatio, sicut ejus qui devorat pauperem in abscondito, pertinaciter instat proposito, traditus in sensus improbitatem, zeli mali circa locum sancti gestiens amaritudine.

Hor. Carm. iii. 19.
Ps. 102, 12.

---

[a] An abbot's or bishop's crosier must be meant by *baculus;* and what Herman intends to say is apparently this, that Arfast bribed some one connected with the monastery to bring to him an old crosier from thence, which, along with evidence to be given by crossbearers and other such "viles per-"sonæ," was to be used in proof of bishops of Thetford having at one time exercised jurisdiction over St. Edmund's monks.

26. Nec preteribo silenti caractere, confusionis deterso rubore, quod audiente me præsul idem tractaverit sæpissime, regi prædicto, propter eandem abbatiam ad sedem suam constituendam, me dictante, dictatasque scribente, litteras trans mare miserit; remissas quoque legerim quales susceperit. Quæ remissæ consilio quorundam aliquando fuerunt allectivæ, aliquando etiam virtute sancti recusativæ. Et quia omnia Romæ venalia, ad hoc est audax promota præsulis lingua, promittens regi centum marcas auri si sibi concederet placitationem enarrandi; irreverens confisus in nichilo, ac nescius sancti vindictam præ foribus fieri præsto. Sed superius regis ad aures oblatum alta mente credo fuisse reservatum, non publice concessum vel omnino refutatum, juxta vulgare proverbium, "Ludere porcel-"lum, dum constat velle castellum."[a] Interea tamen diu tolerans martyr [Eadmundus] pro suis infert vindictam ad tempus. Equitante per silvam episcopo, dum de prædictis ab eo cum suis injuriose fieret sermo, ramus impegit ejus in oculo, sancti videlicet effectualis ultio, ponens hominem in inopinatæ passionis angorem, oculis versis ambobus in multiplicis sanguinis suffusionem. Visi sunt de intus oculi carnis putridæ pleni; non a quoquam viro vel muliere sibi potem auxiliari. Jacet pæne et vere cæcus, non ut præsul sed ceu quidam miser effectus, tantillumque refrigerii potitur, quod sanguis purulentus ab oculis cum spica hordei detrahitur. Hæc dum viderem, quodam mane superveniens, et omnium membrorum oculos in homine debiliores sciens, tactus ejus miseratione et quadam, quæ post patuit, salubri devotione,

---

[a] This curious proverb seems to answer to ours of "baiting with a "sprat to catch a mackerel"; but in what precise way he intended to apply it to the king's dilatory conduct, the archdeacon has left obscure. No such proverb is found among the *Adagia* of Erasmus.

audacibus aio verbis ad eum, exspes factus ex suorum sospitate visus oculorum, "Domine præsul, in vanum "super te laboratur; nullum quippe collyrium tibi "prodesse videtur; non Ypocras vel Galienus, si "viverent, ad hoc proficerent, nisi Dei misericordia "subveniret." Et etiam superaddens, præmeditatus, "Verum gratiam Dei requirens devotus, simulque "sanctum [Eadmundum] qui in his patrocinatur "comitatibus, dirige citissime versus abbatem Bald- "winum cum pacis humilitate, ut tibi post Deum "velit medicamentum sanitatis impendere." Cujus desperans ammonitionis, necnon ammonitæ impetrationis, propter præteritam exhibitionem malæ voluntatis, tamen in medio suorum tale deponit consilium. Consiliamur omnes parum profici terrenos honores, quo defuerint corporeæ valetudines, ideoque consilium datum prosequi debere, omni inter episcopum Ærfastum et abbatem Baldwinum remota calamitate, pro justitiæ tenore. Imponitur ergo super me talis legatio, quam et eadem die, festo apostolorum Symonis et Judæ, perficio; memorato abbate me sui gratia luculenter suscipiente, luculentius quoque coram testibus respondente, luculentissime et impetranda concedente. Quibus benigne concessis, descendit ad abbatiam præsul debilis, cum omni susceptus apparatu decoris. Fruitur etiam abbatis alloquio salutari, commonentis si quid offensionis erga Deum vel sanctum suapte sit, se debere præmeditari, quatenus, peccatis primo leviatus, impensura^a medicina celerius foret leviandus. Annuit episcopus verbis boni consilii. Dies adest quo maucipatur istud effectui, eo deducto in consessorio quod tunc erat in sacri monasterii vestiario, præsentibus ejusdem loci majoris ætatis fratribus, sed etiam accitis illuc ab abbate quibusdam regis primoribus,

---

^a *impensura* seems to be used in the sense of *impendenda*.

qui dictante justitia in eadem villa[1] regia tenebant placita. Quorum nomina, quamvis auditoribus tædio, tamen sunt veræ rationis testimonio; videlicet, Hugo de Mundford, et Rotgerius cognomento Bigot, Richardus Gisleberti comitis filius, ac cum eis Lincoliensis Turoldus, simul et Hispaniensis Alveredus, cum aliis compluribus. Audientibus his profert præsul causam suæ necessitatis. Memoratur quoque calamitatis quam adversus locum habuerit injuste vicibus multis, verbo se dicit et velle in Deum et sanctum [Eadmundum] peccasse, solius ablationis baculi superius dicti reminiscitur, pro quo Theotfordi mittitur. Ex omni facta calamitate se fatetur culpabilem; clamat in audientia sua vice locum quietum ac liberalem; damnat sub anathemata quos consiliarios habuerit inde; voto constringit sese tale quid amodo repudiare. Sic publice confessus, ac ad majus altare cum fletuum gemitu progressus, ibi desuper pro dictis offensionibus episcopalem ponit baculum, scilicet duplicis causæ vadium, tum pro reddendo memorato baculo pignoris certitudinem, tum Deum et martyrem impetrans offensi remissionem. Ad altaris crepidinem deinde prosternitur psallendo septem psalmos; ab abbate vel fratribus absolvitur; vere felix, si quoad vixisset hujus perstitisset compunctionis. Tandem medicinam ingressus abbatis, fomentationibus medicinæ fotus crebris, et, ut vidi, cauteriationibus ac colliriis usus peroptimis, etiam fratrum precibus apud Deum et martyrem [Eadmundum] adjutus, sospitati redditur, in breve tempus tamen remanente quiddam tenebrositatis in medio pupillæ oculi unius, in posterum signum posterius.

27. Ipse autem, pretiosi martyris die festo, de recuperatione sua verbum facit populo, invitans eum

---

[1] apposuit quidam in marg., "lege, prope villam."

ad sancti devotionem; sed, quod sibi pejus, postea fregit omnem promissionem. Quia enim valuit, linguam non compescuit; dum voluit, minime potuit. Sed partim coactus, partim consilio malorum illectus, prævaricator factus calamitatem pristinam renovavit; quod spoponderat in regis audientia denegavit; ejus indurato corde, velut legimus induratum cor in Pharaone. Qua discutienda calamitate, et ut intelligeretur comitatus,[a] exinde mittitur ad suburbium martyris [Eadmundi] regis jussu Lanfrancus Cantuariæ præsul, hac pro re terminato ibidem novem comitatuum cœtu, Ælfwino Ramesiensi abbate tunc pleno dierum, ac sene, cujus testimonium ex tempore regis Cnuti prolatum, voceque novem comitatuum obfirmatum; abbatia viguit prænominata tunc temporis libertate testificata. Ad quod invitatus præsul injuriosus, venire renuit ne fieret dedecorosus, evomens secum flammas iræ, retromordens venenose, acriter morsurus quandoque. Etiam processu temporis, appendente Deo stateram æquitatis, calumnians præsul calumniose pulsat aures regis, iterum clamat abbatiam redigi debere sub sui dominio juris, confisus in injustitia, ignarus autem quorsum vera tendat justitia. Dabit centum marcas auri vere, quas pollicitus est stolide; nec novissimus quadrans perdonabitur inde, quin ultra decuplum exigetur hoc justitium; revera fortunatus si non exigeretur amplius.

Arfast afterwards renews his claim to jurisdiction.

Archbishop Lanfranc is sent down to inquire into it.

28. Igitur anno millesimo octogesimo primo Dominici hominis, in diebus Paschæ festivis, ventilatur hæc calamitas ex præcepto regis, præsentibus Angliæ optimatibus cunctis, archiepiscopis episcopis et abbatibus, comitibus singularumque regionum majoris Brittanniæ principibus. Præsul nimium pertinax clamat quod sæpe frustra clamaverat; carens privilegiis viles personas pro privilegio revocat; habere se dicit in

A.D. 1081.

A great court of inquiry is convened.

The bishop asserts his claim.

---

[a] "that the feeling of the county might be ascertained."

testimonium sui antecessoris custodem canum; quo dicto stupefit in medio verbo, inscius quid dixerit omnino; sic virtus sancti operatur in illo. Hujus itaque frustrato calamitatis eloquio, quia legali nequaquam fulciebatur testimonio, palam privilegia leguntur abbatis, profertur libertas data[1] sancto [Eadmundo] regibus ab antiquis. Etiam canonicalem monstrat abbas auctoritatem, fore scilicet inviolabilem, quam locus idem quinquaginta et uno tenuisset anno libertatem, abbatibus ordinatis a quibus voluerunt episcopis, Uvio primo a præsule Londoniensi benedicto, Leofstano secundo per Wintoniensem episcopum dedicato, semet ipso quoque Baldwino Windelesoriis a Cantuariensi pontifice consecrato.

29. Hoc ventilato in publicum, jubet rex teneri judicium, causis auditis amborum. Nunc inter fideles veritas orietur de terra, deque cœlo justitia prospiciet vera. Descendunt ad judicium ecclesiæ causarum ventilatores; cum episcopis archipræsules; non desunt abbates, vel docti causis forensibus comites. Omnibus est una voluntas, rhetoricæ Ciceronianas incedere vias, cujus artis duo genera, demonstrativum ac deliberativum, transcurrentes, in tertio, dicto judiciali, ponunt pedes. In quo genere, fulti rhetorica matre, locus sumitur controversiæ, qui dicitur ab auctoritate, commemorando abbatiam martyris [Eadmundi], quantæ Deo fuerit curæ, et eis regibus quorum auctoritas gravissima debuit esse, quo tantus martyr suusque locus tanta potiretur libertate. Nec infringi fore licitum devotorum regum, necnon plurium annorum bonum stabilimentum; potius in pace sanctæ Dei ecclesiæ ratum constare debere, quicquid boni Deo digni antecessores deposuere. Hoc judicio omnium assensu communi versato, defertur regi Willelmo, jam

---

[1] *dato*, MS.

gratia Dei inspirato. Quo assurgit contrarie jam dictus præsul, impatiens mentis et exul; falsificat judicium, suum videlicet infortunium; pro quo dicto dat vadium cum baculo episcopalem annulum, fere non jam episcopus sed pro vindicta quasi depositus. Hinc dedecorosa sibi nascitur confusio; etiam ad diem ejus mortis hujus vadii duravit persolutio, dando libras nummorum undecies centum, neque sciens in dando ullum nisi modum indefinitum, ut michi suspirans retulit diebus octo priusquam obierit. Taliter secundum altitudinem cœli a terra super se timentes Dei corroborata misericordia, juxta modum justitiæ prostrato calamitatis capite, regis quoque bona voluntate, suorum et optimatum concordi favore, fit cum cyrographo privilegium,ᵃ cyrographizatur martyris [Eadmundi] locus in perpetuum, rege glorioso Willelmo primo volente, et volendo viva voce concedente. Cujus, et inclitæ Mathildis reginæ, signum, ceterorumque consignantium, idem locus adhuc cum privilegio servat in testimonium, gaudens regio more digna se frui libertate, liber de sub jugo diocesiani præsulis, ut est notum et notificandum omnibus sæculis. Data fuit hujus confirmationis kalendis Junii anno milleno octogesimo primo incarnationis Domini Christi, indictione quarta, quinto decimo anno regnante glorioso Willelmo primo, apud Wintoniam in palatio regio, in Dei nomine feliciter. Amen.

30. [E]x sacri martyrii exuviis pii protectoris [Eadmundi] martyris in diversis mundi partibus vectis, (quia de sancto et intemerato corpore pars nulla potest partiri, jacet enim imputribilis, communem præstolans diem resurrectionis,) domnus et abbas Baldwinus Romam proficiscens[1] secum de supradictis

---

[1] *proficiens*, MS.

ᵃ See the charter of William I. in the Appendix B.

sancti spoliis tulit, pluribus impertiens, tam sanctæ devotionis gratia, quam ut dilataretur sanctus opinione vera. Quibus pignoribus sacris in Italia, in civitate quæ Lucas dicitur, quibusdam fidelibus impertitis, et Dei nomine Christique testis [Eadmundi] veneratione in porticu quadam ecclesiæ eximii confessoris Christi Martini consecrato altari, provenit gratia Dei invocatione martyris [Eadmundi]. Erat enim in civitatis præfatæ vicinio prædives quidam, pollens splendore divitiarum eximio, unius tantum filii cum uxore fretus solatio. Quem possidentes unicum unice super omnia diligebant, ut est mos talium. Sub quo patris ac matris affectu teneræ dilectionis, infirmatur infans, manens infirmus diuturnitate longi temporis. Tristantur pater et mater ad hoc nimium, quærentes medicorum auxilia plurium, circumferentes etiam ad loca sanctorum plurima pro pueri medela, portando luminis ac reliquiæ[1] oblationis xenia. Verum nec medicinæ cura profuit debili, nec quicquid circa eum gesserant mancipari poterat effectui; quia Deus hoc [Eadmundo] suo martyri reservaverat ut mortificaretur [a] notificatus in nationes exteras. Hoc modo vita comite, puero vix vivente, simul ac anxietate mæroris utroque depresso parente, supervenit eis quidam athleta Domini venerabilis, interrogans utrum quicquam ex [Eadmundo] martyre pretioso noscant, pro quo quiescente in Anglia multa adeo miracula fiant. Respondentibus autem se nil inde novisse, prosequitur divinus vir imperanti voce, "Accipientes filium vestrum, citissime " in hanc urbem vicinam deferte, in beati ecclesia

---

[1] *reliquæ?*

---

[a] *Mortificare*, like *amortizare*, was used in the sense of "to transfer " to the dead hand", and hence " to consecrate to religious uses"; Ducange. Some confused thought seems to be in the writer's mind that monasticism, and St. Edmund's monks in particular, were to profit by the reservation of this miracle to St. Edmund.

" Martini ante martyris [Eadmundi] altare; illuc ex-
" cubias noctis agentes cum eo devote, pro certo quæ
" Deum in veneratione sancti petieritis humili voto,
" consequimini[1] cum omni desiderio." Quod opus
dantes effectui, mixtis precibus cum lumine vigilant
inibi ante sacrosanctum altare sancti martyris, puerum
debilem ponentes, et ut ejus misericors martyr mise-
reretur orantes, miserans etiam liberator ipsius fieret
potens. Ecce! fere decursa nocte, illuc vigilantes
sopori dant sese tædio depressi vigiliæ, et evigilantes
in aurora infirmi jam pueri revisunt lectisternia, sed
sanum reperiunt et alacrem, solum in medio pavi-
menti residentem. Sic medicinatur puero virtus deifica,
intercessione martyris [Eadmundi] subrogata, ut qui
fuerat hactenus encleticus ac debilis, subito reperia-
tur sanus et incolumis. Ita pueri recuperabilis exsti-
terat elegantia, ut rectus sedens congaudendo caperet
manibus ambabus a pavimento thymi folia, fuerant
enim hæc tunc temporis illius ecclesiæ stramina. Quod
pater et mater videntes magnifice Deum laudant
omnipotentem, talia pro meritis [Eadmundi] sui martyris operantem.

31. Relatores hujus nobis fuere miraculi domnus *All this is told on the*
Eadricus præpositus, ac cum eo presbyter Siwardus, *authority of Eadric the*
quibus Romam euntibus in memorata civitate retulit *prior, and the priest*
hospes eorum Petrus, affirmans se vidisse puerum *Siward.*
debilem, sicque prout referebat postea vere virtute
martyris incolumem. Gratia cujus miraculi populus
annaliter eandem frequentat ecclesiam, ad laudem Dei,
venerationemque nostri patrocinatoris.

32. [A]liud item comperimus miraculum ex sancti *Story of*
martyris [Eadmundi] pignoribus vestimentorum, quod *Warner, abbot of*
juxta verbum cujusdam veridici fratris illud referentis *Rebaix.*
annotari non immerito videtur nobis. Temporibus

---

[1] sic MS.

regis Willelmi prioris, venit ad abbatiam pretiosi martyris [Eadmundi] Warnerius Francigena quidam abbas Resbacensis, homo quidem religiosorum morum, sed etiam pollens dignitate litterarum, cum dulci modulatione neumarum. Is denique susceptus illuc officiosissime, ut moris est fratrum inibi cohabitantium saepissime, viget enim virtus caritatis inter eos intime, composita quattuor antiphonarum cantilena suavi ad honorem sancti, sic de die in diem ad ipsius amorem coepit accendi, ut promereretur a Baldwino patre de pignoribus sancti recipere,[1] quibus martyr in exteras regiones posset venerari, veneratus etiam circumquaque virtutibus notificari. His ergo susceptis venerabiliter reliquiis, et auspice sancto cursu transito maris, Pontivum ingrediens pagum, versus sanctum Richarium vertit itineris gressum. Sed antequam illuc perveniat, malorum hominum, videlicet raptorum, patitur impulsum. Depraedatur enim ab eis ab omni sua supellectili; vix cum viae complicibus eques viam evadit periculi. Ita perturbatus abbatiam intrat Christi confessoris Richarii. Illic tunc praeerat domnus abbas Gerwinus, vir vita sanctitatis orbi famosus, ideoque per cuncta timendus et amabilis hominibus. Qui depraedati fratris intelligens angustiam, praedonum quoque signis quibusdam agnoscens essentiam, post ipsos impiger equitat, inventisque, requirit minis cum precibus mixtis quae rapuerant. Quae suscepta caritative, quia condignae venerationis erat in ea regione, redit domum, fratrem solatur desolatum, reddit quae perdita receperat. Sed de pignoribus martyris [Eadmundi] nullus in amissione sermo fuerat, solent enim perdentes plurima minus dolere singula. Sic itaque receptis rebus perditis, diligenter quaeque respicit exhilaratione mentis. Memoratur tunc primum sancti martyris reliquiarum, sed nil invenit earum. Dolet ac moeret,

---

[1] D.; om. C.

et vere perdidisse cætera maluisset, si pretiosa solum pignora repperisset. Verum apud homines dicitur perditum iri, quod nullatenus potest inveniri. Attamen, O munache, fortunato reperies ac insperate quo tanto mentis turbaris angore. Solum sis memor vocis
xxxiii.10. dulcis Psalmistæ, timentibus Deum nil defore posse. Igitur tali modo ab eodem die demenso noctem proximam parte majori ducit insomnem dolendo; dolens jacet in crypta perpetuæ virginis orando; orans incusat sui negligentiam, rem perditam deflendo; deflens inexplebiliter veniam precatur omnino. Etiam ante diei crepusculum lassus ab insomnio se vertit ad lectisternium, membra quantulocumque committens sopori. Meretur in ipso sopore divinitus relevari. Ecce, adest in somnis ei vir venerandæ speciei; tangens eum verbotenus interrogat, quæ causa mæroris sic eum afficiat. Cui cum more soporifero responderet, quod pro amissione reliquiarum martyris doleret, subsequitur venerabilis persona, "Tange," dicens, "pectoris tui " superiora, percipiendo manus tuæ dexteræ interiora; " repperies enim illic quæ tibi doles esse remota."

Ecce Dei pietas, omnis cui subditur ætas;
Nullum fraudavit quem se rogitare rogavit;
Quærite, dixit enim; sic invenietis et olim;
Et justum petite, quod et accipietis ab inde.
Qui petit accipiet, quærens similis quoque fiet.

Hoc idem præfatus frater ambiens desiderantissime, in somnis promissa fuit expertus verissime. Ex promissis experrectus exserit manum, ponens supra pectus, *which, however, is eventually regained.* sentitque dulcissimum munus, illuc credo depositum divinitus. Cum quanto denique surrexerit a stratu gaudio, vel quæ gaudia gestierit in animo, si stilo committeremus scribentis, fortassis fastidirent verba legentes.[1] Sed, quod in hac re videtur verum et sum-

---

[1] *legentis,* MS.

mum, talia fuerunt per Deum et sanctum [Eadmundum]. Quæ reinventa dum frater devote recepit, postmodum in altari gestatorio decentissime collocavit, laudando Deum in martyrem [Eadmundum], qui veneratur per Deum in sæcula sæculorum. Amen.

One Norman, bringing to abbot Baldwin out of England a relic of the saint, is in danger of shipwreck, but escapes.

33. [A]dhuc instamus tradere scripto quædam nobis relata sub testimonio virtute martyris [Eadmundi] contingentia, pro quo Deus operatur mira, sic in mari velut in terra. Pater sæpe dictus Baldwinus, curis creberrime regalibus intentus, tam pro medicina regi regisque primoribus impensa, quam etiam circum-circa terrarum legationis regiæ fungens officia,[1] cum ipso Willelmo rege,[2] suaque conjuge Mathilde bonæ memoriæ, moras agebat in Normannia, obsecundans eis strenuissime. Quo tempore miserat quendam suum legatum, nomine Normannum, ad gloriosi martyris [Eadmundi] cœnobium, ut sibi deferret quod erat necessarium, mandans quoque propter quoddam quod dare disposuerat filacterium. Quo secum assumpto miles præfatus festinat ad mare quam potest citius; sed reperta navium raritate, vix dato naulo unam cum equo permittitur intrare. Erant enim in ea homines ferme lx^{ta}, animalium quoque numero sex et triginta, necnon sedecim equi cum mercatorum sarcina gravi; navis etiam, quamvis rerum foret tantarum capax, maris surgentibus procellis minime poterat contra fieri tenax. Invalescunt penitus undæ; pontificus fervor crescit ubique; demerguntur in æquore supellectilia quæque; etiam dicta superius quadrupedia extra navim projiciuntur ad maris ima. Navis quippe nunc ad cœlos ascendit, nunc ad abyssos descendit. Omnis ibi navita naufragans tabescit, quia turbatus ac motus sicut ebrius dehiscit. Tale fere per triduum viris instat naufragium; cum in tertio diluculo miles

---

[1] *hofficia*, MS.   [2] *regie*, MS.

Normannus juxta navium transtra residet somnolentus; adhuc equo retento proprio dormitat, oblivioni tradito philacterio. Eo vero dormitante conquiviscendo, adest sibi elegans in somnis persona somniando, tangitque eum manu plena[2] humero, dicendo, "Dormis, heus! " Normanne? surgens expergiscere, palpa phylacterium, " reminiscens, quod tibi pendeat ad collum, et invo- " cans Deum nullum patieris naufragium." Somniculo taliter excitus propere surgit Normannus, stansque in pedes manibus amplexatur phylacterium a collo de- pendens; rectore navis nominatim vocato, Deum orant et sanctum EADMUNDUM affectu devoto. Sic pacato mari, exeunt illud ea die. Gaudet Normannus jam suis salvatis rebus; qui si nescit ut laicus quid collo gestaverit, tamen ejus virtutem percipit, cujus insigni- tum nomine fuerit. Adest in mari martyr EADMUNDUS; prodest in eo periclitantibus, ut olim nautis tempestate quassatis beatus Nicholaus. Clamantibus illis sanctum Nicholaum apparet quidam dicens, Ecce, adsum; isti non memoranti patrocinatur patrocinium martyris EADMUNDI, quia, dum minus speratur, pro foribus Dei misericordia præstolatur. Cui sit laus et gloria per infinita sæcula. Amen.

St. Edmund is, for sailors, another St. Nicholas.

34. Eodem vero Normanno, portu, qui Barbefleot dicitur, appulso et quasi jam in tuto cum suis rebus posito, dum falerat equum cupiens inde facere digres- sum, furtivæ manus manticam rapiunt ejus. Quam velut amissam dum repperit nusquam, dolens, socio sibi presbytero quodam, descendit ad villam. Sub- tristis itaque incedit per viam, sed fretus spe vera petit ecclesiam, oransque Deum ac martyrem [Ead- mundum] pro re perdita, exiens ecclesiam de foris solamen invenit ita. Verbis affatus blandis vetulæ cujusdam mulierculæ, "Cur, heus, sic tristaris, vel

The same Norman, when his luggage had been stolen from him at Barfleur, recovers it in a surprising manner.

---

[1] excidit vocabulum quoddam.

" quasi lacrimans vadis ? " Respondet, " Heu, quid sic
" interrogas ? " Ait, " Quia fortassis per me solari
" poteras." Prosequitur damnum perpessus, " Mare
" egressus perdidi manticam, quam nescio qualiter aut
" ubi requiram." Indicat solatrix adeo domunculam de
prope ore et digito; intrat tacite quæsitor; intus videt
quod perdiderat in angulo domus; et accipiens ambabus manticam manibus domum exit absque repulsione
ullius. Quæ gaudia gestierit, quamque lætus fuerit,
non scripto notare sufficit, cum omnis noscat natura
quanta pro rebus reinventis sæpe constet lætitia.

Protected by the same relic, he crosses a perilous ford.

35. Hinc quem nominavimus iter movens Normannus,
retro se super equum consesso [1] socio presbytero, manticam ante se tenens, cum gaudio experitur virtutem
martyris [Eadmundi]. Tertio, vada regionis cum man-
tica socioque nitens transvadare, viam habet qua nemo
transierat ante. Mirantibus autem hominibus patriæ,
retro monetur redire, ne submergatur vadi insoliti
profunditate. Tamen securus cum socio transit sive
tranans sive gradiens, ejus se fiducia muniens, cujus
filacterium ferebat in collo dependens, glorificans Deum
in sæcula sæculorum.

William Fitz-Asketil is cured of a typhus fever.

36. Alio quoque tempore defertur ad eundem piissi-
mum protectorem nostrum [Eadmundum] in gestatorio
lecti stramine quidam Francigena, Willelmus Ascitilli
filius cognomine, ab Hereford comitatu, fama sancti
cognita, requirens eum, multiplicis annaliter et eo plus
infirmitatis attritus molestia. Quippe febrium omnium
genera exhauserant membra corporis ejus debilia. Ad
tumbam igitur Christi martyris suorum manibus deportatus, et cum oblatione quantulacumque Deum et
sanctum [Eadmundum] exoratus, ut ab eo post annos
plures in capitulo fratrum audivimus, dum ad hospitium delatus ab ecclesia decubat in lecto, membris

---

[1] D.; *confesso*, C.

omnibus confectus febrium typo, patitur agoniam, oculis fixis in extasi, suorum in medio. Fuerat enim hora diei prope media, cum adstat sibi cum baculo quasi revera nobilis persona, ætate subjuvenis, staturaque mediocris, qualis adverti posset aliquis regiæ dignitatis. Is tangens eum interrogat quid illic jaceat. Respondet encleticus, visus a suis velut mentis alienus, " Infirmitate depressus medelam Dei ac sancti [Ead-" mundi] præstolor attentus." Subsequitur astans, " Surge jam sanus et exhilarans, equos ascende pro-" perans, domumque descende repedans." Quærit jacens quis ipse sit alloquens; se nominat, indicens iterum quod indixerat, scilicet sanum se fore totum, suamque descendere domum. Audiunt præsentes verba jacentis, sed esse putant eum alterius mentis, non percipientes personam alloquentis. Surgit protinus a stratu sanus et incolumis, præparat se jussu visæ visionis, credit se pretiosum martyrem [Eadmundum] veraciter vidisse, credens hoc percipit omni recepta sospitate. Petit ecclesiam ad gratiarum actionem reddendam. Mirantur sui, mente putantes eum alienari; sed ipse sub veritatis assertione indicat quid et quomodo viderit quæque, eadem die sanus petens viam juxta monitionem sancti versus regionem suam, ad gloriam Domini, laudem quoque martyris.

37. [N]atione Normannicus cum rege Willelmo priore quidam fuerat aulicus, Rannulfus quidem nomine, ceu tunc moris erat, militari perversus in opere. Complice sibi socio Cicestre,[1] [a] id operis intenderat

Ranulf, a Norman knight, goes out of his mind; a vision of St. Edmund;

---

[1] sic MS.; conjicere licet Hermannum scripsisse *comite de Cicestre.*

---

[a] Probably Robert, the unworthy son of the noble Roger de Montgomeri, earl of Chichester and Shrewsbury, who died in 1094, is the person intended. See Ordericus Vit. v. 14.

> Ranulf recovers, and becomes a monk.

aliquando. Equitans ergo effrenis, quæque de via meditando nimis, parum quæ Dei sunt meditatur; quia palatinorum more mundi alia sectatur. Sed jam securis ponetur ad radicem arboris; jam robur ejus conteretur, juxta quod Daniheliticum legitur, " Jam " cognoscet omnis natio, Deum esse solum in omni " loco." Dum sic devius deviat miles, devians capitur capitis alienatione taliter itinerans; velit nolit, effectu caret operis, illectus persuasione mentis. Octonis diebus gravedine doloris lecto participatus, frustratur requie, cibo, potuque; vivit solum vigilans, nil æque degustans. Octava post hæc nocte operatur Deus cum [Eadmundo] martyre, sive meminerit æger martyris hujus, sive præscius misereri voluerit ejus. Pausat quidem, somniculo pressus præparvissimo; somniat quod equitans fugam ineat, et sanctus martyr [Eadmundus] eques insequutor fiat ejus armatus, lancea dorso deorsum affixa, donec ab equo resupinans eum supra sepem, velut miles ei desuper intentaverit mortem. Sicque, veluti dabat visio sibi, resupinus jacens in sepe plena florum amœnitate, sancto compugione super astante, precatur miser veniam, et ne moriatur sancti ipsius impetrat gratiam. Cui superimminens sanctus verticem capitis tangit amplitudine dexteræ manus, demumque desuper crucis signum imprimens, mitis ita fatur, inquiens, " Si tibi sic fieri " faceres, posses liberari." Sic infirmo sanctus; et sancto sic ait infirmus, scire volens nomen, ejusque rogando juvamen. At sanctus [Eadmundus] se nominat; liberationem vero nisi priorem abnegat, videlicet ut signum crucis faciat fieri suo infirmo capiti, cum his verbis disparens, infirmoque meliorationem ingerens. Qui pauxille soporatus, evigilans divinum sentit levamen, martyrem [Eadmundum] gratificans; fluente putrida sanie ab ipsius aure utraque, quod somnians attactu sacro-sanctæ manus dexteræ revera credidit sibi profuisse. Hocque mane proximo clericis de curia regis notificato, Samsonis¹ videlicet, et aliis quibus idem notus fuerat æger, effectualiter omnibus placet modus visæ visionis, ut benedictione percepta tonsorationis, alteretur habitu religionis. Id vero consummans opere fideli voto, (fuerat enim litteratus ante scolarium modo, sed retracto pede causa laicali vitam duxerat jure militari,) modo conversus, monachus et sacerdos a nobis est visus, Deum laudans in martyrem [Eadmundum], et ipsum martyrem pretiosum venerans in omnipotentem Deum.²

38. Jam jam seculo sancti meante providentia Dei, Anglorum rege Willelmo eodemque duce Normannico in Normannia defuncto, anno millesimo octogesimo septimo incarnati Domini, ut aiunt, dono patris regnum suscepit Angliæ Willelmus, cognomento Longus Ensis,ᵃ cujus temporibus etiam martyr [Eadmundus] plura præstat beneficia pluribus. Ad quem adducitur quidam puer oculorum visu debilis, ut circa sancti corpus excubaret in vigiliis suæ sanctæ sollemnitatis, impedito patre ᵇ versus Scotiam in expeditionem regis. Qui dum foret profecturus, filii periculo tactus, imperat familiæ propriæ sub sancti fiducia, ut ad sanctum deportaretur infantis præsentia, fortassis illuc celerius quam alias sanitati restituendus. Excubuerat enim pro sospitate recuperanda quindenis diebus et eo amplius in ecclesia ad Binneham, quo morabatur Hermannus monachus quidam, cujus fuerat infantulus

Death of William the Conqueror. A.D. 1087.

William Rufus succeeds.

Edmund, the son of a soldier living at Binneham, having bad eyes,

is taken, against the will of the

---

¹ *Samsoni?*
² Occurrit hic spatium folii fere unius in C., nullis exaratum litteris.

ᵃ This strange mistake is adopted also by Samson; see below, p. . History knows of two persons bearing the name of "Willelmus "Longus Ensis" (or "Longa "Spata"); the son and successor of Rollo, first duke of Normandy, and a son of Henry II, by Fair Rosamond.

ᵇ His name was Yvo; see below, p. .

scolaris ac clericellus. Sed dum nil prodest, fit quod fieri pater jubet. Contra quod indignatur monachus, ægre ferens alias si feratur puerulus, nec credens corde, sed dubius fide [Eadmundum] martyrem Anglicum in talibus prodesse. Hoc quidem frater idem retulit michi æquivoco sibi, lacrymis suffusus, erga sanctum se peccasse confessus, dum anno transacto miraculum hoc essem scripturus, inde sciscitans ab eo quicquid esset verius. Qui hujus pueri modum infirmitatis enarrans, in medio oculorum verrucas dixit concretas, rufas atque pilosas, sed postea se vidisse detersas virtute sancti, Deo gratias. Addiditque se sanctum persæpe dehinc in suis necessitatibus effectualiter probavisse juxta proverbium vulgi veridicum, pro uno bono aliquem multa bona consecuturum. Ad vigilias itaque sancti pernoctans de quo sermocinamur infans, primo noctis crepusculo juxta sanctum corpus suavi capitur somno, in quo dulci sopore cœlesti medicatur virtute, sancto sibi propitiante, oculorum omni detersa labe. Sic dulciter soporatus ante matutinorum pulsum evigilat expergefactus, clareque lucem aspiciens candelarum, taliter fatur ad eum in cujus dormiens caput declinaverat sinum, "Heus tu! satis lucide circa nos hic "lucent lucernæ." Quod audiens alter lætatur exhilaranter. Sicque de uno ad alterum tale patefit miraculum, donec lucescente die rumor hujusmodi propalatur ubique, ac post evangelium majoris missæ, facto verbo ad populum inde, redditur Deo et sancto laus exultationis magnæ puero sanato præsentialiter astante. Vocabatur is enim Eadmundus nomine, populo tunc Deum per suum sanctum [Eadmundum] in omnibus glorificante.

39. [A]postolus prohibens Thessalonicensibus fratrum supergressionem ac in negotiis circumventionem, de illis qui in his excesserint, affirmat omnimodis Deum esse vindicem. Quod et efficaciter hodie creditur fieri super appetentes res servorum Dei, quæ maxima et

1 Thess. iv. 6.

illicita supergressio valet nuncupari, quam sæpe vindicta prosequitur Altissimi. Hoc et in vicecomitatu Northfolc contigit, primo anno regni Willelmi regis secundi, motis erga eum quibusdam suis primoribus intentione rebelli, confluentibus in castris militibus consuetudine militari, appetendo non appetenda apud dominos cupiditate seculari. Quod nimis audacter inhians quidam, Rodbertus de Curzun cognominatus, quærit apud suum dominum Rotgerium Bigotum supergressionem cujusdam manerii nomine Suthwalde, quod habet et habebat hic noster sanctus, dicendo rogans inreverenter id sibi concedi pro suorum equorum pabulo, quod servitores sancti tenebant in suo dominio. Hoc ut diximus quæsito, et, ut assolet inter laicales fieri personas, non accurate concesso, quæsitor cum suis die disposito versus manerium eques vadit quod ei stolide concessum fuit, ante se nescius proximam fore vindictam Dei, virtutem quoque martyris [Eadmundi]. Sed in ipso male cœpti primordio itineris assurgit horror magni turbinis ; laxantur habenæ ventorum carceribus laxis ; imperat Æolus rex per aëra spiraminibus duris. Ante equitantes intentat periculum grando ; cadit et imbrium spissitudo ; tonitrus ac fulgur eos territat ; et ultra si procedant mortem minitat. Perculsi terrore verbositant inter se, dicentes ire se male, Deum et sanctum erga se commotos esse, hanc tempestatem hoc etiam designare. Intrant ad diverticula, si forte facies cœli sit ei[1] propitia ; quod dum fit paululum, iterum iter intrant stolidum. Sequitur statim assurgens intemperies elementorum, eos hebetes reddens confusione mentium, donec retrocedens eorum dominus, videlicet prædictus Rotbertus, stuporem mentis incidit, iter inceptum perficere non ausus. Cujus signum stuporis in ejus visu denotare postea potuit omnis, cujus est mens

A.D. 1088. In this troubled year, Robert de Curzun obtains leave of the sheriff, Roger Bigot, to enter upon Southwold, a manor belonging to St. Edmund.

He is deterred by a great storm from carrying out his purpose.

---

[1] *eis?*

aliquo modo physicalis. Reliqui vero, scilicet duo, Turolfus dapifer ejus, ac Gyreneu de Mouneyn miles alius, in impacata mente persistentes, et ad manerium una cum scutariis pervenientes, rapiendo quæ potuerunt, tamen numquam inde gavisi fuerunt, uno ex eis in amentiam verso, alio quoque, ut postea multis vidimus diebus, frenesi affecto. Redeuntes cum mentis stupore, non ulterius in prædicto manerio ausi sunt simile quid atteutare. Sic itaque vindicta Dei, necnon meritum martyris [Eadmundi], circumventores propulsavit, supergressores retrogradavit, omnes qui ad hoc inconveniens ierant stupore mentis affecit; nec aliquis eorum sine signo notabilis remansit. Quia vindex est Dominus de his omnibus, ut apostolus prædixit, ut gloria sit ei qui in sæcula sæculorum vivit. Amen.

40. [M]agnus Dominus et laudabilis nimis, magnitudinis enim ejus non est finis; exultationem universæ terræ fundando montis Sion latus aquilonis, perpetuante martyre [Eadmundo]. Cujus in parrochia, per sua florens insignia, fit remediabilis commanentibus in ea, Deum quærentibus in eum ex intimi cordis querela. Quod expertum cognovimus, oculisque vidimus, in quodam Wulmaro villano ejus, vita comite reverso a via Romana[1] cum aliis pluribus, suoque patrocinatori [Eadmundo] martyri oblato super altare lapide marmoris, necnon cristalli, pro sua reversione salubri. Qui sic reversus vespertinali hora, quadam die Dominica, exiens atrium sancti cum sospitate sua, in ipso egressu circumvallatur quodam subitanei horroris impressu, deficiensque residet quo valet consessu, vicinis volentibus eum deducere domum, pro eo gestiendo exhilarationis progressum. Sed residens, quasi passus extasim, positus in mentis excessu angustiatur vicissim.

---

[1] *Romano*, MS.

Sicque vix deducitur domum, collocatus in lectisternio in medio suorum. Quo decubans æger quatriduanus ægrotat, in proxima vi. feria, sic ut in eo pæne remaneat habitus. Accersitur propere Godingus presbyter parrochiæ, qui cum suis veniens scolaribus jam morti proximo præbet visitationis opus, viaticum salutis impertiens, omnique consuetudine Christiana absque inunctione muniens. Sic decubat ægrotus quatriduo, videlicet sexta feria cum sabbato, Dominica, non minus ac secunda feria, eo modo; clausis oculis velut in mortem, membrisque torpentibus in æternum rigorem. Nequibat pedes vel manus ad se trahere, neque genua vel brachia quoquo motu a se exserere. Quid plus? Truncus est per omnia; solus spiritus palpitat in interiora. Servantes vigilant circumcirca; servatur cum excubiis, ut mos est jacentium in agonia.

41. Nunc vero, in ipsa, ut diximus, secunda feria, præsens erat sancti martyris de quo loquimur quædam memoria, quam hymnodiis sollemnibus sollemnizabat suus cœtus monasticus, sed reliqua villæ populositas minime captabat hujus exhilarationis delicias. Erat autem dies festiva qua domnus abbas Leofstanus ejusdem sancti sancta corporis respexit pignora, in quo respectu vera Dei cognovit magnalia, scilicet corpus sanctum ab omni putredine salvum, caputque cum corpore solidatum divina virtute. Hac decursa festivitate diurna, operari vult noster protector [Eadmundus] propinqua nocte futura, quasi bene operans super infirmum, vel volens augere cum lætitia diem suum. Jacet ut diximus languens, jam per octonos dies somni participatione carens. Sed nunc, media noctis tertiæ feriæ, percipit auditu matutinorum synaxim apud ecclesiam sancti pulsare. Audito pulsu delectatur ad otia somni membra languida declinare; declinatus in hoc incipit sibi salubria multumque suavia somniare. Videt in somnis, ac si visibilibus oculis, hostio suæ domus

On the fourth day, which was a festival of St. Edmund, he falls into a trance; he sees a dove, which changes its

aperto, intus advolare columbam nivei candoris, assidentem supra sedile domus, quo jacentis lectulus capite erat adnixus. Quæ columbina simplicitas versa versus infirmum, prout sibi fuerat visum, subito mutatur in cujusdam venusti hominis vultum, sedensque respicit ad ægrotum misericordissime. O nova et inaudita metamorphosis! satis altera quam pandat quivis liber Nasonis. Hæc spiritualis et homini proficua, illæ vero corporales ac risum moventia. Surgit a sedili talis ac celestis vir metamorphosicus; appropians ægroto condolet infirmitati ejus, dicens humiliter, heus, puer, multum infirmaris duriter. Quod sic esse jacens sub eodem somno partim respondens, partim hoc idem torpore membrorum innuens, spiritualem alter effert manum, duobusque digitis prioribus capit decubantis dextri oculi palpebras ciliorum. Aperiens ei oculum dulcissima voce fatur ad eum, Jam sanus effectus surge concitus; ecclesiam festinus petens quoque Deo michique gratias redde. Sic somnolenter exhilaratus alter, affectuose quærit quis et cujus nominis sit. Indicat se respondens [Eadmundum] esse inquiens, sed inculcat iterum, Dei pete domum, Deo et sibi reddendo actiones gratiarum. O novum genus medendi! O bona voluntas boni medici! O sanitas celerrima præstita sola Dei gratia! Conficiat quivis ypocraticus confectiones cum suis medicaminibus, vel dabit sanitatem longum post tempus, vel parum erit infirmo levius; hic autem noster sanctus, puro corde quæsitus, sola Dei clementia dabit festinus siquid infirmantum rogaverit indiga virtus. Quod et huic ægroto annuit pius, dum frequens invocaretur ab assidentium vocibus, dicendo, "Domine et sancte [Ead-"munde], tuo misero propitius succurre." Jam effectuose patebit quod ægrotus potius visione vidit quam somno somniaverit. Surgit diluculo imminente refocillatus dulci sopore; induit se vestibus, calcians et pedes, quasi nil mali passus. Videres obstupefactos quosdam assidentes, ex ejus tam subita motione miran- *story to the monks.* tes, quosdam etiam eum reprimere volentes, velut frenesi[1] captum putantes. Quos id susurrare percipiens, negat se freneticum, potius se sanum dicens, et sic stans in pedes, cum his qui in domo ejus erant, ad domum Dei vadit pergens. Offert sancto quatuor cristallinos lapides quos a Roma detulerat nuper, et orans perficit imperata celeriter, gestiens gratiarum actiones Deo et sancto gratulanter. Dehinc ad se vocato ecclesiæ, matriculario fratre Tolino, bonæ religionis viro, seriatim sibi pandit malum et bonum quod ei acciderit, cautus hoc nulli primitus nisi sacerdotibus dicere, ut de leprosis a Domino præcipitur in lege. Tandem ab ipso secretario fit notum patri venerabili Baldwino, qui conveniens fratres virosque fideles in inclaustro, unde loquimur coram posito, audit ab eo rem omnem ex integro. Adsunt et testes ex hoc ipso, Siwardus ac Godingus villæ presbyteri duo. Sed et de familia fratrum sartores quidam testantur, id ipsum pro certo dicentes, eum per omnia sic ut diximus infirmasse, eosque inibi per noctes ac dies excubias pro necessitate proximi impendisse. Ipse vero sanatus jurans testem vocat Deum et sanctum, veluti referebat, se sospitati datum; quod et domnus abbas sus- *Abbot Baldwin causes* cipiens verum, populo convenienti in ecclesia pro hoc *the cure to be publicly* miraculo facit fieri verbum, prosequendo cum pulsu *notified in the church.* signorum, devote incipiens laudationis hymnum, laudando Deum in sæcula sæculorum. Amen.

42. [V]idimus etiam, in Nativitate gloriosæ Virginis *A child of three years,* Mariæ, puellulam quandam sospitatis visum recepisse, *after having lost her* quam pater, Willelmus nomine, clericus et Colecestris *sight for five weeks,* inhabitator, miserat ad sanctum martyrem cum nutrice. *has it restored to* Fuerat quippe fere triennis, sed casu fortuito nil *her at the shrine.* viderat ebdomadibus quinis. Igitur ad sanctum delata

---

[1] *froenesy*, MS.

in perpetuæ virginis Nativitatis vigilia, in crastinum clare videt omnia. Pro testimonio sistitur in medium ad sacra solennia missarum; decantat ordo monasticus jubilum "Te Deum laudamus"; magnificatur a populo Deus, necnon genitrix ejus, ac præsens martyr [Eadmundus]. Sed quivis verbositat fidelis, tactus intentione bonæ mentis, cujus gloriæ potius debeat adscribi prædictum miraculum hujus diei, vel pro ejusdem festivitate Dei genitrici, vel [Eadmundo] pretioso martyri, cum corpore præsentiali. Ad quod respondemus illud Ambrosianum, "Sanitati frequenter restitui membra "languentium ad sacra monumenta sanctorum; potens "est etiam Deus quo vult operari pro genitrice ipsius, "quia in omni loco sunt dominationes ejus."

Doubtful to whom this miracle should be ascribed.

43. [A]d pretiosi testis Christi martyris [Eadmundi] translationem, seu sacri corporis ejus remotionem, nostræ mentis vertamus intentionem, prout imbrificaverit Spiritus Sancti gratia nostri meditatus interiora. Invocetur ad hoc ipse qui novit hominum cogitata, cujus oculis omnia nuda sunt et aperta, ad quem nobis sermo, quo potente viget omnis humana conditio. Exsequentes ergo diem translationis[1] nostri patrocinatoris apud Deum, hujus facti continuemus primordium, coram ponentes causam effectus, quæ planissime rebus patet in omnibus. Ut in exarato continetur sanctæ passionis [Eadmundi] Deo dilecti martyris magno tabulatus opere,[a] multitudo fidelis in Beodrici villa sibi basilicam condidit imprimis; quam tempore Cnuti piissimi regis et Emmæ, ejus bonæ memoriæ conjugis,

The translation of St. Edmund into the new church.

---

[1] *translatum*, MS.

---

[a] *magno tabulatus opere.* These words seem to refer to some large tablet in the church, of stone or wood, on which the story of the relics was inscribed; a similar tablet existed for ages in the church of the Santa Casa, at Loretto; see the work of Tursellinus or that of archbishop Kenrick.

posteritas monachilis delectatione majori lapideam reparavit; quæ etiam, ab Eadnodo Cantuariensi archiepiscopo dedicata, ad usque tempora nostra duravit. Hæc quoque simplici facta schemate, non sic artificialis ut quædam construuntur hoc tempore, a gloriosissimi regis Anglorum Willelmi primi suasu, monitu, jussu, jussa est alia construi, promittendo se regaliter in hoc profuturum, et ut amicum patris Baldwini fideliter adjuturum. Quod non incassum accipiens memorandus pater Baldwinus, rerum fundator strenuus, secundum evangelicum dictum sedens cogitat per dies necessarios sumptus, cogitansque fidit in Deum, qui habet ac dabit quæ sunt ad perficiendum. Sic jactis etiam fundamentis inchoatur basilica, Deo domus ac suo martyri, vel testudinali sculpto non impar templi Salomoniacis cultu, quam oculis qui vident vel viderunt speciosiorem se nusquam vidisse dixerunt. Ecce prosecutione facta causæ pii martyris [Eadmundi] translationis sanctæ, prosequamur translationem eandem succincte, tempus ponentes ac personas, sequentes idioma linguæ.

44. [A]nnis humanæ salvationis millenis nonagenis atque quaternis, ex his etiam progressis ducentis bisque duodenis a die passionis [Eadmundi] martyris, venerabilis abbas Baldwinus ad unguem perduxerat suæ novæ et inceptæ ecclesiæ presbyterii opus, multifariam compositum modis omnibus, quale decuit esse regium decus. Cujus capitis ecclesiæ dedicationem, et sacrosancti martyris remotionem, requirens idem domnus abbas apud regis Willelmi secundi regiam exactionem, gratanter promeruit licentiam, sed quamvis data non potuit duci ad efficaciam. Nam regia voluntas alterata prædicto patri Baldwino mandat in hæc verba, translationem sancti martyris se concedere, dedicationem vero minime fieri debere. Sic sic contingit sæpius, effici tardius quod humanus appetit animus. Sed vere credat omnis ætas, fieri sine dubio

quod vult pia Dei voluntas. Interea præfatus rex Anglorum mare transmeat; beneficus abbas sumptus ac diversos apparatus apparat; neutrum autem effectui datur eo anno, vel quæ desiderabatur dedicatio, nec pretiosi martyris [Eadmundi] translatio. Reservat enim Deus fortassis in melius, quando et quomodo fiat et dignius. Tamen humana salvatione per annos mille nonaginta quinque procedente, Willelmo secundo regimen Anglicum moderante, inter quosdam palatinos oritur malus ac invidiosus murmur male ruminans, dicendo in Beodryci villa non, ut dicebatur, incorruptibiliter manente martyre [Eadmundo]. Quod nefas quivis dixerit susurro, credimus luit ac luet perpetuo. Nobis verumtamen, qui talia subdidimus scripto, retulerunt qui se rumori talium interfuisse dixerunt. Rumor quippe malus extitit, qui lingua venenifera sanctum inibi non esse præsentialem dixit, opusque fabrile suo scrinio consertum consiliatus est ad militare rapi stipendium. Verum Deus, judex justus, mutabit consilium Achitofel in melius.

45. Dum rumor talis inter infideles serpit, adsunt ad suburbium martyris sancti Walkelinus præsul Wintoniensis, ac cum eo Randulfus capellanus regis, vicesima quinta die mensis Aprilis, datarum autem [a] die Maii septimo kalendas. Venientes siquidem in ebdomade quarta feria, disposuerant inibi tribus reliquis diebus se regis tractare negotia. Sed vere summi tractant negotia regis, dum quidam inquit, obvians venientibus eis, bonum fore si[1] fieri posset translatio martyris in presbyterio suæ novæ constructionis. Respondet veniens præsul ad hoc se præsto futurum;

---

[1] *se*, MS.

[a] *datarum autem.* That is, "but with regard to formal and legal "dates, on the seventh before the Calends of May."

subinfert et capellanus, si voluerit domnus abbas, nil hoc moraturum. Quod dum audit abbas venerabilis, tale quid committit voluntati Dei sanctique martyris, satisfaciendo viris prænominatis, qui se palam confirmant munitos in hoc opere præcepto regis. Convenientes quoque in quinta et sexta feria, tractant et intimant quibusdam se facturos talia. Grave fert Herbertus episcopus dioceseus, qui non ad hoc interpellatur ut sit ex eis unus; vetitum vult inferre, sed cassatur inde, velut nomen Sathanæ de libro vitæ. Viget enim eadem abbatia privilegio regali fulcita; sed et corroboratur auctoritate privilegii domni et apostolicæ sedis papæ Alexandri secundi, non debere eam subigi sub ditione alicujus diocesiani, nisi quo libuerit abbatem prædicti loci, vel sub metropolitano Cantuariensi. Id etiam amantissimus pater Baldwinus ingenio sagaci discussit; discutiendo necnon derationando firmiter conquisivit; conquisitum testimonio totius curiæ gloriosi regis Willelmi omnibus modis conservavit. Tandem præsul Wintoniensis, sextam feriam ac Sabbatum ducens in abstinentiam, sæcularibus rebus minus his diebus inhibens curam, nocte Dominica cum suis ante corpus sancti celebrata venerabiliter psalterii psalmodia, intimis precibus orat Deum, orando præparat se ipsum, quo digne possit transferre martyrem sanctum.

[sidenote: Herbert bishop of Norwich, vainly opposes the design. Recital of the abbatial privilege of exemption.]

46. Ecce, adest dies Dominica; pullulat in Beodrici villa multiplex virilis ac sexus femineus, specialis [Eadmundi] gloria,^a sic totiens ad ejus merita confluere solita. Quid si præscisset Anglia plurium dier-

[sidenote: The translation is solemnly performed, in the presence of a vast multitude.]

---

^a *specialis Eadmundi gloria.* Herman seems to contrast this encouragement given to the devotion of the female sex round the shrine of St. Edmund, with the inferior position which they were made to occupy near that of St. Cuthbert. For a long time they were not allowed to enter his church; see Symeon, *Hist. Dun. Eccl.* ii. 7; Rolls ed.

um termino, quis et quantus conflueret populus subito, cum tot confluxerint in trium dierum curriculo! Adest prænominatus præsul jam hora tertia, intrans ecclesiam more pontificali, præsenteque Baldwino abbate felici aquam consecrat benedictam, spargit circumcirca, et per tot quot apparatus dederat altaria, congregatione tota cum populo devote circa sancti corpus excubando. Detegitur locellus ligneus, in quo intaminatum ac venerabile quiescit corpus. Sicque domnus pontifex humili voce inchoans antiphonam *Iste sanctus;* sancti lecticam cum pio affectu thurificat, imperans patri monasterii ut sanctum fratribus removeri jubeat; velut quibusdam fuit visum, indignum ad hoc judicans semet ipsum. Appropiant jussi fratres contriti corde cum fletibus; pretiosam removent margaritam accipientes in manibus, ulnis appositis; ac demum scapulis bajulant cum omni exhilaratione mentis. Quam se felicem æstimant omnes! huc valent vel audens semet extendere conatu bonæ voluntatis.[1] Transfertur ergo sanctus rex et martyr [Eadmundus] in magna gloria, ut diximus, in die Dominica hora tertia, millesimo nonagesimo quinto anno Domini, ducentesimo vigesimo quinto a passione Christi martyris [Eadmundi], indictione vero tertia, epacta duodecima, concurrente quoque septimo cyclo decennovennali tertio decimo,[a] datarum tertio kalendas Maii, sole morante in tertia decima parte Tauri.

The relics of other saints are translated at the same time. 47. Transferuntur etiam cum pretioso martyre in sua decenti quam [ut] diximus basilica Christi confessorum pignora, Botulfi pontificis almi, ac Jurmini

---

[1] ita in MS.; conjicere licet Hermannum scripsisse, *felices estimant omnes, qui huc valent vel audent,* etc.

---

[a] *tertio decimo.* Thirteen is the Golden Number for the year 1095 in the lunar or Metonic cycle. It seems therefore that *in* should be supplied before *septimo cyclo.*

clitonis et confessoris Domini. O gloriosa et præcelsa
regis translatio! quam regaliter antecedit præsulis et
athletæ præcessio! subsequitur ac præcedit canen-
tium canora jubilatio, populique sexus utriusque lacri-
mosa devotio. Dicite, tam præcelsæ latores margaritæ,
quid oneris vestræ videntur gestare scapulæ? Vide-
mini quippe nunc levi progredi pede, quasi quiddam
gestantes leve; nunc vero lento proceditis incessu,
sanctum sentientes onus vestro dulci bajulatu. Fuerant siquidem sex fratres a loco sanctæ remotionis
cum bajulantes, quos audivimus asserere sub veritatis
voce, nil levius eos aliquando gestasse, ponderosius
etiam nullam se unquam sensisse sarcinam, ut in
exitu meridiani hostii prædictæ veteris ecclesiæ, quo
bajulantes sanctum vix quadraginta et eo amplius
suffecere. Mos enim fuerat ipsius dilectissimi sancti
in eodem ecclesiæ statu se majoris ponderis fieri,
quotiens efferebatur alicujus necessitate rei; quod et
personati fratres sæpissime sunt attestati.

48. In quo nunc exitu multorumque pro desiderio *In the crush a* magnatorum [a] impressu, operatus est martyr sanctus *man has his arm* virtutem, quam retulit nobis quidam miles testimonio *injured; it is suddenly* legalium virorum in veritatis assertionem. Dum miles *healed.* Hamtuniensis quidam manum desideranter apposuisset in exeundo ad sancti lecticam, impressus vi plurium ad allisionem lapidis hostii sub manu seminudum læsit brachium, sic ut pars quædam brachii ab ipsa manus junctura videretur usque ad os excoriata. Læsus itaque, timens ne fluxio sanguinis stillaret circa sanctum, vel ne novi presbyterii violaret pavimentum, videntibus quibusdam suæ læsioni reponit aptando cutem propriam, obvolvens circa dolorem pilosam atque suavem mastrugarum oram. Sedens itaque intendebat pars quædam populi ante sacrosancta pig-

---

[a] Ducange give several instances of the use of *magnati* for *magnates*.

nora sancti; in altaris crepidine fit sermo de sancta fide; præsul deforis in atrio verbum facit populo. Læsus jam dictus brachium discooperit timidus; timet esse reus offensionis, si solo defluxissent guttæ sanguinis. Videt, videntibus sociis secum consedentibus, læsionem brachii sanam, de cicatrice quoque vix invenit viam. Plenus fide, Deum et martyrem [Eadmundum] glorificat inde.

<small>The bishop orders the saint's body to be borne outside the church; prayers are made for the termination of the long drought.</small>

49. Demum intro redit episcopus; vult ac præcipit ut extra deferatur sanctus, populo fortassis et aridæ terræ quid a Deo misericordiæ præbiturus. Exaruerat jam ante facies terræ nimium affecta siccitatis anxietate; fuerat exspes omnis homo, terra fructus suos tardius proferendo. Quapropter finitima vicinitas regionum intimis orationibus requirit et orat sanctum [Eadmundum]. Qui martyr insignis iterum deportatus deforis, cum decenti processione decoris stabilitur in plebis medio in eminentiori loco, ejus toto discooperto locello. Videtur sacri locelli longa qualitas; intelligi potem[1] intro jacentis veneranda proceritas. Incipit voce præsul præcelsa, de martyre sancto plebi sermocinatur dulcia simul et utilia, redigens omnia ad animæ corporisque necessariora, scilicet ut præsens sanctus apud Deum veniam præsentibus impetraret et absentibus, pluviæque jam diu deficientis affluentiam condonaret salutarem indigentibus. Sic prævius pontifex ante, sacro ter Kyrrieleyson intonat ore; subsequitur et populus hoc idem humili voce; non abest in tanto populo cordis humiliati contritio; quin et exauditur dulcissimi sancti merito, pretioso martyre preces deferente intra sacrarium divinitatis, proque populi penuria reportante gratiam exauditionis. Ecce, dum Deus oratur, sanctus etiam in Deo interpellatur, aeris facies mutata quod desideratur minitat, pluviæ guttulas super hominum facies gratissime distillat.

---

[1] lege *potest*.

Dat fidem nil defore Deum timentibus, quod et imminens postea probavit annus. Nam interventu sancti, velut credimus, secuta est aeris tanta temperies, quanta desiderari potuit ab hominibus in dies. Nunc nunc Psalmista profiteatur verus, dicens esse prope Dominum eum invocantibus. Prope est enim in veritate se invocantibus, sed est propior sanctis intervenientibus; quia quo boni præsto sunt interventores, dulciores subsequuntur exauditores. *A heavy fall of rain, and a good harvest afterwards.*

50. Sic tanta producta lætitia, domnoque memorato præsule populo dante benedictionis suæ gaudia, gratia sancti, præsentis præsentibus et eum requirentibus, dat veniam de peccatis, levamen determinans indulget eorum penitentiis, ut quicumque sanctum in determinato temporis spatio requisierit, non ingratus tantæ benedictionis vel remissionis abierit. Posthac defertur cum laude et gloria martyr Domini sanctus in sua nova prædia; celebrantur ibi pontificaliter cum tripudio sacra missarum sollennia. Læta temperies anni prosequitur; e regionibus Angliæ a plurimis inibi indulgentia episcopalis prædicta requiritur; per martyrem sanctum laus Dei procedit in augmentum, cujus tropheum manet in ævum, in sæcula sæculorum. Amen. *The bishop proclaims indulgences; of which great numbers all over England avail themselves.*

51. Hujus gloriosi sancti meritis quædam sanatur paupercula, festo sancti Baptistæ Johannis. Requisierat itaque sanctum cum cohabitatoribus suis, sustentata duobus baculis, ut expedit sæpe debilibus membris. Hæc sana sine baculo sistitur in medio pro testimonio. Testes etiam adsunt qui debilem eam se vidisse dicunt; laudem adaugent [Eadmundi] martyris, virtutem videntes Omnipotentis. *The cure of a lame girl.*

52. Eodem vero anno, in die prædicti martyris festo, sanatur quædam puella nomine Lyeveva, in eadem Dei et sancti domo nova, recipiens visum sanitatis dum celebratur hora vespertinalis. Amiserat *A blind girl, named Lyeveva, has her sight restored.*

enim fortuitu visum magis quam per annum; sed fidens in Deum ac martyrem [Eadmundum], cum parentela et suæ villæ plebicula venerat ad sanctum. Quam vidimus laborantem in illuminatione solo presbyterii decubuisse, dum ad *Magnificat* procederemus cum thuribulo, cum venerando abbate Baldwino, sancto sanctorum thurificando. Hæc pernoctans in oratorio nocte sequenti pleniter recipit visum merito sancti; sistitur in medium ad missæ majoris officium; post verbum inde populo factum redditur Deo laudationis votum. Quod revera factum nequis dubitet ut scribimus actum. Sciat, et sciendo credat, quod eundem caraxaverimus[1] annum a die passionis martyris [Eadmundi] fore cc^{mum} vicesimum quintum, in laudem ejus qui vivit in sæcula sæculorum.

A.D. 1095.

53. Deus cujus in sancto via ejus, faciens mirabilia solus, essentialiter Deus, in populis suam notificat virtutem, etiam in irrationabilibus invocatione fidelium dans exhibitionem; quod dum adscribitur ad laudem Dei, non minus dicitur a laude sancti, quia quo Deus invocatur per sanctos, eo sua gratia mirificat eos, indigentibus præbendo beneficia, periclitantibus etiam præstando levamina. Hoc, ut auditu revera percepimus, a Roma redeuntibus Angliamque petentibus in Mari Magno contigit aliquibus, qui septimo decimo Junii kalendarum nocte sextæ feriæ proximæ diei Dominicæ ante diem Rogationum, mari se credentes, in navi capiente multitudinem sexaginta quattuor et eo plus hominum, mediæ noctis in spatio periclitantur.[a]

Some travellers, returning by sea from Rome, are in danger of shipwreck.

---

[1] *caraxerimus*, MS.

---

[a] The rest of this story is found in Samson's work; see below, p. 163. A hand of the fifteenth century has inserted, at the foot of the page, the following note:— "Deficiunt hic sex miracula quæ "sunt in libro Domini Johannis de "C. prioris."

GAUFRIDI DE FONTIBUS LIBER DE INFANTIA SANCTI EADMUNDI.

Regiis[1] excubiis a puero insistenti domino Ordingno, abbatis prærogativa præcellenti, Gaufridus de Fontibus illius civitatis ineffabile gaudium, cujus est participatio in id ipsum. Sæpius me præsente a quibusdam conserta est narratio, in sancto fratrum vobis obsequentium collegio, de patre et infantia beati Eadmundi, regis sanctissimi et Jhesu domini martyris invictissimi. Ubi quisque prout didicerat in medium proferebat, super quibus unus ad alterum postea conferebat. Cumque inter eos referrem[2] quædam ab aliis mihi tradita, quædam viva lectione cognita, præceperunt mihi quasi posteris profutura membranis recondere. Quorum importuno humiliter refragatus[3] præcepto, diu me subtraxi ab onere mihi imposito.

Prologue, addressed to abbot Ording.

---

[1] Textus unicus Cantabrigiensis (Bibl. Pub. Ff. 1, 27), qui integrum hunc tractatum exhibet, mendis scatet; quas tamen pro virili, adjuvante clarissimo viro W. Robertson Smith, Bibliothecario apud Cantabrigias, expurgare et emendare studuimus. Casu etiam felici accidit, ut grande illud opus, extans in Bodleiano codice 240, quod Abbatiæ S. Edmundi a primis annis fere usque ad exitum sæculi decimi quarti prosequitur historiam, optime quidem et accuratissime exaratum, textum Galfridi, non immutatum neque abbreviatum, magna ex parte complectatur. Quod ad cætera spectat, ubi silet codex Bodleianus, conjectura innisi loca titubantia in saniorem statum reducere conati sumus. Litera H. Cantabrigiensem, litera autem D. Oxoniensem codicem designat.

[2] *referentem*, H.

[3] *humiliatum refragrarus*, H.

94   GAUFRIDUS.

Nuper vero Thefordiam divertens, religionis decus, boni propositi a teneris annis, Siccricius, sanctæ congregationis vestræ prior industrius, jussit a me ductim[1] relata sibi et sociis propalare, deinde imperiose hæc eadem vice nostra sub festinatione apicibus anno-

Prior Sihtric, and Gocelin, the sub-prior, urged me to write on St. Edmund.

tare; compellente eum ad hoc venerabili collega suo Gocelino, cui magis hæc competerent scribere quam mihi imperito, utpote viro in liberalibus artibus et sacris paginis apprime erudito. Quibus abeuntibus, cœpi animum impositis apponere, et talia in memetipsum revolvere. Dominorum est servis imperare, servorum est dominis obtemperare. Cum enim jubet dominus, justum est ut obediat servus. Itaque, mi domine et abbatum honestissime, quia dignitas vestra per jam dictum priorem præcepit, servus per omnia vester humiliter obedit. De adventu, scilicet a Saxonia in Angliam, qualem me contigit didicisse historiam, hujusmodi relatione ad posterorum transmitto notitiam.

Angliæ regnum plurimis regibus olim multipartitum fuisse multis scripturarum in locis authenticæ docent historiæ. Quorum successio per diversas provincias regnando non defecit, quousque rex Ælstanus regni habenas suscepit, et primus de regibus solus monarchiam obtinuit. Regio vero illa quæ Estanglie dicitur præ aliis partibus præclarior et pulchrior esse dignoscitur, continens in se duas famosas provincias, Northfolchiam et Suthfolchiam, utramque fertilem, utramque locupletem, ubi claruerunt reges et nobiles

The predecessor of Edmund on the throne of East Anglia was Offa.

et illustres, quorum triumphis et legibus Christianus adhuc lætatur populus, quorum sacro stemmate ordo gratulatur ecclesiasticus. Horum extremus ante gloriosum regem Eadmundum regnavit rex Offa, justitiæ cultor et pacis amator; qui præfatæ genti Estangle

Having no heir, he

regia excellentia honeste præsidens, multoque tempore

---

[1] *ductum*, H.

sine hærede vitam transigens, crebra meditatione arripere quod postea feliciter complevit; sancta videlicet loca, si ei concederetur, Jerosolimis invisere, in loco ubi steterunt pedes Domini adorare, hæredem sibi ab eo secundum ejus nutum impetrare. Disposuit etiam se profecturum per regem Saxonum,[1] cognatum suum, sibi cujus perutile didicerat fore consilium ad perficiendum illud iter tam arduum. Ad quem perveniens, regio cum honore susceptus, et a regni principibus et primatibus plurimum honori habitus, utpote rex, et regis Saxonici cognatus. Cujus aliquantisper illuc de gentis obsequio deputatur illustris juventus ad serviendum electio. Inter quos duo regis filii obsequebantur,[2] quorum natu posterior Eadmundus nuncupabatur, speciali solertia regiis excubiis inhærens, propensiore cura quam patri proprio serviens. Considerans itaque rex peregrinus juvenem studiosum et elegantem, et toto annisu sibi famulantem, ejus delectabatur colloquio, gratulabatur obsequio, honestorum gesta et proverbia ei referens, juxta illud Salomonis de eo revolvens, "Vidisti hominem velocem in opere " suo; coram regibus stabit nec erit ignobilis";[a] cujus relatibus competenter dedit, et relata mentis arcano sollers auditor recondidit. Processu vero temporis in se ipso enituit quicquid honestatis ab eo percipere meruit. Et quia inter omnes studiosius ei obsecutus est, potiori super omnes remuneratione ab eodem [3] donatus est. Dispositis [4] interim peregrinationi necessariis,[5] valedicens regi et magnatibus Saxonicis, accepta abeundi licentia, a cunctis Christo commendatur; salubria ei et prospera ut eveniant optatur. Tunc

---

[1] per Alkmundum regem Saxoniæ, D.

[2] breviter, D.; cujus obsequio duo regis filii deputantur.

[3] eo, D.

[4] D.; depositis, H.

[5] D.; ventis, H.

---

[a] ignobilis. In the Vulgate, ante ignobiles.

cordis amorem erga juvenem Eadmundum pandens, et coram cunctis cum amplectens, annulum aureum illi[1] porrexit, sæpiusque deosculans dixit, "Fili karis- "sime, Eadmunde, accipe nostræ cognationis et mutuæ "dilectionis monumentum, ut memineris me sollerti[2] "obsequio tuo esse obnoxium.[3] Super quo gratias "tibi refero, et mercedem paternam ex Dei provi- "dentia in corde reservo." Cum igitur Eadmundus accepit annulum alacris, pater ejus carnalis hoc audito et viso subrisit; ei quasi[4] alludendo dixit: "Eya, "Eadmunde, siccine me rejecto elegisti regem Estangle "in patrem? amodo sicut filio tibi provideat, et tua "ei sollertia sicut patri adhæreat. Quorsus mihi "hominem educare alienum?" Delectatus itaque rex

and shows him another, which is to serve for a token.

peregrinus hujus responsi alloquiis iterum Eadmundum amplexibus mulcet et oculis, et alium annulum demonstrans ab episcopo acceptum in regni promotione, "Intuere," inquit, "jam omnino mi fili Eadmunde, "cujusmodi sit annulus iste, ut si absens aliquid "tibi per hæc intersignia intimavero, tu filiali non "differas complere obsequio Ut astantium percepit "multitudo, habeo tibi providere sicut karissimo." Descendens igitur cum apparatu non modico, arduo itinere et prolixo post multos labores emenso, sancta Jerosolimorum ad loca juxta votum attigit; laudum

On his return he is taken ill and dies,

et orationum libamina sedulus obtulit. Commendatis[5] deinde resurectionis dominicæ regno patria et gente, felicis voti feliciter compos effectus cum sociis regreditur alacris et lætus. Qui antequam remeando pervenisset ad rivum quem viantes Sancti Georgii dicunt brachium, quia, ut legitur, non est in homine via ejus, alius ei quam sperabat successit eventus. Non tamen contra suimet salutem, nec ad sui regni

---

[1] D.; *eum*, H.
[2] D.; *solercii*, H.
[3] D.; *obmixum*, H.
[4] *eique*, D.

[5] Verba quæ sequuntur, usque ad *moderamen debet*, pæne omnia desunt in D.

DE INFANTIA SANCTI EADMUNDI.

dejectio*n*em. Languore itaque correptus, socios arcessivit, breviter de regni statu pro pace cum illis contulit, et ad quem de successione tendebat, hujusmodi verbis innotuit. "Nostis quanta pariat mala dissensio, "prævalentibus quibus amica est ambitio, familiaris "dominatio. Eapropter in regno consulendo vitari "hoc diaboli virus oportet, quod justitiæ et pacis "esse moderamen debet. Ut ergo in rege eligendo "omnis inter vos prorsus obstruatur contentio, mihi "successorem, vobis strenuum designo gubernatorem; "cognati scilicet mei regis Saxonici filium, vobis non "incognitum, Eadmundum, corporis forma elegantem, "sapientia et viribus præstantem." Annulum quoque prætaxatum eis porrexit, et ut illi pro intersigniis deferrent præcepit; deinde, percepta ab eis fide cum sacramentis pro his quæ injunxerat complendis, inter manus eorum rebus humanis excessit. Ad quem, ut incunctanter credimus, nullius inimici prævaluit accessus, quia in Christo obiit rex humilis et peregrinus. *after having charged his followers to take Edmund for their king.*

Non autem arbitrandus est iste Offa ille Merciorum, non rex sed tyrannus iniquus, a quo beatus Edelberttus dolis circumventus, magnis suppliciis attrectatus, et ad ultimum decollatus legitur; nec ille alter nobilis Offa, Orientalium Saxonum rex insignis, qui, Christi amore ductus, propter evangelium regnum, uxorem, liberos, et gentem reliquit, profectusque peregre, in urbe Romana sub papa Constantino attonsus in monachicoque habitu complevit, et ad visionem beatorum apostolorum in coelis diu desideratam pervenit. Neutrum, inquam, illorum, de quo agimus, ille extitit; sed illorum regum qui per spatium lx. vnius annorum in Estangle ante sanctum Eadmundum regnaverunt, iste Offa ultimus extiterat. *This Offa must not be confounded with the tyrant of Mercia, nor with the king of Essex who exchanged the crown for the cowl.*

Quo sepulto, Saxoniam gradu citato repedarunt; regis mandata Eadmundo per intersignia porrigentes detulerunt, et quasi vi exactoria illum in regem petierunt. Rex vero, cognati regis morte agnita, tristatus *The Angles return to Saxony, and demand Edmund for their king.*

est; cui utriusque ordinis populus collachrymatus est.
Filium suum Eadmundum in tam remotam patriam
mittere detrectans, consilium tamen super hæc ab
episcopis interrogat. Qui omnes laudant in commune,
ut dispositioni non refragetur divinæ, asserentes esse
scriptum, " Non est sapientia, non est consilium Prov.
" contra Dominum." Cumque rex ad hoc ut annuere
deferret, et utrobique anceps super utriusque gentis
allegatione disponeret, quoddam præsagium ejus occurrit memoriæ, digna præsenti inserendo historiæ.

<small>His father is induced to consent by the remembrance of what had happened to him at Rome.</small>

Quædam nam matrona ingenua, natione Romana,
pietatis operibus post viri sui mortem assueta, prophetiæ spiritu sublimabatur, cujus gratia plerumque
profutura præconabatur.[a] Hujus colloquio dum rex
idem uteretur in urbe Romana ante Eadmundi pri-
mordia, (ierat enim orationis causa ad visenda apostolorum limina,) cœpit ab ea diligi devotione singulari,
excoli in tantum et honorari, ut stupori et amori
suspecto deputaretur, quod tam crebris obsequiis ab
ea frequentaretur. Temporis vero processu, Eadmundo
jam edito et aliquantisper adulto, causa jam dicta
iterante matrona regi præsentiam sui adhibuit, sed
solitam in exequendo reverentiam non exhibuit. Unde
rege admirante, et ut ei causæ veritatem propalaret
compellente, compulsa est ea quæ circa eum viderat
magnalia dicere.[b] " Domine rex," inquit, " ne mireris;
" dudum enim, dum tuæ presentiæ assisterem, et

---

[a] Apparently written by mistake for præconizabat.

[b] The compiler in Bod. 240 tells the story thus:—" Contigit igitur " eundem regem, præmonitum ta- " men in somnis ab angelo, quo- " dam tempore versus Romam " causa devotionis et orationis iter " arripere, et ibidem peracta obla- " tione cum quadam matrona " spiritu prophetiæ decorata per- " noctando sacra familiaritate de- " lectari. Cujus colloquio dum " idem rex uteretur, globus solaris " in quatuor partes extendens radios " de pectore regis exire dictæ " matronæ apparebat; unde et " conjiciebat ipsum regem a vero " sole sublimandum, vel stirpem " divinitus insignitam a suo san- " guine processuram, et humana " corda in Christi amorem circum- " quaque accensuram."

" tecum colloquium mutuum haberem, quasi globus
" solaris apparebat mihi circa pectus regium, igneos
" lucis radios spargens, stupore vehementi animum
" meum involvens; unde in fama et potentia te a
" vero sole sublimandum conjiciebam, vel [de] stirpe [1]
" de tuo sanguine processuram, humana corda in Christi
" amorem circumquaque accensuram. Nunc vero, pro-
" pendens regiam excellentiam, tantæ gratiæ thesauro
" carere æstimo, te incestus vel alicujus [2] facinore tanto
" Dei privato munere." Cumque rex de omnibus
his, conscientia teste, se liberum esse fateretur, in
nuper natum Eadmundum hujusmodi conjecturam
convertit, super quo spes bona concepta nequaquam
eam fefellit. His itaque ad memoriam reductis, et
per ordinem, sicut scripta sunt, enarratis, sese in lacrimis dedit, et prædictæ petitioni clementer consensit.
Tandem Angli, regium adepti assensum, recesserunt, deducentes Eadmundum, Dei gratia præveniente eos et subsequente, qui juxta prophetam vocat avem ab oriente, et de longinquo virum voluntatis suæ. Cumque divertentes ad borealem partem Orientalium Anglorum intrassent oceanum, appulerunt ad promon-
torium quoddam parvum et pulchrum, quod usque hodie Maydenebure appellatur, et Latine *Virginalis Thalamus* interpretatur; a quo promontorio quasi ad unius sagittæ jactum siccum pedestres transmearunt fluminis alveum. Rudis vero advena Eadmundus, pro-
cumbens in spatiosa juxta flumen planitie, orationem specialiter pro patria illa fudit. Cujus orationis virtutem terra adjacens ostendit; nam villa cui per-
tinet locus ubi applicuit, et ubi oravit, uberiores segetes ex agricultura præ aliis terris Estangle habere consuevit. Ubi etiam, ut ab oratione surrexit, et equum ascendit, duodecim limpidissimi fontes de terra eruperunt, qui adhuc moderno tempore non sine intuentium admiratione decurrunt, et delectabili ac festivo

---
[1] lege *stirpem*.
[2] supplendum *culpæ* vel aliquid simile.

twelve springs burst forth.

Hunstanton afterwards built near the spot.

Edmund remains a year at Attleborough; while there he learns the whole Psalter by heart.

murmure jugiter defluentes in salum descendunt. Quorum aquis plurimi languidi abluti pristinæ sanitati sunt restituti. Remotis etiam, pro infirmitate sive alia de causa ad potandum efficax sanitatis defertur aqua. Postquam vero beatus Eadmundus regnum obtinuit, locum illum familiariter dilexit, ac prope fontes in eminenti loco regale domicilium condidit. Eadem vero villa Honestanestun congruo nomine nuncupatur, cujus nomen pulchræ interpretationi aptatur; melleæ enim petræ villa sonat; ob morum videlicet inibi conversantium dulcedinem, et virium inexpugnabilem fortitudinem. Viri itaque memorati deduxerunt Eadmundum caute ad quandam urbem antiquam, juxta priorum traditionem a rege Athla conditam, quæ Athlebuorh[1] ejus dicitur ex nomine, id est, civitas Athle. Universalis vero inimici membris agentibus, et pro regni apice præpostere detrectantibus, infra ipsius urbis mœnia per annum integrum deguit. In quo spatio psalterium, quod in Saxonia cœperat, perdidicit. Quod divinæ pietatis providentia factum credimus, ut et patriis vacans legibus adepto postea regno nullam consequeretur infamiam, pro penuria discernendi et provulgandi sententiam. Non enim decet, regni consistorium ascendentem jura ignorare et legem, ne forte, si populus deviet, ipse qualiter reducat ignoret.

Interea sinister[2] rumor regionem implevit, et inhabitantes timor ingens pertulit.[3] Transmarini siquidem piraticæ crudelitati quidam insistentes ejusdem provinciæ crebris irruptionibus[4] depopulabantur fines; sed et regum collateralium ambitio, audita morte regis Offæ,[5] minabatur eos vel suo subjicere[6] imperio vel lamentabili disperdere exterminio. Convocato itaque populo,

---

[1] *Athleburgh*, D.
[2] D.; *sinistra*, H.
[3] ita ambo codices; lege *perculit*.
[4] D.; om. H.
[5] D. Locum ad hunc modum disponit H.; *regum collateralium infesta ab initio minabatur, &c.*
[6] *subjacere*, D.

de rege eligendo quæstio agitur, quem episcopus[1] cum *At a public meeting the* primoribus de Eadmundo alloquitur;[2] Eadmundum *East Angles choose him* illis necessarium, regio sceptro dignum, regis Saxonici *to be king.* filium, regis Estangle defuncti propinquum; ejusdemque adhuc viventis mandatum intimat, eorumque assensum super hoc impetrat. Cunctus ergo vulgus pari consensu quasi vir unus ad præfatam urbem[3] cucurrit, et Eadmundum rapiens in medium deduxit. Facta autem in illum acclamatione, Christi clementiam attollentes, pari devotione læti Suffolchiam deduxerunt, et in villam Burun[4] ad regni fastigium *He fixes his residence at* promoverunt, assistente Hunberto venerabili antistite, *Bures.* Eadmundum in regem ungente et consecrante. Est autem Burun villa coronæ antiquitus regiæ, certus limes Estsaxiæ et Suffolchiæ, sita super Sturam, fluvium æstate et hieme rapidissimum. Hoc autem factum est in die Nativitatis[5] regis regum omnium, qui transfert regna et dominatur in regno hominum, et cuicunque voluerit dat illud. Adepto itaque tanto apice, sapientia eum docente, omni creaturæ, qualem Deo, qualemcunque populo se exhibuerit, quanto ardore misericordiæ operibus institerit, quam cœlibem sanctarum virtutum armoniam adquisierit, si plenius lector nosse desiderat, textum in quo martyrium ejus conseritur relegat. Et quia de illis erat quibus Cor. ii. 15. apostolicus congruit sermo, "Bonus odor sumus Deo " in omni loco, et his qui pereunt, et in his qui " salvi fiunt," cum ipsius boni odoris fragrantia undique fragraret, id est, honestæ vitæ fama longe lateque claresceret, sicut bene agentes quidam, diligentes, bono ejus odore feliciter vixerunt, ita eundem

---

[1] *Hunberthus vel Hunferthus episcopus*, D.
[2] Post *alloquitur* babet D., *asserens testante senescallo regis Offæ, qui in morte ejus præsens erat, Edmundum, regis Saxoniæ filium, et defuncti regis Estangliæ propinquum, regno fore necessarium et dignum.*
[3] D.; om. H.
[4] *villa de Bures*, D.
[5] addit D., *ab incarnatione Domini anno* DCCCLVI.

quidam odio habentes eodem odore infeliciter perierunt. "Amasti," inquit Augustinus, "bene agentem; "vixisti bono odore. Invidisti bene agenti; mortuus "es bono odore." Ex quibus fuit Lodebrok, prædives et famosus homo, fraudulentus et flagitiosus, cujus nomen interpretatum sonat, odiosus rivus. Ex quo rivo emanavit odibilis vitæ germen, tres videlicet filii ejusdem, Hingwar, Ubba, et Wern. Isti in aquilonali sinu Dacorum propter Gothos commanentes, ex antiqua consuetudine piraticam rabiem exercentes, latrociniis et deprædationibus ex toto se mancipaverant, et plurimas provincias crudeli exterminio dederant. Est enim gens corporis mole ardua et fortis, armorum genere terribilis, Gothorum soboles, et dictos se putant Dacos quasi dagos, de Gothorum videlicet stirpe creatos. Qui plurimum[1] in Ubbe artibus confidebant demoniacis, et in quibus imbuebatur maleficiis et virulentis præstigiis. Fuit enim ex toto iniquitatis minister, et sibi obsequentibus artis matheseos magister. Tantaque securitate huic arti inoleverat, ut hostili exercitui appropinquans sodalibus diceret, "Erigite me in altum, "ut supervideam exercitum." Quem si ei contingeret circumspicere, contingebat et adversam partem pessum ire, illo magicis quibusdam carminibus prævalente. Non quia efficaciam habeant hujus artis maleficia, nisi ex Dei cuncta juste disponentis providentia, et ex merito hominis patientis miseria. Ubi scriptum est, Sathanæ voluntas semper iniqua potestas, nunquam injusta. Habet enim a semet ipso voluntatem, sed a Domino potestatem. Absit ergo ut homo ad imaginem Dei factus magicis obrui credatur artibus pro velle superbi spiritus, qui nichil valet nisi permissus. Unde et potens illa legio demonum in porcos ire non potuit per semet ipsam.

Matt. viii. 31.

---

[1] D. habet, *qui tamen non tantum confidebant in armis quantum in Ubbe artibus.*

DE INFANTIA SANCTI EADMUNDI. 103

Quadam igitur die, dum fraudulenti filii patri nequam assisterent, et[1] de improbitate[2] et insolentia sua superbe conferrent,[3] pater eorum, vipereis cogitationibus tumens, et elata dedignatione frendens, ait, "Pro nichilo inflati estis, et in ventum verba profertis. Quid enim dignum adquisistis memoria inter tot præliorum discrimina? Certe quidam juvenis Eadmundus ante non multos hos annos a Saxonia descendit, Anglicos ad sinus cum paucis appulit, et regnum Estangle pro velle disponit. Quid vos unquam simile peregistis? O qualis genitura in vobis mea!" Illi itaque, tam invidia inflammati quam paterna exprobratione verecundati, machinantes dolos in unum inierunt consilium adversus Eadmundum. Cumque diu qua calliditate illum aggredi possent molirentur, et in functus consimilium ad hoc exercitus congregarentur, omnes in hoc assensum præbuerunt, ut collectis viribus ex improviso in regnum ejus iruerent, et cum rege populum dolis et insidiis perimerent. Quod qualiter perpetratum ab eis fuerat, et quomodo Deo acceptus Eadmundus felicem vitam felici martyrio consummaverit, vir disertus Abbo descripsit Floriacensis, ad laudem Domini salvatoris, cui est honor et gloria in sæcula sæculorum. Amen.

Lodebrok taunts his sons with having achieved no success comparable to that of Edmund in East Anglia.

The sons form plans of invasion.

How they carried them out, may be learnt from Abbo of Fleury.

---

[1] om. D.
[2] *improbitate maligna*, D.
[3] *conferrent*, H.; *conferentes*, D
[4] *inflati*, D.

SAMSONIS ABBATIS OPUS DE MIRACULIS SANCTI EDMUNDI.

SAMSONIS ABBATIS OPUS DE MIRACULIS SANCTI ÆDMUNDI.[a]

LIBER I.

Incipit præfatio super miraculis sancti Ædmundi regis et martyris.

Cum multorum gesta sæcularium luculentis videamus   Prologue.
apicibus exarata, quæ potentes in litteris memoranda posteris porrexerunt, satis mirandum quare non erubescimus magnalia Dei, hac nostra pœne ætate per illius ministros patrata, nostra inertia deleri, nostroque silentio damnari. Et licet illi, suam jactantes eloquentiam, plurima de paucis dixerint, paginas floribus ornaverint rhetoricis, et sermonis lenocinio favoris captantes gratiam audientium aures demulserint, Christiana tamen simplicitas fermentoque superstitionis carens catholica rusticitas omnibus illis de jure præponitur. Illorum siquidem assertioni fides potissimum est accommodanda, qui nolunt seu nesciunt audita fucare, nec verborum lepore res gestas in alios atque alios amfractus transformare. Verum ista dicendo non in sugillationem, quod absit, ecclesiasticorum virorum impudenter invehimur, qui divina inspiratione, admiranda ditati facundia, dulci super mel et favum eloquio suo venerabilium gesta patrum velut auream tabulam margaritis prælucidis adornarunt. Sed illi nimirum redarguendi sunt, qui ad id quod eruditio non contulit, nec Spiritus Sancti respectus infudit, damnosa præsumptione feruntur præcipites. Nos vero, quos monet

---

[a] The considerations which appear to render it certain that this work (which is found entire in a Cottonian MS., Titus A. VIII., while portions of it are preserved in other MSS.) was compiled by Abbot Samson, have been set forth in the Introduction.

Apostolus ne divitias bonitatis Dei contemnamus, Rom. ii. 4.
quosque hortatur ne in vacuum gratiam ejus recipia- 2 Cor. vi. 1.
mus, licet inculto, veraci tamen stilo, prælativæ auc-
toritatis jussione et fraternæ caritatis exhortatione
gloriosa miracula gloriosi regis et martyris Ædmundi
narranda suscipimus. Impium siquidem videtur, si
lucernam quam Dominus accendit et supra candelabrum statuit, nos per torporem nostrum obnubilari
patiamur, sive sub oblivionis modio negligenter ab-
scondamus. Ad hoc enim supra candelabrum ponitur,
ut luceat omnibus qui in domo sunt. Qua de re
victoriosus Dei athleta Ædmundus, non solum Britan-
nicos sed et transmarinos miraculorum fulgore perlustrans fines, quanti sit apud Deum meriti crebrius
innotescit:

Pro cujus meritis, Deus omnipotens, supplicamus,
Ut purges nostri clemens penetralia cordis,
Infundas munus quod donat Spiritus almus,
Infantum linguas reserans faciendo disertas,
Martyris ut laudes digne narrare queamus,
Actus egregios, virtutes, atque triumphos.

I.

*De cæco ad ejus tumulum illuminato, et quo modo
in præparatam sibi ecclesiam sit translatus.*

Pretiosus rex et martyr Ædmundus, in hujus mundi
arena cum principe mundi congrediens, eumque quibus
vincere credebat armis devincens, post triumphum
victoriæ a Domino remunerari meruit, corona gloriæ
laureatus, atque ab illo sublimitus est exaltatus in
cœlis, pro cujus amore semetipsum humiliavit in terris. Non ergo amisit regnum sed mutavit, cum pro
transitoria jocunditate quam contempsit, permansuram
percepit felicitatem quam dilexit. "De torrente tri- Ps. cix. 7.
The praise "bulationis bibit in via"; ab ubertate domus Dei
of St. Ed-
mund. inebriatur in patria. Qui coram tyranno Christum

confiteri purpura regia non erubuit exutus, eundem Agnum Dei comitatur ubique stola immortalitatis indutus. In cujus ore nec inter fremitus barbarorum nec inter fustes tortorum laus Dei valuit cessare, jam inter spiritus angelicos illam non cessat decantare. Caput quod alacriter pro Christo subdidit gladio percussoris, diademate fulget ornatum eximii decoris. Corpus illud, creberrimis sagittarum ictibus perforatum, ad indicium quantæ sit illius anima in cœlo dignitatis, integrum inviolatumque perseverat in terra per divinæ clementiam majestatis. Quod, adjuncto simul et capite, fideles qui rabiem persecutionis evaserant ligneo locello repositum sepulturæ tradiderunt,. honorifice quidem juxta facultatem captivorum potius quam indigenarum. Ædificato desuper vili schemate modico domicilio, revisunt sua singuli, ut saltem de favillis, quæ conflagrationi tyrannicæ forte resederant, vel modica tuguria resarcirent. *The first interment of his body.*

Interea quamvis athleta Dei Ædmundus raro coloretur inhabitatore, paulatim tamen regiones finitimas miraculorum illustrabat fulgore. E quibus unum dignum duximus memorasse, ut ex hoc uno plurima pensari queant, tum quia neglecti cultus fuit correctio, tum quia vulgatum multorum ora in Dei laudes resolvit. *Miracles happen at the tomb.*

Cæcus quidam, cum puero cui gressuum ducatum crediderat viam carpens, cum ad declivia lux diurna festinaret, saltum quo martyr sanctus tumulabatur ingreditur. Quem cum necdum dimidiasset, sole ad occasum tendente tenebræ densantur. Querulæ ad invicem voces conferuntur; quæ ceteris levamen consuevit laboris afferre, peregrinis curarum sollicitudinem nox ipsa parturiebat. Domicilium omne subtrahitur; vagus ferarum excursus tutam sub robore quietem haud pollicetur. Inter hæc puerulus[1] cæci ductor *A blind man, led by a boy, takes shelter in the hut which contains the tomb.*

---

[1] D; *puerculus*, F.

contiguam e latere domum advertit; "Evax! en," ait, " modica quidem in præsenti vero discrimine nostris " usibus accommoda cella." Et cæcus ad hæc, "Deo " gratias," inquit; "subeundum est eam." Eam igitur protinus introgressi, tumulum beati martyris offendunt. Quem (ut erat) sepulturam hominis autumantes, primum, ut humanitatis est, horrore percelluntur; deinde, quia urgens necessitas ausum ingerebat, præsumpta securitate januam obicibus arctant, straveruntque sibi, tumba martyris vicem cervicalis ministrante. Necdum vero plene poterant obdormisse, cum subito flammifluæ columnæ splendor habitaculi totius ambitum occupavit. Quo comperto puer, qui, sollicitudine nimirum sollicitante, molestas agebat vigilias, ad insolitæ faciem visionis pavefactus, inconditis magistrum vocibus a somno excussit, dicens, "Heu! heu! domine, quid " accidit? hospitium nostrum flamma consumit." At ille, divinum nescio quid præsentiens, trementem puerum blande compescens, "Tace," inquit, "tace; ne " turberis. Fidelis et idoneus est hospes noster; nil " adversi sustinebimus; quiesce securus." Cum autem discissa caligine vultu roseo suffusa rubore solis ortum prænuntiasset aurora, lux cœlitus emissa redit, sed lucis signa cæco reliquit. Qui enim cæcus venerat, hospitis sui merito illuminatus, servienti suo ait, " Lucescit, adoriamur iter nostrum." A quo, præ verbi novitate stupefacto, protinus audivit, "Et unde " tibi lucem enuntiare, quam semper altero mediante " ortam esse didiceras? Lucem quidem nominare, " numquid etiam videre consueveras? Vide sanum " sapias." Cujus errorem ille redarguens, "Tu ne " me," inquit, "delirare suspicaris.[1] Res verbis con" cinunt; fidelis est hospes noster." Valefacto igitur hospiti suo, digna laude salvatoris referunt clementiam. Non egens deinceps alienis homo, suos sibi sufficere

---

[1] ita Cod1.; pro *suspiceris*.

gratulatur oculos. Tum primo sibi nasci putatur, cum mundialem conspicatus fabricam singula quæque miratur. Propalatur miraculum; obvios quosque reddit attentos. Exultant universi, regem et dominum suum talibus indiciis virtutum magnificari. Posthabita cura damnatur; remissa sedulitas increpatur. Ergo ubi divinæ ultionis justa severitas versa est in clementiam, atque diræ tempestatis turbo conquievit, Orientales Angli reminiscentes minus honestam sui regis tumulationem, habito consilio, in Beotricesworðe, villa scilicet regia, congruæ magnitudinis ligneam fabricant ecclesiam. Igitur, episcopo cum universo clero præsidente, et ecclesiasticæ religionis apparatu, nobilibus inserta vulgi multitudine, cum letaniarum psalmorumque concentu reverenter adeunt reverendum locum sepulturæ. Ubi, dispositis circa mausoleum honestioribus clericorum personis, thecaque pretiosæ margaritæ reserata, ligneum amoventes operculum introspiciunt; sed mox præ visus insoliti miraculo resiliunt, atque clamore repentino cæteros ad admirationem invitant. Jacebat enim rex gloriosus et martyr Ædmundus corpore integer, similis dormienti; et cum corpus ejus præ nimia temporis prolixitate aridis ossibus in pulverem redactum crederetur, incorruptum repertum est. Caput quoque, quod lanista cruentus ense feriente desecuerat, ita unitum corpori inventum est, ut nulla in eo, sicut nec in toto corpore, macula læsionis appareret. In collo tamen subtilis ac rubicunda linea rutilabat, vestigium decollationis repræsentans. Quo in loco quantæ Deo ejusque martyri sint laudes persolutæ, quantæ cum lacrimis gaudio permixtis preces effusæ, illius solummodo qui stellas dinumerat notitia comprehendit. Elevata tandem cum lectica sanctissimi corporis gleba, Christo duce cum maximo cleri plebisque tripudio in præfatam transfertur ecclesiam. Dispositoque in sacrario cum summa diligentia pretioso thesauro, voti sui compotes ad propria singuli

[margin: The miracle being noised abroad, the men of East Anglia build a wooden church at Beodricsworth.]

[margin: The coffin being opened, the body of St. Edmund is found incorrupt,]

[margin: and is translated into the new church.]

revertuntur, Deum mirabilem in sanctis suis collaudantes.

II.

De eo quod nocte lux magna locum perfundebat.

<small>After the translation the tomb is neglected.</small> Cum, ut prælibatum est, in Beotrici villa martyr inclitus requiesceret Ædmundus, subtractis ab hac luce qui magnalium Dei per ipsius sancti merita testes extiterant, minus ei venerationis eorum exhibebant successores. Porro circa sanctum martyrem quo tepidior extitit humana sedulitas, tanto propensius divinæ bonitatis affuit largitio. Quam ne excubiarum sollici- <small>Yet miracles frequently occur at it.</small> tudine fraudaretur, locus idem ab intus et a foris amplissimi jubare luminis cœlitus intempestæ noctis silentio illustrabatur. Cujus fama miraculi divulgata, ad amorem sancti plebs universa validius accenditur, sicque locus diversis donariis muneratur. Miracula vero, sicut jam diximus, nullo pœne tempore ad ejus tumulum cessabant, verum rudis incuria vulgi non satis <small>In the reign of Ethelred six clerks, of whom four were priests and two deacons, devote themselves to the service of the saint.</small> debita devotione ipsius beneficiis respondebat. Progressu vero temporis, Eðelredo habenas moderante regiminis, perpendentes quidam clerici martyrem magni esse meriti, sub ejus patrocinio Deo se devoverunt perpetuo famulari. Horum quatuor sacerdotii dignitate præminebant, duo vero diaconatus officium administrabant. Quos religiosi nichilominus episcopi, nomine Aldulfi, frequens præsentia devotiores efficiebat, qui locum etiam ipsum dictis et factis vehementer honestabat.

III.

De muliere liberata et judice punito.

<small>Leofstan the sheriff, who was wont to scoff at the saint,</small> Eodem tempore vir quidam curialis, nomine Lefstanus, præfectoriæ dignitatis a rege potestatem acceperat, qui provincialibus universis crudelitatis terrore potius

quam justitiæ tenore erat formidabilis. Et ad augmentum suæ pravitatis, erga sanctum Ædmundum non solum nullam devotionem gerebat, verum etiam audita illius miracula contracta nare subsannabat. Hic statuto die ad quendam locum beato martyri contiguum concionandi gratia devenit. Ubi undecumque confluentibus ad eum plurimis, animadvertit quandam abesse mulierem, quæ propter crimen admissum judiciariæ suæ potestati subdi merebatur. De qua ventilata questione, didicit eam timore perterritam ad sancti Ædmundi tumbam confugisse. Quo audito præ nimio cordis tumore statim totus infremuit, missisque apparitoribus suis eam tribunalibus sub omni celeritate sisti præcepit. Quibus ut jussa compleant abeuntibus, ille, non ferens tædium tarditatis, spreta sessione festinus viator suorum vestigiis imminet. At illi concito gradu ad ecclesiam perveniunt, judicis ream cum magna verborum austeritate reposcentes, muliere juxta martyris pignora procumbente. Constanter abnuunt clerici, asserentes nulla ratione quod sanctus tuendum susceperit reddi posse. Quid plura? Fautores impietatis imperatis parere concertant; manus sacrilegas injiciunt; sancta violant; sanctum irritant; extrahunt mulierem. Videntes autem clerici absque impunitate prævalere satellitum audaciam, nimio percussi dolore circa sancti sepulturam prosternuntur, cum psalmis et letaniis lacrimosis singultibus plenis divinæ ultionis indicia imprecantes. Porro sacrilegi cum muliere sanctum jugiter invocante vix ab ecclesia pedem extulerant, et ecce! repente præses, qui jam infra atrium basilicæ ad condemnandam eam cum universa concione descenderat, possessus a dæmone diris cruciatibus torquebatur. Et elisus in terram, spumas in ore trahens, dentibusque stridens, per plateam rotabatur. Fit confusus populi clamor, advolant universi. Quibus indiscrete perstrepentibus, tortorum manibus elapsa ad asili sui recurrit mulier læta presidium. Cumque infelix ille diu torqueretur, inter tormenta miseram emittens vocem animam exhalavit. Traditusque sepulturæ, cœpit nocturnis horis in vicinia commanentes inquietare, per hoc nimirum propriam et ipse protestatus inquietudinem; cum, ut fateri licet, non ipse sed dæmon in ejus effigie minus eruditos in fide et eos quam maxime qui prestigiis falluntur seduceret. Ad postremum autem terra evulsus, culleo insutus stagno immergitur. Qui utinam ad hoc sit traditus in præsenti Sathanæ, ut spiritus in die judicii salvus fiat.

IV.

De ultione facta in regem Swein per sanctum Ædmundum.

Igitur Edelredo regni monarchiam modeste gubernante, periculosa pestis quæ dudum extincta putabatur rediviva denuo pullulare adoritur. Nam quos Anglia velut mortale virus jampridem evomuerat, rursum ad eandem tanquam ad hæreditaria rura reditum Daci moliuntur. Ad quod effectui mancipandum, quidam nomine Swein dux et princeps præficitur, bellis quidem aptus, sed actu flagitiosus; moribus asper, tumidus superbia, cupidus dominandi. Ad hujus igitur edictum copiosa classis instauratur; armata contrahitur multitudo; emensoque maris discrimine, apud Geynesburch portum sortiuntur. Quorum adventu cognito Edelredus cum paucis in Normanniam salvandus transvehitur. Cujus hostes absentia fidentiores effecti, miseram plebem ac si præmaturas segetes absque ullo miserationis respectu prosternunt, armisque regni jura vindicantes, ceu de rebelli populo cruentam vindictam ab innocentibus expetunt, nemine prorsus obsistente. Cumque truculentus victor, vix miseriis Anglorum satiatus, ab internecione tandem ferocem animum mitigasset, indebitum honorem regiæ dignitatis usurpans, promulgari mandat decretum, ut ex universa regione generale sibi persolvatur tributum. Ad quod explendum fideles proponit executores, qui exactam ab incolis pecuniam suis inferant ærariis, nullius gratiam attendentes. Divulgato itaque regis imperio, lugubres insulani jugum impositum nullatenus refellere queunt. Sed cum ab hujusmodi collecta, non dicam nulla provincia, sed nec sancta quidem loca fieri possent immunia, contigit censores a sancti Ædmundi contubernalibus instanter exposcere regis vectigalia. At illi legem inauditam exhorrent; insolentiam tyranni potius quam regis admirantur. Et concepta fiducia pro peculiari circa martyrem cultu, tributarii fieri regis pervasoris respuunt; spontanea vota regi suo sancto Ædmundo se reddituros profitentur. Unde nisi prius ille solitam suis subtrahat protectionem, alienæ jugo dominationis cervices se non inclinaturos. Tunc officiales, tanta eorum audita constantia, vim timentes inferre, nimirum qui jam cognoverant qualiter sanctus martyr suis patrocinetur, rebellionem istam regi nuntiare festinant. Perpendentes autem regis ferocitatem, necnon fautorum ejus proterviam, non modo convicanei verum et accolæ adjacentis provinciæ, cum luminaribus et pacificis oblationum votis, ad basilicam sui regis et martyris Ædmundi unanimi devotione catervatim se conferunt, Deum per ejus præclara merita rogaturi, quatinus misericordiæ suæ rorem super eos distillando, duræ jugum captivitatis, quod sub ejus imperio jam per decem annos Anglia gemebunda contraxerat, potenti virtute vel sero contereret.

Qua tempestate vir quidam venerabilis, nomine Egelwinus, sæculari spreta conversatione, apud sanctum Ædmundum in habitu monachico religiosam vitam agebat. Hic ob ardorem amoris præcipui quo in sanctum totus flagrabat, circa sepulcrum ejus ita sedulus excubabat, ut non die non nocte ab ejus obsequio ullatenus avelli valeret. Cui etiam pro singulari familiaritate mos inoleverat, ut pia permotus audacia intemeratum corpus ejus certis vicibus aqua dilueret, pectine cæsariem componeret, defluentes capillos diligentius recondens. Quinetiam pro miræ devotionis sinceritate tanta dulcedine dilectionis idem vir a sancto fovebatur, ut per nocturnam revelationem pœne quotiens vellet ei confabularetur, præsertim quando pro calamitatibus diversis eum interpellare consuevit. Eo igitur inter sanctum et suos quasi mediatore, circa venerabilem tumulum vigilias celebrantes qui confluxerant, patronum suum implorant ut ab imminenti periculo suos tueatur, proprium ulciscatur contemptum, suam et suorum libertatem servituti subjici numquam patiatur. Cumque salutares agerentur excubiæ, Egelwinus monachus quieti modicum indulserat, mœrore confectus. Cui subito beatus astitit Ædmundus, nivea stola prefulgidus, vultu hilaris, sermone jocundus. Ac primo mæstitiam ejus blande consolans, deinde, "Vade," inquit, "ad regem "Swein maturato, hæc illi ex ore meo mandata per"ferens. Ut quid vexas pusillum gregem meum, "jugum imponendo quod sub nullo traxere[a] regum? "Vectigales esse nunquam didicerunt, tributa solvere "nequaquam consuerunt. Quapropter dum licet in"justam corrige sententiam, ne forte cum volueris "minime liceat. Quod si monita mea obstinatus non "revereris, me provinciæ defensorem experieris attrec"tatus." Igitur Egelwinus, divino admonitus oraculo, imperatis obsecundans, laborem itineris aggreditur. Emensoque magno terrarum spatio, apud Geinesburch regem reperiens, ex parte sancti Ædmundi, humili præmissa salutatione, legationis suæ causam prosequi-

---

[a] The same careless reading, *traxhere*, which here occurs in F., appears also in the Digby MS. (Ff.); whence it may be reasonably inferred that this last, so far as it extends, is but a servile copy of the other.

tur. Et cum vellet blandis sermonibus efferatum
ipsius animum demulcere, summaque veneratione re-
mitti tributum supplicaret, ille velut aspis surda, obtu-
ratis auribus obice perfidiæ, nec attendere dignabatur
nec responderet. Considerans autem monachus inflexi-
bilem regis animositatem, alterumque Pharaonem propter cordis duritiam et divini cultus neglectum, rejecto
pudore vehementer eum cœpit increpare, necnon imminentem ei ruinam interminando denuntiare. Ad hæc *but is*
ferocissimus leo, vultus immutatione furorem pectoris *rudely repulsed.*
prodente, vix manibus innocens, servum Dei lacessitum
opprobriis a conspectu suo jubet arceri, jurando con-
testans, nisi celerius abscedat, ignominiæ nota fœdatum suus eum Ædmundus recipiet, si tamen discrimen
mortis evadat. Vir autem Domini, ubi judicem iniquitatis animadvertit nec Deum timere nec hominem
revereri, tristis admodum viam carpere cœpit, domum
revertens. Qui cum in territorio Lincoliensi humili *On his re-*
satis hospitio artus lassabundos sopore placido recrea- *turn, near Lincoln, he*
ret, pro serviente suo sollicitus adest pater Ædmundus. *has another vision.*
" Quid," inquit, " timore sollicitaris? Quid mœrore
" conficeris? An mea verba oblitus, periculum des-
" perationis incurristi? Surge festinus, aggredere
" callem præmaturus; quia prius quam peracti metas
" itineris attingas, de rege Swein fama celebrior non
" modo te sed et tuos compatriotas universos exhilara-
" bit." Qui revelatione roboratus evigilans, per opacæ
noctis caliginem indefessus iter publicum aggreditur.
Cumque solutis tenebris mundi faciem placidis acces-
sibus rutilans Aurora venustaret, itinerantium quorumdam post se murmur audiens, ex sermonis barbarie
Dacos esse discernit. A quibus salutatus, cum ser- *He is over-*
monis adinvicem miscent commercium, commeantium *taken by some Danish*
quidam paulatim ad agnitionem ejus veniens, talibus *soldiers, who tell*
eum affatur. " Heus!" inquit, " sodes, tune es ille *him that Swein is*
" presbyter, quem nudiustertius apud regem conjicio *dead.*
" me vidisse, cujusdam Ædmundi mandata peroran-

"tem?" Videns autem monachus se minime posse latere, sagacem inquisitorem veritatis certum reddit confessione. Tum ille, "Heu, heu!" inquit, "quam "ponderosa fuit comminatio tua! quam verum vati- "cinium! Rex enim Swein morte sua lætificavit "Angliam, mæstam ac luctuosam reliquit Daciam." Quod ille ut audivit, tam stupore quam gaudio perfusus diu conticuit. Quem relator dubium ac suspensum intuens, "Ut facilius," ait, "horum tibi fidem "persuadeam, rei gestæ seriem per ordinem explicabo. "Cum post recessum tuum sequenti nocte securus "et gaudens, nichilque adversi metuens, rex stratum "suum visitasset, ac per totum palatium familiæ

The manner of his death, "strepitus conquievisset, intra cubiculum regi adhuc "vigilanti subito miles astitit ignotus, miræ pulchri- "tudinis, vibrantibus armis ornatus." Vocansque proprio nomine regem ait, "Vis habere tributum, O "rex, de terra sancti Ædmundi? Surge, ecce, suscipe "illud." Qui consurgens, in toro resedit, sed mox conspectis armis terribiliter vociferari cœpit. Quem continuo miles, impetu facto, lancea perfossum abscedens reliquit. Ad cujus clamorem expergefacti concurrentes, invenimus eum cruore proprio fœdatum animam eructasse." Quod audiens vir venerandus Egelwinus ad tam evidentem relationem apud se tacitus tripudiabat, graduque concitato veniens ad suos, quod secretum esse arbitrabatur, jam publicatum

which had been already announced by a sick man in Essex, just before his own death
advertit. Siquidem in provincia Anglorum quæ Esexe dicitur ægrotus quidam tanto perculsus languore jacebat, ut nullo membrorum suorum officio, ne linguæ quidem, uteretur. Triduoque in agonia protracto, morti finitimus cunctis spem vitæ denegabat. Quippe qui nullius motus, nullius vocis, dabat indicium; tantum in solo pectoris pulsu spiritus tenuis palpitabat. Cujus cum nocte quadam parentes et vicini circumstantes exitum præstolarentur, recuperata virtute in sessum se erigens, voce gratulabunda dixit, "Hac nocte et

"hac hora sancti Ædmundi lancea rex Swein trans-verberatus occubuit." Quod cum dixisset, in lectulo recumbens ultimum flatum emisit, atque morte sua tyranni mortem indubitanter asseveravit.

Cumque hæc sæpedictus audisset Egelwinus, jam et ipse cœpit publicare quod hucusque suppresserat silentio, ne incerti divulgator levitatis seu mendacii nævis posset annotari. Quid longius morer? Non modo contigui sancti Ædmundi vel vicini, qui constanter vectigal denegaverant, liberi permanserunt, verum orientalis plagæ illius incolæ universi. Tantum in regione mari proxima quæ dicitur Flegh,[a] plebs rusticana, terrore concussa barbarico, adunatum censum per manum fidelem Theotfordiam transmiserant, regiis ministris assignandum; sed divulgato per sanctum Ædmundum de iniquo rege Dei patrato judicio, sua singuli receperunt. Porro Daci remordente conscientia de vita periclitantes, domini sui cadaver exanime copioso sale salitum a fœtoribus munierunt, secumque per immensa æquora ad Daciam remeantes asportaverunt.

Thus the church of St. Edmund escaped the infamous tax.

Even the people of the seaside district of Flegh, who had sent their quota to Thetford, got it back.

Swein's body is taken to Denmark.

V.

Qualiter Londonias usque transmigraverit vel inde redierit.

Post mortem itaque tyranni exitiabili Dacorum insolentia refrenata, serenatis tam forinsecis quam domesticis inquietudinum incentivis, cum sui compos juris Anglia remansisset, primo sub Edelredo Normannia regresso, deinde sub Ædmundo Costa Ferrea ejusdem successore, ceu gravi fasce deposito paululum cœpit respirare, preteritarum angores miseriarum munere quietis indultæ recompensans. Exultat inter hæc opulentissimæ telluris opima fecunditas, legitimos

A.D. 1014. Last years of Ethelred; Edmund Ironside.

---

[a] See *ante*, p. 39.

alumnos gremio confoveri, adulterinis fetibus discretionis ungue propulsatis.

A band of Danes under Turkill lands at Ipswich, and lays waste the country. A.D. 1016. Sax. Chron.

Verum, cum speraretur pax et securitas, rursus aquilonalibus excitata spiraculis classis copiosa ferociore impetu littoribus Anglicis allabitur. Siquidem de Dacia comes quidam nobilis, Turkillus, multo stipatus milite, apud Gipeswich appulsis ratibus optati quiete littoris cum suis ad vota potitur. Dehinc omnes ad quod venerant, maturius aggrediuntur; rapinas continuant, frequentant incendia, nemini vitæ munus indulgent. Non enim regnandi gratia venerant, sed in ultionem consanguineorum suorum, contra fidem, contra fœdus initum interfectorum, regionem illam universam cultore deleto, si liceret, in solitudinis exterminium redacturi. Cum quibus Angli tertio congressi strage maxima profligati sunt. Adeoque fuit illa persecutio generalis, ut nec cœnobiis quidem nec sacratis ædibus aliqua religionis contemplatione parceretur.

Egelwin takes up the saint's body and departs with it towards London.

Quod ut cubicularius beati martyris Ædmundi Egelwinus monachus animadvertit, atrocitatem indomitæ gentis pavitans, præsertim cum ad hoc sanctus hortaretur, imposito vehiculo corpore sanctissimo latenter viam carpere cœpit, Londoniam tendens. Cumque iter expeditius ageret, sole ruente diversorium subire nox vicina compellebat. Tunc e regione viæ prospecta cujusdam presbyteri congrua mansione, illo deflectens aditum precabatur. Abnuit sacerdos, homines ignotos hospitio recipere detrectans. At ille, domo seclusus, ne vel atrii septis arceatur supplex implorat. Quo vix impetrato, sanctus aurigæ suo sibi succumbenti tecti solatium, Christus exhibet martyri suo polo radiante luminis officium. Quarta denique noctis instante vigilia, coeperunt vehiculi rotæ velut ad gradiendum concitari. Quarum stridore præfatus vir expergefactus, animadvertit protinus nutu divino sonitum hunc actitari, moxque viæ redditus, iter quod

What befel the inhospitable priest.

ceperat aggreditur. Jamque a loco longius processerat,
et ecce! post tergum respiciens intuetur eminus flam-
mis ultricibus presbyteri domum conflagrari. Cumque
iter inceptum expeditius conficeret, Strafordiæ vadum
offendit, quod, tribus a Londonia secretum millibus se *Egelwin reaches Stratford.*
viantibus offert. Cui brevis plurimisque in locis pons
interruptus superjacebat, tutum nullius, præsertim mili-
tantium, vestigium sustinens. Quem adorsus conscen-
dere, arctiore tabulatu, rotarum ambitum non ferente *How he and the car cross the Lea by the broken bridge.*
reprimitur. Transvadare tentat; tumidus aquarum
gurges naufragium comminatur. Quid ergo ageret?
quo se verteret? consilio pauper prorsus ignorabat.
Dacus a tergo perurget; diverticula nulla patescunt;
remorari non est consultum. In se tandem reversus
et spe concepta valentior, cum rheda sua infidi pontis
semitam auriga fidelis ingreditur. Mira dicturus sum,
sed fidelium attestatione vulgata. Siquidem altera
rotarum per superficiem pontis volvebatur, altera inter
cœlum et fluidum elementum compari haud humilior
aera sulcabat. Miratur visum prævius auriga, insoli-
toque spectaculo diu multumque delectatus, in Dei
laudibus assiduis perseverat.

Tandem cum Londoniense suburbium attigisset, *Entry into London.*
adventu ejus per urbem conclamato religiosa clericorum caterva, optimatum nobilitas, immo prope tota
civitas, in occursum ejus convolavit. Hinc elatus in
humeris versus ecclesiam beati Pauli apostoli depor-
tatur, certatim bajulis vices commutantibus. Exultat
nimirum urbs frequens et inclita, tanti validius patroni
quam murorum vallata præsidio, cujus suffragio tam
invisibilibus quam carne conspicuis liberari se confidit
ab hostibus. Et ut evidentius noverit quis quantusve
subeat portas ejus, ad miracula venitur. Ægroti *A shower of miracles.*
variis vexati languoribus aggregantur; plateæ debi-
lium multitudine constipantur. Per cunctorum ora
Ædmundi nomen, Ædmundi laus, Ædmundi resonat
præconium. At ille de sinu misericordiæ diversa

profert curationum fomenta; notas exserit medicinas; cæcis peregrina mundi species tunc primo formatur; claudis rudis incessus innovatur; paralyticis fluxa membrorum officina restringitur; leprosis etiam corporum munditia restituitur; fit diserta lingua mutorum; patescunt aures surdorum. Sicque sub momento sola fides obtinere promeruit, quod medicorum diuturna sedulitas conferre non valuit.

Cure of a bedridden woman.

Audito itaque vulgari plausu, quædam strato recubans contracta mulier, quam adeo nodositatis hujus pernicies a lumbis talo tenus occupaverat, ut non dicam incedere sed nec grabato quidem extendere sufficeret pedem, domesticis ait, "Quisnam hic est fragor mul-"titudinis vociferantis?" Ad quam illi, "An ignoras," aiunt, "sanctum Ædmundum regem Orientalium An-"glorum, qui ab impiis innocens pro Christo occisus "est? Hic urbem istam ingressus plurimos languore "depulso reddidit sospitati." Tunc illa, "Heu mihi!" ait, "quam Deus non judicavit dignam illius oblatam "presentiæ misericordiam promereri. Nam si vel "feretri pallam attingerem, ab hoc incommodo confido "me continuo per ejus præclara merita liberandam." His dictis, confestim marcidis membris succus illabitur; stupentibus poplitum nervis flexibilis tepor infunditur; damnabili torpentibus otio plantis inexpertus incedendi usus tribuitur; ac sic totius corporis fabrica stipitibus erectis attollitur. Quæ cum plene sibi redditam sanitatem comperisset, illico cursim turbam irrumpens fusis præ gaudio lacrymis feretri velum rigat, cordis lætitiam signis exterioribus evidentius declarans. Causa perquiritur; in medium exponitur. Fit communis omnium lætitia, indifferens jocunditas. Postquam ergo divinæ largitionis miseratio famuli sui Ædmundi nomen per miraculorum exhibitionem celebre reddidisset, (decem enim et novem a diversis incommodis ea die curati fuisse memorantur), in ecclesia beati Gregorii papæ, quæ sita est prope basilicam apostoli Pauli, sanctissimi martyris pretiosum corpus deponitur.

Ubi dum Londonienses cum oblationibus votivis beatum martyrem certatim excolerent, Dacus quidam prædives, explorare satagens quisnam esset cujus fama tantam populi frequentiam invitaret, cum devotis ingreditur versipellis. Et cæteris orationi insistentibus, ille rigidus ac tumore vanitatis inflatus non modo genua flectere distulit, sed etiam, velo quod coram sacrario oppansum erat revulso, curiosis oculis perscrutari cœpit interiora. Quod cum impudens irreverenter ageret, utrorumque luminum cæcitate multatur. Quam cladem ut sensit, mox solo tenus prostratus humo faciem illidit, intimo cordis affectu lacrymas uberes fundit, se peccasse, se errasse, miserando clamore protestans. Basilicam mugitibus replet gemebundis, circumstantium animos ad pietatem inflectens. Vitam spondet emendatiorem; se fidelem devotumque sancto deinceps futurum sacramentis multis affirmat; tantum ut quod abstulit indignatus, misertus reformet. Invitantur universi; oratio indicitur generalis; sanctus Ædmundus invocatur; ut misero subveniat imploratur. Fit una vox omnium, par intentio; pro uno superbo, sed jam humiliato, multi supplices intercedunt. Quorum precibus tandem sanctus martyr pulsatus, necnon temerarii presumptoris humili placatus satisfactione, gratum optatæ lucis munus indigenti detersa caligine rependit. Si vero quam lætus fuerit, quæ laudum præconia reddiderit, investigare conemur, præteritum ejus mœrorem cogitemus. Immensitate quippe lætitiæ afflictionem mœstitiæ recompensabat. Dehinc aureis detractis armillis, pro gratiarum actione sancto eas offerre non distulit. Cui etiam, ut noverat, devotus extitit quoad vixit, vitamque meliorando correxit.

His et hujusmodi virtutum insignibus fere per triennium quo ibidem commoratus est longe lateque

Egelwin wishes to return with the saint to Suffolk.

nomen martyris enituit; ac, ut fieri solet, per indultam salutem corporum salutem sæpius operabatur animarum. Ceterum, cum Egelwinus monachus aquilonalem grandinem quæ vineam Domini Sabaoth conquassaverat, aura clementiore serenatam comperisset, propriam sedem revisere moliebatur; ingressusque ad Elfunum [a] urbis episcopum facultatem postulat abeundi. Ægre præsul accipit. Persistit in petendo, ad peregrinandum potius quam ad permanendum se transmeasse commemorans. Invitus tandem annuit. Simulata tamen devotione fraudem adumbrans, religioso famulatu sanctum se prosecuturum pollicetur. Parrochiam convocat; causam palam eloquitur. Mœrent universi, desolationem urbis protectore recedente mox affuturam conquerentes. Procedit interim dealbatus antistite prævio clericorum cuneus; vulgus promiscuum lamentando subsequitur.

The bishop of London tries to get possession of the loculus, but in vain.

Tunc secum ascitis tribus e clericis, et si non simpliciter tamen reverenter accedens, thecam cum thesauro præsul subjectis humeris conatur attollere. Ad quod dum enixius elaborat, sentit onus intolerabile. Alii quattuor adjunguntur, sed vires minime suppetunt. Admissi duodecim; incassum fatigantur. Ad postremum viginti quatuor junctis viribus circa lecticam disponuntur, sed et ipsi diu desudantes spe frustrati resiliunt. Inter hæc astans populus tali spectaculo delectabatur, Dei sanctique Ædmundi suspicatus esse voluntatem imposterum se non perdere, quod semel contigerat accepisse. At episcopus, sua videns eludi machinamenta, una cum familiaribus suis et ipse pudore suffusus admirabatur. Siquidem domesticis suis et quibusdam civibus indixerat, ut, cum ecclesia feretrum extulissent, concitato tumultu et elato clamore bajulos, ac si nolentes, ad ecclesiam beati Pauli gradum deflectere cogerent,

---

[a] A note in the margin here has, " Iste fuit episcopus London. anno " Domini MXII."

contradictores, si quos forte paterentur, terroribus minisque compescerent. Verum cum ab hujusmodi spe Dei nutu præpeditus recidisset, fidelis beati martyris servus Egelwinus, præstolante multitudine, coram domino suo procidit, propensius eum obsecrans, ne propriam deserat regionem, ne alumnos suos patris destitutos solatio diripientium ludibrio exponat, neve lupos in ovile dominicum ut pastor incuriosus diutius desevire permittat. Refrænet jam eorum ingluviem; retundat audaciam; superbiam elidat; satis superque contribules suos memorat exsolvisse pœnarum post patrocinatoris abscessum. Et cum ab oratione lacrymis perfusus exsurrexisset, tribus ex comitibus suis sibi junctis tanta facilitate thecam eandem elevat, ut nichil ponderis habuisse putaretur. Unde patuit universis pontificis animum nullatenus fraudis impostura caruisse. Arrepta demum via, in magno mœrore civitatem reliquit, plurima plebis frequentia sanctum procul ab urbe prosequente. Interea propriis ab alumnis impensiore ac peculiari cultu suscipitur, nimirum ubi debitæ reverentiæ nativus affectus inseritur, pristinoque cum summa honorificentia reponitur in loco, ubi Deo propitio devote se petentibus hodieque non desistit suffragari. *Egelwin and his three companions lift it with ease, and bear it away. Return to Bury.*

His et hujusmodi signorum radiis fidelis Dei servus Ædmundus, cujus discreta discessio multis salutis extitit occasio, tenebrosas hominum mentes illustrabat, sanitatum gratiam, quæ partim perstrinximus, affluentius eis impendens. Nec enim potuerunt ad nostram omnia pervenire notitiam, quæ, dum Londoniæ civis celestis peregrinabatur, operatus est ad laudem domini nostri Jhesu Christi, cui cum Patre et Spiritu Sancto sit honor et imperium per infinita sæcula. Amen. *Peroration.*

VI.

Qualiter monachi introducti sunt.

A.D. 1017. Cnut king of all England.

Processu temporis, rege Edelredo viam universæ carnis ingresso, Ædmundo etiam, qui "costa ferrea" dicebatur, dolo perempto, Chnutus regni apicem adeptus est. Ipse vero regni monarchiam Dei miseratione sibi perpendens attributam, primates regionis provectosque viros atque modestos convenire præcepit; hac scilicet de causa, ut quæcunque justa, quæcunque utilia pro libitu et arbitrio ipsi in commune rationabiliter tenenda decernerent, ipse decreta sanciret, sancita perpetuo caractere firmaret, firmata pro legibus posteris habenda mandaret. Dixit, et opere dicta complevit. Mirantur homines quod de amara, immo toxicata radice, tam mellifluum germen pullulare potuerit; sed naturæ legibus libera Conditoris potestas non angus-

A good and pious ruler.

tatur. Justum siquidem est, ut creatoris imperio creatura famuletur. Hic ergo tam pius, tam benignus, tam religionis amator fuisse memoratur, ut per urbes

He establishes schools.

et oppida publicas instituens scolas, magistris deputatis elegantes bonæque spei pueros, necnon servorum filios manumissos, litteris traderet imbuendos, de ra-

Council of Cirencester. Bishop Elfwin suggests that the clerks having the charge of St. Edmund's shrine should be replaced by monks.

tione fiscali sumptibus constitutis. Qui tandem in imperio confirmatus, apud Cirecestre contraxit concilium, de pace et quiete commissi sibi regni dispositurus. Tunc accedens Elfwinus præsul diocesianus, Eliensis monachus, vir totius amator sanctitatis, suggessit regi de clericis qui habitabant apud sanctum Ædmundum, dicendo justum et Deo beneplacitum videri, quatinus in locum eorum, si rex jubeat, et optimatum in id concurrat sententia, monasticus ordo succederet, ut scilicet peculiari famulatu ac honestiori cultu sanctus, ut dignus est, excoleretur. Laudantibus universis devotionem antistitis, ait rex, "Etiam Tur-"killi comitis, in cujus ditione locus idem fundatur, "adesse debet assensus." Qui confestim advocatus, audita regis et principum voluntate, libens annuit. Denique rex, omnium consilio et favore constantior, præfato episcopo, quoniam ipse innovationis hujus caput extiterat et causa, negotii prosequendi summam delegavit. Ipse quoque, plurimis beato martyri ejusque servitoribus collatis donariis, locum eundem cum appendiciis suis ab omni querela et consuetudinum exactione perpetua libertate donavit. Ad postremum autem, clericis eliminatis, substituuntur monachi auctoritate regali, consensu universali. Quibus præficitur abbas Uvius, vir prudens et honestus, quique super dominicam constitui mereretur familiam dignissimus, anno ab incarnatione Domini M°XX°, a passione vero sancti regis et martyris Ædmundi C°L°, regnante Chnuto piissimo rege, Orientalium Anglorum Turkillo comite, universi orbis rectore Domino nostro Jhesu Christo, cui sit honor et potestas in sæcula. Amen.

This is done.

Uvius the first abbot.

A.D. 1020.

VII.

De muliere contracta quo ordine sit curata.

Cum rex Chnutus Angliæ rempublicam per plurium annorum volumina strenue gubernasset, laudabilis exempto vitæ curriculo viam universæ carnis ingreditur. Certantibus autem Haraldo atque Hardechnuto, duobus filiis ejus, de prioratu, quinquennale circiter infortunium gemebundi traxerunt insulani. Nam quicquid emolumenti sobrietas patris contulerat, liberorum tempestate pessum isse visum est. Quibus summi cultoris manu, velut minus fructuosis palmitibus, a regno succisis, qui fractus putabatur suæ rursus olivæ ramus inseritur. Egressus enim a Normannia Ædwardus, Edelredi regis generosa propago, domesticum pariter et stipendiarium secum habens exercitum copiosum, jus paternum reposcere non torpescit. Sed cum summo

Death of Cnut. A.D. 1035.

His unworthy sons.

A.D. 1042. Accession of Edward the Confessor.

tripudio susceptus ab illis quorum legatione fuerat invitatus, hæres legitimus ad honoris insignia promovetur[1] regali diademate decoratus. Nec multo post[2] sanctum martyrem Ædmundum pro statu et prosperitate regni, immo pro delictorum venia, supplicaturus adiit; sed aliter quam illi qui fervente pompa sæculari, vecti faleratis equis, super limen ipsius basilicæ sæpius delabuntur. Cum enim procerum et aulicorum stipatus frequentia memorato loco appropinquaret, itinere milliarii ex equite mutatur in peditem. Ad monasterium demum perveniens hilari gratulationis voto propensiori fratrum excipitur obsequio. Ubi quanta Deo piæ confessionis holocausta, quanta puræ orationis effuderit libamina, quis digne profari sufficiat? Gratiam devotionis operis approbat exhibitio. Quoniam, ne infructuosus ejus esset adventus, loco eidem dedit octo et semis centenaria, quæ juxta linguæ idioma *hundrez* indigenæ vocare consuerunt.

Sub eodem tempore rex et martyr Ædmundus multorum signorum virtutibus resplenduit, plurimis plurima infirmis beneficia de dulcedinis ejus jugifluo fonte haurientibus. Multis itaque grata sospitatis munera pro voto reportantibus, debilis quædam in ecclesia resedit mulier, tum quia a sancto consequi sperabat misericordiam, tum quia non nisi alieno suffragio poterat de loco in locum moveri. Siquidem manuum fulta remigio scabellulis repando nitebatur, reliquam corporis fabricam aridis cruribus trahens. Hæc nocte dieque, cæteris recedentibus ab ecclesia, non recedebat, jugi clamore sanctum interpellans. Qua in petitionis instantia perseverante, nocte quadam solito gratior somnus obrepsit. Accidit etiam tunc orationis gratia nobilem quandam matronam ab Orientalium regione Saxonum affuisse, accensum cereum manu tenendo,

---

[1] Inserit hic D.: *anno Domini MXLIII.* [2] Subjungit D.: *anno videlicet Domini MXLIV.*

votivas excubias celebrantem. Cumque conticinium
res occupasset et tempora, et pervigili studio noctem
insomnem illa transigeret, videtur sibi subito virum
vultu et habitu venerandum de sacrario quo sancti
pignora condita habebantur egredi, amplissimo refulgentem lumine. Reseratisque quibus presbyterium
chorusve claudebatur januis, navem ecclesiæ obambulans, ad id loci devenit quo languida recumbebat.
Aspicit hæc prælibata matrona et contremiscit; ac
pœne amens effecta, inusitatæ miraculo visionis perturbatur. Stans itaque medicus super encleticam,
prolato antidoto læsa membra perungit. Salutifera
nempe dextra percurrente, crucis tantum super eam
vexillum depingit; quo peracto revertitur. Nec mora;
expensa medicina, salus optata subsequitur. Somno
siquidem excita, acris[1] cœpit urgeri doloribus, inconditisque dolores attestari clamoribus. Sed de mœroris
angustia festina subinde processit lætitia. Quoniam,
quam paulo ante fluxis artubus ac dissolutis damnatam
compagibus poteras exhorruisse, jam nunc videres consolidatis basibus et plantis ambulantem et exsilientem
atque laudantem Deum. Igitur apocrisarius, Brunstanus nomine, strepitu perturbatus, furum suspicans
irruptionem, quiete cubilis excutitur. Rememoransque
carioris universis gazis margaritæ, concito gradu ad
sancti mausoleum accedit. Fixis autem obtutibus ubi
cordis defigebatur intentio, videt cortinam quæ locum
ambiebat velut ad ingressum cujuspiam personæ tremulis rugis agitari. Tunc majori stupore perfusus
quod verebatur credit accidisse. Tamen introgressus
singula quæque sicut dimiserat inviolata cognoscit.
Unde rursum digressus, quo sonitum audierat tendit.
Et veniens ad supradictas valvas, quas diligenter seris
arctaverat, patulas admiratur. Mulierem quoque, quam
heri et nudius tertius doloris constrictam angustiis

---

[1] = *acribus*.

viderat et noverat, incolumem videt et alacrem Deum et sanctum Ædmundum intimo cordis affectu benedicentem. Signoque pulsato fratres conveniunt; et celebrato de more nocturnali officio, præfatus ædituus rei eventum profert in publicum. Ad medium deducuntur sæpedicta matrona, et languida, sed jam sana; sciscitantibus universa, quemadmodum exaratum est, fratribus innotescunt. Narrat illa quæ viderat; explicat ista quæ experimento didicerat; comprobavit effectu. Refert etiam matricularius ipse quæ sibi de miraculi perpetratione innotuerant. Verba rebus consonant; res verbis æque respondent. Pulsatis igitur campanis, cordis ac vocis jubilo choris alternantibus, laus Creatori decantatur, qui mirabilis in sanctis suis mirabiles eos reddit in terris, ut noverint omnes quanta gloria perfruantur in cœlis.

VIII.

De repræsentatione corporis ejus.

Utinam beato martyri novus Amphion in temperandis organorum fistulis, utinam novus existam Apollo in citharis spiritualiter ejus gloriæ personandis! Utinam Orpheus, qui plures in miraculorum melodibus ad honorem martyris revocare possim ab inferis, hoc est, prædicando fideliter infideles convertere ab operibus mortuis. Vicissitudo lectionis alit ingenium et reparat animum, nonnunquam studio fatigatum. Apes ergo vagas debemus imitando proficere, quæ flores quibus mella conficiant in æstate legentes, favos disponunt innata sagacitate. Sicque corpus redigat stilus præcipua sancti martyris miracula, ut nectarea spiritus nostri dulcedo spiret legentibus beneficia gratiosa. Operæ siquidem pretium est memoriæ titulis æternare supereminens illud et insigne miraculum, quod de incorrupta sancti martyris integritate et incorruptione divina propalare dignata est propitiatio.

Igitur, abbate Uvio rebus humanis exempto, Leofstanus ovilis Dominici curam unanimi fratrum voto suscepit agendam. Quo tempore mulier quædam de pago Wintoniensi sanctum invisit Ædmundum, incommodi sui ab eo flagitatura remedium. Quoniam, quemadmodum eam loquendi impotem ediderat nativitas, sic nequaquam in melius mutata muta permanserat. Manu pro lingua, nutibus et notis pro verbis utebatur. Hæc ergo, quia voce non poterat, intimo cordis affectu constanter Deum ejusque martyrem exorabat. Denique quid animi recessus parturirent, lacrymarum flumina publicabant. Itaque tam diu pulsavit ad hostium amici, jam in æternis cubilibus repausantis, donec ille surgens quæque conferret necessaria. Damna naturæ restaurat; viciosi partus discrimina recompensat. Solvit linguæ organum; torporem vocis excitat; disertos format modulos. Illa autem, ubi medicinalis opem virtutis collatam sibi cœlitus perpendit, toto sese conamine ad agendas ei gratias quem patronum elegerat impendit. Immolat ergo oris primitias; offert ei laudum grata libamina, se ipsam, hostiam vivam, sanctam, Deo placentem, offerens in holocaustum. Patriam quippe parentesque repudians, nunquam ab obsequela martyris vel ad modicum recessuram se devovit. Pavimenta mundare, variis florum speciebus adornare, ministerium arripuit, indefessas advocato suo exhibens excubias. Hæc postmodum in tantam sanctæ conversationis puritatem excrevit, ut sancti crebra visionis pariter et allocutionis mereretur[1] revelatione confoveri. Quam quadam nocte solita presentiæ suæ confortans dulcedine talibus affatur. "Vade," ait, "ne cuncteris; dic Leofstano ab-
"bati, Cur ita negligenter agis ut nulla mei tuum

---

[1] *meretur*, F.

"tangat animum sollicitudo? Facies mea cassibus
"aranearum indecenter obducitur; omnis mei honoris
"cura sopitur. Audita curiosius perscrutare; incultis
"honoris cultum accommoda." Mox illa parens imperatis nichil intactum prætermisit. Abbas autem mu-
liebria verba non magni æstimans, velut aniles ineptias
parvipendebat; quippe qui jamdudum decreverant in
commune, a tanti contactu sanctimonii reverenter
abstinere. Paucis admodum elapsis diebus, rursus illi
suæ consecretali sicut prius adest pater Ædmundus.
Jam dicta replicat, eademque consignat. Illa geminat
officium, nec sic ullus laboris fructus emergit. Tertio
demum id ipsum repetens verborum austeritati terro-
rem inmiscet minarum. Quibus auditis abbas, magis
perhorrescens vindictæ severitatem quam reveritus
fuerat admonitionis præmissæ lenitatem, fratribus negotium innotescit. Tandem habita deliberatione, audita
statuunt experiri. Jejunia protelantur; continuantur

It is determined that the remains shall be visited by the abbot, who joins to himself certain monks. orationes et vigiliæ; fide ferventiori in commune divinum auxilium imploratur. Explicito tandem triduano
jejunio, abbas cum fratribus ad opus dispositum præ-
electis, quos innocentis vitæ meritum et constantia
commendabat animorum, cum summa veneratione accedit ad sacrosanctum beati martyris locellum; cæteris
interim in claustro sedere, psalmis hymnisque instanter

The tomb is opened; Egelwin certifies that everything remains as it was left at the time of the last visitation. vacare, jussis. Quo patefacto Egelwinus monachus, de
quo supra sermonem fecimus, jam præ nimia senectute
corporali privatus lumine, propius admovetur, ut pal-
pando probet an adhuc ita perseveret, quemadmodum
se meminit reliquisse. At ille nichil hæsitans, ut,
puta, qui simile quid sæpius exegisset, non modo
integros sed et corpulentos domini sui artus contrec-
tat. Vertit ac revertit; nil sentit immutatum. Tunc
demum, cæco ductoribus suis vice versa ducatum præ-

The body is placed on a table, bente, singuli manus njicere gaudent. Expositus
autem super ligneam tabulam deponitur; mulieris
attestatio vera comprobatur. Pristino cultu exuitur;

interula illa in qua miles Christi callidi hostis tyrannidem viriliter triumphavit, tum crebris telorum ictibus perforata, tum infectione sacrati sanguinis intertincta, alioquin autem reperitur penitus incorrupta. O quam dulce spectaculum! quam evidens, quam stupendum miraculum! Vultus serenitate, membrorum integritate, quædam resurrectionis insignia præsentando, nichil distabat a vivente, si mobilis efficacia non defuisset. Inter hæc accidit quiddam beato martyri, qui se ipsum Deo sacrificium in odorem suavitatis optulit, satis dignum. Nam ex quo lignea illa elatus est theca, tanta inexperti et inusitati mox odoris fragrantia emanavit, adeoque fratrum eorundem sensus occupavit, ut inter amæna Paradisi se credere possent constitutos. Et cum inæstimabilis dulcedinem suavitatis olfactu haurirent, nullatenus tamen quid sentirent poterant discernere. Munere quidem cœlesti repleri poterant, sed nequaquam satiari. Nidorem aromatum ambitione multa vaporantium exundantis odoris redolentia superabat. Qui non circumjecta tantum sed etiam remotiora quæque vi virtutis suæ perfundebat. Per universa domicilia cunctasque monasterii officinas nectare jocundior exhalabat. Nec semel emissus illico evanuit, verum totius diei spatium obtinuit. Ad cujus gratiosum allapsum fratres in claustro psallentes stupefacti, psalmodiæ concentum interrumpentes, admiratione non modica tenebantur. Credebant tamen, quod et verum erat, quia de patroni sui corpore tantæ gratiæ copia efferbuisset.

Porro cum abbatis complices, super his quæ intuebantur mente consternati, sanctum pristino reponi locello persuaderent, sæpe dictus abbas, nisi manus oculis attestentur, dubietatis caliginem nullatenus detersam asseverat. Quod olim auditu perceperat, jam nunc visu discernit; quid etiam tactus renuntiet, explorare non cunctatur. In ipsius siquidem passione[a]

---

[a] See Abbo, *ante*, p. 20.

legerat, caput abscissum corpori cohæsisse. Proponit ergo sententiam, obedientiam indicit, ut, se manibus utrisque caput martyris complectente, unus eorum plantas arripiat, quatenus, dum ad se quisque nititur, nil ulterius ambiguum veritas examinata in cujuslibet pectore residere patiatur. Ad hoc expavescunt singuli; nullus illicita præsumit. Tum ille singulis circumspectis, unum eorum, Turstanum, quem a puero intra sacras monasterii disciplinas educaverat, taliter affatur; "Tu præ ceteris," inquiens, "mihi peculiarem debes "obedientiam; tibi vel ad momentum meis reniti "mandatis nulla suppetit facultas. Accede ergo nil "dubitans, animum vacillantem gradu firmiore con- "solida." Tum illo beati martyris pedes annisu quo valebat astringente, sæpedictus abbas, alteram cervici alteram mento supponens manum, tanto traxit impetu, ut e diverso reluctantem post sacratissimum corpus inclinaret et monachum. Post hæc percutiens cor, suum exhorruit ausum, factum extremuit. Non enim ad distrahenda vel divaricanda reverenda testis Christi membra, sed ad curanda honorifice fuerat invitatus. Ideoque statim punitur præsumptio, debilitatis nota torquente. Stupentibus enim nervis manus utraque contrahitur; acies luminum tenebris obducitur; lingua torpescit; suique docetur exemplo, quam piaculare fuerit flagitium super his dubitasse. Cæterum, sicut Thomæ infidelitas hodieque [a] fidei catholicæ famulatur et eam corroborat, sic et hujus dubitatio multorum blasphemorum retundit perfidiam. Dum enim audacter intulit ipse sibi perniciem, ex aliorum cordibus damnosam fidei segnitiem eradicavit. Diutino igitur talis incommodi correctus flagello, eodem qui percusserat medente, linguam recepit et oculos, manuum ariditate ad testimonium præsu[m]ptionis permanente.

Pulling at the head, while the monk Turstan pulls at the feet, he establishes the solidity of the body.

A temporary dumbness, with blindness, comes upon him, as well as a permanent withering of both hands.

---

[a] *que* is used here in the sense of "both," and refers to the words which follow.

IX.

Qualiter Daci superbia punita sit.

Nec illud silentio prætereumdum puto, quod Osgoth, cognomento Claph, non solum rex Ædwardus verum quotquot affuerunt, quoniam sub multorum oculis actum est, testantur accidisse. Die quadam Dominica, contigit eundem regem apud sanctum Ædmundum cum palatinorum haud modica frequentia devenire. Qui cum in crastinum, ut, puta, vir totius religionis cultor et custos, fratrum subisset capitulum, aut eorum consulens utilitatibus, aut eorum se commendans orationibus, præfatus Osgoth, auro textis vestibus et aureis armillis decoratus, deaurata nichilominus bipenne more Dacorum ab humero dependente, sancti martyris basilicam indevotus ingreditur. Hic ergo, quem loquimur, tanti nominis tantæque potestatis erat, ut secundus a rege non minus quam rex ipse cunctis formidandus haberetur.[a] In hoc sane discrepare videbantur, quod rex tenore justitiæ, iste terrore sævitiæ timebatur. Inter cætera vero malignitatis suæ studia, et sancti virtutes improbare, et ei famulantes consueverat infestare. Ingressus igitur ecclesiam mente rigidus per medium chorum ad secretiora penetrabat, cunctis reclamantibus cur tam insolenter accedere præsumpsisset. At ille, velut aspis aure surda pertransiens, substitit in presbyterio. Ubi, cum bipennem a collo tentaret deponere, ut super eam incumbens magis curiose quam devote quæ agebantur consideraret, illico virtute divina manibus ejus avulsa in pavimentum procul detruditur. Ipse quoque, correptus a dæmonio, miseras emittens voces in terram eliditur.

---

[a] The Worcester Chronicle calls Osgod Clapa the "stallere" or master of the horse, and states that he was outlawed in 1046. Perhaps he returned after a while, for the language employed at the end of this chapter would suggest the inference that after the incident here described he spent the rest of his life in England.

Fit clamor inconditus; ecclesia tota turbatur; conglobantur universi, horrendis illius exciti stridoribus. Sed et rex in capitulo, vulgi strepitu pulsatus insolito, vociferationis incertæ celeriter causas jubet inquiri. Cognoscit a narrante, Osgoth Claph in ecclesia vexari pervasum a dæmone. Quo comperto, interminatis his quæ versabantur in medio utilitatum negotiis, ad tam horrendum ocius convolant spectaculum universi. Videntesque miserum variis motibus ac vocibus agitari, humanitatis affectu intolerandis ipsius congemiscunt doloribus. Tunc rex ad abbatem conversus Leofstanum, "Tuum est," inquit,[1] "pater, pro hujus restitu-
"enda salute sanctum suppliciter cum monachis tuis
"interpellare, ut confessionem emendatione subse-
"quente, quicquid in eum deliquit[2] vel præsenti cor-
"rectus flagello valeat expiare." Tunc abbas precibus suos adhortatur insistere; ipse quoque, dictis exorcismis, aquæ consecratæ aspersione perlustrans ægrotum, impurum dæmonem expellere satagebat. Sed cum nichil proficeret, mandatum est ei ab Egelwino beati martyris consecretali, quatenus energuminum ad tumbam sancti curandum juberet deferri. Quod cum factum fuisset, omnibus in commune psalmis et letaniis enixius insistentibus, tandem ab imagine Dei nequam spiritus egredi compulsus est. Quod cernens rex, omnesque circumstantes, cœperunt glorificare Deum in sanctis suis mirabilem, mirabilia per eos potenter operantem. Dacus etiam se sibi redditum perpendens, totum se ad agendum gratias ei per quem dejectus fuerat et erectus impendit. Quid plura? Vitam correxit, mores mutavit in melius, sancto deinceps fidelis permanens quoad vixit. In testimonium tamen præsumptionis indebitæ utrarumque manuum multatus est ariditate, ut vel jugi supplicio semper admoneretur non altum sapere sed timere.

---

[1] *inquid*, codd.   [2] *deliquid*, codd.

X.

De puero in Italia a diutino languore sanato.

Ad honorem beati martyris aliud annectimus miraculum, quod eo carius suscipi debet, quod in exteris nationibus propitia divinitas idem dignata est operari. Abbate igitur Leofstano universæ carnis viam ingresso, Baldewinus, sancti Dionysii Parisiacensis monachus, quem ars medicinæ qua famosus habebatur Ædwardo regi ejusque principibus excellenter commendabat, decedentis in locum subrogatur. Sed et eodem rege, per sæcula cum laudibus memorando, rebus humanis exempto, Willelmus Normannorum comes totius Angliæ monarchiam Haraldo devicto, etsi laboriose, fortiter tamen sibi subegit. Qua tempestate domnus abbas Baldewinus, Romam proficiscens, de camisia sancti Ædmundi partem secum assumpsit ad propagandum honorem martyris juxta quod dignum ipse duceret, religiosis eam distributurus personis. Cum ergo Lucensem Italiæ civitatem apprehendisset, thesauri sui reserans thecam, quibus visum est fidelibus partem largitus est. Unde factum est, ut mox in basilica sancti Martini episcopi et confessoris ad honorem beati martyris altare consecraretur. Prædictus autem abbas, pro quibus urbem adierat Romuleam expeditis negotiis, prospere in Angliam reversus est. Nec multo tempore post Edfricus ecclesiæ beati Ædmundi præpositus, et sacerdos quidam, Siwardus nomine, quos narrationis nostræ testes fideles habuimus, idem iter aggrediuntur, atque post diuturnos viæ labores in præfatam divertentes civitatem, cujusdam viri, Petri nomine, subeunt domicilium. Cumque post exhibitam hospitalitatis humanitatem mutua vicissitudine confabularentur, susceptos peregrinos hujusmodi verbis hospes affatur: "Viri fratres, quibus ab oris[1] fines nostros penetras-

---
[1] D.; *horis*, F.

had been lately healed when at the point of death, upon invocation of St. Edmund.

"tis?" At illi, "Natione," inquiunt, "Angli, professione monachi ad imploranda summorum apostolorum suffragia Romam properamus." Ad quos ille, "Nostis," ait, "quippiam de Ædmundo, qui ejusdem insulæ rex pro fide Christi agonizans martyrii palmam adeptus est?" "Optime," inquiunt; "nam sub ejus alis educati, ejusdem patris alumni sumus; multaque de illo partim audita, partim et visa comperimus." At ille subjunxit, "Si verbis meis fidem non negatis, referam quod de proximo indubitanter ipse agnovi. In hac urbe, in ecclesia beati Martini,[a] altare titulatur sub nomine sancti Ædmundi. Non procul ab urbis mœnibus vir quidam multis pollens divitiis unici filii sperata successione se solabatur. Qui morbo correptus acerbiori, parentum orbitatem proprio interitu brevi affuturam minabatur. Medicina multiplex adhibetur, sanctorum implorantur suffragia, vota salutifera pro ejus reformanda salute persolvuntur. Sed cum nil remedii per hæc ægrotus acciperet, verum etiam per incrementa temporum nimii languoris valetudo vehementius ingravesceret, clericus quidam iter faciens in jam dicti viri domum divertit. Reperiensque parentes totamque familiam luctuosis affici doloribus, causam sciscitatur. Qui cum per ordinem cuncta didicisset, in Dei misericordia movet eos confidere. At illi, 'Jam nichil spei nostris in pectoribus residere potest. Nam ad veneranda illum loca circumtulimus; sanctorum devote flagitavimus auxilia; nullum ut cernis effectum voti reportantes.' Et ille, 'Nunquid illum,' ait, 'ad memoriam beati martyris Ædmundi detulistis?' Responderunt, 'Sed neque ad nostram hucusque notitiam Ædmundi nomen attigit.' Quorum ignorantiam ille redarguens, 'Festinanter,' ait, 'ad hanc quæ Lucas dicitur civitatem puerum deportate; in eccle-

---

[a] St. Martin's is the cathedral church of Lucca, dedicated in 1070.

" ' sia beati Martini altare sancti Ædmundi perscru-
" ' tantes, cum luminaribus noctem insomnem ibidem
" ' transigite; beatum martyrem, ut vestram attendere
" ' dignetur anxietatem, jugiter invocate; profecto con-
" ' secuturi, si fides non titubaverit, optatam filii vestri
" ' sanitatem.' Qui verbis viri creduli audita manci-
" pant effectui. Impositoque puero gestatorio, prænomi-
" natam adeuntes ecclesiam eum coram altari martyris
" exponunt. Deinde, cereis accensis, cum vigiliis et pre-
" cibus, ut præmoniti fuerant, instarent, imminente jam
" crepusculo sopore merguntur. Qui rursus expergefacti
" stratum languidi revisunt. Res mira, sed Ædmundo
" satis usitata. Cujus paulo ante salus a nemine spe-
" rabatur, repente non solum incolumem, verum etiam,
" residendo lectis, foliis quibus ecclesiæ pavimentum
" tunc te[m]poris vestiebatur agiliter puerorum more
" ludentem, sibique vultu hilari mirantur applaudentem.
" Qui quanto gaudio gestierint, quantisque sanctum
" martyrem extulerint præconiis, excogitari potius potest
" quam enarrari. Die terris reddito, in ecclesiam popu-
" lus de more congregatur. Nota fiunt omnibus, quæ ad
" beati martyris laudem nocte proxima divinæ pietatis
" propitiatio voluit operari. In argumentum fidei puer
" sanus et alacer publicis aspectibus præsentatur. Ge-
" nerali voce laus Creatori decantatur; in commune
" martyris triumphus attollitur. Discunt jam de ejus
" suffragio omnes præsumere, quem prius rari noverant
" nominare. Unde mos iucrebuit, ut ad eandem ec-
" clesiam annua festa sub honore sancti Ædmundi cele-
" braturus populus devotus confluat, ac per ejus merita
" divinam sibi propitiationem conciliet."

Hæc Petrus præfatæ urbis civis sub fidei retulit testimonio, puerumque languentem ac postmodum ordine digesto sanitati restitutum se vidisse sacramentis plurimis asseruit.

XI.

Qualiter subvenit naufragantibus.

<small>While in attendance on the king in Normandy, Baldwin sends a servant, by name Norman, to Bury for supplies.</small>

Quodam tempore, dum rex Willelmus in Normannia moraretur, memoratus abbas Baldewinus a rege ut frequenter accersitus, illis etiam in partibus officii sui diligentiam ei sedulus exhibebat. Cunque longior ibi mora fieret, et quædam victualia consumpta deficerent, e domesticis suis unum, Normannum nomine, domum delegavit, ut quæ minus forte suppetebant rediens

<small>He is also to bring back with him a relic of the saint.</small>

ipse suppleret. Insinuavit etiam abeunti de quodam phylacterio martyris Ædmundi pretiosa pignora concludente, quatenus illo secum assumpto quantocius remearet. Ille, parens imperanti, mari transito properat ad cœnobium, et assumptis quæ jussus fuerat, phylacterium quoque collo suspendens, gressu concitato repetit iter quo venerat. Cunque navem prægrandem, hominibus sarcinisque negotiatorum quam

<small>On his return, Norman encounters a great storm.</small>

plurimis onustam, reperisset, flatus prosperos opperientem, dato naulo, licet ægre, ingressum ipsius obtinuit. Deinde ventis vela dantes, placidum æquor sulcante carina, in altum porriguntur. Tum repente exorta tempestate gurges intumescit; fervet fretum; venti perurgent; procella desævit; dies tenebrescit. Salo turbato, navis impulsa quassatur; nunc ad alta subrigitur, nunc ad ima relabitur. Exonerata tandem animalibus levius quidem sed non minus periculose ferebatur. Ad postremum ventorum minime ferentes vehementiam, data nave fluctibus omnipotentiæ divinæ majestatis causam suam committunt. Ad hoc solum tamen instabant, ut irruentes undas certatim ejicerent.

<small>The lives of all on board are in peril.</small>

Quo per biduum jactatis infortunio, spes omnis evadendi perierat. Jam tertiæ noctis labentibus umbris, lux optata successerat, et ecce, jam nominatus Normannus, labore pariter et horrore deficiens, in somnum levem resolvitur. Cui persona elegans, claro aspectu et sermone jocundo, confestim astitit; arreptumque ejus humerum blande concutiens ait, "Cur inerti, "Normanne, somno deprimeris, tam horrendo vallatus "periculo? Expergiscere, fidei torporem excute. Tolle "quod collo inhæret phylacterium; invoca illum cujus "insignitur nomine, tibi sociisque tuis tranquillitatem "ejus meritis obtenturus." Qui statim exsiliens, et utraque manu phylacterium collo evulsum levans in sublime, his verbis comites hortatur, "O viri, animæ-"quiores estote. Propior est nostra salus quam spera-"bamus." Et exponens eis modum visionis, taliter conclusit: "Erectis in cœlum manibus intimo cordis "affectu sanctum exoremus Ædmundum, ut ab immi-"nenti discrimine nos potenter eripere dignetur." Cujus sermonibus animati, consona voce, consimili devotione, nomen martyris invocabant. Nec mora; venti mitigantur, cœlis adest serenitas; mare sedatur. Itaque timor in securitatem, desperatio in consolationem, mœror in gaudium commutatur. Parvipendunt jacturam rerum, corporum salute sibi reservata. Igitur Deum in Ædmundo glorificantes, sese mutuis exhortationibus ad sancti martyris obsequium et amorem pariter accendebant. Interim, famulantibus ad votum elementis, lenibus acta flabris, gratam per æquoris planitiem carina velificabat, immensisque oceani decursis spatiis, optati stationem litoris brevi consequuntur. Inde singulis in sua divertentibus, miraculi seminarium procul dispersum est.

Norman is warned in a vision to resort to the relic of which he is the bearer.

He does so; all invoke St. Edmund; the wind drops; and the ship comes safely into port.

XII.

De quodam milite a febribus misericorditer liberato.

Quidam miles, Willelmus nomine filius Asketilli, de Herefordensi provincia, dolendo torquebatur incommodo, quoniam non unius tantum aut duarum sed omnigenarum febrium urebatur ardoribus. Quæ tamen

William Fitz-Asketil is attacked by several fevers at once.

non eodem tempore, nec simul omnes, sed diversis horarum spatiis diversæ, velut vas proprium, perniciosa successione languentem possidebant, ac sic lugubris et lugendus sub tot tortoribus irremediabiliter cruciabatur. Carnibus exesis, elimatis ossibus, cutis vitrea cohærebat. A familiaribus salubre acceperat consilium, ut post expertas frustra medicinas sancti quæreret Ædmundi suffragia. Qui saluberrimæ admonitioni diu placidam aurem præbere distulit; siquidem quam plurimis Francigenarum solet esse familiare, sanctorum virtutes in Anglia quiescentium impudenter deridere. Cunque temporibus tempora succederent, atque de die in diem ægritudo augmentum, æger detrimentum acciperet, anni circulus claudebatur. Iterum persuadere satagunt amici ut vel sero ad sancti Ædmundi basilicam pateretur se deferri. Quorum demum annuens voluntati, parata evectione ad monasterium sancti pertrahitur. *After a visit to St. Edmund's basilica,* Ubi facta oblatione deploratur necessitas, martyris imploratur auxilium. Hinc delatus ad hospitium lectulo reclinatur. Qui continuo, velut in extasim raptus, sensibus alienus, ore supino ardua rimabatur. Suspicantur assidentes, tam viæ fatigatione quam et passionis fractum enormitate, imminente jam morte illum agonizare. Cum vero paulisper sic attonitus quievisset, subito quasi se alloquenti respondere vicissim audiebatur. Nam, ut idem postea referre consueverat, apparuit ei jam pœne defecto vir quidam ignotus, statura procerus, cujus tunc primum faciem gratissimæ pubertatis flos vestiebat; quadam vultus et habitus prærogativa regiam præferens majestatem. *and a vision of the saint,* Qui propius admotus hujusmodi sermone jacentem compellabat, "Quid hic agis, o homo, vel "quare ita jaces?" Cui ille, "Febribus," inquit, "validis attritus sanctum Ædmundum expetivi, ipsius "meritis pristinam recipere sperans sanitatem." Ad quem rursus ait, "Credisne illum tibi posse conferre "quod postulas?" "Indubitanter," inquit, "credo."

Et ille, "Surge ergo jam incolumis, ad propria "festinans regredi." At ille, formam ejus intuens attentius, percunctari cœpit quis esset qui tanta sibi gaudia nuntiare venisset. "Ego sum," ait Ædmundus, "Domini Jhesu servus. Sta, inquam, super pedes "tuos, et assumptis comitibus domum revertens, narra "quanta tibi fecerit omnipotens Deus." Sic fatus, ab oculus ejus ablatus est. Æger autem, sed jam sospes, *he is cured.* ad se reversus, eadem hora jussit mensam apponi, cunctisque stupentibus, ac præ gaudio Deum benedicentibus, una cum eis cibum et potum àlacriter sumpsit, atque decenti munificentia medico suo gratias agens, cunctis quæ circa se gesta fuerant innotuit. Sicque domum veniens, Ædmundi virtutem quam expertus fuerat, quoad vixit, prædicare non destitit.

Mirantur forte nonnulli, hominem paullo ante sic *A theory of miraculous* adversis attritum passionibus ut, non dicam incedere, *interposition.* sed nec facile pedem ad se trahere potuisset,[1] sub tanta celeritate convaluisse, ut qui vehiculo fuerat attractus, jam ex toto sibi redditus, alienis non indigens ad propria remearet. Miranda quidem sunt hæc; sed solis illis qui naturalem tantum in rebus conditionem, non et naturarum omnium attendunt Conditorem. Nam ipse qui naturam rebus indidit quam voluit, quid mirum si naturæ legem immutavit quando voluit? Naturale utique est febricitantibus redeunte sanitate lassescere, et ægrotationis molestias longe post sentire. Verum sanitas quæ Domino medente confertur, simul tota reformatur. Quod in illa quam Dominus ipse curavit socru Petri evidenter apparet; quæ ad ejus imperium non modo surrexit, sed etiam pristina illico virtute suscepta ministrare suffecit.

---

[1] *potuisse*, codd.

XIII.

De puella muta.

<small>An Essex lady has a servant-girl, who has been dumb three years.</small> Apud Orientales Saxones venerabilis quædam materfamilias in obsequio puellam habebat jam adultam, sed ab annis ferme tribus officio loquendi destitutam. Quam ex animo diligens, tristi ipsius fortunæ affectuose congemiscebat, tum quia infrunita taciturnitas naturales loquendi modulos damnavisset, tum quia utilis mancipii, non omnimoda, potiori [tamen] ex parte fideli serv[itio] caruisset.[1] Quid ergo ageret, quid remedii famulæ conferret, sæpius anxia domina cogitabat. Interea fama vulgante crebras beati Ædmundi virtutes audiens, intercapedine viæ transcursa basilicam ipsius, inhærente lateri pedissequa, <small>She brings the girl to Bury.</small> fide fervens ingreditur. Et accedentes ad tumbam qua sacrosanctum beati martyris corpus continebatur, matrona propius, famula seorsum, ceu debitam exhibens præcellenti reverentiam, solo tenus incurvantur. Illa permota aliena pietate, hæc propria coacta necessitate, consimili intentione preces allegant. Illa verbis articulatis, hæc gemitu et compunctione cordis, quæ quandoque clarius solent resonare, sanctum interpellabant. Qui unius caritate, alterius provocatus anxietate, per effectum petitionis communis orationis affectum se comprobat exaudisse. Cum enim adhuc matrona cœptis precibus incumberet, divinum puella sentiens antidotum clara voce, sermone diserto, cœpit <small>At the tomb she regains her speech.</small> inclamare; "Bene mihi, domina, bene mihi; ecce, "possum loqui." Quæ confestim ab oratione consurgens, et in amplexus famulæ proruens, os, frontem, et oculos deosculabatur, ac, velut a sepultura redivivam receperit, prosperis ejus casibus congratulabatur. Quod cernens ecclesiæ custos, vir bonus et bene

---

[1] Verba hujus clausulæ, in margine adjunctæ, partim mutila, ex conjectura restitui.

religiosus, nomine Tolinus monachus, accedit, et unde *The monk Tolinus ascertains all the facts.*
tam repentina laetitiae novitas emersit sciscitatur.
Universa perdiscit; ex ordine cognita confratribus
revelat. Haec ad Dei laudem gesta sunt vigilia
10. sanctorum septem fratrum, qui tot miraculis martyrem
suum insignire dignatur Aedmundum.

XIV.

De puero caeco in ejus festo illuminato.

Tempore quo Willelmus, cognomento "Longus ensis," *A.D. 1087. Accession of William II.*
patre mortuo regiae dignitatis adeptus est apicem,
multi procerum adversus eum conspirantes praesump-
tionem rebellionis attentarunt. Quorum ausibus regali
virtute repressis, ex omni Anglia contrahens auxiliarios
ad edomandam Scotorum gentem, copiosum exercitum *His invasion of Scotland.*
adunavit. In quam expeditionem quidam miles, Yvo *Yvo, one of his knights, has a blind son.*
nomine, profecturus, suis mandavit ut filium suum,
Aedmundum nomine, quem casualis caecitas invaserat,
ad sanctum Aedmundum curandum perferrent. Quod
dum dilatione negligitur, intervenit martyris celebritas,
ad quam paene universi Orientalium Anglorum populi
convolare consueverunt. Sed ut evidentius proposita
possimus explicare, retrograda narratione repetenda
sunt, quatenus suis subnixa primordiis inoffenso pede
currat oratio. Praefatus igitur puer, studiis applicitus *This blindness came on after the boy's using abusive and profane language respecting the saint.*
litterarum, conscolaribus suis Aedmundum improperare,
et in eundem sanctum verba probrosa conviciis et
blasphemiis plena solitus erat evomere. A majoribus
saepe coercitus, sane sapientes insanus ipse subsannabat. Et licet pueriliter id ageret, non tamen
pueriliter, sed graviter delinquebat. Verum cum haec
diutius impudenter ageret, adest illud beati martyris
festum, festivo cultu dignissimum. In cujus vigiliis,
cum cubitum puer isset, malum sentit in oculo. Mane
facto, sodalium praesentatus collegio, oculi caecutientis
monstrat detrimentum. Perducitur ad carmina re-

quirenda; anilibus muliercularum susurriis percantatur. Admoventur colliria; multimoda curatio adhibetur. Dum speratur remedium, lues diffusa duplicatur. Amborum itaque mulctatus amissione luminum, a litteris impeditus domibus paternis restituitur. Dolet pater dilectæ prolis infortunium, quia bonum naturæ vitio cesserat dominanti. Nota demum fiunt patri quæ verba contumeliosa puer in sanctum Ædmundum intorquere consueverit. Tunc omnibus liquet, tali a sancto illata vindicta puerum flagellari. At pater secum deliberans nullam præter Ædmundi medelam jam expetendam fore judicavit. Sic fatus, regis edicto pendente, profectus est.

Interea—

Orbita solaris præsentat gaudia festi

quo puer vapulabat incommodo cæcitatis. Instante autem festivitate, patruus pueri ac illius noverca, puero secum comitante, gaudiis solennibus properant admisceri. Porro in ipso vigiliarum exordio, de peculiari fratrum familiaritate præsumentes, viciniora reverendæ tumulationi loca petierunt. Quibus impetratis, circa conticinium in sinu patrui puer obdormivit. Cui vir clarissimus, splendenti fulgens habitu, cereum manu gestans apparuit, tetigitque illum, et ait, "Num me vides?" Qui respondit, "Video, "domine mi." Et ille, "Quid est, quod manu teneo?" "Candela," inquit. His dictis, non comparuit: statimque puer evigilans coepit prurientes oculos manibus utrisque confricare, et defluentem ubertim aquam extergere, oculisque circumjectis flammifluos cereos intueri. Et rursus emanantibus aquis oculos exsiccans, complosis manibus, clare cepit vociferari, "Deo "gratias, ego video;" atque sæpius id ipsum replicans attentos reddidit universos. Nec mora; alternantibus campanis matutinalem sinaxim celebraturi monachi conveniunt; rumore miraculi percelluntur; reboantibusque camenis laus Trinitatis decantatur.

XV.

De ultione facta in pervasores rerum suarum.

Eodem tempore[a] miles quidam, Robertus de Curteun nomine, honoribus capessendis plus æquo inhians, et ad eos per immoderatam ambitionem pertingere satagens, a Rogero, tunc temporis vicecomite, villam quandam nomine Suth Waldam dari sibi postulavit, impedimentum illius conquestus, eo quod in medio prædiorum suorum haberetur. Cui ille hanc esse sancti Ædmundi respondit. At ille, cujus mentem anhela cupido demoliebatur, modis omnibus eam sibi concedi expostulabat, servitio reciproco pro ea dignando recepta. Qui blandis adulationibus illius delinitus, aliquando, licet invitus, quantum ad ipsum spectabat præbuit assensum. Cumque ad eundem fundum duobus assumptis equitibus pari dementia debacchantibus invadendum properaret, subito cœli facies immutatur, aeris intemperies excitatur. Mugiunt tonitrua, fulgura coruscant, imbres dilabuntur, venti desæviunt, elementa commota nemini securitatem pollicentur. Quid plura? Armabatur creatura ad vindictam reproborum; contra insensatos orbis pugnabat. Concutiuntur horrore; pluviis humectantur. Tunc rei veritatem fateri compulsi, se scelestum opus arripuisse summurmurant. Invicem consulunt; diversorium placet subire, donec favoralis serenitas iter prosequatur. Quod dum fieret, clementior aura successit, illisque viæ redditis intermissum negotium iteratur. Quos rediens[1] tempestatis terribilis imago pedetentim subsequitur, ut palam daretur intelligi, qua de causa

Robert de Curzun asks Roger Bigod, sheriff of Norfolk, to let him enter upon the manor of South Waltham,

which belonged to St. Edmund.

With the sheriff's consent, Robert proceeds to take possession of the manor.

A great storm diverts him from his purpose.

---

[1] *reducis*, Ff.

---

[a] The Bodleian MS. (D.) dates this story in 1087.

commota fuisset. At Robertus idem, saniori fretus consilio, male cœptum iter deserens domum rediit. Milites vero, mentis obstinatione cæcati, possessionem cum armigeris suis invadunt, vices ejus peracturi. Quo pervenientes rapinis insistunt, quietos perturbant, resistentes affligunt, potestatis auctoritatem opponentes. Usurpant indebita, occupant aliena. Qui cum omnia viriliter se egisse, potenter prævaluisse, gloriarentur, statim eos ultio divina consequitur. Nam unus in reprobum sensum versus amens effectus est, alter frenesi correptus. Talique ordine sanctus Ædmundus impios et avidos sui juris pervasores a præsumptionis dejecit audacia; injuriam vindicavit; jus proprium vindicavit.[a]

His followers, persevering in the unjust design, are seized with madness.

XVI.

Item de eodem.

Ad beati martyris gloriam ampliandam aliud proximo connectimus miraculum, quod, licet temporis interjectus præcedenti nequaquam sinat continuari, quia tamen ei satis cognatum est et consimile, utpote in pervasoribus jam dicti prædii indebitam puniens presumptionem, et nos illud non indebite proximo continuamus, ut consimilium concors et non interrupta fiat conjunctio.

Rognante rege Henrico secundo, anno xiiij. regni ipsius, miles quidam cui nomen Willemus de Curceun, prænominati Roberti successor, hæreditatis suæ redintegrandæ sollicitus, eam enim manus alienorum dis-

The following event, though much later in point of time, is closely connected with the foregoing miracle.

A.D. 1168. William de Cursun, successor of the aforesaid Robert,

---

[a] The Digby MS. (Ff.) breaks off at this point. There is an addition here in D., to the effect that the same Roger Bigod, sheriff of Norfolk, about the year 1107, claiming another farm belonging to St. Edmund, and being about to bring an action against abbot Roger, died very suddenly; his body being afterwards taken to Norwich, and buried by bishop Herbert.

traxerant, archidiaconum Pictavensem Ricardum[a] adiit, *with the help of archdeacon Richard of Poiton,* qui tunc temporis ex regis imperio in universis Angliæ finibus præcipuam exercuit potestatem. Quem cum ad suæ causæ commodum prece sine pretio inclinasset, spe certioris firmiorisque ductus præsidii, ipsius neptem duxit uxorem. Archidiaconus igitur, *obtains a royal brief restoring to him all* non minus quam proprium ipsius procurans negotium, *property that his* de suæ sortis jure capessendo a rège litteras quales *predecessors had held.* voluit impetravit. Litterarum autem summa hæc fuit, ut quæcunque, ubicumque, quomodocumque præfati militis prædecessores tenuissent, eadem juris functione sibi restituta et ipse teneret. Regio igitur armatus præcepto, subnixusque archidiaconi patrocinio, non solum in ea que antecessores sui de jure tenuerant manum extendit debitæ repetitionis, verum etiam quæ injuriose vindicaverant in suæ sortis augmentum transferre satagebat. Prænominatum siquidem prædium, quod Suthwalde[b] dicitur, glorioso martyri Ædmundo antiquitus votivo devotionis munere peculiariter ascriptum, eo quod antecessores sui tempore turbatæ pacis violenta invasione sibi usurpaverant, ad suæ sortis portionem asseruit pertinere. Nec illud *On a previous occasion, one of his predecessors, coming with a similar brief to Bury, had been robbed of it.* silendum, quod cum quidam prædecessorum istius de hac eadem calumnia adversus sanctum litteras regias alia vice detulisset, dum hospitaretur in villa beati martyris, in crastino regis mandatum, si ei successisset, abbati ostensurus, in ipsa nocte, nec ut creditur sine martyris justa sanctione, supervenientes latrunculi, spolia ipsius diripientes, litteras etiam ipsas inter

---

[a] Of this Richard of Ilchester, archdeacon of Poitiers, many interesting notices occur in the "Materials for the History of St. Thomas à Becket," edited for the Rolls Series by Canon Robertson. He was among the most eminent and able of the many astute officials employed by Henry II. Like the rest of his fraternity, he sided with the king in the great quarrel, and was formally excommunicated by Becket, at Vezelay, in 1166. Later on, in 1170, he is named among the advisers of the young king.

[b] Southwold, on the coast of Suffolk; the church is named after St. Edmund to this day.

cetera secum asportaverunt. Sed incepta prosequamur. Miles igitur jam dictus, ad sanctum Ædmundum veniens, regis præceptum abbati [a] proposuit, sine dilatione omni postulans sibi fieri restitutionem. Abbas vero, licet regii rigore præcepti concussus, noluit tamen præpropere adquiescere injuste postulatis. Inducias postulat, ut interim quid æquitatis inesset calumniæ posset perscrutari. Quas cum ille dare recusaret, votumque suum in proximo promoveri minime sensisset; ira tumidus, minas intorquens, martyris parum deferens sanctitati, ad archidiaconum qui Londoniis morabatur iter convertit, quasi de regii contemptu præcepti ei querimoniam illaturus. Abbas vero, non segniter agens, priorem [b] conventus ad archidiaconum legatum efficit, prævii calumniatoris vestigiis imminentem. Ad quem cum venisset, rei veritatem pandit ex ordine; miraculum etiam, quod olim virtus divina in prænominati calumniatoris prædecessoribus, præsumptione indebita idem prædium invadentibus, in sui martyris ultionem patraverat, scriptum ostendit. Tandem, impetratis induciis usque ad natale sancti Johannis, erat enim ebdomada Pentecostes quando hæc agebantur, ad monasterium remeavit. Miles vero adversarius, eodem die quo et prior ab urbe digrediens, in procinctu itineris, manifesta et subita ultione martyris, gravissima percussus valetudine, vix ad hospitium apud Chelmeresforde sibi præparatum delatus est. In crastino discedens Colecestriam cum omni anxietate pervenit. Ibique a monachis susceptus protinus tam miserabili vexari cœpit amentia, ut non solum a sibi ministrantibus, verum etiam a conjuge propria relinqueretur. Terribiles ergo gestus præferens arreptitii, omnibus qui aderant incutiebat horrorem.

---

[a] Abbot Hugo.
[b] Probably the prior Hugo whom Jocelin de Brakelond states, at the beginning of his Chronicle, to have been deposed in 1173.

Panno igitur involutus, nexibus arctissimis constrictus, summa fatigatione reluctantium vix potuit cohiberi. Cujus rei fama ut aures abbatis attigit, priorem, qui prioris legationis functus erat officio, ad miserandum hominem destinavit, quatenus ei persuaderetur, si forte redisset ad memoriam, ut se in martyrem deliquisse reminiscens de perpetrata injuria veniam postularet, satisfactionemque condignam repromitteret. Veniensque ad eum, accepit ab assidentibus ægroto eum necdum memorandi recepisse facultatem. Statimque unus e ministris, Ricardus nomine, prosiliens, pro domino suo vadium priori obtulit, condignam spondens emendationem si sancti miseratione de infirmitate posset convalescere. Placuit ergo priori usque in crastinum sustinere. Mane autem facto, iterato veniens sciscitabatur a ministrantibus, utrum cum domino suo mitius ageretur. Responsoque accepto, eum totius noctis spatio quievisse, jamque facultatem intelligendi divino munere recepisse, ad ægrotum intromittitur. Peccati immanitatem aperiens, suasit peccati jam conscium ad celerem festinare satisfactionem. Ille vero monita salutis gratanter suscipiens, se nimis deliquisse recognoscens, postposita intentione calumniandi vetitum, pollicitus est se omni vitæ suæ tempore beato martyri sedulum exhibiturum famulatum.

Hæc pace lectoris interseruisse sufficiat. Jam nunc ordinis seriem interruptam reformemus, sub alterius tamen libelli principio, recreationis gratia, beati martyris magnalia pro facultate prosecuturi.

Lib. II.

Incipit prologus in librum secundum.

Prologue; by Osbert of Clare.

Cum ^a laureatus urbem ingreditur rediens a prælio victor Augustus Romæ, solenniter eidem a senatu arcus eriguntur triumphales, ut contemplando præsentes tantam venerari discant fortitudinem, ut nullam victoria fnturæ generationis lateat ætatem. Comitantibus enim aquilis signa præcedunt usquequaque victricia, et cum plausu resultat, sollennizante populo, civitas imperatori gloria et honore coronata. In descensu montis Tarpeii Cæsareas Titi laudes propriis oculis vidi, et quasi viventes cœlatum marmor repræsentabat imagines, nulla temporis vetustate per sæcula senescentes. Regi itaque glorioso arcus triumphales erigantur Ædmundo, quos nulla delere possit antiquitas, nulla prævaleat abolere vetustas. Thesaurorum namque illius qui sexto mensi a suo nomine nomen indidit, tanta non fuit copia, quanta redundant beati regis et martyris Ædmundi ad honorem et gloriam Domini miracula gratiosa. Magnifica vero victoris tanti prodigia nulla obliterabit oblivio, quoniam per me, spiritu sancto docente et ducente, sinceræ veritatis exprimet certitudo. Ipse solita miserendi pietate, quem datorem recte profitemur et donum, ad ipsius sancti laudes dignius explicandas cordis et linguæ nostræ pariter sonum informet, ut qui successum dedit principiis, illis etiam quæ restant exaranda ad martyris præconium benigni favoris in nobis spiret illapsum. Digne siquidem memoriali titulo pretiosi martyris præconia decet perennari, ne cum ætate senescente et ipsa senescant, quia regalia signa princeps

---

^a A hand of the 14th or early 15th century has here written in the margin of the Cottonian MS., " Osberti de Clara prioris Westmonasterii." On the relation of Samson's work on St. Edmund to that of Osbert I have treated fully in the Introduction.

in Christiana constanter exercuit militia, dum pro rege suo validus triumphator invictus occubuit, et cum palma victoriæ senatum curiæ cœlestis intravit.

Incipit epistola Osberti de Clara prioris Westmonasterii.

Exod. xxviii. 17.

In [a] Exodo legitur, quod præcipiente Domino in rationali sacerdotis quatuor fiebant ordines, cum ternis gemmis pretiosorum lapidum, duodecim antiquorum patrum nominibus inscriptis; principales ut per hoc quatuor virtutes fidem sanctæ Trinitatis pectori ejus infigerent, ne ipsius castitati bonorum claritas operum et spiritualia dona deessent. Et, ut membra summi sacerdotis nostri mereamur effici, hæc nostræ actioni spiritualiter inferenda sub mystico velamine insinuantur. Diversarum autem varietas splendorque gemmarum miracula sunt sanitatum virtutumque dona spiritualium; de quibus suis imperavit Salvator discipulis, ut in nomine suo infirmos curarent, mortuos suscitarent, leprosos mundarent, dæmones ejicerent, et cetera signorum prodigia fiducialiter exercerent. Nos itaque in ratione mentis nostræ sic explananda sanctissimi regis et martyris Ædmundi Domino suscepimus cooperante magnalia, ut in historica superficie nequaquam sanctæ Trinitatis simus immemores, qui apostolicæ caritatis et fidei sequendas in cunctis novimus actiones. De nobis namque omnium patriarcha præcipuus patrum et princeps [1] apostolorum, "Vos," inquit, "estis genus "electum, regale sacerdotium." Decet igitur omnes fidei Christianæ sequaces regnum ita corporis et animæ spirituali gladio prævalente protegere, ne surripiente mortis auctore monstris cogantur vitiorum deformiter

1 Pet. ii. 9.

Letter from Osbert of Clare to the monks of St. Edmund.

---

[1] *princes*, MS.

---

[a] Here in the margin the same hand which ascribed the foregoing prologue to prior Osbert, has written, "Incipit epistola Osberti "prioris Westmonasterii missa "con[ventui?] S. Edmundi de "miraculis ejusdem."

subjacere. Sic summo sacerdoti Jhesu Christo hostias liceat placationis offerre, ne ab ejus imperiis, suadente carnis voluptate, videantur aliquatenus deviare. Et quia quatuor sunt elementa, sardius, topazius, smaragdus prima scribantur in tabula, ut in sardii rubore figuretur martyrium, in topazio multicolor pulchritudo virtutum, in smaragdo coelestium viriditas æterna præmiorum. Pretiosum namque beatus Dei martyr Ædmundus, pro Christo sanguinem fundens, rubeus ut sardius victor occubuit; diversisque quasi topazius post triumphum fulguravit miraculis, et tanquam smaragdus diem perpetuæ viriditatis invenit. In secundo latere, carbunculus, jaspis, saphirus præmineant; quia rex egregius more carbunculi claritatis suæ radios vibrat in noctem hujus sæculi, ut in miraculis coelo existat sereno sub saphiri specie, similiter et contra fantasmata poscentibus opitulans; sub membris mortuis in jaspide signum obtusi prætendat viroris. In tertio, ligurius, achates, et ametistus resplendeant, ut variarum figuras virtutum in impretiabili pretio invicti victoris ostendant. In ligurio namque princeps egregius yctericos reparat; in achate, qui nigri coloris est et ramos in superficie candidos servat, rex et martyr sanctus in mortuo corpore candoris suæ virtutes exhibet, qui in ametisto[1] purpura roseæ passionis indutus apparet. In quarto autem versu, crisolitus, onix, et berillus regis eximium præconentur tropheum; quia in crisolito totus apparebit aureus in resurrectione sanctorum; cui onix additur, qui Latino unguis nominatur eloquio, quia in onice renovati corporis gloria solidum resumet decus et integrum; in berillo, qui aquatici coloris est, et sculpi non potest, soliditas ostendatur et claritas electorum. Hi pretiosi lapides diversæ significantur esse virtutes, quibus, ut credimus, virgo rex et martyr in corpore splenduit, seque nobis imitabilem in sanctorum operum fulgoribus dereliquit. Hæc in-

---

[1] *amestito*, MS.

terim vice vestibuli præfigenda decrevimus, ut resplendeat lectori delicatum opus et lucidum, tanquam viatori iter sine offendiculo placidum ad palatii regalis ingressum. Jam nunc intermissis sermonum præludiis ad rem accingamur.

I.

De translatione sancti Ædmundi.

Regnante rege Willelmo Normannorum comite, abbas Baldewinus, ut jam diximus, apud sanctum Ædmundum ovilis Dominici curam pastor discretus agebat. Qui, ut erat vir industrius et sagacis ingenii, sagaciter ecclesiam sibi commissam cultu festivo satagens ampliare, regiam adiit majestatem, indecens esse suggerens ut qui rex et pater patriæ fuisset, et nunc apud Deum præcellentis se esse meriti virtutum frequentia comprobaret, sub vili et inculto requiesceret domicilio, pretiosus rex et martyr Ædmundus. Decere autem quatenus augustiorem construi juberet ecclesiam, quæ et oculis intuentium arrideret, et domesticos suos ampliori sinu confoveret. Cujus rex applaudens devotioni, gratanter annuit, seque de propriis affluentius largiturum in ædificatione spopondit. Abbas vero, principali roboratus auctoritate, lapides de lapidicinis advehi maturius præcipit; convocat latomos; architectos invitat; cæmentarios et artis sculptoriæ peritos viros conducit. Inde, jactis fundamentis, opus nobile visuque delectabile feliciter inchoatur. Et licet Deo propitio abundantius impensæ sufficerent, paucis diebus tamen non potuit expediri tam multiplex et tam artificiosa fabrica. Interim rex Willelmus collectus ad patres suos æquivoco sibi filio regni reliquit habenas. Præfatus autem monasterii pater, cum ad effectum ædificia presbyterii perduxisset, ad regis detulit notitiam, ut videlicet, ejus edicto principumque favore, et ecclesia licet imperfecta dedicaretur, et sanctus martyr

156   SAMSONUS

sents both to the dedication of the new church, and the translation of St. Edmund.

in illam digno cum honore transferretur, industrie secum pertractans, sub obtentu licentiæ regalis martyris triumphum posse nobilitari. Cujus petitionis facilis fuit obtentus, cum impetrantis beneficium in ipsos rerum dominos multifariam redundaret. Qui voti compos domum regressus, præparat stipendia, disponit negotia, imperfecta consummat.

A malicious rumour circulates among the courtiers that St. Edmund's body is not really incorrupt.

Dum hæc igitur agerentur, et jam jamque pertonanda in populos penderet indictio, inter curiales de corpore sancti Ædmundi quæstio cœpit ventilari, utrum, ut perhibetur, incorruptum perduraret, an more mortuorum in pulverem redactum corruptioni succumberet. Quorum nonnulli opinioni vulgatæ cedendum esse censebant, ac integrum, quod sæpius exploratorum probavere manus, in suo jacere mausoleo sanctum asseverabant. Nonnulli vero, seu impia seu cæca præsumptione veritati reluctantes, horum assertionem refellere labo-

The effect of this is that the king will only, for the present, allow of a translation.

rabant. Quorum susurriis rex depravatus, præmisso mandat patri monasterii dedicationem hac vice se quidem inhibere, sancti tamen licenter posse fieri translationem. Quibus ille auditis, mæstitiam animi vultus hilaritate velans, fratres admonere studet ne turbo repentinus ipsorum constantiam dejiciat, ne spei anchoram procella sæviens abripiat, sed in Domino jactare cogitatus suos, qui rex regum est et dominus dominantium. Senserat nimirum antiqui hostis contra se serpere molimina; sed nichil suæ reservans industriæ, Deo totum committit, quatenus, ut vult et melius novit, ipse disponat.

A.D. 1095. Bishop Walkelin and Ranulf, the chaplain, visit Bury.

Anno ergo ab incarnatione Domini M⁰ nonagesimo v⁰, a passione vero sancti Ædmundi ducentesimo xx^{mo} quinto, septimo kalendarum Maii, quarta sabbati, conveniunt apud sanctum Ædmundum Walkelinus Wintoniensis episcopus, et Ranulfus capellanus, tunc regalium provisor et exactor vectigalium, postea quoque Dunelmensis antistes, regia quædam peracturi negotia. Quibus cum quidam honesti viri fiducialius agentes intimarent, bonum Deoque placitum videri, si sanctus

Ædmundus in præparatam sibi transferretur basilicam, illico responderunt, "In hoc sumus parati, nosque "hujus rei executores regalis elegit dignatio; et nisi "domni abbatis voluntas vacillaverit, nequaquam ul- "terius differretur." Cumque hoc abbati innotuissent, ait, "Fiat Dei sanctique martyris voluntas." Indicit ergo sodalibus omni studio, tota devotione, tota cordis puritate divinam interpellare majestatem, ut cujus nutu reguntur universa, in tali quoque temporis articulo servis suis propitiari non desistat. Porro cum monasterii pater cum præfatis tractaret viris, qualiter decreta dignius peragere possent et honestius, crebrius inculcabat quod sanctus idem vehementer arrogantes cordeque duplices, ut sæpius experimento probatum est, detestatur. Tunc ait episcopus, "Licet ego me "fatear indignum tanti accessu sanctimonii, nostri "tamen gradus exposcit officii, ut in tali negotio "antesignanus existam. Patrocinetur meritis et pre- "cibus auxilietur, ne unde officiosus gestio videri, "inde temerarii denoter elogio." At abbas, ejus benevolentiæ gratias agens, totum se procurandis quæ in hujusmodi congruere putabantur impendit. Hinc jejuniorum instauratur frugalitas; vigiliarum puritas; pauperes recreantur. Sed et ipse pontifex ante beati viri corpus solo complanatus, devotas transigens excubias, psalterium ex ordine decantavit. Præstolatur populus igneis facibus coruscus; tota micat basilica cereorum fulgoribus. Dies illucescit Dominica, et instante jam hora diei tertia, procedit antistes pontificalibus infulis redimitus, monachorum collegio circa advocatum suum psalmos decantante; aquam invocatione consecrat Trinitatis; aspergit, deinde thurificat tabernaculum testimonii; ab eodem imposita antiphona, *Iste sanctus*.[a]

---

[a] This is one of the antiphons in the *Commune unius martyris:* Iste sanctus pro lege Dei sui certavit usque ad mortem, et a verbis impriorum non timuit; fundatus enim erat supra firmam petram.

158 SAMSONUS

The old wooden loculus. Accedunt accersiti filii quorum pars et haereditas ipse Christus est; efferunt archam illam, de lignis gratia magis quam natura imputribilibus, sacratissimum beati martyris corpus continentem. Cum autem adorirentur egredi, impedimento fiunt turbae bajulis. Pia namque aviditas loculum contingendi fidele, ut ita dicam, jurgium in populo generabat. Porro cum ad ostium australe conatum fuisset, accidit quod saepius qui experti sunt accidisse testantur, videlicet ut quotiens aliqua necessitas eundem sanctum efferri poposcisset, in eodem egressu praeter solitum aggravari. Nunc vero cum ter bini vectores fuerint, tanto depressi sunt pondere, ut nisi laicorum qui propter incedebant fulcirentur auxilio, enervatis viribus succubuissent.

A knight from Northampton has his arm severely crushed, owing to the pressure of the crowd. Inter quos cum quidam militaris de Hamtuniensi colonia, manu ad feretrum porrecta, aestuantium pro posse fratrum sudores levigaret, immanis obicem calamitatis improvidus impegit. Dum enim constipatis foribus turba densatur in limine, atque dum expeditius elabi singuli moliuntur, impeditius tumultuantur, protentum ipsius brachium ingredientium impetu muro ipsius basilicae tam graviter alliditur, tam acerbe quassatur, ut ab ipsa junctura manus paene versus usque cubitum, carnibus abrasis, nuda facies patesceret ossis. Quod ut comperit homo, qua amiciebatur statim obvolvens chlamyde lacertum, seorsum divertit, ambitu vallatus plurium.

Meantime the bishop is preaching with great energy in the churchyard. Perlato tandem super altare martyre sancto, egreditur antistes ad populum, messem dominicam noxiis purgaturus graminibus. Divini falcem sermonis exerit; lolium evellit et zizania; succidit spinas ac tribulos, suffocantes semen patris-familias. Discordes pacificat, mitigat iracundos, blanditur mansuetis, inquietis intentat.

The injury to the knight's arm is healed. Dum haec agerentur, praefatus miles, laesum detegens brachium, ex omni parte sanum repperit et integrum, sola cicatrice ad testimonium virtutis permanente.

Quam lætus fuerit, quas voces confessionis et laudis ediderit, noverit ipse qui gaudendi materiam dedit. Percellit fama populum; advolant universi; promiscui sexus infinita glomeratur multitudo. Cogitur jam pontifex ipse suum terminare sermonem, cum rarus resederit qui doceatur auditor. Nec immerito. Æquum est enim humana succumbere, cum divina tractantur; organum vocale silere, cum virtutes loquuntur.

Subinde frequens in turba murmur cœpit agitari. *The year had been one of drought, threatening famine.* "Quid," inquiunt, "agimus? quare negligimus? quare non nostris commodis prospicimus? Numquid non Ædmundus iste qui tam perníci facilitate læsa restaurat, fluxa consolidat, vulnerata curat, hanc remediari valet ariditatem, futuræ famem cladis portendentem? Deferatur ad nos; nostri sistatur in medium. Accedamus ad eum fide plena, spe certa; *It is the general desire that St. Edmund's help be invoked.* forsitan miserebitur supplicibus, afflictis compatietur, imminens avertet periculum, rorem impetrabit imbriferum." Tanta quippe siccitas aeris inhorruerat, adeoque uredo pariter et aurugo, solis inclementia desuper torrente, germinantia quæque pessimaverat, ut quæ larga manu finitimis regionibus alimenta præbere consueverat, ipsa versa vice stipem ab eisdem petitura periclitaretur Britannia. Ut autem hæc præsulis auribus innotuere, asserit omnimodo populorum beneplacito satisfaciendum. Sanctoque demum foras prolato, positoque sub divo, altius antistes intermissum repetit sermonem. "En!" ait, "quem tanto opere *After an eloquent address from the bishop, and the saying of Kyrie Eleison,* efflagitastis; præsens est, quem fidei nostræ obsidem elegistis. Nunc examinanda est fides nostra. Quæ nisi titubaverit, haud segnior postulata comitabitur effectus. Explicemus igitur ei nostram angustiam; imploremus ejus clementiam quatenus precibus interpellet, meritis obtineat, ut divina propitiatio divitiarum suarum thesauros aperiat, gratiæ suæ largitatem super nos distillet, nimboque temporino arva sitibunda riget." Sic fatus astantes hortatur, ut se praecinentem imitentur; elataque voce, tertio repetitum intonat Kyrieleyson. Concrepat idem multitudo, vario quidem concentu, sed consono affectu. Statimque aeris immutatur serenitas; coelum tenebrescit; nubes concrescunt. Repentinus imber forenses tecta subire coegit. Arrident pluviis arentia sata; praemarcida virent; tellus rimata roratur. Tantaque fertilitate suos exhilaravit eodem anno colonos, ut non modo consueta, verum etiam ultra quam illa meminit aetas, frugum protulerit incrementa.

<small>rain falls; the season turns out a remarkably fruitful one.</small>

<small>A man from London, who has sore eyes, is healed.</small>

Dum haec agerentur, vir quidam Londoniensis accessit, et saxorum colliculum cui sarcofagum insederat pio ore deosculans, fronte oculisque contingens, intimis praecordiis Ædmundi nomen jugiter inclamabat. Quod tam diu multorum sub aspectu peregit, donec, extricata quae oculum macula foedaverat, fidei suae premia reportaret.

<small>The bishop proclaims a liberal indulgence.</small>

Post missarum denique sollennia, sollennes dat antistes populo benedictiones. Delictorum relaxat vincula; poenitentiales metas abbreviat; moerentium corda laetificat. Et ne absentes quoque tam opulentae defraudentur largitionis gratia, tempus determinat ut quicunque infra illud sanctum occurrerint Ædmundum invisere, similem se adeptos gratulentur indulgentiam. Per omnia benedictus Deus, cui cum Patre et Sancto Spiritu sit honor et gloria, per omnia saecula saeculorum. Amen.

II.

De quodam ab imminenti morte erepto.

<small>Wulmar, a man of Bury, having made a pilgrimage to Rome,</small>

Cum quidam sancti Ædmundi convicaneus, Wulmarus nomine, orationis gratia Romam invisere decrevisset, domini sui sancti Ædmundi supplex subiit asilum, ipsius nimirum praesidio itineris sui curam assignans. Deinde regressus, commodis pollens successibus, ad agendas prosperatori suo grates debitas impiger acces- sit, dona spontanea et vota pariter oblaturus. Inde cum domum descenderet, necdum atrii metis emensis, horrore repentino simul et tremore corripitur. Quo defectu spatiante per artus, residere compellitur. Con- globantur affines, hominem stupentes per tanti itineris circuitus, tot pericula, tanta discrimina, innumeras malignantium fraudes terra marique gnaviter evasum, velut in tranquillo portu et statione secura subito naufragari. Quorum sustentatione domum perlatus, qui gaudium debuerat, mœrorem domesticis ingessit. Quarto denique die acribus[1] cœpit urgeri doloribus. Viaticum petiit et accepit, de vita desperans. Fugit somnus ab oculis; alimenta repudiantur. Membrorum juncturas rigidus torpor astringit. Quorum penitus privatus officiis paralytica putatur passione torqueri. Suorum excubiis noxque diesque continuatur. Qui cum rursus quatriduum sic recubans exegisset, quædam Ædmundi festiva memoria in ecclesia celebrabatur, de repræsentatione scilicet incorrupti corporis ipsius, quæ ab abbate Leofstano facta narratur. Exempta denique diurna sollennitate, nox umbras invexit. Cujus circa medium languidus ipse, qui jam per octo dies vel ad horam somno nullatenus indulserat, immanem vigilia- rum exactionem grato sopore resolvit. Indicunt silen- tium assidentes, de percepta ægroti quiete gratulantes. Interea visum vidit, quem ad sui utilitatem se vidisse vigilans recognovit. Videbatur enim sibi domus suæ ostium patere, ac per illud leni volatu niveam colum- bam subintrare. Quæ cum super lectuli sui caput resedisset, mox in venusti viri speciem transformatur; et conversus ad ægrotum, ejus doloribus benigne com- patiens, taliter affatur. "O homo, gravi, ut video, " infirmitate laboras." Qui, quo valebat annisu, cum sic esse responderet, ille manu extensa palpebras

---

[1] *acris*, codd.

ciliorum oculi dextri duobus digitis comprehendens, oculumque suaviter aperiens, misericordi voce dixit ad eum: "Ne, quæso, formides; noveris clementiam "Dei esse magnam." Et rursum; "Ecce, jam sanus "factus es; surge quantocius; ecclesiæ sanctæ te "repræsenta; salvatori tuo laudes repende, tecum- "que ad ejus amorem et alios accende." At ille, non mediocriter ad hæc exhilaratus, sedulo eum compellabat, ut quis esset ei insinuaret. Cujus inquisitioni satisfaciens, "Ædmundus," inquit, "dicor, regis æterni "famulus." Quibus visis, homo protinus evigilans, omni depulso languore, sanitati se sensit ex integro restitutum. Summoque diluculo surgens vestes induit, pedibus calceamenta imposuit, familia nimirum stupente ac mutuo dicente, quod adversa valetudine correptus insaniret, post paululum moriturus. Ille vero se sanum mente simul et corpore protestans, ad ecclesiam, ut per visionem jussus fuerat, properavit, atque fratri Tolino, cujus superius fecimus mentionem, quæ sibi contigerant ex ordine manifestavit. Quæ cum audisset, abbati Baldewino dignum duxit manifestare. Abbas autem, collectis in unum fratribus et quibusdam laicis, hominem statuit in medium. Cujus relatione jam dicta replicantur; plurium testimonio confirmantur; creduntur; recitantur ad laudem et gloriam regis regum, cujus regnum est omnium sæculorum.

III.

Qualiter in mari se vocantes liberavit.

Quidam viatores qui summorum adierant apostolorum limina, Roma regressi, ascensa navi, aura flante secunda, de qua forte abierant Angliam repetebant. Gesta sunt autem hæc sexta feria Dominicam Rogationum præcedente, vi°. kalendarum Junii. Eratque navis ambitiosior sinus, sexaginta iiii^{or}. capiens animas,

excepta varia supellectili copiosa. Denique grandi <small>their ship springs a leak;</small>
maris intercapedine gnaviter emensa, circa gallicinium
aquarum profluvio repleri puppim compererunt. Quam
protenus certatim exhaurire festinant, sed validorum
virorum lacertos unda succrescens impares labori <small>pumping will not stop it.</small>
coegit succumbere. Siquidem fractæ tabulæ frustum
elisum liberum gurgiti concesserat illapsum; cujus
mole gravata, ad enormitatem periculi carina sistitur
immobilis. Quid ultra spei poterat resedisse? Quam
ad transmeandos fluctus assumpserant, fluctibus ratem
ultra citraque dolent interceptam. Præter cœlum
nichil videtur et maria. Evadendi naufragii omnis
via intercluditur. Ergo, neglecta salute corporum, sola
pro animabus cura versatur in medium. Hora expectatur novissima; inter mortem vitamque breve distat
momentum. Huic intererant duo viri discrimini, unus
Wulfwardus presbyter, alter dictus Robertus; ambo de <small>Wulfward the priest,</small>
ditione patris Ædmundi. Quibus tandem cum venisset <small>and Robert, both of St.</small>
in mentem, quæ et quanta miraculorum insignia <small>Edmund's, were among</small>
meritis didicerant beati martyris Ædmundi perpetrata, <small>the passengers.</small>
perfidiam abjiciunt, fidem concipiunt, ad spem salutis
eriguntur. Postulatoque silentio, taliter socios allo- <small>They urge their companions to</small>
quuntur. "Viri fratres, constantes estote. Periculosa <small>have recourse to</small>
" valde res est desperatio. Frangit vires corporis, <small>St. Edmund.</small>
" animæ detrimentum parit. Quis vestrum est qui
" sanctum nesciat Ædmundum? Quis virtutes ejus,
" quarum terra marique fama dilatatur, non audivit?
" Quis eum patronum elegit et confusus est? Quis
" sub protectionis ejus alas confugit, et repulsus est?
" Accedamus igitur ad eum toto corde, exclamemus ad
" eum in tempore afflictionis nostræ, invocemus nomen
" ejus, imploremus præsidium. Accelerate singuli,
" properate universi; et juxta quod penes se quisque
" reppererit, in commune conferte, oblationem no-
" stram beato martyri dedicantes, simulque spondentes
" circa cultum ejus et amorem promptiores, fidelesque
" virtutum ipsius, dum vitalis status vestros rexerit

"artus, nos fore professores." Collatione deinde facta, et in unius crumenæ sinu reposita, uno clamore, consona intentione, adorsi sunt vociferari, "Sancte "Ædmunde libera nos." Quod dum crebrius increpuissent, quæ navem occupaverat cœpit aqua minui, navisque leviata paulatim progredi. Nec mora; levato velo maris discrimina felix carina feliciter cœpit velificare. Sicque desperationis discissa nube, spei anchoram in portu securitatis solidarunt; atque nova lux eis oriri visa est, cum aurora coruscante litus optatum capessunt. Verum, cæteris cum ingenti laudum præconio propria revisentibus, memorati viri, susceptæ legationis haud immemores, collectam ipsam ad monasterium deportantes, hujus, ut digestum est, fideles extitere miraculi relatores.

IV.

Qualiter clinicam erexit.

Cujusdam presbyteri, nomine Odonis, erat in obsequio quædam vernacula, nomine Brichtiva.[1] Hæc liberorum ejus alendorum curam susceperat, nutricis exhibens sedulitatem. Quæ cum in hujusmodi servitio non minimum temporis exegisset, morbo crudescente clinica facta est. Et quidem contractis poplitum nervis clunibus hærere tali videbantur. Eratque languor continuus, dolor perseverans. At cum immane septennio protraxisset incommodum, instinctu divino præmonita, talibus domino suo vocibus cœpit supplicare. "Memor, mi domine, servitutis ancillæ tuæ, " memor sudoris et fidei, ostende in me ingenitam " tibi caritatem; exhibe pietatem; impositamque vehi- " culo jube me protrahi ad hanc vicinam martyris " Ædmundi basilicam; forsan afflictæ miserebitur,

---

[1] *Bryghtyeva,* D.

"allisam eriget, desolatam solabitur. Numquid the-
"saurus ille qui semper erogatur et plenus est, michi
"soli denegabitur? Aut ostium misericordiæ quod
"omnes admittit, pulsanti mihi claudetur?" Quod
cum dominus ejus audisset, servientis suæ fidele
revocans ad memoriam servitium, quod postulabat
adimpleri decrevit. Et levatam in jumentum, resti- *being carried*
busque ne laberetur colligatam, magis enim hærere *into the church, to*
quam equitare videbatur, ad monasterium pervehi *St. Edmund's*
fecit. Quod cum fuisset ingressa, manibus nitens altare *altar,*
rependo apprehendit. Erat quoque eodem die vigilia
præcursoris Christi, in cujus nativitate juxta vaticinium angelicum plurimi congaudent. Cum autem
synaxis vespertina psalleretur, alternantibus choris
canticum de evangelio decantaretur, placuit Salvatori
fidelem suum magnificare Ædmundum, ut ex novitate *she recovers;*
miraculi festivæ diei festiva lætitia duplicaretur. Et
quidem præpositus congregationis, cum ad altare
thurificandum ascendisset, miratur ad basim ejus
mulierem protensam jacere, quam paulo ante curvam
indoluit et contractam. Quæ brachiis injectis altarium
complexa, firmis constitit plantis; divinamque prorumpens in laudem, grande confluenti populo dedit
spectaculum. Arbitratus autem prior id quæstus
gratia fieri, et mentitæ sanitatis umbratilem esse
devotionem, voce præconaria in populum fecit decla-
mari, si qui adessent ejus agnitores. Inventi sunt *persons testify to*
non duo neque tres, sed fere quot ejusdem dominum *her helpless condition*
noverant; qui testarentur multo tempore jacuisse *previously.*
clinicam, quam sanam astare cernebant. Talibus ergo
documentis roborato miraculo, in Creatoris præconium
cunctorum ora laxantur, Ædmundi suffragia flagi-
tantur. Redit interea redintegrato vestigio, quæ sub-
vecta alieno venerat adminiculo. Jugis in ejus corde
memoria, indefessa quoad vixit viguit laus Ædmundi.

V.

Item de incorruptione ipsius et de Tolino et Hermanno monachis.

<small>Seietha, a noble lady,</small>

Multi mecum aut fama norunt aut facie quandam religiosam fœminam, apud sanctum Ædmundum vitam cœlibem actitantem, tempore veteranam, habitu monialem, mente spirit[u]alem, actu virilem, fide plenam, spe firmam, caritate diffusam, nomine Seieþam. Hæc, cum de illustrium duceret Anglorum prosapia natales, jugali repudiato fœdere, liberorum spreta propagine, cunctam qua nitebatur spem deserens in sæculo, sponsum sibi quæsivit e cœlo. Quæ cum in laribus paternis annos adhuc ageret puellares, plurimi nuptias

<small>rejecting a suitor favoured by her parents,</small>

ejus appetebant. Inter quos unus erat, qui tam genere quam divitiis admodum præpollebat. Hic ergo cum crebrius hujus rei gratia virginis aures pulsaret, nullum penitus extorquere poterat assensum. Super quo proditor castitatis et incentor corruptionis indignatus, ipsius mentita viri specie, per nocturnum soporem, sicut suis consecretalibus narrare solita est, apparuit ei dicens, "Unde tibi tanta temeritas, ut " nec meæ nec parentum obtemperes voluntati, mea, " quæ tibi competunt, aspernando connubia? An " forte mihi quempiam prætulisti?" Cui illa, "Nec " te," inquit, "nec alterum quemquam, sed Dominum " meum Jhesum Christum mihi sponsum elegi, ipsi me " devovi, ipsi meam integritatem perpetuo me con- " servaturam spopondi." At ille, "Noveram," ait, "et " ego quod monachicam anheles conversationem; sed " scito[1] prænoscens, quia quocumque sub hujus pro- " positi peragendi perrexeris obtentu, ego faciem tuam " præcedam, ego aditum omnem præcludam." Quod et factum est. Nam cum hostis callidi versutias

---

[1] D.; *cito*, F.

adversum se serpere tam feraliter præsensisset, cœpit
diversas lustrare provincias, universa virginum circuire *endeavours vainly for a long time to enter a nunnery.*
monasteria; et certe, cum tanta proponeret quibus
aditus patere facillime deberet, semper tamen petitionis
suæ cassabatur effectus. Unde factum est ut ad
sanctum Ædmundum, domno Baldewino tunc abbate
invitante, immo Christo vocante deveniret. Sed ut *She comes to Bury.*
expeditius quæ dicenda sunt explicemus, ipsius verba
interserere duximus necessarium, quorum ista est
forma.

"Nocte quadam," ait, "cum nocturnalibus hymnis, *Her story, as told by herself.*
" comparis meæ Edgiedæ dictæ freta collegio, festi-
" narem interesse, venissem autem ad atrii portam per
" quam transeundum erat, prior illam aperui, apertam-
" que, quousque sodalis mea transisset, tenui. Quam
" cum sensim ad se redire permitterem, vehementia
" ventorum quæ ferocior inhorruerat cui accludebatur
" appulsa stipiti, dexteram, quam necdum incauta
" subtraxeram, mihi violenter attrivit. Cujus protinus *A hurt to her right hand*
" apporiata dolore, solo tenus prosternor; ac, velut
" extasim passa, pedissequæ compassione permulcebar.
" Quæ casus ignara, credens in cimiterio me visum
" vidisse, lateri stupens assidebat. Dehinc mitigato
" ex parte dolore, non destiti ab incepto. Verum
" explicitis antelucanis, domum reversa extuberatam
" admodum sinu manum efferens, oscellum digiti medii
" confractum comperi. Post aliquantum vero temporis
" tumore sedato, cum sanari cœpisset digitus, instar
" Gallicæ nucis super fracturæ locum struma concreta
" resedit. Quæ licet haud multum doloris apponeret, *left a permanent swelling.*
" sua tamen deformitate dextram deturpabat. Quadam
" itaque die advesperascente, cum in ecclesia solitis
" pervacarem excubiis, captato secreto ad id loci
" quo martyrem sanctum requiescere noveram, accessi,
" læsamque protendens ad lecticam simpliciter dex-
" teram, 'Vide,' aio, 'domine, an bene deceat in manu *After invocation of St. Edmund,*
" 'ancillæ tuæ struma talis. Si tua foret voluntas,

she found that the swelling was gone.

" 'eam auferri postularem.' Quibus peroratis, de
" asilo processi. Postera die, cum digitum ut crebro
" respicerem, omnino struma deleta pristinam articuli
" formam agnovi." Hæc ipsa narrante nos tandem
didicimus ; hæc nos, quo lucidius intimanda patescant,
ac si domui vestibulum secuturæ, relationi ipsius
præstruere curavimus. Nec idcirco relationem ejus
tantopere commendare studuerimus, quasi sola com-
pererit, quam solam nominatim placuit designari ; cum

There are still living witnesses to Seletha's veracity.

hodieque superstites ejus astruant assertionem, et
absque falsitatis nube veritate subnixam testentur.
Sed jam nunc narrationis ipsius seriem prosequamur.

Her story continued: Tolinus the sacrist, in Abbot Baldwin's time, was her friend and spiritual guide.

"Per id temporis," ait, "quo domnus præfuit abbas
" Baldewinus, erat in monasterio vir venerabilis,
" nomine Tolinus. Qui vitæ merito et insignis
" exemplo conversationis tempora sua condecorans,
" multis extitit ædificationis forma, innocentiæ spe-
" culum, norma justitiæ. Et quia fidelis videbatur et
" prudens, sacristæ officium administrabat. Qui quem-
" admodum exemplis, ita quoque et verbis, ad amorem
" patriæ cœlestis invitare quosque curabat. Hinc est
" quia siquid in me boni potuit unquam aut poterit
" haberi, ipsius instinctu, ipsius monitis est et hortatu.

A.D. 1095.

In the year of the translation, she had a conversation with him respecting the incorruption of the body.

" Eodem igitur anno quo translatio sanctissimi patris
" Ædmundi de antiqua in novam facta est basilicam,
" quæ tertio kalendarum Maii celebris habetur, cum
" post solennitatem apostolorum Petri et Pauli sanctum
" Ædmundum, orationis pariter et ædificationis gratia,
" expetissem, præfatus vir frequens mihi colloquium
" ac familiare inpendebat. Cæterum cum una dierum
" mecum ante altare sancti Johannis Evangelistæ de
" mundi contemptu, ut sui moris erat, conferret, post
" aliquanta dulcis incidit Ædmundi memoria quam
" ille jugiter pectore, jugiter volvebat et ore. Ast
" ego demisso vultu muliebrem protestata pudorem,
" diutius differentem sustinebam. Deinde rupto si-
" lentio, et si procaciter, utiliter tamen in voce

" resoluta, 'Quid est,' inquam, 'domine mi, quod nos *She told Tolinus*
" 'incorruptum persistere, plerique eum corruptioni *that this was dis-*
" 'succubuisse contendunt? Nam cum nudius tertius *believed and scoffed*
" 'ad ejus accederem imploranda suffragia, quidam *at by many.*
" 'eques more conviantium mihi sociatus est, quærens
" 'quo tenderem. Ego vero professa sum me sanctum
" 'Ædmundum velle invisere. At ille, cum dubitando
" 'de integritate martyris quæstiones miscuisset, redar-
" 'guens eum, Ne, inquam, sic erres; sed confitendo
" 'crede, credendo confitere, quia quemadmodum
" 'eodem die quo martyrio coronatus est, sic et in
" 'præsenti incorruptus perseveret et integer. Verum
" 'hoc magis juxta vulgatam opinionem et communem
" 'fidem dixerim, necdum plenius edocta quo certiori
" 'argumento calumniis incredulorum possim refragari.'
" Quo audito altius ingemiscens, 'Heu carissima mihi,'
" ait, 'quam pœnaliter peccant quicunque super hoc
" 'dubitant! Venerantur, proh dolor! creaturæ et
" 'naturæ legem, atque Creatoris postponunt gratiam.
" 'Deberent potius credere primo omnipotentiam Dei,
" 'deinde admirando ejus laudare clementiam; post-
" 'remo eis qui experti sunt credere, quandoquidem
" 'ipsis minime licuit experiri. An et tu fortassis,
" 'una cum eis nutanti fide vacillas?' 'Non,' inquam,
" 'de omnipotentis Dei virtute diffido; sed qui super
" 'hac controversia desiderio meo satisfaciat, nequa-
" 'quam invenio.' 'Vellesne nostrum,' ait, 'in hac
" 'altercatione recipere testimonium, an ut minus
" 'idoneum me testem abjicis?' Ad quem ego,
" 'Nemo tam callidus, nemo tam facundus, qui ullis
" 'argumentis a corde meo possit evellere, quod semel
" 'sermonis tui inviolabilis auctoritas eidem inseruerit.'
" Tunc ille, manum utramque proponens, 'His,' inquit, *He assured her that he*
" 'licet impuris et indignis manibus reverenda ipsius *had himself handled the*
" 'membra palpavi; his petulantibus oculis jocundam *incorrupt body,*
" 'ejus et omni refertam gratia faciem conspexi. In
" 'ipso vero reminiscens actu quibusdam aromatibus

" 'delibuta multorum corpora carnibus æque demolitis
" 'integra subsistere, id ipsum audacter contrectando
" 'non veritus sum explorare. Et quemadmodum hic
" 'plenam intueris carnem et teneram' (dexteram
" siquidem meam sinistra cingebat), 'ita universi
" 'artus illius molli et pulpa vestiuntur carne. In-
" 'sipienter quidem ac præsumptuose fecisse me con-
" 'fiteor; det veniam confitenti, qui pœnitendi spatia
" 'nunc usque concessit. Quod si mihi testes fuerint
" 'adhibendi, socios ad hoc habui, domnum scilicet
" 'Willelmum Priorem, qui me tam auctoritate quam
" 'precibus haud facile contemnendis sollicitabat,—
" 'Sparhawech suffraganeum meum, et aurificem
" 'Herewardum.' Cum hæc ab ejus ore didicissem,
" et aliquantulum ibidem temporis exegissem, ultimum
" viro Dei valedicens, ædibus repræsentor paternis,
" ulterius eum non visura. Revera si futurorum
" præscia eum tam cito de medio scirem rapiendum,
" etiam offenso patre, cujus nullatenus impetrare
" poteram licentiam, ab ejus minime declinassem
" præsentia. Jungerer exequiis; jungerer sepulturæ;
" vel lacrymis prosequerer emigrantem, si pariter
" decedendi, quod in voto foret, abnegaretur facultas.
" Porro tres illi, quos vir iste conscios habuisse retulit
" et complices, non multo post letalibus tacti incom-
" modis, moriendo culpam temeritatis protestati sunt;
" nec ullus eorum annalem orbitæ circinum com-
" binavit. At ipse, quæ in memorata translatione
" fixa est metam excedens, quando tam visu quam et
" tactu Christi martyrem comprobavere corruptionis
" expertem, ad festum usque sancti Botulfi incolumis
" permansit. Cujus luce pridiana, cum celsa parietum
" ecclesiæ fastigia obambularet, circumspiciens ne quid
" ab artificibus, qui ipsius deputati erant custodiæ,
" per in curiam esset neglectum, casu accidente subito
" ruit in præceps. Quem licet divinum impulisset
" judicium, divina nichilominus labentem non penitus

" deseruit clementia. Siquidem in ipsa ruina uni
" stipitum quibus crates fulciebantur ora vestimenti
" sui cohesit. Quidam vero latomorum, videntes quod
" ita de robore penderet, spe subveniendi subito
" machinas conscendunt, illæsum eripere laborantes.
" Ad quod dum enixius elaborarent, rupta vestis
" margine, in subjecto saxorum decidens aggesto,
" acerba membrorum collisione conquassatur. Semi-
" vivus tamen inde sublatus, post præsumptionis
" præfatæ confessionem, viatico percepto, inter manus
" fratrum animam exhalavit. Qui si uno, ut cœperat,
" impetu de sublimi ad ima corruisset, pœnitentiæ et
" communionis gratia pariter corruisset.

"Quod cum die tertia mihi nuntiatum fuisset, <small>Seietha undertook</small>
" gravi, fateor, lamento affecta sum. Hinc allocuta <small>to offer up many</small>
" genitorem, ne diutius voluntati meæ reluctaretur <small>prayers for her</small>
" instantius exorabam. At ille, 'Quid,' inquit, 'filia <small>friend.</small>
" 'mi, vis illuc ire, illum tuum carissimum jam minime
" 'visura?' Ego vero magis ac magis inceptæ peti-
" tionis efficaciam allegans, 'Etsi,' inquam, 'vultus
" 'illius intuitu, quia decessit, ulterius exsatiari nequeo,
" 'certe vel tumulum ipsius deosculans, lacrymarum
" 'humectans imbribus, haud parvo solamine recreabor.
" 'Quinimmo, etsi ipse mortuus est, tamen ille quem
" 'amare me docuit, cui me devote servire commonuit,
" 'non moritur, sed mente et [1] actione mundo mortuis
" 'vitam largitur æternam.' Tunc ille me cernens
" immutabilem in proposito tenere constantiam, præ-
" sertim cum religio esset in causa, quamquam invitus
" tandem annuit deprecanti. Ego vero, quo tendebam
" adveniens, quanto valebam annisu pro dilecti mei
" anima Deo cœpi supplicare; interque reliquas piæ
" sollicitudinis exequias, tricennarium ei psalteriorum
" impendere satagebam. Quod dum attentius peragerem,
" nocte quadam, exempto matutinorum officio, impetrata

---

[1] D.; om. F.

"ab ædituis licentia, psalmis in ecclesia vacans resede-
"ram. Et dum psalmum octogesimum, quo propheta
"admonet exultare Deo adjutori nostro, concreparem,
"et rarescentibus umbris polus albesceret, irruente
"sopore codex labebatur e manibus, verba semiplena
"lingua languente faucibus intercepta cohærebant.
"Inter hæc, dum ad breve cervicem parieti reclinas-
"sem, ecce! a tergo, quis ignoro, me per scapulas
"arripiens, horrifice concussit, inquiens, 'Tu somno
"'resolveris, et carissimus tuus Tolinus pœnas acerbas
"'luit.' Tum ego expergefacta psalmorum summam,
"ut prius inceperam, diligentius exaggerabam. Sed
"mirum in modum recedente persona, digitorum ejus
"impressio non statim abscessit. Sentiri a me potuit,
"videri nequaquam."

Tolinus appeared to her in her sleep,

Tempore sub eodem uni e fratribus haud dispar
huic ostensa est visio.[1] Enimvero, necdum tricenario
emenso, cuidam monacho, dum adhuc viveret sibi
præ cæteris familiari, idem Tolinus per soporem apparuit. Quem ille sub vultu tristi et habitu lugubri
contuens, antiquæ gratia societatis agens fiducialius,
talibus eum affatur: "Quid est," inquiens, "mi
"domine, quod te tenebrosum ac mœrore confectum
"aspicio?" Et ille, "Ut quid, frater, me tetro
"squalentem amictu admiraris, cum incircumscripti
"fulgore luminis necdum perfrui meruerim?" Cui
ille, "Et ob quam causam, cum omnium nostrum
"arbitrio vita[2] tua inculpabilis haberetur?" Ille
vero, "De vita," inquit, "mea nequaquam coarguor;
"verum me quiddam presumpsisse pœniteo, pro quo
"tali addicor supplicio, quia scilicet dominum meum
"sanctum Ædmundum infida mente contrectare non
"exhorrui, aliisque contrectandum exposui. Quocirca
"quæso dilectionem tuam, ut quæ tibi revelata sunt
"vice mea fratribus exponere ne differas, obsecrans

and also to one of the monks,

to whom he revealed that his irreverent handling of the saint's body was the cause of his deten- tion in purgatory.

---

[1] ex conjectura; *viso*, MS.   [2] D.: *via*, F.

" ut a patre misericordiarum misericordiam, et ab
" ejus agonista fideli mihi impetrent indulgentiam,
" cujus intolerabilem patior offensam." Frater vero
mature consurgens, ut præmonitus fuerat, prætaxatum
fratrum collegio retexuit oraculum. Qui fraternæ *The monks, hearing*
condolentes anxietati, divinam ei pro viribus propitia- *this, did what they*
tionem conciliare satagebant. Sextum denique circa *could for their dead*
mensem denuo hilari facie, nivea stola indutus, jam *friend,*
memoratus, cui prius, apparuit Tolinus. Qui ab *who appearing six*
eodem requisitus, quomodo circa se ageretur, "Hucus- *months later to the*
" que," ait, "pessime; sed jam pii Redemptoris *same monk, assured*
" clementiam, necnon domini mei regis Ædmundi *him that he was in*
" recipere merui gratiam. Cui, sicut fideliter consue- *glory.*
" veram ministrare, ita nunc quoque contubernii
" potior civilitate, obsequiis inhæreo, visioni congau-
" deo, gloriam admiror."

VI.

De Hermanno monacho.

Illud sane Hermanni factum, utquid notitiæ pos- *Herman, a monk of*
teritatis pagina non ingerat, præsertim cum lectionis *Bury,*
seriem non interpolet, sed potius continuet, atque
reminisci sit operæ pretium? Quod licet temporis
intercapedine sit divisum, accidentium tamen circum-
stantia rerum satis est priori contiguum. Quoniam
utrobique temeritas, utrobique pari animadversione
punita est præsumptio. Hic ergo, cum esset sancti
Ædmundi monachus, verbi divini semina populis *a popular preacher,*
erogare consueverat. Qui cum die quadam Pente-
costes ab edito congregatam multitudinem alloqueretur,
prolata summatim est theca regis et martyris, insignia
continens ornamenta, in quibus, pro Christo viriliter
agonizans, armis patientiæ mundi principem stravit; *displays certain*
eaque populis universis stupentibus et Deum collau- *relics of St.*
dantibus monstravit. Quod quidam ex Angliæ pri- *Edmund.*

moribus audiens, tertia ebdomada sequente concitus affuit, non sibi denegari quod jam plebi concessum fuerat summa devotione deposcens. Cujus postulationi fratres assensum præbentes, semotim in crypta ejus devotioni satisfacere, illis quæ deposcebat ostensis. Quibus suppliciter deosculatis gratulabundus abscessit. Discurrit interim ultra citraque qua nichil in rebus fama mobilius. Conglobatur protinus sexus promiscui infinita congeries; inferiores affinibus videri dedi-

An immense multitude assembles, and demands to see the relics.

gnantur. Exigunt itineris fructum; casso regredi labore erubescunt. Multitudini deferri debere causantur; martyris triumphum sub hoc obtentu suamque devotionem memorant posse dilatari. Quid plura? Tot turmarum populositatem inanem dimittere, non fuit consultum. Aptatur ergo in abside medio, altaris instar, ligneus gradus; superponitur scrinium illud,

Herman exhibits them again, but carelessly and irreverently.

gazis incomparabilibus accumulatum. Accedit jam dictus Heremannus; exponit post alia interulam illam, agonis acerbitatem evidentius attestantem, crebris jaculorum punctionibus perforatam, ac pretioso martyris cruore purpuratam. Hanc ergo, non summatim ut prius, sed capsella prorsus exemptam, cernentibus cunctis explicans invitat ad osculandum. Videres interea de primis novissimos, de novissimis primos fieri; dum accessus aviditas servum domino, cano capiti lascivam pubertatem deferre non patitur. In-

Seietha is present.

discrete properatur; muneribus ara cumulatur. Huic intererat spectaculo sæpedicta virgo, summa cum veneratione Dei magnificans magnalia. Quæ cum ad osculandum ora porrigeret, tanta se fragrantia suavitatis, ut fateri consuevit, sensit profundi, ut humanos

Herman falls sick.

excellere posse sensus putaretur. His ita gestis, eadem die Heremannus præsumptionis vindice morbo corripitur. Deinde nocte subsecuta jam dicto fratri,

Tolinus appears to the monk Edwin, and severely

Edwino nomine, præfatus apparuit Tolinus; ac agnitione protinus exhibita, minaci vultu, verbis austeris, vehementer eum et cæteros confratres suos cœpit

increpare. "Quid," inquit, "egistis? Quare ita negli- *blames the irreverence*
"genter desipuistis? Cur sic irreverenter reverenda *which had been shown.*
"tractastis?" A quo cum ille satis attonitus, quid
factum fuerit quod fieri non debuerit requisisset,
ejus hebetudinem detestans, "Papæ!" inquit, "quam
"pecuale pectus, quam cæca præcordia! Deum
"ejusque martyrem spei vestræ patronum irri-
"tastis, et tanto sceleri adhuc culpam ignorantiæ
"accumulatis? An oblivio jam sepelivit quod heri
"perpetratum est? Camisia sancti Ædmundi, quam
"ob vulgi favorem captandum publicis aspectibus op-
"posuistis, dum incaute et minus diligenter explicatur,
"sacer sanguis quo infecta fuerat ex parte humi
"decidit et periit. Vel hoc ad pœnitentiam vos
"invitasse debuerat, quod ille per cujus neglectum id
"ipsum est admissum, divino jam verbere flagellatur.
"Dolor ejus irremediabilis est, plaga insanabilis, vita
"desperabilis. Sed et vos quam cita manet ultio, nisi
"citius per congruam satisfactionem avertatur." Ita
fatus, exhibitam absentavit præsentiam. Verum
Edwinus, moniti non immemor, fratribus, ut jussus
fuerat, audita maturius revelavit. Heremannus vero,
ægritudinis urgente molestia, tertiæ lucis occidit sub
occasu. Unde sollerter considerandum est, quanta *Herman dies.*
sanctis reverentia, quanta in veneratione sit exhibenda *From all this a lesson*
diligentia. Quos enim propitia divinitas per caritatis *of reverence for the*
unionem indivisibiliter sibi connexos sempiternæ gloriæ *saints may be derived.*
fecit participes, horum injuriam ultione summota ferre
non sustinet. Hic eos contumeliis affici permittit,
illic gloria et honore coronatos super omnia bona sua
constituit. Hic cum mensura probantur; illic sine
mensura munerantur, largiente Domino Jhesu Christo,
cui sit honor et imperium in sæcula. Amen.

VII.

Relatio domni Lamberti abbatis.

Quæ etiam de miraculis hujus athletæ Christi reverentissimus abbas Lambertus sancti Nicholai Andegavensis sermone luculento digessit, his inserere pag[i]nis duxi necessarium. Narravit autem sic: "Cum orationum gratia more solito præclari regis et martyris Ædmundi limina transfretaturus adirem, et de peracta navigationis prosperitate gratias agens pro futura supplicarem, fratrumque collegium visitando salutarem, de incolumitate nostra gaudentes, me invito et renitente, pedibus nostris assidebant, et spirit[u]aliter nobiscum epulando satis gaudebant. Cœperunt interim diligenter investigare et mirari, cum non Angligena sed potius Andegavensis essem, qua occasione ita affectuose beatum Ædmundum diligerem, ipsius laudem et nomen magnificarem, ejusque memoriam quanto poteram dilectionis affectu quotidie recolendo celebrarem. Non mediocriter etiam lætabantur, nec mediocritatem nostram modice amabant et venerabantur, quod totiens venerabile ejus sepulchrum, delictorum veniam deprecaturus, visitarem. Quos cum adeo sentirem importunos, ut dilectionis nostræ primitias erga sanctum Ædmundum extorquerent, sic aio; 'Merito, filii dilectissimi, beatissimum regem et martyrem Ædmundum patrem nostrum et totius Angliæ patronum tanto amplector amore, si tamen peccatorum et confitentium suscipit amorem, et si post culpas nostrum dignetur honorem. Quodam enim hyemis tempore, cujus algor et temperies solito asperior inhorruerat, necessitatibus ecclesiæ nostræ exigentibus, ad portum qui Barbefleoth dicitur tran[s]fretaturi cum nostris applicuimus. Ubi cum aliquot dies multa consumendo moraremur, et præter voluntatem nostram, ventorum

"cogente intemperie, dietare cogeremur, Nicholaum
"nostrum non prætermittentes, multa de multis
"sanctis conferebamus, et eorum præsidia suppliciter
"implorabamus. Dum ita colloquendo de diversis *he was determined*
"sanctorum meritis sermonem faceremus, ait quidam *by the counsel*
"confrater noster, nomine Natalis, monachus sancti *of an old Angevin*
"Nicholai, valde provectæ ætatis et magnæ opinionis, *monk, Nicholas by*
"qui fere quinquaginta annos in monachica vixerat *name,*
"conversatione, non alienus a religione; 'Si consilio
"nostro adquiescere velletis, summo diluculo nutu
"Dei prospere navigaretis.' Cujus sermonibus cum
"erectis auribus intenderemus, ut desiderium imple-
"remus, sano usus est consilio. 'Laudo,' ait, 'et *to resort to the*
"consulo, ut beato Ædmundo Anglorum regi et mar- *patronage of the*
"tyri egregio promittatis et voveatis, ut si ad portum *English Edmund,*
"optatum ipsius sancti merita vos perduxerint, ejus *and vow to visit his*
"ecclesiam gratias reddituri adeatis, et eum de cætero *shrine.*
"familiari devotione diligatis.' Cujus auctoritati qui-
"dam ex nostris volentes obviare inter se murmura-
"bant, quod quasi prætermisso beato Nicholao tanto
"patrono, alterius sancti minus noti patrociniis nos
"commendaremus. Quibus ipse ait; 'Non mecum
"sentitis, fratres mei; quoniam beatum Nicholaum *The monk*
"patronum nostrum omnis fere mundus colit et cele- *urged that no dis-*
"brat, et nos cum in multis periculis et necessitati- *paragement was implied*
"bus nostris adjutorem sensimus promptissimum, nec *to their own patron*
"est contra eum nec nobis indignabitur si beati *St. Nicholas, in invoking*
"Ædmundi imploremus suffragium, ut virtutis ejus *a saint who was*
"potentia, quæ regionem Anglicam clarius illustrat, *specially powerful*
"in alias etiam mundi partes per nos transfundatur, *in England.*
"et dignum pro meritis suscipiat incrementum.' Tan- *He com-*
"dem paruimus, et, salva incomparabili confessoris *plied, and invoked St.*
"Nicholai patrocinandi dignitate, consilio senis post *Edmund.*
"cænam adquievimus, gloriosi martyris tota cordis
"devotione invocando suffragia. In crastino, summo *After which*
"diluculo portu relicto ad vota mare sulcavimus, et, *they em-barked, and*
"beato martyre Ædmundo ducatum nobis præbente, *crossed the channel in ten hours.*

The promised visit to Bury was paid.

"quod mirum dictum est, pro votis Hamtonam ad "nonam vidimus et tenuimus. Qui, promissionis "nostræ non immemores, ad beati martyris basilicam "quam expeditius potuimus properavimus; vota sol- "vimus, ipsius nos devote commendantes patrocinio. "Hoc initium et primitias dilectionis et devotionis "cum sanctissimo habuimus Ædmundo, cum primo "Angliam visitaremus."

After the story was finished, three men from London came in, and described how St. Edmund had sent them a fair wind as they were on a voyage to St. Gilles. Samson promised to put their tale on record.

Dum hæc in antiqua regis egregii describerem ecclesia, affuerunt tres viri de Londoniis, quorum unus vocabatur Herveius et alter Yvo; tertium non novi, nec nomen ejus quæsivi. Hi, cum medium sulcando pelagus ad sanctum Egidium [a] orationis gratia de Anglia properarent, ventum non habentes prosperum, sancti martyris adjutorium implorabant; cujus meritis aura flante secunda, portum quem desideraverant in brevi sortiti sunt. Cum autem redissent, et sancto martyri gratias egissent, humilitatem nostram precum instantia pulsabant, ut hanc misericordiam quam Deus illius meritis eis contulerat, caritative subtitularem. Quibus pro amore et amplificatione nominis sancti Ædmundi gratanter parui, et gaudendo cum eis gratiarum actiones Deo obtuli, cui sit honor et gloria in sæcula. Amen.

VIII.

De puella sanata.

In [b] provincia qua venerabile monasterium beati martyris et regis Ædmundi suorum illustrat splendor et gloria meritorum, oppidum quoddam Clara dicitur,

---

[a] St. Gilles, on the Little Rhone, below Arles, near the medieval harbour of Aigues Mortes. Its abbey church, even now in its ruins, is a work of great splendour.

[b] The same fifteenth century hand which was noticed above (p. 152) has written here in the margin, "Incipiunt miracula scripta "ab [Os]berto priore Wes[tmona- "sterii]."

unde relationis meæ series sub testimonio veritatis inchoatur. Ex hoc castello, tempore magnifici regis Henrici primi, quædam puellula nativitatis duxerat originem, quæ, omnium pæne membrorum destituta solatio, maximam incurrerat imbecillitatem. Manibus namque ac pedibus cruribusque contracta, integrum sui corporis amiserat officium, nec aliquod uspiam prævalebat reperire remedium. A cognatis igitur generis sui basilicam delata pretiosi regis Ædmundi, feretro martyris sancti quanto vicinior, tanto devotionis ardore et orationibus sacris est effecta proximior. Et quod ipsa per se virgo parvula minus poterat, parentum sedulitas officiosa supplebat. Quia vero cor contritum et humilitatum, juxta psalmistæ vaticinium, Deus non despicit, eos in tantæ necessitatis articulo positos pietas divina clementer exaudit. Ab omni igitur infirmitate convalescens, integræ sanitati restituitur; regisque gloriosi fulta patrociniis, a cunctis molestiæ corporalis obstaculis reparata salute liberatur. Qui vero propriis oculis vidit, religiosæ vitæ monachus nomine Radulfus, hoc miraculum retulit, qui beato martyri insuperabilis in hac re testis sinceræ veritatis assistit. Et qui per multorum annorum curricula custos in ecclesia devotus ad mausoleum regis extitit, hæc nobis et alia athletæ præcelsi magnalia ab eo conspecta veraciter enarravit.

Eodem etiam ordine nobis fere retulit renovatam salutem alterius puellæ, quam de Spaldynge[1] parentes abduxerant ad beatum martyrem, eandemque quam ab altera ab ista exclusit infirmitatem. Sic operatur dilectus noster et princeps Ædmundus, candidus et rubicundus; quem et nivea integritas induit virginei corporis, et rosea circumdat laurea pretiosæ passionis.

---

[1] D; Spaldinges, F.

IX.

De paralytico sanitati restituto.

Martyris[a] egregii prædicanda desudamus exarare magnalia, ut audiat et doceat posteros successio fidelium, qui gloriosum beati regis venerantur triumphum. Est in episcopatu Lincolniensis ecclesiæ quædam provinciæ portio, Rotelanda nomine, de qua maximam elicuimus gloriæ nostræ materiam, dulcissimo principi et patri Anglorum subtili artificio fabricandam. Victor namque fortissimus in arca triumphali gymnasii occurret adjutor obtemperantibus sibi, et qui tyrannum moriendo in acie sui certaminis vicit, dilectores suos sollennium deliciis miraculorum satiando refovebit. In possessione ergo prædicta ruris cultor quidam extitit, cui molestia paralysis dimidiam in agro sui corporis partem ademit. Quem asini sui vehiculo imponentes coloni possessionis illius et affines, ad domum reduxere propriam, ut saltem, si posset, aliquam provideret sibi Deo miserante medelam. Consueverat idem, dum sospitate frueretur corporis sui, locum revisere beati regis Ædmundi; et idcirco ut ad gloriosum citius deducatur martyrem, amicos et propriam interpellat uxorem. Ipsum sibi a tempore diuturno protectorem elegerat; ad eum recurrere festinanter optabat. Eapropter de patrociniis confidens pretiosi regis et martyris, ad ejusdem accelerat, licet invalidus viator, asylum, ut ab eo subsidium expectat suæ salutis usibus profuturum. Cujus amici satisfacientes desiderio, locant eum super animal sibi substratum, et quamquam impotem sui corporis sub pressura detortum, humanæ tamen nequaquam rationis ignarum. Cumque prædictus ruris colonus ad locum

---

[a] The hand referred to on page 178 has written in the margin, at the beginning of each section down to XX. inclusive, the words "Osbertus de Clara."

venisset, in quo impretiabilis Dei testis Ædmundus integro corpore quandam repræsentat novæ resurrectionis gloriam, ad ejus provolutus sepulchrum, exponit ei suppliciter miseræ qua premitur suæ dissolutionis ærumnam. Rogat suppliciter ut sese oleo suæ miserationis delibutum præveniat, et rorem salutiferum de fonte pietatis æternæ membris penitus dissolutis infundat. Respexit igitur eum Deus, et Ædmundus Christus ejus, et juxta fidem illorum qui ægrum adduxerant nova sospitate restituitur, et homo novus et integer gratiosa et grata incolumitate restauratur. Stupidum et rude animal quod eo adductus insederat, operibus sanctis ejusdem inclitæ mansionis ad honorem gloriosi martyris devotus donat. Laudat itaque vir ille Deum et insignem militem suum Ædmundum, qui sibi remedium de cœlestibus contulit, quod fieri per hominem physica denegavit. Tanta igitur dulcedine tenet et trahit ad se pretiosus martyr dilectores gloriæ suæ, ut quasi sol novus semper eis novum infundat diem, et amoveat ab illis collata serenitate tenebrosi aeris tetram caliginem. In odore suorum proinde currendum est unguentorum, ut divina per eum gratia nostræ infirmitatis molestias alleviet, et odor supernus menti nostræ infusus dulcedinem perpetuæ suavitatis aspiret.

X.

De muliere cæca per xxxii. annos illuminata.

A primo mundi exortu usque ad tempus hodiernum semper magnificat Dominus suorum merita famulorum. Splendida series est sanctorum miracula auribus populorum infundere, et splendidior gloria, scriptis ea authenticis exarando commendare. Unde non inglorius apparebo, si gloriosi certaminis victorem Ædmundum præconiis extollere, sacrumque cœlestis philosophiæ nomen ac venerabile in miraculis martyris diligenter satagam honorare. Vetus enim consuetudo est Parthorum, ut nemo regem illorum sine munere adeat salutatum. Nos quoque regi nostro et duci munera auro preciosiora satagamus offerre; nec populare cum ostentatione sonet artificium, sed spirituale fiat in rebus celebri favore divulgatum. Ejus namque sempiternum cum Deo stat imperium, in cujus regno nox nulla supervenit, nulla caligo cæcitatis alicui diem claudit. In quanta gloria spiritus ejus vivat ubi cum Christo victor exultat, ad mortuum corpus ejus miraculorum testatur frequentia; quo martyris interventu stupens de sui reformatione miratur natura.

The glory of St. Edmund above attested by the miracles at his tomb.

Hoc affirmat testimonium fæmina quæ lumen amiserat oculorum, quæ etiam, incola urbis Wintoniæ, oves servabat dum percuteretur cæcitate. Illacrymans vero suos ad se velociter evocat socios, cum dolore memorans quid sibi contigisset, et quod subita mutatione cæcata non videret. A collegis protenus in civitatem deducitur, duorum et triginta ita in urbe cursum explens annorum, quod nil ei successit unde salutem adquireret, vel recipere¹ jam unde speraret. Frequenter miracula jam dicti gloriosi regis audierat; eapropter ad ipsum confugere vel sero intendebat. Et quem abundare noverat visceribus misericordiæ, ab eo cœlitus aliquod sperabat subsidium obtinere. Filiam ergo quam habebat interpellare suadet, ut se miseram matrem suam ad sanctum martyrem ducat. Paret genetrici prona progenies. Cum peregrinationis labor arripitur, et martyri sancto mulier præsentatur, secus locum sacri corporis orationes exhibet, et impetratas a secretario sacras in nocte vigilias exercet. Anticipat devotio mulieris pietatem regis et martyris, cum inter matutinales ei laudes lux nova cœpit illucescere, et dies repentinæ claritatis solenniter apparere. Quid plura? Recepto visu, cunctis in ecclesia festinanter

A woman belonging to Winchester was smitten with blindness,

and remained without sight thirty-two years.

The fame of St. Edmund makes her beg her daughter to take her to Bury.

She there recovers her sight.

---

¹ *reciperet*, D.

innotuit, quod eam¹ Christus domini² et martyr Ædmundus novis sideribus illustravit. Quod in cæco a nativitate operatus est magister, in cæca muliere operari voluit et minister. Quod prius egit Dominus, hoc agere postea ejus vernula est dignatus. Exemplum sui regis secuta est in misericordia gratia militis. Quod imperator cœlorum ante mortem crucis, hoc princeps populorum post triumphum exercuit passionis. Salivam luto Christus immiscuit, et oculos cæci linivit, quia assumpta humanitate verbum Dei caro fieri voluit, et sedentes in tenebris et umbra mortis suæ claritatis splendoribus illustravit. Ædmundus miles et martyr ejus invictus de sedibus supernis liquorem divinæ dulcedinis attulit, et loco et luto incorrupti corporis sui, ut cæcam illuminaret, infudit. Ibi sudasse dignoscitur cœleste balsamum, ubi cæca mulier lumen recepit oculorum. Illuminet ergo nos Christus meritis Ædmundi testis sui preciosi, et a peccatis omnibus clementer absolvat, cunctisque locum sepulturæ suæ venerantibus aditum regni cœlestis aperiat.

XI.

De mercatore cui sanctus Ædmundus furtive surrepta restituit.

Incliti passio triumphatoris et præclari regis Ædmundi duodecimo kalendarum Decembris apud Orientales colitur Anglos veneratione solenni; quo ex diversis urbibus confluunt cives, sua mercimonia et nundinas exsequentes. Inter quos quidam prædives urbis Londoniæ, Deormannus, affuit, qui præ cæteris negotiatatoribus in caris speciebus et sericis et cycladibus splendidus et egregius mercator effulsit. Dilige-

---

¹ *etiam*, D. | ² sic codd.

bant virum universi qui illum noverant, et qui ejus vicinitati propius adhærebant. Cumque ut copiosus in delitiosis afflueret vir ille divitiis, suas in foro gazas exposuit, et emptoribus pretio redimendas reliquit. Erant in nundinis sui suis custodes mercibus deputati, dum oraturus procederet ad basilicam beati martyris et regis Ædmundi. Aromaticas sæpe species, mediante caritate, senioribus consuevit dividere et sinceræ dilectionis obsequium eorum mentibus intimare. Dum autem in cimiterio primum tunc poneret placidus viator ingressum, ne quis furtim præcideret, manu propria crumenam accepit, quæ lapides cum moneta pretiosos aureosque continebat. Nec minimi penes virum æstimabantur pretii, quæ appretiata sunt decem marcis argenti. Prostratus autem secus regium in basilica impretiabilis athletæ mausoleum, marsupio oblito suorum implorat indulgentiam delictorum, cum in quadam muliere rapacitas imminet sævientis arpiæ, quæ sectis furtim loculis celeriter abiit; et secum quæ rapuerat, ethnica deterior, asportavit. Manum deinde honestus vir ille, ut oblationem apprehenderet, marsupio injecit, sed de suis nil loculis uspiam invenit. Tunc ad egregium Dei martyrem conversus Ædmundum cordis sui coram eo dolorem profudit copiosum. "Cum apud te," inquit, "princeps sancte,
" intra tuum benignis orarem animis regale domi-
" cilium, cur permisisti meam diripi pecuniam cruentis
" manibus impiorum? Cur secura coram te non fuit
" mea possessio, qui pretiosa quæque negotia tuo custo-
" dienda credidi testimonio? Cur mea fur mihi
" violenter abstulit, unde tibi mea servire fidelitas
" non negavit? Cum in deliciis gloriæ positus facile
" possis ablata restituere, noli me, pretiose Dei martyr
" Ædmunde, spoliatis opibus defraudari." Hujuscemodi diligenter improperiis coram rege magnifico, ut præmisimus, prælibatis, exiens a templo pervenit ad ostium, popularium vitans tumultus pressurarum,

cum incautus illico manum suam super mulierculam posuit, quæ furtim cum loculis gazas ejus comprehendit. Evomit vipera venenum quod biberat, homini confessa damnum quod ingesserat. "Ecce," inquit, "heros illustris, quicquid surripui tuis est in loculis, "nichilque de spoliis ablatis consumptum est. Noli "crimen meum publicando detegere; noli scelus "initum, pro quo peream, diffamare." Sic admissum luget suspirando flagitium, spondetque festinum pœnitentiæ remedium. Postulat veniam, dum confitetur offensam. Abdita ergo sub amphibalo sublata protulit, et innoxia[1] propria viro restituit. Omnia sua integra recepit, nec aliqua sunt portione quantumlibet imminuta. Qui vehementius obstupescens et Deum collaudans, fæminam indemnem abire permisit. Ad beatum deinde regem rediens Ædmundum, laudum ei et gratiarum immolavit præconia, suisque quæ facta sunt narravit universa. Hic postmodum, Domino docente, didicit hæc omnia quæ splendent extrinsecus esse conculcanda, et bona quæ introrsus reposita sunt firma semper ac solida subsistere. Et quia breves novit corporis voluptates ac pœnitendas, et, nisi moderatione temperentur, in interitum abituras, congruo vitæ tenore placidum elegit caducorum contemptum, et honestis consiliis rectisque actionibus informatus, bonæ conscientiæ indicio transiliit ad bonum certa semper statione permansurum. Et sicut immutavit habitum, sic a mundanis voluptatibus mutavit et animum, seque ad servitutem Dei sub patrocinio sancti Ædmundi transtulit, regularis vitæ exercitiis[2] innormandum. Qui multis annis spirituale monachorum pertulit certamen, et Christo militans dies omnes vitæ suæ, in bona senectute conclusit.

---

[1] id est, *intacta*; D.; F. habet *innoxio*, sed manu recentiore.

[2] D.; *exerciis*, F.

XII.

De eo qui pecuniam domini sui amiserat, quam ei sanctus restituit.

Ad Orientales venit Anglos minister cujusdam militis, cujus erat mansio in finibus longinquis. Ultra proximos Eboracenses plebs habitat barbara in provincia quæ Coplanda nominatur. Illic miles quidam suis contentus diversoriis [a] habebat quoque prædia in Angliæ partibus Orientalis. Eo serviens ejus debitam domino reposcit pecuniam, eamque gravi infortunio amisit impetratam. Cumque rediturus in itinere laboraret, et exitialis fortunæ gemeret pressuram, quam multi ad sanctum regem et martyrem Ædmundum confluerent, secum cœpit retractare. Increpat itaque sese negligenter egisse, et a potentissimo principe petiturus auxilium, ad sanctum ab itinere divertit Ædmundum. Antea tamen quam illuc veniret, per beatum martyrem se propriis restitutum gavisus est spoliis, ex quo sancto libavit hostias dignæ devotionis. Sed rei modum investigare non licuit, verum se sua sancti meritis recepisse palam omnibus nuntiavit. Hujus relationis nec verum supprimimus, nec pro veritate mendacium concinnamus. Ita cœlestem manet in omnibus gloria senatorem, ut qui imperatori suo celeberrimum obtulit in certamine prælium, inter æthereos consules cum supernis regibus obtineret principatum.

---

[a] The meaning seems to be that this knight was "content with his "own inns," or places of entertainment, and having houses of his own in several counties, did not care to trench on the hospitality of his friends.

XIII.

De muliere divite et ejus milite a febribus liberatis.

Insignis rex et martyr Ædmundus in qua requiescit ecclesia potentiam suam satagit declarare, devote se petentibus manum porrigens misericordiæ. Hoc cœlitus in quadam muliere dignatus est ostendere, quæ diris vexata febribus decubuit, et longævo tempore crudeli passione laboravit. Locuplex divitiis eadem fæmina satis videbatur, nec cujuslibet Ypocratis experiri subsidium, nec alicujus arte dolorem sentire potuit lævigatum. Cum omnis itaque physica in illa deficeret, et curationis opera nulla penitus prævaleret, post impensas perditas ad cœlestis se medelæ convertit efficaciam. Didicerat a nonnullis, scyphum impretiabile beati martyris in ecclesia contineri, de quo siquis hauriret quem premeret infirmitas, mira ei cum potu rediret vivacitas. Ab antiquis etiam tradebatur divulgatum, dum more princeps imperaret regio, ex hoc nectar quodlibet sumministratum erat regi glorioso. Male potens itaque fæmina, fama sanctæ opinionis audita, paratis celeriter expensis ad locum properat in quo gloriosus princeps Ædmundus incorrupta carne triumphat. Aderat in ecclesia jam dicta virago suasque Dei athletæ repræsentat excubias, hostias immolans, fideli mentis intentione conceptas. Exponit deinde secreto suæ negotium molestiæ secretario, de ciffo suppliciter postulans sibi propinari. Prælibans ergo potum de cratere regio, suis reliquum sociis liquorem tribuit, et sic ab infirmitate liberata Deo sanctoque regi Ædmundo gratias egit. Ad hospitium itaque rediens post salutare remedium, mensæ innititur copia multorum diffusæ ferculorum. Assidentque sibi collaterales duo milites, unus habens conjugem, alter equestrem cum divite fæmina mansionem. Torrens illum ignis adurebat libidinis, qui vinclis astrictus

tenebatur uxoris. Infamis infames asciverat sibi
pellices, cum quibus sæpius frequentaret flagitium.
Subito in gravissimam incidit ægritudinem, unde lutei
corporis sui materiam dissolvendam formidavit. Cui
contubernalis eques ægrotanti, suæ jugalis honestatem
improperans, "Merito," inquit, "sustines intolerabile
" supplicium, qui celebre conjugii violasti sacramentum.
" Mirum est etiam te sodalitatis uxoriæ existere sic
" immemorem, ut sub carne pedissequa rationalis
" spiritus dereliqueris libertatem. Hæc enim servili
" conditione peccati non premitur, cui libellus repudii
" violata castitate non debetur. Tædiosa nunc est
" tibi hujus carceris angustia, dum compedibus teneris
" astrictus ægritudinis, vermibus daturus escas cor-
" ruptionis. Recollige igitur apud te, quantum in
" præclara uxore offenderis, ut dum peregrinationis
" hujus obsides tentorium, triumphum ex hostibus
" obtineas gloriosum. Regis et martyris insignem
" attigisti calicem, unde ejus indignatam erga te
" minuisti majestatem. In hospita itaque tellure
" mansionis humanæ lenocinia hujusmodi decet tibi
" substernere. Et ut cito placare queas sanctum Dei
" martyrem, pronam illi deinceps pollicere servitatem.
" —Patera namque pretiosi regis, cujus haustus infusio
" dominam nostram a mortis incommodo liberavit,
" impœnitenti tibi, ut videtur, absque remedio carnis
" ac spiritus geminatur detrimento. Aggredere itaque,
" ut cogit anxietas, vias vitæ, et qui tot suspiria
" vexatus emittis, ad ipsius misericordiam tota cordis
" contritione et confessione perfecta confugias." Audiens hæc virago, quam rex sanctus eruerat a mortis
exitio, militis sui monitoriis vicibus vices adhibuit
correptionis. "Age," inquit, "enitere ut satisfacias
" illico majestati divinæ, ut dum prudentem impru-
" dens irritasti conjugem, supernam jam [non] incur-
" reres severitatem. Confudisti leges in candida
" castitate jugales, et datus adulterio, dum præcelsi

"martyris attigisti poculum, ultioni subjectus pere-
"grinationis hujus formidas egressum. Curre ergo
"pro te, dum in hoc tabernaculo potes pœnitere, et
"sacræ confessionis ordire principium, ut castitatis
"uxoriæ Deo deinceps offeras cælibatum. Ad sanctum
"te præmoneo regem rediturum, et quem per incon-
"tinentiæ offendisti ludibrium, placare rursum studeas
"pura conscientia meritorum." Erant et alii secus
fæminam divitem, qui illius increpabant languidi
tarditatem. Cum licentia confestim accepta, prout
potuit, ad sanctum martyrem rediit, et digna ei confessione satisfecit. Quem beatus martyr, duplicata
sospitate corporis et animæ, divinæ miserationis ope
sanitati restituit. Quique in carnali tegmine incurrerat corruptelam, de novitate gratulatur reformationis
concupitæ. Persolutis ergo liberatori suo gratiis, ad
propria rediit, seseque deinceps honestis morum
exercitiis copulæ conjugalis informavit. Sic, Ædmunde
Christi testis egregie, sicut præclaros laudis tuæ
titulos in excelso sublimiter erige, ut dilectores tui de
tantæ gloriæ potentia valeant resultare. Hi sunt
triumphales arcus quos tuæ fortitudinis operata est
virtus, clara, videlicet, quibus rutilas terra marique
magnalia, cum sollennis nominis tui recordatio plurimorum pectora tuis subjecit inclinata præconiis. Itaque, sicut mulierem febribus laborantem, militemque
reformasti tanti doloris immunem, ita nos conditioni
primæ, martyr Dei, restitue, ne nos febris illa cruciet
quæ est interitus felicitatis æternæ.

XIV.

De hydropico sanato.

Vir quidam de maritima Donewici, infirmitate gravatus miserabili cum morte pactum pepigerat, propter
tumorem desperans posse liberari. Inferiori namque
parte prægnanti sexui videbatur consimilis, corpore
satis invalido, morbo laborans hydropico. Medicina

carnalis nil ei contulerat remedii; nec poterant physici saniem ejicere, nec corporalem patienti restituere libertatem. Ita noxius humor omnem in illo puritatem confuderat, ut fere interceptum vix prævaleret recolligere spiritum. Clientibus diurnarum feriarum querentibus fastidia, amici etiam, infidam explorantes in ejus debilitate fortunam, dum macilenti vultus intuentur mæstitudinem, vigilantissimum deposcunt auditorem. "Nichil," inquiunt, "horum negligas quæ
" tibi proponimus; nichil dediscas quibus te doceri
" præcordialiter exoptamus. Et cum jam fastidias
" quem toleras carcerem, salutis tuæ interpretes gra-
" tanter audito. Dumque in hospite tabernaculo tibi
" vacat, age ut sancto martyri Ædmundo merearis
" repræsentari. Calix ejus præclarus multos inebriat;
" cujus cum devotione si particeps fueris, haustu salu-
" tifero sanitatem consequeris." Instabat itaque conjux ejus valde sollicita, quæ licet secretum conjugis propter infortunium fuerit aspernata cubiculum. Assidens tamen hydropico non denegabat obsequii famulatum. Hæc defixis in illum illacrymans oculis, "Eja,
" care meus," inquit, "hoc unum postulo; ut cito pro-
" ficiscaris ad gloriosum et herilem patriæ nostræ
" principem, plenam tibi præstiturum continuo sani-
" tatem." Uxori et amicis, qui eundem leniunt in anxietate blanditiis, qui exhortationibus fovent consolatoriis, reddit æger tumidus hujuscemodi seriem rationis. "Nichil ex his quæ meministis transgredien-
" dum opinor; immo quicquid persuadetis quam citius
" effectui mancipaturum me paciscor. Et licet intel-
" lectus mei memoria ex infirmitate sentiatur hebe-
" tata, occurrit tamen illud frequentius animo, quod
" præsentari gestio martyri pretioso." Audito itaque ab astantibus languentis animæ desiderio, gestatorium præparant, et virum intus debilem suaviter locant. Ad domicilium regis adducitur, et ad mausoleum egregii sistitur principis, excubiis invigilans dignæ devotionis. Ex vase regio haustum sibi postulat pro-

pinari, sperans in illo salubre cœlitus generari remedium, quod salutem contulisse noverat incommodis plurimorum. Ab administrantibus itaque scyphus ille porrigitur, et ab ægro haustus salutaris sine dilatione gustatur. Operatur virtus magna Dei intervenientibus meritis principis almi, cum vir veneni maximam quantitatem evomit, ac in momento ventris illius grossitudo detumescit. Stomachus renovato vegetatur in corpore, et aquosus humor ille deperit, et recenti cute redintegratus homo convalescit. Scutellas geminas vipereum genus adimplevit, quod ex ore profluum paulo ante reddidit, spirasque virus ex contractu putridas ostendit. Quemadmodum confessus est qui cœleste recepit antidotum, eadem hora qua calicis gustum attigit, sese sensit cœlitus ex hoc incommodo lævigatum. Libatis igitur regum omnium regi ejusque pretioso martyri solennibus hostiis, ad propria cum amicis et uxore regreditur, brevique temporis intervallo ab ægritudinis molestia penitus liberatur. Ecce, qui sepeliendus videbatur in proximo, sancti martyris reformatur auxilio. Ecce, destitutæ[1] salutis opibus cadaveris contempti reliquiæ redivivum per beatum martyrem trahunt spiritum, et tanquam novæ domus structuræ novum feliciter exhibent apparatum; et in quo offensionis materia prius intuentibus erat exposita, in ipso præclaræ solennitatis gaudia de ejus incolumitate sunt multiplicata. Ultra animal silvestre desiperet, et ratione præditus non esset, si terrestris habitator domus domum non expeteret incorruptibilem, cui in putridæ carnis ergastulo salutiferam insignis princeps exhibuerat caritatem. Hic ingratus existere beneficiis Dei sanctique martyris noluit, sed velocius ad regis præcellentis rediit asylum, pacificasque iteratæ reversionis hostias cum munere sacræ devotionis immolavit.

---

[1] *destitutis?*

XV.

Item de naufragantibus liberatis.

Qui superno regi militant, de suæ victoria fortitudinis jam triumphant, et quia victores extiterunt in certamine, cum Deo perfruuntur æterna retributione. Unde sancti reges, temporalibus in mundo florentes divitiis, cum superno rege pactum pepigerunt indissolubile, ut regiæ eorum manus magis donativo splenderent clementiæ, quam sceptri imperialis principali dignitate. Quorum incolumitas et legum reverentiam, et status ecclesiastici servavit disciplinam. Talibus excelsæ potestates splendebant privilegiis, hisque beatus rex et gloriosus martyr Ædmundus prærogativis enituit, qui pro salute populi sui Deum fideli placavit obsequio, et futuris post se regibus sacri martyrii declaratus est monumento. Cui gratia Dei titulos in regno cumulavit prædicandos, adeo ut virtus misericordiam profiteretur in principe, quo citra quam liceret suæ vindictam injuriæ offensus clemens dignaretur exercere. Mitis ejus principatus nullum cum crudelitate consortium, nullum cum lenociniis inivit blandimentum. Qui sicut detestandi ostendit ubique sævitiam, sic naturaliter clementiam docuit præ cæteris merito regibus assignandam. Hunc etiam morem sicut in corpore manens rex insignis servare non distulit, sic regnans cum Deo opera pietatis insignia exhibere non desistit. Unde tempore moderno nitida patescit et nova relatio, quæ quanta sit pietas martyris edocet, et affectum supplicandi ejus postulantibus auxilium præbet.

Religiosæ vitæ monachus de quo superius retuli, vocabulo Radulfus, cum feretro sancti martyris assideret, de ejusdem obsequii sedulitate sollicitus, tres viros in oratione prostratos inspicit, quorum quanta sit erga sanctum regem devotio pectoris signis evidentibus innotescit. Cumque preces prolixius humiles funderent,

labris sepulchro manifestaverunt impressis quantam circumferrent dulcedinem in puritate cordis. Osculis addiderunt suppliciter oscula, ante thronum Dei ministerio martyris egregii, ut confidebant, præsentanda. Exsurgunt tandem a pavimento, tempore tantæ devotionis expleto, eundemque Dei famulum sic alloquuntur. "Vir," inquiunt, "Dei, adsis petimus animo pla-
" cabili, nec te tædeat nostri sermonis obsequium
" memoriæ commendare. Fungimur vitæ jocunda, in
" egregii principis referenda qua salvati sumus excel-
" lentia, et quod nostrum eo præsule processit ad
" commodum, dignum est auribus explicari plurimo-
" rum. Experimento didicimus quod hostiis solemni-
" bus est venerandus, unde tantis debetur vicissitudo
" beneficiis, fructuosus vigor cujus præfert vexilla
' regiæ majestatis. Illius itaque fidendum est in
" sanctis operibus misericordiæ, qui ipsius justitiæ
" militant fideli mentis affectione. Cujus vobis trium-
" phandum restat dominio, cujus ascripti estis augustæ
" dignitatis militari sacramento." "Dignum est quod
" profertis," respondetur ab ædituo; " vere tanti
" principis insistendum est excubiis, cujus nos tuetur
" defensio potestatis. Sed cur hæc dixeritis aperte
" resolvite, et cœpta prosequendo residuæ relationis
" opus explete." Ordiuntur ergo insignem suæ narrationis ordinem, hujuscemodi texentes rationem. "Nu-
" dius tertius," inquiunt, "marinis tempestatibus expo-
" siti fuimus, in quibus tam egregii patris celerem
" probavimus magnificentiam, cum tantæ nobis neces-
" sitatis occasio ejus pietatem inclinavit gratiosam.
" Horrendi procella discriminis sæviebat in æquore, et
" intumescentes tempestatis undæ navem irremediabi-
" liter opprimebant. Salum ex omni parte fluctibus
" grossescere, et ventis carbasa cœpere distendi, cum
" ad cœlum usque puppis extollitur, et post ad abys-
" sum in modico revocatur. Spes eo vitalis tota de-
" fecerat, et letifera profundi Acherontis immersio

They tell him their story.

how, in a great storm when their ship was nearly foundering.

"cunctorum formidine mentes occupabat. Infernales
" undique debacchantur furiæ, nec evadendi succedit
" electio, quibus metum incutit quicquid maris exas-
" perata crudelitas intumescit. Intercepti vero pæne
" defecimus, et ad sinum misericordiæ Dei vel animo
" confugere suspirabamus. Qui producit ventos de
" thesauris suis, quique Rubrum mare divisit Israhe-
" litis, unius menti consodalis dignatus est clementer
" infundere, potissimum cujus auxilium in tanto dis-
" crimine succederet invocare. 'Ædmundus,' inquit,
" ' martyr celebris et Orientalis Angliæ princeps illu-
" ' stris, regnum in populo Dei servans incolume, innu-
" ' meros ab utraque morte consuevit liberare. Cujus
" ' invocandum in præsenti periculo non diffidamus
" ' auxilium, quia ut se modo nobis exhibeat, adest
" ' opportunum tempus hodiernum. Expergiscentes
" ' ergo copiosam ejus imploremus clementiam, ut ab
" ' angustia nos eruere mortis acceleret, et inter ad-
" ' versas pelagi sævientis fortunas firmiter gubernet;
" ' in tranquillitatis statione nos collocet, et ad portum
" ' salutis introductos misericorditer conservet.' His

they invoked St. Edmund,

" animati monitoriis, omnes beatum martyrem veloci-
" ter invocant, sibique citius subveniri præcordialiter
" implorant. 'O sancte,' clamant omnes, 'rex et
" ' martyr Ædmunde, in præsenti nobis propitiatus
" ' tribulatione succurre, O potens et benigne prin-
" ' ceps, nobis auxilium tuæ pietatis porrige, insignis
" ' triumphator Ædmunde.' Inter has voces orationum
" doloribus plenas, de nave navicellam gubernator
" ejecerat, quam undarum importunitas sinuosis fluc-
" tibus allidebat. Aquis insilientibus plena fere spu-
" mabat, cum quispiam de plebe funem qua tenebatur
" molitur præcidere, ne navis absorbeatur marinorum
" fluctuum tempestate. Jam autem timor hominem
" quemlibet impellebat, ut fieret[1] in proximo quæ diu

---

[1] ex conjectura; *fieri*, MS.

" fuerat protelata refectio, cum unda in lintrem valida
" fortiter impegit, et lymphas ex illa nocituras ejecit,
" cymba vero super salum tanquam super solidum
" resedit vacua. Sicque nostris rapitur a collegis,
" introrsus retracta. Iteratus autem clamor omnium
" sanctum interpellat martyrem Ædmundum, ut qui
" tam grave formidant in salo naufragium, in solo per
" hunc solidum transferantur ad portum. Quid ergo?
" Miraculi pietas et miranda martyris occurrit poten- *and, the wind sub-*
" tia; cum mare sedatur, collisione fluctuum circum- *siding, were delivered*
" quaque turbidum, cœlumque spirantibus austris nova *out of peril.*
" cunctis rediit opportunitate serenum. Exortum igi-
" tur crevit in illa protinus sodalitate tripudium,
" jactisque fidenter anchoris multiplicant nova recen-
" tium solennia gaudiorum. Hinc est quod tanto
" principi laudes occurrimus et gratias reddituri, eique
" capita nostra summittimus, et munerum nostrorum
" libamina votis supplicibus comportamus."

XVI.

De clerico de sub undis maris extracto et solidæ telluri restituto.

Honor est [et] gloria nominis Dei, prædicare gloriam sancti regis Ædmundi, et miraculorum ejus hystoriam texere inter præcipua gaudiorum scriptorem decet computare. Augustus enim princeps qui cœpto primum operi auxilium contulit, idem, ut confidimus, celebri quod restat conclusione terminabit. Aspirabit dignam suis in laudibus referendis constantiam, cujus virtutes in locis diversis radiantes, dum tenui conamur adornare pinguedine, remunerari non diffidimus ab ejus regia magestate. Adducimus in testimonium quendam *A clerk of Lichfield* de Licio campo gloriosi pontificis Christi Ceadde profitentem clericatum, qui coram senioribus in capitulo regis Ædmundi solenniter retulit quod legentium mentibus novis infundere relationibus non tædebit.

is on a voyage to Jerusalem.

"Tendentes," inquit, "Jerosolimam, cum plurimi nobis-
"cum navem ingrederentur, et velis in æquore pros-
"peris portum sperarent salutis apprehendere, ex

The ship founders:

"inopinato passi sunt omnes naufragium luctuosa
"tempestate. Sævire cœperunt ubique sinuosa vora-
"gine furente scillea volumina, quæ patentem navis
"replevere superficiem, et eandem continuo in pro-
"fundo summerserunt." Cum itaque procella immanis ad abyssum perditionis impelleret, et in salo quisque

the clerk, struggling in the water, invokes St. Edmund,

miserabiliter expiraret, clericus superstes cœpit sub undis inæstimabili tremore pallescere, et sanctum Domini regem Ædmundum sub mortis articulo crebris clamoribus invocare. Et sicut de beato scribitur confessore Nicholao, quod nautis in mari clamantibus

who seizes him by the hair, and brings him to land.

celeriter affuit, ita rex gloriosus et insignis Dei martyr Ædmundus naufraganti jam clerico patrocinari non destitit. Qui apprehensa ejus cæsarie super undam maris traxit ad aridam. Et cum ab eo vellet testis Christi recedere, his eum cœpit denuo postulationibus invocare. "Edicito," inquit, "quid de te mihi
"liceat credere, et quid de tuis debeam auxiliis sci-
"scitantibus aliis intimare. Quis sis misericorditer
"revelare non desinas; et quis in tanto negotiosus
"extiteris periculo ut me liberares innotescas. Nomen
"utique tuum scire desidero, per quem a mortis
"nexibus ereptus respiro." Jhesu Christi respondit famulus; "Ego sum Ædmundus, cujus implorasti

He tells the story to the monks in chapter.

"pronus auxilium. Mea te cognoscas propitia in
"naufragio sedulitate salvatum." Sic clericus sese liberatum misericorditer asseruit; sic per beatum regem Ædmundum vitalis auræ sibi redisse præsidium constanter astrinxit.

XVII.

De milite paralytico sanato.

Ædificamus martyris gloriæ fabricam celebrem regalis structuræ, quæ diversarum claritate gemmarum resplendeat, et suos ad se mira jocunditate speculatores trahat. Operosius auro et argento constructa regum nitere solent ædificia, et variis cælata splendere coloribus, ubi subtilis artificii pictor insudat, vermiculata venustate laudatus. Marmoreæ nequaquam in hoc opere exciduntur columnæ, sed miraculorum fulgore politæ referuntur historiæ. In his melodiam cœlestium haurire juvat organorum, et naribus odorantium flores rosarum et lilia convallium. Aura suavis et ver spirat æternum. Unde de thesauris aromatum ad martyris gloriam elicuimus odorem supernum, quatenus hoc animati ad æternæ suavitatis anhelent dulcedinem, quicumque gloriosi regis non insolescunt venerari majestatem.

In provincia quæ Lindeseya vulgari vocabulo dicitur, *A knight of Lindsey,* miles erat honestatis egregiæ, qui pretioso devinctus erat Ædmundo sedula servitute. Qui frequenter cum locum sancti martyris soleret invisere, dignæ devotionis eo libamina contulit, corque vulneratum stimulis veræ caritatis gestavit. Et quia forte Deus perpetuæ gloriæ alicujus in eo delicti sciebat rubiginem, ejus purgationem fieri per molestiæ corporalis voluit afflictionem. Toto igitur corpore paralysis incommoditate *under a paralytic seizure,* dissolvitur, et ineffabili languore absque remedio cruciatur. Torquetur os ejus, faciesque contrahitur, nec spes super est ulla consilii quo reparari valeat, alicujus medelæ visitatione salutari. Dumque sub tantis quateretur nullo suffragante pressuris, ex insperato divinæ ei pietatis dulcedo cœlitus affuit, ipsumque melliflua consolatione subito recreavit. In hominis *has a vision of St. Edmund, and is partly cured.* namque pulcherrimi tam forma quam habitu splendido nuntius quidam apparuit, et quomodo aut qualiter sese haberet, diligenti scrutinio inquisivit. Cum vir ille bonus, sanctam amplexus patientiam, "Sicut placet," inquit, "Deo; gravibus usquequaque molestiis quatior, " et inenarrabilibus undique tormentis affligor." Quæsivit ad hæc ab illo si salvari cuperet; utrum sospitatem quam amiserat obtinere desideraret. Respondit paralyticus, illud se toto cupere desiderio, tantummodo si sua voluntas non displiceat Deo. Accessit igitur angelicus heros, et caput ejus tetigit, eminentioremque sui corporis partem in hæc verba solo tactu sanavit. "Ad domicilium mansionis meæ velocius proficiscere, " ibique ex integro sanitate donaberis, amissamque " pristini status gratiam consequeris." Ille vero, cum quo fiebat a cœlesti legato hujuscemodi consolatio, gratulabundus et alacris in gaudio resolvitur, hilarique vultu ad congrua responsionis aptæ colloquia præparatur. "Quisnam," inquit, "es, domine, aut quæ " est habitatio sublimitatis tuæ? Ubi locum illum " æstimare potero, quo me tua vocare non despicit " dignatio? Ubi majestatis tuæ investigabo palatium, " quo me tam suaviter invitas occurrendum? In tuo, " vir serenissime, beneplacito personam et locum mihi " designato, ut per te solennis facta promissio exhibitæ " sanitatis fiat certitudo." Cumque querulis ægrotus insisteret hujuscemodi verbis, figura cœlestis quæ ei apparuerat item sciscitanti tale responsum reformat. "Jhesu Christi," inquit, "regis omnium domini mei " me servum Ædmundum oportet noveris, a quo " gratiosa utriusque vitæ beneficia consequeris." His et hujuscemodi a summi regis nuntio peroratis, sanctus Christi martyr evanuit; cum languidus ille suam præ gaudio vocavit jugalem, eique solenniter retulit optatæ promissionis votum et seriem. Visitationem gloriosi regis exposuit, et caput vexatum cruciatibus sanatum ostendit. Gavisa vero mulier, et spe supernæ sponsionis animata, expensas collegit et præparavit feretrum, quibus ad pretiosum martyrem Dei suum velociter deportaret virum. Dumque novus viator cum uxore invalidus adhuc ex diutina langueret ægritudine, in Hoylandiæ provincia curriculo advectus caballario sumpsit hospitium, in crastino ad martyrem profecturus gloriosum. Pernoctans autem eo, cum nec de promisso diffideret, nec adhuc ex toto salutis securus esset de præmio, in illa nocte adeo penitus ex insperato convaluit, ac si nullam passus fuisset molestiæ corporalis impulsam. Surgens autem mane cum se convalescere sentiret ex integro, superjecto vectoris equi stratoque subsellio maturat iter aggredi, ut se sancto martyri repræsentet Ædmundo. De duobus quidem advectus fuerat;[1] equum vendidit alterum, regique pretioso secum detulit pretium. Coram senioribus vero ex ordine retulit quam misericorditer eum ineffabilis Dei clementia per beatum regem et gloriosum martyrem Ædmundum a tanti languoris incommodo liberavit. O quam mirabilis est Deus in sanctis suis! quam immensa sunt apud Deum merita hujus nostri regis et pretiosi martyris, qui sic in unius noctis spatio curationem novam impendit invalido, ut deinceps illius nequaquam laboraret infirmitatis incommodo! Ad illum ergo magnificum confugiamus regem, qui cum Christo regnat, qui cum summis regni Dei principibus gloriatur et imperat.

XVIII.

De monacho ab æstu febrium et tumore genitalium liberato.

Regia majestas illustris Ædmundi magnifici principis miraculorum suorum nos assiduis exsatiat incrementis. Cum enim referuntur ejus magnalia, dilatatur æterni regis gloria, domumque sibi construit incor-

---

[1] *quibus advectus fuerat*, D.

ruptibilem, quisquis tanti martyris diligit ampliando splendorem. Gemmæ namque sunt Paradysi virtus et constantia victoris invicti, et sudor athletæ in triumphali certamine odorem spirat balsami cum reparata novitate. Regis hujus gratia splendida nobis procreat solennia, totiensque dies agitur lætitiæ, quotiens ejus opera sunt in recordatione. In promptu siquidem est unde gaudere dilectores suos oporteat, unde quisque sibi jocunditatem exultationis indicat. Quibus namque favet, opportunum non denegat rex insignis auxilium, suæque petitionis in fide solidum largitur postulantibus frequenter effectum.

A monk of Shrewsbury is Hujus rei testis occurrit quidam honestus religiosæ vitæ monachus, qui Scrobesberiensi cœnobio omnipotentis Dei mancipatus obsequio, rem suis exposuit auditoribus de se ipso. In conventu palam omnibus per ipsum innotuit, quomodo et qualiter illum beatus *afflicted with grievous distempers.* Dei martyr Ædmundus a mortis, angustia liberavit. Æstu namque febrium laborabat, nec medelæ salutaris antidotum reperire poterat. Monetur a medicis ut ingrediatur aquam in balneo calidam, et cum hora immineret letalis angustiæ, hoc sibi adhiberet pro reparanda sanitate. Cum autem gratia doloris evadendi hujus participatione frueretur consilii, membra penitus intumuere genitalia, ubi calidas ingressus est aquas, in anxietate sua. Noxius humor hydropicus adeo totum corpus ejus infecerat, quod cujuscumque sibi medelæ remedium ulterius desperabat. Quem de proximi funeris acceleratione sollicitum, pretiosus Dei martyr Ædmundus semel ac secundo in tanto clamore visitat, trinumque supplendo numerum in tanta languentem necessitate confortat. Ubi vox vero clamoris ejus totiens repetita aures beati martyris *St. Edmund appears, and shows him a sword bearing an inscription.* attigit, in venusta ei specie formaque præcellenti Christi miles Ædmundus tanquam novus lucifer serenus illuxit. Extensaque manu exhibuit gladium, aureis, ut videbatur, litteris his verbis inscriptum,

"Hæc est victoria qua mundum vicit Ædmundus."
Cumque legisset martyris imperio quod in militari
ferro divina virtute resplenduit, loca corporis infir-
miora regalibus digitis insignis princeps diligenter,
immo misericorditer, attrectavit. Et cum apud homines esset incurabilis, apud cœlestis civem gloriæ
nequaquam ad curandum erat difficilis, cum ex membris omnibus repente toxicatum virus cœpit effluere,
adeo ut tanquam in momento totus videretur et sospes *He is cured,*
et incolumis, qui paulo ante tam densis afflictus qua-
tiebatur pressuris. Vere magnus est Dominus Deus
noster, nimisque laudabilis, qui tam ineffabiliter
suorum merita sanctorum in cœlo glorificat, ut in
terra signis et prodigiis claritatis suæ radios ostendat.
Ex resecta tibi cervice inæstimabilis crevit laudis
cumulus, gloriose Dei martyr Ædmunde; qui tot ac
tantis in mortuo corpore vivis virtutibus, ut nemo
fidelis ambigat, quin in regno gloriæ cum superno
rege vivat spiritus tuus. Tu namque, gemma perpetui
fulgoris in diademate siderei principis, faces in corde
hujus fratris vibras æterni splendoris, ut a corde suo
terræ caliginis vespera decidat, et novæ lux diei cum
remedio salubri corporeis etiam artubus cœlitus illu-
cescat. Valuit ei sæpius frequentata sanctissimi nominis tui, princeps alme, memoria, propter quod ei
dignatus es tam clementer assistere, et tot ac tantis
fatigatum cruciatibus, cœlestis opere curationis ex
insperato relevare. Sic itaque recepta sospitate, tuum *and tells his story in full*
properat curatus ille senatum in curia regali cum *chapter.*
hilaritate revisere, et, quantam in illo sis operatus
misericordiam lacrymis attestantibus atque suspiriis,
veritatis et fidei relatione propalare. Nos itaque,
martyr egregie, qui tuis insudamus hæc divulgando
præconiis, semper et ubique sceptro tuæ muni pietatis
et gratiæ, ut hominis utriusque reformationem per te
mereamur absque dispendio æternaliter obtinere.

XIX.

De Gervasio monacho a febribus quartanis sanato.

In solenni natalitio sancti regis Ædmundi resplenduit orbi claritas miraculi, cujus me scribente patescet indicium, ipsius attestatione qui hoc expertus est, veritate fidem faciente, propalatum. Adhuc hodie superest monachus de quo explanandum præsens opus suscipimus, qui pluribus religiosis monasteriis facie nequaquam est ignotus. Ex ejus ore, me auditum adhibente, egressa est confessio, qua pretiosi regis et martyris insignis gloriæ divulgatur amplitudo. Cluniacensis idem professione, Gervasius appellatur ex nomine. Apud Sanctum Salvatorem[a] trans flumen, in Londoniæ suburbio, prædicti senioris extat habitatio. Quartanis illum crudelissima febris afflixit incommodis, adeo ut totus in se pæne deficeret, et ultimum fere spiritum tot pulsatum doloribus exhalaret. Et quia parentes habebat gazarum opulentiis locupletes, ad eum medici confluebant, larga promittendo remedia, mentientes. Siquando vero, ut assolet, aliquot dierum intervallo eum non fatigabat dira vexatio, ex inopinato rursus eodem gladio confoditur, et ampliore semper in dies suppliciorum immanitate cruciatur. Cumque nec caloris nec frigoris modus illi quilibet videretur suppetere, quo noxios prævaleret humores a miseræ carnis interitu, aliquo mediante remedio, sequestrare, per matrem suam, honorabilem feminam et divitem, suæ Deus infirmitati dat consolationem. A

---

[a] About 1082, Aylwin Child, a citizen of London, "began a new "and fair church in Southwark, in " honour of our Holy Saviour" (Tanner), for Cluniac monks. William Rufus endowed the house with the manor of Bermondsey. It did not stand where the present noble church of the same name (formerly the church of the priory of St. Mary Overy) now stands, but on the other side of the Borough, near St. Mary Magdalene's, Bermondsey. Tanner's *Notitia*; Stow's *London*, ed. by Strype.

quodam namque milite didicerat antidotum diuturnis incommoditatibus suis velocius profuturum. Idem qui prædicti senioris parentem docuit, in sese quod retulit dictum solenniter expressit. De patera namque biberat regali sancti martyris et regis Ædmundi, unde a febrilis noxæ convaluit incommodo, integræ sospitati redditus in momento. Religiosus igitur vir factus est docilis dilectæ sibi præmonitione parentis, et ad regalem sancti martyris ædem iter accelerat, usibusque suis necessaria pro temporis jactura vehementer instaurat. Ad paternum igitur venieus novus viator equo subvehente prædium, aliud maximum sui corporis incurrit detrimentum. Humores namque noxii ad renes confluxerant, et compagem totius corporis uno miserabiliter in loco deprimebant. His itaque geminis afflictus in paterna domo molestiis, trium ebdomadarum implet curriculum; baculo sustentans debile corpus tot anxietatibus fatigatum. Appropinquante vero magnifica celebritate gloriosi Ædmundi et invincibilis athletæ, frater languidus dilecto genitori suo miseriæ qua premitur incommoda queritur, et quod tam jocundæ festivitatis non intersit gaudiis, lacrimosis vocibus et suspiriis lamentatur. Tam immensis doloribus affligitur, quod animo vehementer, nemine revelante, consternatur. Deliberat ergo penes se, aut curru vectus ad diem solennem sancti martyris occurrere, aut quoquo modo, si fieri valeat, equo suaviter incedente citius properare. Utrumlibet egerit, in sacris a senioribus suscipitur ille vigiliis, et cellam infirmis deputatam supportatus ingreditur, stratoque sibi cubiculo in eodem collocatur. Ad ecclesiam præ dolore progredi non potuit, sed sub lare præfato beati regis clementiam expectavit. Recordatus igitur desiderati illius negotii pro quo venerat, propinari sibi festinantius haustum cœlestis antidoti de scypho impretiabili sancti regis Ædmundi importunus rogator implorat. Cum, ecce! languenti

He was induced to drink of St. Edmund's cup.

A fresh malady comes upon him.

He is received into the infirmary at Bury.

Drinks again from the saint's cup.

vas de thesauro regalis domicilii seniores deferunt, eumque haustu salubri potatum spe fidei sanæ meliorandum repromittunt. Ex insperato igitur eadem nocte convaluit, et qui gemina gravatus infirmitate ad sanctum venerat regem et martyrem, integram professus est in crastino se recepisse sanitatem. Agensque diem sollennis lætitiæ, uberes Ædmundo regi glorioso gratias invocat, et de illata sibi sospitate gratulatur et exultat. Ex illa die et deinceps ita senior ille omnino convaluit, quod postmodum nichil ei incommoditatis aut molestiæ corporalis alicujus violentia febris ingessit. Sic operaris, Ædmunde, rex in Christo celebris et venerande, ut et gloriam tuam Deus per sæcula magnificet, et nomen suum ubique terrarum per tuarum amplitudinem virtutum exaltet.

and is cured.

XX.

De conversione militis qui de salute desperaverat.

Ad Dei laudem aliud relatu dignum præcedenti continuamus miraculum, de quodam scilicet viro militari, quem beatus Dei martyr Ædmundus ad spirituales reduxit delicias, ab illecebrarum voluptate carnalium. Et qui tot criminibus depressus erat, quod jam de conversione desperaverat, hunc misericordia Dei, per suffragia sui gloriosi testis Ædmundi, ad integritatem pœnitentiæ clementer reformat. Dives in equestri videbatur ordine, de quo relatu novum opus suscepimus pertractare. Hic multis erat terris terrarumque possessionibus locuples, et, sicut in externis longe provinciis, sic apud Anglos dives possessor Orientales. Suadente igitur vicissitudine ut expleret negotium deliberationis suæ, ad celebrem incliti regis et martyris regionem rediit, et voti sui summam grata sibi conclusione terminavit. Cumque vir ille regredi ad domum propriæ mansionis disponeret, cœpit secum

A rich knight, the owner of many domains,

pertractare de salutari quodam animæ suæ negotio, quomodo reconciliari posset Deo et Domino creatori suo. Tanta namque erat turpitudo et incommoditas hujus delicti quo tenebatur astrictus, ut in letali perversæ conscientiæ sepulchro sepultus et fetens videretur, tanquam alter Lazarus. Jamque adeo pessima peccandi invaluerat consuetudo, ut nulli præ verecundia illud detegere neminique confitendo illud auderet denudare. Tandem in se reversus, oculisque, ut credimus, misericordiæ Dei respectus, "Eheu!" inquit, "quam multos sanctus Dei martyr Ædmundus sanat "in corpore, qui quotidie videntur de carnis vita "desperare. Et quanto plus est animam resuscitare "a peccatis, quam vitam membris reddere mortuis, "tanto major sanctorum prædicabitur gloria, si mor- "tuam in criminibus animam retraxerint a culpa. "Ego itaque, qui peccatis exigentibus graviore mortis "urgeor discrimine quam alter quilibet corpore mor- "tuus, ad virum pietate plenum, regem videlicet et "sanctum Dei martyrem Ædmundum, non tardabo "percurrere, et ab illo profutura animæ meæ infirmi- "tati remedia postulare. Sicut enim claudos sanat "et cæcos illuminat, et ab obsessis exire corporibus "dæmonibus imperat, sic in beneplacito suo princeps "egregius meo succurrere potest incommodo, et a per- "petuæ mortis animam meam liberare periculo." Hæc secum loquens iter mutat quod aggredi cœperat, et ad basilicam gloriosi regis cum alacritate festinat. Cumque venisset ad locum, cum maximo ingressus est tremore monasterium. Peccatorum namque suorum recordatio eum reddebat pavidum, quia timebat ne quid sibi deterius contingeret, si tot criminibus obnoxius sancti illius loci tabernaculum intraret. Spe tamen bona et veræ credulitatis fide concepta, audacter ingreditur, et ante sepulchrum gloriosi martyris et regis Ædmundi prostratus noxam sui criminis gemebundo corde confitetur. "O pretiose," inquit, "testis

" Dei curiæque cœlestis senator Ædmunde, misericor-
" diarum tuarum super me copiam et largitatem in-
" funde. Miserere, precor, misero, qui tibi suam cala-
" mitatem ingeminat; miserere desolato, qui nequaquam
" de tua miseratione desperat. Non ex indeficientibus
" thesaurorum tuorum divitiis quæro pecuniam, sed
" peccatis meis indulgentiam a summo rege mihi per
" te misericorditer irrogatam. Sana cicatrices lan-
" guentis animæ, princeps magnifice, et me Deo cle-
" menti imperatori tuo tua intercessione reconcilia; et
" sanatis vulneribus intimis coram superna angelorum
" curia me in die extrema feliciter repræsenta. Sic
" sum ab eo delictis præpedientibus elongatus, sic ab
" ejus facie miser et anxius crudeliter ejectus, ut nisi
" per te, nulla mihi spes aut fiducia suppetat ultimum
" ejus judicium evadendi, nulla nisi in te con-
" solatio salutaris auxilii. Perfice igitur opus in
" me potentiæ tuæ, rex ineffabilis misericordiæ, ut
" facta confessione secura mihi redeat conscientia, et
" deinceps ab iniquitate resurgam, vita mea in bono
" mentis statu gratia cœlesti commutata. Digniore
" satis sceptro præmines, si languentem animam
" meam ab æterna morte resuscites, quam si cujus-
" libet mortuum corpus spiramine denuo recepto ad
" vitam reformes. Tempore namque diuturno me
" lethei fluminis debriavit oblivio, et ad miserabilis
" usque ruinæ impulit præcipitium, ut irrogata mihi
" nulla superesset compunctio lacrymarum. Nunc
" autem, gratias Deo et gratias tibi, martyr benignis-
" sime, sentio quod tua non desint patrocinia, quæ
" compungi mentem meam faciunt in momento. Juvat
" impudenter culpas deflere, quas absque pudore non
" erubui committere, et qui in horrendo hactenus cri-
" mine intumui fetidus, per te, fletibus meis attestan-
" tibus, Dei respiro visitatione liberatus." Cumque
his et hujuscemodi querulis instaret peccator, sed
pœnitens, lacrymis et lamentis, ita divinæ pietatis

gratia prædictum a nefario opere custodivit militem, *and is freed thenceforward from the temptation.*
ut nullam postmodum incurreret vetitam intemperantiæ aut voluptatis corporeæ levitatem. Dicant alii
de excellentia miraculi quod sentiunt; astruant et
affirment de præfata relatione quod intelligunt; ego
majus existimo quod animam resuscitaverit beatus martyr
Ædmundus ab operibus mortuis, quam si corpus resurgere faceret a dolore mortis.

Excellentior itaque merito prædicetur sanctissimi *St. Edmund's glory has a purer lustre than that of the Roman emperors.*
regis Ædmundi honor et gloria quam Romani imperatoris; excellentia resplendeat triumphis per orbem
victoriosissimis celebrata. Cesar suos vinculis onerat
exercitu comitante captivos; Ædmundus rex Orientalis *Expliciunt m[iracu]la scripta per Os[bertum] de Clare priore ... Westmonas ...*
captivos peccatis gratia reconciliante transmittit ad
superos.

(*Hic deficit miraculum factum per Sanctum Edmundum in Henricum de Exsexia sed* [*et alia*] *innumerabilia.*)^a

XXI.

[A]d declaranda mirabilius declarata modis mirabilibus sancti Ædmundi præclara præconia, contigit dominum Robertum de Haseleya, canonicum de Hereford, *Robert of Haseley, a canon of Hereford, cured of a quartan fever on invoking the saint.*
gravi infirmitate, febri scilicet quartana, vexari. Qui
statim sancto se vovit Ædmundo, sperans per sancti
sanctisima merita ab adversa corporis valetudine se
posse sanari. Ob devotam igitur, ob bonam quam
erga sanctum habuit voluntatem, per Sancti Spiritus
gratiam, cujus sunt cita molimina, citam recipere
meruit sanitatem. Sanus autem effectus, versus sanctum Ædmundum proficiscitur, de sua gratias redditurus prosperitate; sed vix octo leucas perficere potuit,
iter impediente quam pepererat infirmitas debilitate.

---

^a This note is in a hand of the fifteenth century.

Verum mox, per ejus virtutem qui dat fortitudinem plebi suæ, ita in itinere est melioratus, ut qui prius octo in die leucas ire non posset, viginti postea peragereret haud gravatus.

The case of Roger, the said canon's chaplain.

[C]apellanus siquidem prædicti canonici, Rogerus nomine de Avestane, pari devotione multo elapso tempore sancto Ædmundo se devoverat, sed tandem obstante morbi gravedine sancti limina adire minime poterat. Cum vero de morte territus exitum sui spiritus præstolaretur, innumeram dæmonum multitudinem . . . .

Per Willelmum Heyhorn. Amen.

At the bottom of f. 145 are the words "Summa "miraculorum xxxvij."

JOCELINI DE BRAKELONDA CRONICA.

1. Quod vidi et audivi scribere curavi, quædam mala interserens ad cautelam, quædam bona ad usum, quæ contigerunt in ecclesia sancti Ædmundi in diebus nostris, ab anno quo Flandrenses capti sunt extra villam,[a] quo habitum religionis suscepi, quo anno Hugo prior depositus est, et R[obertus] prior substitutus. Tunc temporis senuit Hugo abbas,[b] et aliquantulum caligaverunt oculi ejus; homo pius et benignus, monachus religiosus et bonus, sed nec bonus nec providus in sæcularibus exercitiis: qui nimis confidebat suis et nimis eis credebat, de alieno potius quam de proprio pendens consilio. Ordo quidem et religio fervebant in claustro, et ea quæ ad ordinem spectant; sed exteriora male tractabantur, dum quisque, serviens sub domino simplice et jam senescente, fecit quod voluit, non quod decuit. Dabantur villæ abbatis et omnes hundredi ad firmam; nemora destruebantur; domus maneriorum minabantur ruinam; omnia de die in diem in deteriorem statum vertebantur. Unicum erat refugium et consolationis remedium abbati, denarios appruntare; ut saltem sic honorem domus suæ posset sustentare. Non erat terminus Paschæ nec

Battle of Fornham. A.D. 1173.

Gen. xxvii. 1.

Jocelin intends to write the history of St. Edmund's monastery.

The last years of abbot Hugo.

---

[a] An account of the battle or rout of Fornham St. Genevieve has been given in the Introduction, § xv. The Earl of Leicester, in arms against Henry II., was, under pressure from Bigot, who thought that Norfolk had been the scene of Flemish rapine and free quarters long enough, leading his army across to his own county, Leicestershire, when he was attacked in flank four miles north of Bury by the royal troops which had concentrated there, and utterly routed. See Will. of Newburgh, ii. 30.

[b] See Introduction, *loc. cit.*

The monastery under a load of debt,

sancti Michaelis octo annis ante obitum ejus, quin centum libræ vel ducentæ ad minus crescerent in debitum; semper renovabantur cartæ, et usura quæ excrevit vertebatur in katallum. Descendebat hæc infirmitas a capite in membra, a prælato in subjectos. Unde contigit quod quilibet obedientiarius haberet sigillum proprium, et debito se obligaret tam Judeis

and in the hands of Jewish moneylenders.

quam Christianis pro voluntate sua. Sæpe cappæ sericæ, et ampullæ aureæ, et alia ornamenta ecclesiæ impignorabantur,[a] inconsulto conventu. Vidi cartam fieri Willelmo filio Isabel mille librarum et xl.; sed nec causam nec originem scivi. Vidi et aliam cartam fieri Isaac, filio Raby Joce, cccc. librarum, sed nescio quare. Vidi et tertiam cartam fieri Benedicto Judeo de Norwico, octies c. librarum et quater viginti; et hæc fuit origo et causa hujus debiti. Destructa fuit camera nostra, et recepit eam Willelmus sacrista volens vel nolens, ut eam instauraret; et occulte appruntavit a Benedicto Judeo xl. marcas ad usuram, et ei fecit cartam signatam quodam sigillo quod solebat pendere ad feretrum sancti Ædmundi, unde gildæ et fraternationes solebant sigillari, quod postea sed tarde fractum est, jubente conventu. Cum autem crevisset debitum illud usque ad c. libras, venit Judeus portans literas domini regis de debito sacristæ; et tunc demum patuit quod latuit abbatem et conventum. Iratus autem abbas voluit deponere sacristam, prætendens privilegium domini papæ, ut posset deponere Willelmum sacristam suum, quando vellet. Venit autem aliquis ad abbatem, et, loquens pro sacrista, ita circumvenit abbatem, quod passus est cartam fieri Benedicto Judeo cccc. librarum, reddendarum in fine

---

[a] *impignorabantur.* Though this was done, the Jews were liable to be fined for doing it. Quoting from the Pipe Rolls for Norfolk and Suffolk, Mr. Rokewode says (Chron. Joc., p. 106): "Benedict the Jew, "son of Deodate, was in 1171 "fined xx^{li} for taking certain "sacred vestments in pawn."

iiij^{or} annorum, scilicet pro c. libris quæ jam excreverant in usuram, et aliis c. libris quas idem Judeus commodavit sacristæ ad opus abbatis. Et sacrista suscepit omne debitum illud reddendum in pleno capitulo, et facta est carta sigillo conventus signata, abbate dissimulante et sigillum suum non apponente, tanquam illud debitum non pertineret ad illum. In fine vero quatuor annorum non erat unde illud debitum posset reddi; et facta est nova carta octies c. librarum et quater viginti librarum, reddendarum ad terminos statutos, annis singulis quater xx. librarum. Habuit et idem Judeus plures alias cartas de minoribus debitis, et aliquam cartam quæ erat xiiij. annorum, ita quod summa debiti illius Judei erat mille et cc. librarum, præter usuram quæ excreverat. Veniensque R. elemosinarius domini regis significavit domino abbati rumorem talem venisse ad regem de tantis debitis. Et inito consilio cum priore et paucis aliis, ductus est elemosinarius in capitulum; nobisque assidentibus et tacentibus, dixit abbas: "Ecce elemosinarius regis, " dominus et amicus noster et vester, qui, ductus " amore Dei et sancti Ædmundi, nobis ostendit domi" num regem quoddam sinistrum audisse de nobis et " vobis, et res ecclesiæ male tractari et interius et " exterius. Et ideo volo et præcipio in vi obedientiæ, " ut dicatis et cognoscatis palam qualiter res se ha" béant." Surgens ergo prior et loquens, quasi unus pro omnibus, dixit ecclesiam in bono statu esse, et ordinem bene et religiose observari interius, et exteriora bene et discrete tractari, debito tamen aliquantulo obligatos nos esse sicut cæteros vicinos nostros, nec esse aliquod debitum quod nos gravaret. Audiens hoc, elemosinarius dixit se valde lætum esse ex hoc quod audierat testimonium conventus, id est, prioris sic loquentis.

King Henry, hearing the convent is in difficulties, sends his almoner to inquire.

Prior Robert declares in chapter that all is going on well.

2. Hæc eadem verba respondit prior alia vice, et magister Galfridus de Constantino, loquentes et excu-

The archbishop of Canterbury visits the

santes abbatem, quando Ricardus archiepiscopus jure legatiæ venit in capitulum nostrum, antequam talem exemptionem haberemus sicut nunc habemus. Ego vero tunc temporis novicius, data opportunitate, magistrum meum super his conveni, qui me docebat ordinem et cujus custodiæ deputatus fui, scilicet, magistrum Sampsonem, postea abbatem. "Quid est," inquam, "quod audio ? Utquid taces qui talia vides " et audis, tu qui claustralis es, nec obedientias cupis, " et Deum times magis quam hominem ?" At ille respondens, ait: " Fili mi, puer noviter combustus " timet ignem; ita est de me et pluribus aliis. Hugo " prior noviter depositus est de prioratu suo, et in " exilium missus; Dionisius et H. et R.[a] de Hingham " de exilio nuper domum redierunt. Ego similiter " incarceratus fui, et postea apud Acram missus,[b] quia " locuti sumus pro communi bono ecclesiæ nostræ " contra voluntatem abbatis. Hæc est hora tenebra- " rum; hæc est hora qua adulatores dominantur et " eis creditur: confortata est potentia eorum, nec " possumus ad eam. Dissimulanda sunt ista pro tem- " pore: videat Dominus et judicet."

Ps. 138, 6.

Exod. v. 21.

3. Venit rumor ad abbatem H[ugonem] quod R[i-cardus][c] archiepiscopus Cantuariensis vellet venire ad scrutinium faciendum in ecclesia nostra, auctoritate legatiæ suæ; et, accepto consilio, misit abbas Romam et impetravit exemptionem a potestate prædicti legati. Redeunte nuntio ad nos de Roma, non erat unde solvi poterat quod ipse promiserat domino papæ et cardinalibus, nisi, ex circumstantiis, crux quæ erat super

---

[a] "Hugo" and "Rogerus"; see below, § 35.

[b] This was, I believe, a *second* banishment to Castle Acre, different from that which was forced on Samson after his return from Rome in 1160 or 1161 (infra, § 35); I have discussed the matter fully in the Introduction.

[c] Archbishop Richard was consecrated in 1173, and died in 1184. See Gervase, *Actus Pontificum*, ii. 397 (Rolls ed.).

magnum altare, et Mariola, et Johannes, quas imagines Stigandus archiepiscopus magno pondere auri et argenti ornaverat, et sancto Ædmundo dederat. Dixerunt etiam quidam ex nostris qui abbatem familiarius diligebant, quod ipsum feretrum sancti Ædmundi deberet excrustari propter talem libertatem, non advertentes magnum periculum posse nasci de tali libertate; quod, si forte fuerit aliquis abbas noster qui res ecclesiæ voluerit dilapidare et conventum suum male tractare, non erit persona cui conventus possit conqueri de injuriis abbatis, qui nec episcopum, nec archiepiscopum, nec legatum timebit, et impunitas ausum præbebit delinquendi. *Possible inconvenience of the privilege.*

4. In diebus illis celerarius, sicut ceteri officiales, appruntavit denarios a Jurneto Judeo, inconsulto conventu, super cartam supradicto sigillo signatam. Cum autem excrevit[1] debitum usque ad sexaginta libras, summonitus est conventus ad solvendum debitum celerarii. Depositus est celerarius; licet allegaret gravamen suum, dicens quod susceperat tribus annis hospites omnes in domo hospitum ad præceptum abbatis sive abbas fuerit præsens sive absens, quos debeat suscipere abbas secundum consuetudinem abbatiæ. Substitutus est magister Dionisius, qui per providentiam suam et cautelam minoravit debitum lx. librarum usque ad xxx. libras; de quo debito reddidimus xxx^{ta} marcas, quas Benedictus de Blakeham dedit conventui pro maneriis Neutone et Wepstede tenendis: sed carta Judei usque hodie remansit apud Judeum, in qua continentur xxvi. libræ de katallo et de debito celerarii. *The convent debt.*

5. Tertio die postquam magister Dionisius fuit celerarius, ducti sunt tres milites cum armigeris suis *Entertainment of strangers.*

---

[1] Excrevisset.

usque in domum hospitum, ut ibi reficerentur, abbate domi existente et in thalamo suo residente. Quod cum audisset magnanimus ille Æacides, nolens pendere in bailiva sua,[a] sicut ceteri, surrexit et accepit claves cellarii, et ducens secum milites illos usque in aulam abbatis, veniensque ad abbatem, dixit: " Domine, bene novistis quod consuetudo abbatiæ est, " ut milites et laici recipiantur in curia vestra, si " abbas domi fuerit; nec volo nec possum recipere " hospites qui ad vos pertinent. Alioquin, accipite " claves cellarii vestri, et alium constituite celerarium " pro beneplacito vestro." Audiens hoc abbas, volens vel nolens recepit illos milites, et semper postea milites et laicos recepit secundum antiquam consuetudinem; et adhuc recipiuntur, abbate domi existente.

Samson holds various offices.

6. Volens aliquando abbas Hugo magistrum Sampsonem conciliare sibi in gratiam, subsacristam eum constituit; qui sæpius accusatus, sæpius de officio in officium est translatus; quandoque factus est magister hospitum, quandoque pitentiarius, quandoque tertius prior, et iterum subsacrista; et multi ei adversabantur qui postea ei adulabantur. Ille vero aliter agens quam ceteri officiales, nunquam ad adulandum flecti potuit; unde dicebat abbas suis familiaribus, se nunquam vidisse talem hominem, quem non posset converti ad suam voluntatem, præter Sampsonem subsacristam.

A.D. 1180. Abbot Hugo meets with an accident and dies.

Venit abbati Hugoni in mentem, anno vicesimo tertio abbatiæ suæ, adire sanctum Thomam orandi gratia; arreptoque in itinere, in crastino nativitatis sanctæ Mariæ prope Rouecestriam miserabiliter cecidit, ita quod patella tibiæ de proprio loco exivit et resedit in poplite. Occurrerunt medici, et eum multis

---

[a] *in bailiva sua.* The owner of a bailiwick makes other people pay toll who enter it, but does not pay himself.

modis cruciabant, sed non sanabant. Reportatus est ad nos in feretro equitario, et devote susceptus, sicut decuit. Quid multa? conputruit crux[1] ejus, et ascendit dolor usque ad cor, et ex dolore arripuit eum febris tertiana, et in quarta accessione expiravit; et animam reddidit Deo in crastino sancti Bricii. Antequam mortuus esset, distracta fuerunt omnia a servientibus suis, ita quod nichil omnino in domibus abbatis remanserat, nisi tripodes et mensæ quæ asportari non poterant. Vix abbati remanserant coopertorium suum et duæ stragulæ quæ veteres erant et fractæ, quas aliquis apposuerat qui integras abstulerat. Non erat aliquid ad pretium unius denarii quod possit distribui pauperibus pro anima ejus. Sacrista dicit non pertinere ad eum ut hoc faceret, dicens se expensas abbati et familiæ suæ invenisse per mensem integrum; quia nec firmarii, qui villas tenebant, volebant aliquid dare ante tempus constitutum, nec creditores volebant aliquid commodare, videntes eum infirmum usque ad mortem. Quinquaginta tamen solidos invenit firmarius de Palegrava ad distribuendum pauperibus; hac ratione, quia firmam de Palegrava intravit illa die. Sed illi quinquaginta solidi erant postea redditi iterum bailivis regis, firmam integram exigentibus ad opus regis.

14 Nov. His house despoiled.

A painful lack of money.

7. Sepulto abbate Hugone, decretum est in capitulo, ut aliquis nunciaret Ranulfo de Glanvill,[a] justiciario Angliæ, mortem abbatis. Magister Sampson et Magister R. Ruffus, monachi nostri, cito transfretaverunt,[b]

The king appoints guardians of the abbey during the vacancy.

---

[1] lege *crus*, Roke.

---

[a] Ranulf de Glanville, author of the famous treatise *De legibus et consuetudinibus regni Angliæ*, which explains the forms of procedure observed in the *curia regis*, took the cross in the last year of Henry II.'s reign, and died at the siege of Acre in 1190.

[b] *transfretaverunt.* "King Henry "II. kept Christmas at Le Mans." (Roke.)

nunciantes hoc idem domino regi, et impetraverunt literas, ut res et redditus conventus, qui separati sunt a rebus et redditibus abbatis, essent integræ in manu prioris et conventus, et reliqua pars abbatiæ esset in manu regis. Data est custodia abbatiæ Roberto de Cokefeld, et R[oberto] de Flamville senescallo, qui statim omnes famulos abbatis et parentes ejus, quibus abbas aliquid donaverat, postquam infirmus fuerat, vel qui aliquid de rebus abbatis abstulerant, posuerunt per vadium et plegios, et etiam capellanum abbatis, monachum nostrum, quem prior plegiavit; et intrantes vestiarium nostrum omnia ornamenta ecclesiæ in chirographo subscribi fecerunt.[a]

Prior Robert, having now charge of the monastery, is too remiss and yielding.

8. Vacante abbatia, prior super omnia studuit ad pacem conservandam in conventu, et ad honorem ecclesiæ conservandum in hospitibus suscipiendis, neminem volens turbare, neminem ad iracundiam provocare, ut omnes et omnia in pace posset conservare; dissimulans tamen quædam corrigenda de obedientiariis nostris, et maxime de sacrista, tanquam non curaret quid ipse ageret de sacristia, qui, tempore quo abbatia vacavit, nec debitum aliquod adquietavit, nec aliquid ædificavit; sed oblationes et obventiones stulte distrahebantur. Unde prior, qui caput conventus erat, pluribus videbatur vituperandus, et remissus dicebatur. Et hoc memorabant fratres nostri inter se, quando perventum fuit ad faciendam electionem abbatis.

Celerarius noster omnes hospites, cujuscumque conditionis essent, suscepit ad expensas convestus.

---

[a] *in chirographo.* The accounts of the wardens during the vacancy of the abbotship are still extant among the Pipe Rolls, and Mr. Rokewode has deduced from them that "the rental of the abbot of St. "Edmund's for the year 1181, that "is to say, from Mich. 1180 to "Mich. 1181, according to the "ancient assise, and exclusive of "the sustenance of the monks, "who had their own portion of "lands, was 326*l*. 12*s*. 4*d*."

Willelmus sacrista ex sua parte dabat et expendebat; homo benignus, dans danda et non danda, oculos omnium excæcans muneribus.

9. Samson subsacrista, magister super operarios, nichil fractum, nichil rimatum, nichil fissum, nichil inemendatum reliquit pro posse suo; unde conventum et maxime claustrales sibi conciliavit in gratiam. In diebus illis chorus noster fuit erectus, Samsone procurante, historias picturæ ordinante, et versus elegiacos dictante. Attractum fecit magnum de lapidibus et sabulo ad magnam turrim ^a ecclesiæ construendam. Et interrogatus unde denarios haberet ad hoc faciendum, respondit quosdam burgenses dedisse ei occulte pecuniam ad turrim ædificandam et perficiendam. Dicebant tamen quidam fratres nostri, quod Warinus monachus noster, custos feretri, et Samson subsacrista communi consilio surripuerunt, quasi furtive, portionem aliquam de oblationibus feretri, ut eam in usus necessarios ecclesiæ, et nominatim ad ædificationem turris, expenderent; hac ratione ducti, quia videbant quod oblationes in usus extraordinarios expendebantur ab aliis, qui, ut verius dicam, eas furabantur. Et ut tam felicis furti sui suspicionem tollerent prænominati duo viri, truncum quendam fecerunt, concavum, et perforatum in medio vel in summo, et obseratum sera ferrea; et erigi fecerunt in magna ecclesia, juxta ostium extra chorum in communi transitu vulgi, ut ibi ponerent homines elemosinam suam ad ædificationem turris.

10. Willelmus vero sacrista socium suum Samsonem suspectum habuit, et multi alii qui partem ejusdem Willelmi fovebant, tam Christiani quam Judæi. Judei, inquam, quibus sacrista pater et patronus dicebatur;

---

^a *turrim.* This was the great tower in the centre of the west front of the abbey church, begun and in great part erected by Abbot Baldwin. After all the labour and money that it had cost, it fell in 1210, about a year before the death of Samson.

de cujus protectione gaudebant, et liberum ingressum
et egressum habebant, et passim ibant per monasterium, vagantes per altaria et circa feretrum, dum
missarum celebrarentur sollemnia : et denarii eorum
in thesauro nostro sub custodia sacristæ reponebantur,
et, quod absurdius est, uxores eorum cum parvis suis
in pitanceria nostra tempore werræ hospitabantur.

Samson is prohibited from carrying on any building work during the vacancy.

Accepto itaque consilio qualiter irruerent in Samsonem inimici vel adversarii ejus, convenerunt Robertum de Cokefeld et socium ejus, qui custodes erant
abbatiæ, et induxerunt eos ad hoc, quod illi prohibuerant ex parte regis, ne aliquis aliquod opus vel aliquod
ædificium faceret, quamdiu abbatia vacaret ; sed potius
denarii ex oblationibus colligerentur et conservarentur
ad faciendam solutionem alicujus debiti. Et sic illusus *Jud. xvi. 19.*
est Samson, et recessit ab eo fortitudo ejus ; nec de
cætero aliquid operari potuit, sicut voluit. Potuerunt
quidem adversarii ejus rem differre, sed non auferre ;
quia resumptis viribus suis, et subversis duobus colum- *ibid. v. 29.*
nis, id est, remotis duobus custodibus abbatiæ quibus
aliorum malitia innitebatur, dedit ei Dominus, processu temporis, potestatem perficiendi votum suum ut
prædictam turrim ædificaret, et pro desiderio suo consummaret. Et factum est ac si ei divinitus diceretur :
" Euge, serve bone et fidelis, quia super pauca fuisti *Matt. xxv. 21.*
" fidelis, super multa, &c."

Much discussion among the monks on the qualifications desirable in the new abbot.

11. Vacante abbatia, sæpe, sicut decuit, rogavimus
Dominum et sanctum martyrem Ædmundum, ut nobis
et ecclesiæ nostræ congruum darent pastorem, singulis
ebdomadibus ter cantantes vii. psalmos pœnitentiales
prostrati in choro, post exitum in capitulo : et erant
aliqui, quibus si constaret quis futurus esset abbas,
non ita devote orassent. De eligendo abbate, si rex
nobis liberam concederet electionem, diversi diversis
modis loquebantur, quidam publice, quidam occulte ;
et "quot homines tot sententiæ." Dixit quidam de *Ter. Phorm. 2, 3, 14.*
quodam : " Ille, ille frater, bonus monachus est, proba-

" bilis persona; multum scit de ordine et consuetudi-
" nibus ecclesiæ: licet non sit tam perfectus philoso-
" phus sicut quidam alii, bene potest esse abbas.
" Abbas Ordingus ᵃ homo illiteratus fuit, et tamen
" fuit bonus abbas et sapienter domum istam rexit:
" legitur etiam in fabulis, melius fuit ranis eligere
" truncum in regem, super quem confidere possent,
" quam serpentem, qui venenose sibilaret, et post sibi-
" lum subjectas devoraret." Respondit alter: "Quo-
" modo potest hoc fieri? quomodo potest facere ser-
" monem in capitulo, vel ad populum diebus festivis,
" homo qui literas non novit? quomodo habebit sci-
" entiam ligandi et solvendi, qui scripturas non intel-
" ligit? cum sit ars artium, scientia scientiarum,
" regimen animarum. Absit ut statua muta erigatur
" in ecclesia sancti Ædmundi, ubi multi literati viri
" et industrii esse dinoscuntur."

12. Item dixit alius de alio: "Ille frater vir lite-
" ratus est, eloquens et providus; rigidus in ordine;
" multum dilexit conventum, et multa mala pertulit
" pro bonis ecclesiæ: dignus est ut fiat abbas."
Respondit alter: "A bonis clericis libera nos, Domine:
" ut a baratoribus de Norfolchia nos conservare
" digneris, te rogamus, audi nos." ᵇ Item dixit
quidam de quodam: "Ille frater bonus husebondus
" est: quod probatur ex warda sua, et ex obedientiis
" quas bene servavit, et ædificiis et emendationi-
" bus quas fecit. Multum potest laborare et domum
" defendere, et est aliquantulum clericus, quamvis
" nimiæ literæ non faciant eum insanire: ille dignus
" est abbatia." Respondit alter: "Nolit Deus ut
" homo, qui non potest legere, nec cantare, nec divina

Acts xxvi.24.

ᵃ *Ordingus.* This was the abbot to whom Geoffrey de Fontibus addressed his work "De Infantia S. Edm."; see above, p. 93.

ᵇ The words of supplication are taken from the Litany of the Saints.

" officia celebrare, homo improbus et injustus, et
" excoriator pauperum hominum, fiat abbas." Item
dixit aliquis de aliquo: " Ille frater homo benignus
" est, affabilis et amabilis, pacificus et compositus,
" largus et liberalis, vir literatus et eloquens, et satis
" idonea persona in vultu et in gestu, et a multis
" dilectus intus et extra; et talis homo ad magnum
" honorem ecclesiæ posset fieri abbas, si Deus vellet."
Respondit alter: " Non honor esset sed onus de
" homine qui nimis delicatus est in cibo et potu; qui
" virtutem reputat multum dormire; qui multum scit
" expendere et parum adquirere; qui stertit quando
" ceteri vigilant; qui semper vult esse in abundantia,
" nec curat de debitis quæ crescunt de die in diem,
" nec de expensis unde adquietari possint; solicitu-
" dinem et laborem odio habens, nihil curans, dum-
" modo unus dies vadat et alter veniat; homo
" adulatores et mendaces diligens et fovens; homo
" alius in verbo in alius in opere. A tali prælato
" defendat nos Dominus." Item dixit quidam de
socio suo: " Ille vir fere sapientior est omnibus nobis,
" et in sæcularibus et in ecclesiasticis; vir magni
" consilii, rigidus in ordine, literatus et eloquens et
" personalis staturæ: talis prælatus decet ecclesiam
" nostram." Respondit alter: "Verum est, si esset
" ratæ et probatæ opinionis. Fama ejus laborat, quæ
" forte mentitur, forte non mentitur; et licet ille
" homo sapiens sit, humilis in capitulo, devotus in
" psalmis, rigidus in claustro, dum claustrale[1] est,
" ex consuetudine tamen habet: quod si preest in
" obedientia aliqua, nimis indignans est, monachos
" parvipendens, sæculares homines familiarius diligens,
" et, si iratus fuerit, vix aliquid verbum ultro alicui
" fratri respondere, nec etiam interroganti." Audivi
scilicet alium fratrem reprobatum a quibusdam, quia

---

[1] Claustralis? (Roke.)

impeditioris linguæ fuerat; de quo dicebatur quod habebat pastum vel draschium in ore suo, cum loqui deberet. Et ego quidem, tunc temporis juvenis, sapiebam ut juvenis, loquebar ut juvenis, et dixi quod non consentirem alicui ut fieret abbas, nisi sciret aliquid de dialectica, et sciret discernere verum a falso. Item dixit quidam, qui sibi videbatur sapiens: " Stultum et idiotam pastorem tribuat nobis omni- " potens Dominus, ut necesse sit ei se adjuvare de " nobis." Audivi scilicet quendam virum, industrium, et literatum, et nobilitate generis splendidum, reprobatum esse a quibusdam prioribus nostris hac causa, quia novicius erat. Novicii dicebant de prioribus suis, quod senes valitudinarii erant et ad abbatiam regendam minus idonei. Et ita multi multa loquebantur, et unusquisque abundabat in suo sensu.

13. Vidi Samsonem subsacristam assidentem quidem his conventiculis tempore minutionis* (quo tempore claustrales solent alternatim secreta cordis revelare, et adinvicem conferre); vidi eum assidentem et subridentem et tacentem, et singulorum verba notantem, et aliquam ex præscriptis sententiis in fine xx. annorum memorantem. Quo audiente, solebam respondere ita judicantibus, dicens, quod, si debemus expectare ad eligendum abbatem donec inveniamus aliquem qui sine omni reprehensione et macula fuerit, nunquam talem inveniemus, quia nemo sine crimine vivit, et nichil omni parte beatum. Quodam tempore non potui cohibere spiritum meum quin præcipitarem sententiam meam, putans me loqui fidis auribus, et dixi quendam indignum abbatia, qui me multum dilexerat prius, et multa bona contulerat; et alium

Samson takes silent note of all that is said.

---

* According to the rule of the monks of St. Victor at Paris (quoted by Ducange), blood-letting was practised by them five times a year—in September, before Advent and Lent, and after Easter and Pentecost. The *minutio*, or rather its effects, were supposed to last three days, during which the sufferer did not go to matins.

dignum duxi, et nominavi aliquem, quem minus diligebam. Loquebar secundum conscientiam meam, considerans potius communem utilitatem ecclesiæ quam meam promotionem; et verum dixi; quod sequentia probaverunt. Et ecce unus ex filiis Belial dictum meum revelavit benefactori meo et amico; ob quam causam, usque ad hodiernum diem nunquam postea nec prece nec pretio potui recuperare gratiam ejus ad plenum. Quod dixi, dixi;

Et semel emissum volat irrevocabile verbum. Hor. 1 Ep. 18, 71.

Unum restat; quod caveam mihi de cætero, et, si tamdiu vixero ut videam abbatiam vacare, videbo quid, cui, et quando loquar de tali materia, ne vel Deum offendam mentiendo, vel hominem importune loquendo. Ad consilium meum tum erit, si duravero, ut aliquem eligamus non multum bonum monachum, non multum sapientem clericum, nec nimis idiotam, nec nimis dissolutum; ne, si nimis sapiat, de se et de proprio sensu nimis confidat, et alios vilipendat; vel si nimis brutescat, in opprobrium aliis fiat. Scio quis dixerit: "medio tutissimus ibis;" et illud, "medium Ov. Met. ii. 137. "tenuere beati." Vel forte, sanius consilium erit omnino tacere, ut dicam in corde meo: "Qui potest capere, "capiat." Matt. xix. 12.

The archbishop of Trondheim

14. Vacante abbatia perhendinavit Augustinus [a] archiepiscopus Norweie apud nos in domibus abbatis,

[a] In 1180, Eystein (Augustinus), archbishop of Trondheim, refusing to crown Sverrir, a successful rebel, who had defeated Magnus, king of Norway, was driven into exile, and came to England (William de Newburgh, iii. 6). "It appears from "the accounts of the wardens of "the abbey ..... that the arch- "bishop remained in the monastery "from the vigil of St. Lawrence, "9 Aug. 1181, until about the time "of the election of abbot Sam- "son, in February following, and "that the corrodies allowed him "amounted altogether to 94*l*. 10*s*." (Roke.) This Eystein wrote a remarkable biography of St. Olaf, recently edited from the unique MS. by my friend, the late Rev. F. Metcalfe, who was so long and so favourably known as a successful student of Scandinavian antiquity.

habens per præceptum regis singulis diebus x. solidos de denariis abbatiæ; qui multum valuit nobis ad habendam liberam electionem nostram, testimonium perhibens de bono, et publice protestans coram rege quod viderat et audierat. Eodem tempore fuit sanctus puer Robertus martirizatus, et in ecclesia nostra sepultus, et fiebant prodigia et signa multa in plebe, sicut alibi scripsimus.[a]

xviii.

makes a long stay at the convent.

Martyrdom of St. Robert. 10 Jun. 1181.

15. Post mortem Hugonis abbatis, peracto anno cum tribus mensibus, præcepit dominus rex per literas suas, ut prior noster et duodecim de conventu, in quorum ore universitatis concordaret sententia, apparerent die statuto coram eo ad eligendum abbatem. In crastino post susceptionem literarum, convenimus in capitulo de tanto tractaturi negotio. In primis lectæ sunt literæ domini regis in conventu; postea rogavimus et oneravimus priorem in periculo animæ suæ, ut xii. secundum conscientiam suam nominaret secum ducendos, de quorum vita et moribus constaret eos a recto nolle deviare. Qui petitis annuens, dictante Spiritu Sancto, sex ex una parte chori et sex ex altera nominavit, et sine contradictione nobis satisfecit. A dextro choro fuerunt Galfridus de Fordham, Benedictus, magister Dionisius, magister Samson subsacrista, Hugo tertius prior, et magister Hermerus, tunc temporis novicius: a sinistro, Willelmus sacrista, Andreas, Petrus de Broc, Rogerus celerarius, magister Ambrosius, magister Walterus medicus. Unus autem dixit: "Quid fiet si isti tredecim non possunt coram "rege concordare in abbate eligendo?" Respondit quidam: "Quia hoc erit nobis et ecclesiæ nostræ in

Feb 1182.

The king signifies his wish that the vacancy should be filled.

The convent selects twelve monks, who, with the prior, are to appear before the king.

---

[a] Bale mentions a "Vita Roberti Martyris" as the work of Jocelin; but it is not known to be extant. The date of the supposed martyrdom is variously reported. Taxter (quoted by Mr. Gage Rokewode) says it was on the 10th June; but Gervase (vol. i., p. 296, Rolls ed.) says it happened "ad Pascha." The statement in the text is more in accord with Gervase than with Taxter.

"opprobrium sempiternum." Voluerunt ideo plures ut electio fieret domi antequam cæteri recederent, ut per hanc providentiam non fieret dissensio coram rege; sed illud nobis videbatur stultum et dissonum facere sine regis assensu, quia nondum constabat nobis posse impetrare a domino rege ut liberam electionem haberemus. Samson subsacrista in spiritu loquens, 1 Cor. "Fiat," inquit, "media via, ut hinc et inde periculum
" evitetur. Eligantur quatuor confessores de conventu,
" et duo ex senioribus prioribus de conventu, bonæ opini-
" onis, qui, visis sacrosanctis, tactis evangeliis, inter se
" eligant tres viros de conventu, ad hoc magis idoneos
" juxta regulam sancti Benedicti, et eorum nomina in
" scriptum redigant, et scriptum sub sigillo includant,
" et sic inclusum committatur nobis ituris ad curiam;
" et cum venerimus coram rege, et constiterit nobis
" de libera electione habenda, tunc demum frangatur
" sigillum, et sic certi erimus qui tres nominandi erunt
" coram rege. Et constiterit nobis, si dominus rex
" noluerit concedere nobis unum de nostris, reportetur
" sigillum integrum et sex juratoribus tradatur, ita
" quod secretum illorum imperpetuum celetur in peri-

Six electors pitch upon three eligible names; these are written on a paper, which, after being sealed, is given to the deputation.

" culum animarum suarum." Huic consilio omnes adquievimus, et nominati sunt quatuor confessores; scilicet Eustachius, Gilbertus de Alueth, Hugo tertius prior, Antonius, et alii duo senes, Turstanus et Rualdus. Quo facto, exivimus cantantes, "Verba mea," Ps. v. et remanserunt prædicti sex habentes regulam sancti Benedicti præ manibus, et negotium sicut præfinitum fuerat impleverunt. Dum illi sex hoc tractabant, nos de diversis eligendis diversa putabamus, habentes tamen omnes quasi pro certo Samsonem esse unum ex tribus, attendentes labores ejus et pericula mortis versus Romam pro bonis ecclesiæ nostræ, et qualiter tractus et compeditus et incarceratus erat ab H[ugone] abbate, loquens pro communi utilitate; qui nec sic flecti potuit ad adulandum, licet cogi potuit ad tacendum. Facta autem mora, vocatus conventus rediit in capitulum. Et dixerunt senes se fecisse secundum quod præceptum eis fuerat. Tunc prior quæsivit, quid fuerit si dominus rex nollet aliquem ex illis tribus in scriptis recipere; et responsum est, quod quemcunque vellet dominus rex suscipere, susciperetur, dum modo esset processus ecclesiæ nostræ. Adjectum est etiam quod, si illi tredecim fratres viderent aliquid in alio scripto quod emendari deberet, secundum Deum de communi assensu vel consilio emendarent. Samson subsacrista sedens ad pedes prioris dixit: "Ecclesiæ expedire si omnes juraremus *Instructions for the deputies.* "in verbo veritatis, ut super quemcunque sors elec- "tionis caderet conventum rationabiliter tractaret, nec "capitales obedientiales mutaret sine assensu con- "ventus, nec sacristam gravaret, nec aliquem mona- "caret sine voluntate conventus;" et hoc ipsum concessimus, omnes dextras erigentes in signum concessionis. Provisum est quod, si dominus rex vellet aliquem extraneum abbatem facere, non reciperetur a tredecim nisi per consilium fratrum domi remanentium.

16. In crastino igitur iter arripuerunt illi tredecim versus curiam. Postremus omnium fuit Samson provisor expensarum, quia subsacrista erat, circa collum scrinium portans, quo literæ conventus continebantur, quasi omnium minister solus, et, sine armigero, froggum suum in ulnis bajulans, curiam exivit, socios sequens a longe. In itinere versus curiam convenientibus fratribus in unum, dixit Samson bonum esse ut jurarent omnes, ut quicunque fieret abbas, redderet ecclesias de dominiis conventus in usum hospitalitatis; quod omnes concesserunt præter priorem, qui dixit: "Satis juravimus; tantum potestis gravare " abbatem, quod ego non curabo abbatiam." Et hac occasione non juraverunt; et hoc bene actum est, quia *They journey to the court.*

si hoc esset juratum, non esset observatum. Eodem die quo tredecim recesserunt, sedentibus nobis in clauntro, dixit Willelmus de Hastinga unus ex fratribus nostris: "Scio quod habebimus abbatem unum "de nostris;" et interrogatus quomodo hoc sciret, respondit, se vidisse in somnis prophetam albis indutum stantem præ foribus monasterii, et se quæsisse in nomine Domini utrum haberemus abbatem aliquem de nostris. Et respondit propheta: "Habebitis unum de "vestris, sed sæviet inter vos ut lupus." Cujus somnii significatio secuta in parte, quia futurus abbas studuit magis timeri quam amari, sicut plures dicebant. Assedit et alius frater, Ædmundus nomine, asserens quod Samson futurus esset abbas, et narrans visionem quam proxima nocte viderat. Dixit se vidisse in somnis R[ogerum] celerarium et H[ugonem] tertium priorem stantes ante altare, et Samsonem in medio, eminentem ab humeris supra, pallio circumdatum longo et talari, ligato in humeris ejus, et stantem quasi pugilem ad duellum faciendum. Et surrexit sanctus Eadmundus de feretro, sicut ei somnianti visum fuerat, et quasi languidus pedes et tibias nudas exposuit, et accedente quodam et volente operire pedes sancti, dixit sanctus: "Noli accedere: Ecce! ille "velabit mihi pedes," prætendens digitum versus Samsonem. Hæc est interpretatio somnii:—Per hoc quod pugil videbatur, significatur quod futurus abbas semper in labore existens, quandoque movens controversiam contra archiepiscopum Cantuariensem de placitis coronæ, quandoque contra milites sancti Eadmundi pro scutagiis integre reddendis, quandoque cum burgensibus pro purpresturis in foro, quandoque cum sochemannis pro sectis hundredorum; quasi pugil volens pugnando superare adversarios, ut jura et libertates ecclesiæ suæ posset revocare. Velavit autem pedes sancti martyris, quando turres ecclesiæ a centum annis inceptas perfecte consummavit. Hujusmodi

Gossip and telling of dreams among the monks left behind.

somnia somniabant fratres nostri, quæ statim divulgabantur, primo per claustrum, postea per curiam, ita quod ante vesperam publice dicebatur in plebe, ille et ille et ille electi sunt, et unus eorum erit abbas.

17. Prior autem et xii. cum eo post labores et dilationes multas tandem steterunt coram rege apud Waltham, manerium Wintoniensis episcopi, secunda Dominica quadragesimæ. Quos dominus rex benigne suscepit, et asserens se velle secundum Deum agere et ad honorem ecclesiæ nostræ, præcepit fratribus per internuncios, scilicet, Ricardum episcopum Wintoniensem et G[alfridum] [a] cancellarium, postea archiepiscopum Eboracensem, ut nominarent tres de conventu nostro. Prior vero et fratres se divertentes, quasi inde collocuturi, extraxerunt sigillum et fregerunt et invenerunt hæc nomina sub tali ordine scripta,—Samson subsacrista, R[ogerus] celerarius, Hugo tertius prior. Erubuerunt inde fratres qui majoris dignitatis erant. Mirabantur etiam omnes eundem Hugonem esse electorem et electum. Quia tamen rem mutare non poterant, ordinem nominum de communi consilio mutaverunt, pronuntiando primum H[ugonem] quia tertius prior erat; secundo R[ogerum] celerarium; tertio Samsonem, facientes verbo tenus novissimum primum et primum novissimum. Rex vero, primo quærens an nati essent in sua terra, et in cujus dominio, dixit se non nosse eos, mandans ut cum illis tribus alios tres nominarent de conventu. Quo concesso, dixit W[illelmus] sacrista: "Prior noster debet "nominari, quia caput nostrum est:" quod cito concessum est. Dixit prior: "W[illelmus] sacrista bonus "vir est." Similiter dictum est de Dionisio, et concessum est. Quibus nominatis coram rege sine omni mora, mirabatur rex, dicens: "Cito fecerunt isti.

---

[a] Geoffrey, the son of Henry II. by Fair Rosamond, afterwards archbishop of York.

"Deus est cum eis." Postea mandavit rex ut propter honorem regni sui nominarent tres personas de aliis domibus. Quo audito, timebant fratres suspicantes dolum. Tandem consilium inierunt ut nominarent tres, sed sub conditione, scilicet, ut nullum reciperent nisi per consilium conventus qui domi fuit. Et nominaverunt tres, magistrum Nicholaum de Waringeford, postea ad horam abbatem de Malmsberi;[a] et Bertrandum priorem Sanctæ Fidis, postea abbatem de Certeseia;[b] et dominum H. de Sancto Neoto, monachum de Becco, virum admodum religiosum et in temporalibus et spiritualibus admodum circumspectum. Quo facto, mandavit rex, gratias agens, ut tres removerentur de novem, et statim remoti sunt alieni tres, scilicet prior Sanctæ Fidei, postea Certeseiensis abbas, et Nicholaus monachus Sancti Albani, postea abbas Malmsberiensis, et prior Sancti Neoti. Willelmus sacrista sponte cessit; remoti sunt duo ex quinque per præceptum regis; et postea unus ex tribus, et remanserunt tum duo, scilicet, prior et Samson. Tunc tandem vocati sunt ad consilium fratrum prænominati internuntii domini regis. Et loquens Dionisius, unus pro omnibus, cœpit commendare personas prioris et Samsonis, dicens utrumque eorum literatum, utrumque bonum, utrumque laudabilem vitæ et integræ opinionis, sed semper in angulo sui sermonis Samsonem protulit, multiplicans verba in laudem ejus, dicens eum esse virum rigidum in conversatione, severum in corrigendis excessibus, et aptum ad labores, et in sæcularibus curis prudentem, et in diversis officiis probatum. Respondit Wintoniensis:

Finally the competitors are reduced to two, the prior and Samson. Dionysius the celarer speaks on their respective merits.

---

[a] "This Nicholas, a monk of St. Alban's, prior of Wallingford, succeeded Osbert Foliot as abbot of Malmesbury about the year 1183, and was deposed in 1187." So Mr. Rokewode, from the Monasticon, "Ad horam" must therefore mean "for a season."

[b] "Bertrand [Bertan] succeeded "Aymer, abbot of Chertsey" (Roke.); his successor, Martin, was elected in 1197.

"Bene intelligimus quod vultis dicere; ex verbis
"vestris conjicimus quod prior vester vobis videtur
"aliquantulum remissus, et illum qui Samson dicitur
"vultis habere." Respondit Dionisius: "Uterque
"bonus est, sed meliorem vellemus habere si Deus
"vellet." Cui episcopus: "Duorum bonorum magis
"bonum eligendum est: dicite aperte, vultis habere
"Samsonem?" Et responsum est præcise a pluribus et a majori parte, "Volumus Samsonem," nullo reclamante, quibusdam tamen tacentibus ex industria, nec hunc nec illum offendere volentibus. Nominato Samsone, coram domino rege, et habito brevi consilio cum suis, vocati sunt omnes, et dixit rex: "Vos præsen-
"tastis mihi Samsonem: non novi eum: si præsenta-
"retis mihi priorem vestrum, illum reciperem quem
"vidi et agnovi; sed modo faciam quod vultis. Cavete
"vobis; per veros oculos Dei, si male feceritis, ego
"me capiam ad vos." Et interrogavit priorem si assentiret, et hoc vellet; qui respondit se hoc velle, et Samsonem multo majore dignum honore. Electus igitur, ad pedes regis procidens et deosculans, festinanter surrexit et festinanter ad altare tetendit, cantando: "Miserere mei Deus," cum fratribus, erecto capite, vultu non mutato. Quod cum rex vidisset, dixit astantibus: "Per oculos Dei,[a] iste electus vide-
"tur sibi dignus abbatiæ custodiendæ."

Samson is elected by acclamation.

The king's remark about him.

17. Hujus electionis rumor cum ad conventum perveniret, omnes claustrales vel fere omnes, et quosdam obedientiales, sed paucos, lætificavit: "Bene," multi dicebant, "quia bene est." Alii dicebant quod "non; imo, omnes seducti sumus." Electus, antequam rediret ad nos, benedictionem suam accepit a domino

He is blessed by the bishop of Winchester. 1182. 28 Feb.

---

[a] These strange oaths were constantly in the mouths of the Anglo-Norman and Angevin kings. William Rufus used to swear by "the "holy Face of Lucca."

Wintoniensi, qui in eadem hora mitram capiti abbatis imponens et annulum digito, ait: "Hæc est dignitas "abbatum sancti Eadmundi: diu est ex quo scivi "hoc." Abbas itaque tres monachos secum retinens, alios domum præmisit, nuncians adventum suum Dominica Palmarum, quibusdam commendans curam ad providenda necessaria in die festi sui. Redeunti multitudo novorum parentum occurrit, volentium ei servire; qui omnibus respondit, se esse contentum servientibus prioris, nec alios posse retinere, donec inde consuluisset conventum suum. Unum tamen militem retinuit eloquentem et juris peritum, non tantum consideratione proximitatis, sed ratione utilitatis, causis quidem sæcularibus assuetum; quem suscepit in novitate sua quasi coadjutorem in mundanis controversiis, quia novus abbas erat, et rudis in talibus, sicut ipsemet protestatus est: quia nunquam ante susceptam abbatiam loco interfuit ubi datum esset vadium et plegium. Cum debito honore et etiam processione receptus est a conventu suo, Dominica Palmarum.

The monks in procession receive him at the abbey.
21 Mar.

18. Susceptus est autem dominus abbas hoc modo: proxima' nocte jacuerat apud Chenteford,[1] et accepta temporis opportunitate, ivimus contra eum solempniter, post exitum de capitulo, usque ad portam cimiterii, sonantibus campanis in choro et extra. Ipse vero multitudine hominum constipatus, videns conventum, descendit de equo extra limen portæ, et faciens se discalciari, intra portam nudipes susceptus est, priore et sacrista hinc et inde ducentibus eum. Nos vero cantavimus responsoria, "Benedictus Dominus," de Trinitate, et post, "Martiri adhuc," de sancto Eadmundo; ducentes abbatem usque ad magnum altare. Quibus peractis, siluerunt et organa et campanæ, et dicta oratione a priore, "Omnipotens sempiterne

Samson prays at the high altar.

---

[1] Kentford.

"Deus, miserere huic,"[a] &c. super abbatem prostratum, et facta oblatione ab abbate, et deosculato feretro, rediit in chorum, et ibi recepit eum Samson cantor per manum, et duxit usque ad sedem abbatis ad occidentalem partem, ubi, eo stante, in directum incepit cantor: "Te Deum laudamus;" quod dum decantabatur, deosculatur a priore et a toto conventu per ordinem. Quibus expletis, ivit abbas in capitulum, sequente conventu et multis aliis. Dicto autem "Benedicite," in primis gratias egit conventui quod eum, ut aiebat, minimum eorum, non suis meritis, sed sola Dei voluntate, in dominum et pastorem elegerunt. Rogansque breviter ut orarent pro eo, convertit sermonem ad clericos et milites, rogans, ut eum consulerent ad solicitudinem commissi regiminis. Et respondens Wimerus vicecomes pro omnibus, dixit: " Et nos parati sumus vobis consistere in consilio et " auxilio omnibus modis, sicut caro domino quem " Dominus vocavit ad honorem suum et ad honorem " sancti martyris Eadmundi." Et deinde extractæ sunt cartæ regis, et lectæ in audientia de donatione abbatiæ. Facta autem oratione ab ipso abbate, ut ei Deus consuleret secundum gratiam suam, et responso "amen" ab omnibus, ivit in talamum suum, diem festivum agens cum plus quam mille comedentibus, in gaudio magno.

19. Quando hæc fiebant, eram capellanus prioris, et infra quatuor menses capellanus abbatis factus, plurima notans et memoriæ commendans. In crastino ergo festi sui, convocavit priorem et alios quosdam paucos, quasi consilium ab aliis quærens: ipse enim sciebat quid esset facturus. Dixit novum sigillum[b] esse

---

[a] Collect. Missæ Votivæ lxxi. in Sacrament. Gregor.—Liturgia Romana Vetus. Muratori, tom. ii., p. 90. (Rokewode.)

[b] *sigillum.* As the frontispiece to his edition of the Chronicle, Mr. Gage Rokewode gives an engraving of an impression from this seal,

faciendum, et cum mitra esse pingendum, licet prædecessores sui tale non haberent; sigillo autem prioris nostri hucusque usus fuerat, singulis literis in fine subscribens, quod proprium sigillum non habuit, unde et sigillo prioris oportuit uti ad tempus. Postea disponens domui suæ, diversos famulos diversis officiis deputavit, dicens se præcogitasse viginti sex equos in curia sua habendos; et ad plus asserens, " puerum " prius repere, postea firmius stare et ire;" hoc super omnia famulis præcipiens, ut caverent ne in novitate sua possit infamari avaritia cibi vel potus, sed hospitalitatem domus solicite procurarent. In his et in omnibus rebus agendis et constituendis de Dei auxilio et proprio sensu plenius confidens, inglorium duxit de alieno pendere consilio, tanquam ipse sibi sufficeret. Mirabantur monachi, indignabantur milites; damnantes eum arrogantia, et quodammodo infamantes eum apud curiam regis, et dicentes quia nollet operari secundum consilium suorum liberorum hominum. Ipse magnates abbatiæ, tam laicos quam literatos, sine quorum consilio et auxilio abbatia videbatur non posse regi, omnes a privato suo elongavit consilio; et hac occasione Ranulfus de Glanvill, justiciarius Angliæ, primo eum suspectum habebat, et minus propitius ei erat quam deceret, donec ei certis indiciis constaret abbatem tam in interioribus quam exterioribus negotiis provide et prudenter agere.

20. Facta summonitione generali, conveniunt omnes barones et milites et liberi homines ut facerent homagium quarto die Paschæ: et ecce! Thomas de Hastingo, cum magna multitudine militum, ducens Henricum nepotem suum nondum militem, clamans

---

answering to the description in the text, which is still attached to a document among the archives of Christ Church, Canterbury.

senescaldiam[a] cum consuetudinibus suis, sicut carta ejus loquitur. Quibus abbas statim respondit: "Henrico *Samson's reply.* "non nego jus suum, nec negare volo. Si sciret in "propria persona mihi servire, concederem ei et decem "hominibus et octo equis necessaria in mea curia, "sicut carta ejus loquitur; si præsentetis mihi senes- "caldum, vicarium ejus, qui sciat et possit senes- "caldiam regere, recipiam eum in tali statu, sicut "prædecessor meus eum habuit die quo fuit vivus "et mortuus, scilicet cum iiij^{or} equis et pertinentiis. "Quod si nolueritis, pono loquelam coram rege vel *He accepts Gilbert as* "coram capitali justicia." Quo dicto, cepit res dila- *locum tenens.* tionem: postea præsentatus est ei quidam senescaldus simplex et idiota, Gilbertus nomine, quem antequam suscepisset, dixit familiaribus suis: "Si defectus fuerit "de justitia regis servanda per inscientiam senescaldi, "ipse erit in misericordia regis et non ego, quia "senescaldiam vendicat sibi jure hæreditario: et ideo "ad præsens malo istum recipere, quam alium magis "argutum ad me decipiendum. Ego mihi ero senes- "caldus cum auxilio Dei."

21. Post homagia suscepta, petivit abbas auxilium *He asks an aid from his* a militibus, qui promiserunt ab unoquoque xx. solidos; *knights; they give it,* sed in instanti inierunt consilium, et retraxerunt *but with a deduction.* duodecim libras de duodecim militibus, dicentes, quod illi xii. debent adjuvare alios xl. et ad wardas facien- das et ad scutagia, similiter et ad auxilium abbatis. Quod cum abbas audisset, iratus est, et dixit familia- ribus suis, quod, si posset vivere, redderet eis vicem pro vice et gravamen pro gravamine.

---

[a] A seneschal (*senescalcus, senescallus, senescaldus*) originally meant the servant placed over the household, as "marshal" (*mariscalcus*) meant the servant placed over the horses. The origin of the first part of the word is unknown; probably it is some Teutonic word like *sin*, meaning "old." In the twelfth century the seneschal generally administered justice for his lord, and this was the case at Bury, as Samson's remarks on Gilbert's appointment show.

He makes an estate book for the abbey lands.

Post hæc, per unumquodque manerium abbatiæ fecit abbas inquiri annuos census liberorum hominum, et nomina rusticorum, et eorum tenementa, et singulorum servitia, et in scriptum omnia redigi. Aulas autem veteres et domos confractas, per quas milvi et cornices volabant, reformavit; capellas novas ædificavit, et talamos et solia pluribus locis, ubi nunquam fuerunt ædificia, nisi horrea solummodo. Plures etiam parcos fecit, quos bestiis replevit, venatorem cum canibus habens; et, superveniente aliquo hospite magni nominis, sedebat cum monachis suis in aliquo saltu nemoris, et videbat aliquando canes currere; sed de venatione nunquam vidi eum gustare. Plura etiam assartavit et in agriculturam reduxit; in omnibus utilitati abbatiæ prospiciens: sed utinam super maneriis conventus commendandis consimili studio vigilaret! Maneria tamen nostra de Bradefeld et Rutham [a] recepit ad tempus in manu sua, implens defectus firmarum per expensam xl. librarum, quæ postea resignavit nobis, audito quod murmur erat in conventu ex hoc quod maneria nostra tenuit in manu sua. Eisdem etiam maneriis et omnibus aliis regendis, tam monachos quam laicos sapientiores prioribus custodibus constituit, qui et nobis et terris nostris consultius providerent. Octo etiam hundredos[1] in manu sua, et post mortem Roberti de Cokefeld recepit hundredum de Cosford, quos omnes servientibus suis de mensa sua custodiendos tradidit; quæ majoris quæstionis erant ad se referens, et quæ minoris per alios terminans, et singula ad suum commodum retorquens. Facta, eo jubente, descriptio generalis per hundredos de letis et sectis, de hidagiis et fodercorn, de gallinis reddendis, et aliis consuetudinibus et redditibus et exitibus, qui

His buildings and reparations.

He causes all the customary receipts and expenses of the abbey to be set down in writing.

---

[1] "Tenuit" desiderari videtur. (Rokewode.)

---

[a] Rougham.

in magna parte semper celati fuerant per firmarios, et
omnia redegit in scriptum, ita quod, infra iiij^or annos
ab electione sua, non erat qui posset eum decipere de
redditibus abbatiæ ad valentiam unius denarii, cum
de abbatia custodienda nullum scriptum a predecesso-
ribus suis recepisset, nisi schedulam parvam, qua
continebantur nomina militum Sancti Eadmundi et
nomina maneriorum, et quæ firma quam firmam sequi
deberet. Hunc autem librum vocavit Kalendarium [a] His calen-
suum, quo etiam inscribebantur singula debita quæ dar.
adquietaverat; quem librum fere quotidie inspexit,
tanquam ibi consideraret vultum probitatis suæ in
speculo.

22. Prima die qua tenuit capitulum, confirmavit
nobis novo sigillo suo lx. solidos de Suthreia, quos
prædecessores sui injuste receperant primo ab Eadmundo, aureo monacho dicto, ut posset tenere eandem
villam ad firmam omnibus diebus vitæ suæ. Et
proposuit edictum ut nullus de cætero ornamenta
ecclesiæ invadiaret sine assensu conventus, sicut solebat
fieri, nec aliqua carta sigillaretur sigillo conventus nisi
in capitulo coram conventu; et fecit Hugonem subsacristam, statuens ut Willelmus sacrista nichil omnino
ageret de sacristia, nec in receptis nec in expensis,
nisi per assensum ejus. Posthæc, sed non eodem die,
antiquos custodes oblationum transtulit ad alia officia.
Postremo ipsum W[illelmum] deposuit; unde quidam
diligentes Willelmum dicebant: "Ecce abbas! ecce
" lupus de quo somniatum est! ecce qualiter sævit:"
et voluerunt facere quidam conspirationem contra
abbatem. Quod cum abbati revelatum esset, volens
nec omnino tacere nec conventum turbare, intravit

---

[a] *Kalendarium.* "A transcript
" of this Kalendar is embodied in
" the Liber de Consuetudinibus S.
" Edmundi, apparently compiled
" for abbot Richard de Draughton
" early in the 14th century, which
" MS., formerly belonging to the
" Cornwallis family, is now in
" [my] possession." (Rokew.)

capitulum in crastino, extrahens sacculum plenum cartis cancellatis adhuc sigillis pendentibus, scilicet, prædecessoris sui, et partim prioris, partim sacristæ, partim camerarii, et aliorum officialium, quarum summa erat trium millium librarum et lii., et una marca, de pura sorte, præter usuram quæ excreverat, cujus magnitudo nunquam sciri poterat: de quibus omnibus pacem fecerat infra annum post electionem suam, et infra xii. annos omnia adquietavit. "Ecce," inquit, " sapientia sacristæ nostri Willelmi! Ecce tot cartæ " sigillo ejus signatæ, cum quibus impignoraverat " cappas sericas, dalmaticas, turibula argenti, et textus " aureos, sine conventu, quæ omnia adquietavi et " vobis reconsignavi:" et multa alia adjecit, ostendens quare deposuerat W[illelmum]; præcipuam tamen causam subticuit, nolens eum scandalizare. Et cum substituisset Samsonem cantorem, nobis omnibus placentem et omni exceptione majorem, in pace facta sunt omnia. Abbas vero domos sacristæ in cimiterio funditus præcepit erui, tanquam non essent dignæ stare super terram, propter frequentes bibationes et quædam tacenda, quæ nolens et dolens viderat quando fuit subsacrista; et ita omnia complanari fecit, quod infra annum, ubi steterat nobile ædificium, vidimus fabas pullulare, et ubi jacuerant dolia vini, urticas abundare.

Samson visits all the abbey manors.

23. Post clausum Paschæ ivit abbas per singula maneria sua et nostra, et per illa quæ confirmavimus in feudum firmariis, poscens ab omnibus et a singulis auxilium et recognitionem secundum consuetudinem regni; quotidie sæculari scientia proficiens, et ad exteriora negotia discenda et promovenda animum convertens. Cum autem venisset apud Werketunam,[a] et nocte dormisset, venit ei vox, dicens: "Samson, " surge velociter," et iterum, "Surge, nimis moraris;"

---

[a] Warkton.

et surgens stupefactus, circumquaque respexit, et vidit lumen in domo necessaria, candelam scilicet, paratam cadere super stramen, quam Reinerus monachus ibi per incuriam reliquerat. Quam cum abbas extinxisset, pergens per domum percepit ostium, quod unicum erat, ita obseratum quod aperiri non potuit nisi per clavem, et fenestras strictas, ita quod, si ignis excrevisset, ipse et omnes sui qui in solio illo dormierant extincti essent; quia non erat locus ubi exire vel quo effugere possent. Quocunque ibat abbas, tunc temporis, occurrebant tam Judei quam Christiani exigentes debita, turbantes et anxiantes eum, ita quod somnum amittebat, pallidus et macilentus effectus, et dicens, quod "nunquam cor meum quietum erit, donec finem " debiti mei sciero." Veniente festo sancti Michaelis, omnia maneria sua in manu sua recepit cum parvis admodum implementis et paucis instauramentis; Waltero de Hatfeld condonavit xix. libras de firmis præteritis, ut libere reciperet iiij^{or} maneria quæ abbas H[ugo] ei confirmaverat tenenda, scilicet Haregrava et Saxham et Cheventona et Stapelford; Herlavam [a] autem distulit abbas recipere hac occasione. Cum forte transitum faceremus in redeundo de Lundonia per forestam, domino abbate audiente, quæsivi a vetula transeunte cujus hoc nemus esset, et de qua villa, et quis dominus, vel quis custos? et respondit, quia nemus erat abbatis Sancti Eadmundi, de villa de Herlava, et quod Arnaldus dictus esset custos ejus. De quo cum quærerem, qualiter se haberet versus homines villæ, respondit, quia demon vivus fuerat, inimicus Dei et excoriator rusticorum; sed timet modo novum abbatem Sancti Eadmundi, quem sapientem et cautelem credit esse, et ideo tractat homines pacifice. Quo audito, factus est abbas hilaris, et manerium recipere distulit ad tempus.

His trouble at learning the extent of the debts.

Arnald, a flayer of the poor, stands in awe of the new abbot.

---

[a] Harlow.

24. Ex insperato venit tunc temporis rumor de morte uxoris Herlewini de Rung, quæ cartam ad tenendam eandem villam in vita sua habebat; et dixit abbas: "Heri dedissem lx. marcas ad liberandum illud "manerium; modo liberavit illud Dominus." Cumque sine omni dilatione illuc venisset et recepisset villam in manu sua, et in crastino isset Tilleneriam, membrum illius manerii, venit quidam miles offerens xxx. marcas, ut posset tenere illam carucatam terræ cum pertinentiis per antiquum servitium, scilicet iiij. libras; quod noluit abbas; et habuit inde illo anno xxv. libras, secundo anno xx. libras. Hæc et consimilia fecerunt eum omnia tenere in manu sua; scilicet quod alibi legitur: "Omnia Cesar erat." Ille vero non segniter agens, horrea et boverias ædificare cœpit in primis; ad wainandas terras super omnia excolendas sollicitus, et ad boscos custodiendos vigilans, super quibus dandis vel minuendis ipse seipsum profitebatur avarum. Unum solum manerium de Torp carta sua confirmavit cuidam Anglico natione, glebæ ascripto, de cujus fidelitate plenius confidebat quia bonus agricola erat, et quia nesciebat loqui Gallice.

Lucan Phars. iii. 108.

25. Nondum transierant vii. menses post electionem suam, et ecce! offerebantur ei literæ domini papæ constituentes eum judicem de causis cognoscendis, ad quæ exequenda rudis fuit et inexercitatus, licet liberalibus artibus et scripturis divinis imbutus esset, utpote vir literatus, in scholis nutritus, et rector scholarum in sua provincia notus et approbatus. Vocavit proinde duos clericos legis peritos, et sibi associavit, quorum consilio utebatur in ecclesiasticis negotiis, decretis et decretalibus epistolis operam præbens, cum hora dabatur; ita quod infra breve tempus, tum librorum inspectione, tum causarum exercitio, judex discretus haberetur, secundum formam juris in jure procedens. Unde quidam ait, "Maledicta "sit curia istius abbatis, ubi nec aurum nec argentum

" mihi prodest ad confundendum adversarium meum!" Processu temporis, in causis sæcularibus aliquantulum exercitatus, naturali ratione ductus, tam subtilis ingenii erat quod omnes mirabantur, et ab Osberto filio Hervei subvicecomite dicebatur: "Iste abbas disputator est; " si procedit sicut incipit, nos omnes excæcabit quot- " quot sumus." Abbas vero in hujusmodi causis approbatus, factus est justiciarius errans, sed ab errore et devio se custodiens. Verum "summa petit livor."

<small>Ovid. Rem. Am. 369.</small>

Cum homines sui conquererentur ei in curia Sancti Ædmundi, quia nolebat præcipitare sententiam nec credere omni spiritui, sed ordine judiciario procedere, sciens quod merita causarum partium assertione panduntur, dicebatur quod nolebat facere justitiam alicui conquerenti, nisi interventu pecuniæ datæ vel promissæ; et quia erat ei aspectus acutus et penetrans, et frons Catonis, raro blandiens, dicebatur magis declinare animum severitati quam benignitati; et, in misericordiis accipiendis pro aliqua forisfactura, dicebatur judicium superexaltare misericordiam, quia, sicut visum fuit pluribus, cum perventum erat ad denarios capiendos, raro remittebat quod juste accipi potuit. Sicut profecit sapientia, ita et providentia in rebus custodiendis et augendis et in expensis honorifice faciendis; sed ed hic multi detractores oblectaverunt, dicentes, quia accepit de sacristia quod voluit, propriis parcens denariis, permittens bladum suum jacere usque ad tempus caræ venditionis, et jacens ad maneria sua aliter quam prædecessores sui, onerans celerarium hospitibus ab abbate potius suscipiendis, per quod abbas posset dici sapiens et instauratus et providus in fine anni; conventus vero et obedientiales inscii et improvidi haberentur. Ad has detractiones solebam respondere, quod si de sacristia aliquid accipit, ad utilitatem ecclesiæ illud convertit; et hoc nullus invidus negare potuit. Et, ut verum fatear, multo

<small>1 Joh. iv. 1.</small>

<small>Envious people charge him with avarice and harshness.</small>

<small>James ii. 13.</small>

<small>Jocelin defends him.</small>

majora et plura bona fuerunt patrata ex oblationibus sacristiæ, infra xv. annos post electionem suam, quam quadraginta annis ante. Aliis objectionibus, quod abbas jacebat ad maneria sua, respondere solebam et excusabam dicens, quia abbas magis est lætus et hilaris alibi quam domi; et hoc utique verum fuit, vel propter conquærentium multitudinem qui occurrebant, vel propter rumorum relatores, unde sæpius contigit quod, propter exhibitionem rigidi vultus sui, ab hospitibus suis multum perdidit favoris et gratiæ, licet eis in cibo et potu satisfecerit. Ego vero hoc attendens, nacta opportunitate, astans ei a secretis dixi: "Duo sunt quæ multum miror de vobis;" et cum quæsisset quæ duo: "Unum est, quod adhuc in "tali statu fovetis sententiam Meludinensium,[a] dicen-"tium ex falso nichil sequi, et cætera frivola." Quibus cum ipse respondisset quod voluit, adjeci ego: " Aliud nimirum est quod domi non exhibetis vultum " propitium sicut alibi, nec inter fratres[1] qui vos " diligunt et dilexerunt et in dominum sibi elegerunt, " sed raro estis inter eos, nec tunc congaudetis eis, " sicut dicunt." Quibus auditis, vultum mutavit, et demisso capite respondit: "Stultus es et stulte loqueris. " Scire deberes quod Salomon ait: Filiæ tibi sunt " multæ: vultum propitium ne ostendas eis." Ego vero tacui, de cetero ponens custodiam ori meo. Alia tamen vice dixi: "Domine, audivi te in hac nocte " post matutinas vigilantem et valde suspirantem " contra morem solitum." Qui respondit: "Non est " mirum; particeps es bonorum meorum in cibo et

Samson feels the burden of his charge.

---

[1] "Manetis" desiderari videtur. (Roke.)

---

[a] John of Salisbury calls a scholar of Melun "Meludensis." Peter Abailard opened a celebrated school there for teaching Dialectic in the first years of the twelfth century.

" potu, et equitaturis, et similibus, sed parum cogitas
" de procuratione domus et familiæ, de variis et
" arduis negotiis curæ pastoralis, quæ me sollicitant,
" quæ animum meum gementem et anxium faciunt."
Quibus respondi, elevatis manibus ad cœlum : " Talem
" anxietatem [1] mihi, omnipotens et misericors Dominus."
Audivi abbatem dicentem, quod si fuisset in eo statu
quo fuit antequam monacharetur, et habuisset v. vel
sex marcas redditus cum quibus sustentari possit in
scholis, nunquam fieret monachus nec abbas. Alia
vice dixit cum juramento, quod, si præscivisset quæ
et quanta esset sollicitudo abbatiæ custodiendæ, libentius voluisset fieri magister almarii et custos librorum,
quam abbas et dominus. Illam utique obedientiam *He would rather be a librarian than an abbot.*
dixit præ omnibus aliis se semper desiderasse. Et
quis talia crederet? Vix ego ; nec etiam ego, nisi
quia, cum eo vj. annis existens die ac nocte, vitæ
scilicet meritum et sapientiæ doctrinam plenius agnos-
cerem. Narravit aliquando, quod, cum esset puer ix. *His dream.*
annorum, somniavit se stare præ foribus cimiterii
ecclesiæ Sancti Eadmundi, et diabolum expansis ulnis
velle eum capere ; sed sanctus Eadmundus, prope
astans, recepit eum in brachiis suis ; cumque clamaret
somniando, " Sancte Ædmunde, adjuva me," quem
nunquam prius audierat nominari, expergefactus est.
Mater vero ejus de tanto et tali clamore obstupuit,
quæ, audito somnio, duxit eum ad sanctum Eadmundum orationis gratia ; cumque venissent ad portam
cimiterii, dixit, " Mater mea, ecce locus ! ecce eadem
" porta, quam in somnis vidi, quando diabolus volebat
" me accipere :" et cognovit locum, ut aiebat, ac si
prius eum carnalibus oculis vidisset. Abbas ipse
exposuit somnium ; significans per diabolum voluptatem hujus seculi quæ eum volebat allicere, sed
sanctus Eadmundus eum amplexatus est, quando eum
monachum ecclesiæ suæ fieri voluit.

---

[1] " Aufer " desideratur (Roke.).

26. Quodam tempore, cum nuntiatum esset ei quod quidam de conventu murmurassent de quodam facto ejus, dixit mihi assidenti : "Deus, Deus," inquit ille, " multum expedit mihi memorare somnium illud quod " somniatum est de me antequam fierem abbas, scilicet " quod sævirem ut lupus. Certe hoc est quod super " omnia mundana timeo, ne conventus meus aliquid " faciat, unde me sævire oporteat; sed ita est, cum " dicunt vel agunt aliquid contra voluntatem meam; " recolo illud somnium, et licet sæviam in animo meo, " occulte fremens et frendens, vim mihi facio ne " sæviam verbo vel opere: et,

" Strangulat inclusus dolor et cor æstuat intus." Ovid. Trist.
v. 1, 63.

Cum autem esset colericus naturaliter, et facile accenderetur ad iram, iram tamen ratione dignitatis cum magna lucta animi refrænabat sæpius. De qua etiam re aliquando se jactitabat dicens : " Hoc et illud vidi, " hoc et illud audivi, et tamen patienter sustinui."

His way of dealing with the monks. 27. Dixit abbas aliquando, sedens in capitulo, quædam verba quibus videbatur efficaciter venari favorem conventus. "Nolo," inquit, "ut aliquis veniat ad me " ad accusandum alium, nisi palam idem dicere volu- " erit; quod si aliquis aliter fecerit, nomen accusantis " palam manifestabo. Volo etiam ut quilibet claus- " tralis liberum habeat accessum ad me, ut mecum " loquatur de necessitate sua quando voluerit." Illud autem dixit quia magnates nostri, tempore H.[1] abbatis, volentes nichil agi in monasterio nisi per eos, decreverunt nullum monachum claustralem debere loqui cum abbate, nisi prius ostenderet capellano abbatis quid et de qua re vellet loqui cum abbate.

Thirty-three convent seals. 28. Quodam die jussit in capitulo, ut quicumque sigillum proprium haberet, ei redderet; et ita factum

---

[1] Hugonis.

est, et inventa sunt triginta tria sigilla. Rationem hujus præcepti ipse ostendit, prohibens ne aliquis officialis appruntaret aliquod debitum ultra xx. solidos, sine assensu prioris et conventus, sicut solebat fieri. Priori vero et sacristæ reddidit sigilla sua, et cætera retinuit. Alia die, jussit sibi dari omnes claves cistarum et almariorum et hanepariorum, prohibens ne de cetero aliquis haberet cistam nec aliquid obseratum, nisi per licentiam, nec alias aliquid possideret, nisi quod regula permitteret. Cuilibet tamen nostrum generaliter dedit licentiam habendi denarios usque ad duos solidos, si forte nobis caritative darentur; ita tamen ut in pauperes parentes vel in pios usus expenderentur. Alia vice, dixit abbas se velle conservare antiquas consuetudines nostras de hospitibus suscipiendis; scilicet, quando abbas est domi, ipse recipiet omnes hospites cujuslibet conditionis, præter viros religiosos, et præter presbyteros sæcularis habitus, et præter eorum homines, qui per eos se advocaverunt ad portam curiæ; si vero abbas non fuerit domi, omnes hospites cujuslibet conditionis recipientur a celerario usque ad tredecim equos. Si vero laicus vel clericus venerit cum pluribus equis quam tredecim, recipientur a servientibus abbatis, vel intra curiam vel extra, ad expensas abbatis. Omnes viri religiosi, etiam episcopi, si ipsi forte fuerint monachi, pertinent ad celerarium et ad expensas conventus, nisi abbas voluerit eum honorare, et ad expensas suas in sua aula recipere.

29. Abbas Samson mediocris erat staturæ, fere omnino calvus, vultum habens nec rotundum nec oblongum, naso eminente, labiis grossis, oculis cristallinis et penetrantis intuitus, auribus clarissimi auditus, superciliis in altum crescentibus et sæpe tonsis; ex parvo frigore cito raucus; die electionis suæ quadraginta et septem annos ætatis habens, et in monachatu

decem et septem annos;ᵃ paucos canos habens in rufa barba, et paucissimos inter capillos nigros, et aliquantulum crispos; sed infra xiiii⁰ʳ annos post electionem suam totus albus efficitur sicut nix; homo supersobrius, nunquam desidiosus, multum valens, et volens equitare vel pedes ire, donec senectus prævaluit, quæ talem voluntatem temperavit; qui, audito rumore de capta cruce et perditione Jerusalem, femoralibus cilicinis cœpit uti, et cilicio loco staminis, et carnibus et carneis abstinere; carnes tamen voluit sibi anteferri sedens ad mensam, ad augmentum scilicet elemosinæ. Lac dulce et mel et consimilia dulcia libentius quam cæteros cibos comedebat. Mendaces et ebriosos et verbosos odio habuit; quia virtus sese diligit, et aspernatur contrarium. Murmuratores cibi et potus, et præcipue monachos murmuratores condemnans, tenorem antiquum conservans quem olim habuit dum claustralis fuit; hoc autem virtutis in se habuit quod nunquam ferculum coram eo positum voluit mutare. Quod cum ego novicius vellem probare si hoc esset verum, forte servivi in refectorio, et cogitavi penes me ut ponerem coram eo ferculum quod omnibus aliis displiceret in disco nigerrimo et fracto. Quod cum ipse vidisset, tanquam non videns erat; facta autem mora, pœnituit me hoc fecisse, et statim, arrepto disco, ferculum et discum mutavi in melius et asportavi; ille vero emendationem talem moleste tulit, iratus et turbatus. Homo erat eloquens, Gallice et Latine, magis ratione dicendorum quam ornatui verborum innitens. Scripturam

A.D. 1187. 29 Sept.

He hates liars, drunkards, and great talkers.

He had a perfect mastery of French and

ᵃ *in monachatu decem et septem annos.* This agrees sufficiently well with the statement of the unknown author of the MS., Harl. 447 (not John of Taxter, with whom Mr. Rokewode confounds him in his note on this passage), that Samson took the habit in 1166. If so, he was not a monk at the time of his mission to Rome during the schism of Octavian; infra, p. 252. This point has been discussed in the Introduction.

Anglice scriptam legere novit elegantissime, et Anglice sermocinari solebat populo, sed secundum linguam Norfolchiæ, ubi natus et nutritus erat, unde et pulpitum jussit fieri in ecclesia et ad utilitatem audientium et ad decorem ecclesiæ. Videbatur quoque abbas activam vitam magis diligere quam contemplativam, qui bonos obedientiales magis commendavit quam bonos claustrales; et raro aliquem propter solam scientiam literarum approbavit, nisi haberet scientiam rerum sæcularium; et cum audiret forte aliquem prælatum cedere oneri pastorali et fieri anachoritam, in hoc eum non laudavit. Homines nimis benignos laudare noluit, dicens: "Qui omnibus placere nititur, " nulli placere debet." Primo ergo anno susceptæ abbatiæ omnes adulatores quasi odio habuit, et maxime monachos; sed in processu temporis videbatur eos quasi libentius audire et magis familiares habere. Unde contigit quod, cum quidam frater noster, hac arte peritus, curvasset genua ante eum, et sub obtentu consilii dandi auribus ejus adulationis oleum infudisset, subrisi ego stans a longe; eo vero recedente, vocatus et interrogatus quare riserim, respondi, mundum plenum esse adulatoribus. Et abbas; "Fili mi, diu est quod
" adulatores novi, et ideo non possum adulatores non
" audire. Multa sunt simulanda et dissimulanda, ad
" pacem conventus conservandam. Audiam eos loqui,
" sed non decipient me, si possum, sicut prædecessorem
" meum, qui consilio eorum ita inconsulte credidit,
" quod diu ante obitum suum nichil habuit quod
" manducaret vel ipse vel familia sua, nisi a credito-
" ribus mutuo acceptum; nec erat quod distribui
" potuit pauperibus die sepulturæ ejus, nisi quinqua-
" ginta solidos, qui recepti erant a Ricardo firmario
" de Palegrava, hac occasione quod eadem die intravit
" firmam de Palegrava; quos denarios idem Ricardus
' alia vice reddidit bailivis regis, integram firmam
" exigentibus ad opus regis." His dictis confortatus

fui. Ille vero studuit disciplinatam domum habere, et familiæ magnitudinem sed necessariam, providens sibi quod firma ebdomadæ, quæ predecessori suo non sufficiebat ad expensam v. dierum, ei suffecit octo diebus, vel novem, vel decem, si esset ad maneria sua sine magno adventu hospitum. Singulis vero ebdomadis, computationem expensæ suæ domus audiebat, non per vicarium, sed in propria persona, quod antecessor ejus nunquam solebat facere. Septem annis primis quatuor fercula[1] in domo sua, postea nisi[a] tria, præter xenia et præter venationem de parcis suis, vel pisces de vivariis suis. Et si forte aliquem retinuit ad tempus in domo sua prece alicujus potentis vel alicujus familiaris, vel nuncios, vel citharædos, vel aliquem hujusmodi, nacta opportunitate transfretandi vel longe eundi, a talibus superfluis se prudenter exoneravit. Monachos vero, quos socios abbas habuit ante abbatiam susceptam magis dilectos et magis familiares, raro promovit ad obedientias occasione pristinæ familiaritatis, nisi essent idonei; unde quidam ex nostris, qui ei erant propitii ad eligendum eum abbatem, dixerunt eum minus quam deceret diligere eos, qui eum antequam fuerat abbas dilexerant, et eos plus ab eo amari, qui eum et aperte et occulte depravaverunt, et eum hominem iracundum, non socialem, paltenerium et baratorem de Norfolch, etiam in audientia multorum, publice nominaverunt. Verum, sicut ille pristinis amicis suis nihil amoris vel honoris indiscrete exhibuit post susceptionem abbatiæ, sic et pluribus aliis pro meritis suis nichil rancoris vel odii exhibuit, bonum aliquando reddens pro malo, et benefaciens persequentibus eum. Habuit etiam in consuetudine quiddam quod nunquam vidi hominem habere, scilicet

---

[1] "Sumpsit" desiderari videtur.

---

[a] = *non nisi*.

quod multos affectuose dilexit, quibus nunquam vel raro vultum amoris exhibuit; hoc quod vulgus clamat, dicens, "Ubi amor ibi oculus." Et aliud mirum fuit, quod damnum suum in temporalibus a servientibus suis scienter sustinuit, et se sustinere confessus est: sed, sicut credo, hoc fuit in causa, ut congruum tempus expectaret quo rem consultius emendaret, vel ut majus damnum dissimulando evitaret.

30. Parentes suos mediocriter dilexit, nec minus vero tenere sicut alii solent; quia nullum infra tertium gradum habuit, vel habere simulavit. Sed audivi eum dicentem quod habuit parentes nobiles et generosos, quos nunquam imperpetuum ut parentes cognosceret; quia, ut aiebat, plus essent ei oneri quam honori, si hoc scirent; sed eos voluit consanguineos habere qui eum consanguineum habuerunt quando fuit pauper claustralis. Quosdam eorum, (eos secundum quod sibi utiles et idoneos æstimavit) diversis officiis in domo sua, quosdam villis custodiendis, deputavit. Quos autem infideles probavit, a se elongavit, sine spe redeundi. Quendam hominem mediæ manus,[a] qui patrimonium ejus fideliter servaverat, et ei juveni devote servierat, pro caro consanguineo habuit, et filio ejus clerico primam ecclesiam in abbatia sibi commissa vacantem dedit, et cæteros filios ejus omnes promovit. Capellanum quendam, qui eum sustinuerat in scholis Parisius quæstu aquæ benedictæ,[b] quando pauper fuerat, mandari fecit, et ei ecclesiasticum beneficium quo sustentari possit, affectu vicario, contulit. Cuidam servienti prædecessoris sui victum et vestitum

Is no ne-potist.

Instances of his gratitude for past services.

---

[a] *mediæ manus.* Of lowly station.

[b] *quæstu aquæ benedictæ.* Ducange cites the acts of a synod of Exeter in 1287, saying that from ancient times the profits arising from the distribution of holy water (*beneficia aquæ benedictæ*) had been set apart in order to maintain poor clerks in schools, and decreeing that this educational employment of any fund so raised should be adhered to for the future.

concessit omnibus diebus vitæ suæ, qui imposuerat ei compedes ad præceptum domini sui, quando fuit positus in carcere. Filio Eliæ, pincernæ Hugonis abbatis, facienti ei homagium de terra patris sui, dixit in plena curia: "Distuli jam capere homagium tuum vij. "annis de terra quam H[ugo] abbas dedit patri tuo, "quia illud donum erat in detrimentum aulæ de "Elmeswell: modo victus sum, memor beneficii quod "pater tuus mihi fecit quando in vinculis eram, quia "misit mihi portionem de ipso vino quod dominus "suus biberat, mandando ut confortarer in Deo." Magistro Waltero, filio magistri Willelmi de Dice, petenti caritative vicariam ecclesiæ de Cheventona, respondit: "Pater tuus magister scholarum erat; et "cum pauper clericus eram, concessit mihi introitum "scholæ suæ sine pacto et caritative, et usum discendi; "et ego, causa Dei, concedo tibi quod postulas."

Elias the cup-bearer.

Walter of Diss.

William and Norman, knights of Risby.

31. Duos etiam milites de Risebi, Willelmum et Normannum, cum judicati essent forte in misericordia ejus, ita allocutus est coram omnibus; "Cum essem "monachus claustralis missus Dunelmiam pro negotiis "ecclesiæ nostræ, et illinc in redeundo per Risebi, "vespere obscuro interceptus, petissem hospitium a "domino Normanno, omnino repulsam sustinui; do- "mum vero domini Willelmi adiens et hospitium pos- "tulans, ab eo honorifice susceptus sum: et ideo xx. "solidos, scilicet misericordiam, sine misericordia, inte- "gram recipiam a Normanno; Willelmo autem gratias "ago, et debitam miserationem xx. solidorum gratanter "remitto."

32. Quædam juvencula virguncula, ostiatim victum quærens, conquesta est abbati, quod unus ex filiis Ricardi filii Drogonis eam vi oppresserat; quæ tandem, procurante abbate, pro bono pacis unam marcam accepit. Abbas autem iiij^{or} marcas accepit ab eodem R. pro concessione concordiæ; sed omnes illas v. marcas

jussit dari statim cuidam mercatori, hoc pacto, ut præfatam pauperculam duceret in uxorem.

In villa Sancti Ædmundi domos lapideas emit abbas, et eas scolarum regimini assignavit, hac occasione, ut pauperes clerici in perpetuum ibi quieti essent de conductione domus, ad quam conducendam denarium vel obolum singuli scolares, tam impotentes quam potentes, bis in anno conferre cogebantur. *He provides free lodgings for poor scholars.*

Recuperatio manerii de Mildenhala pro mille marculis argenti et centum, et ejectio Judeorum de villa Sancti Ædmundi, et fundatio novi hospitalis de Babbewell, magnæ probitatis sunt indicia.

33. Dominus abbas petiit a rege literas ut Judei ejicerentur[a] a villa Sancti Ædmundi, allegans quod quicquid est in villa Sancti Ædmundi, vel infra *bannamleucam*, de jure Sancti Ædmundi est; ergo, vel Judei debent esse homines Sancti Ædmundi, vel *He obtains the king's leave to expel the Jews from Bury. A.D. 1190.*

---

[a] *Judæi ejicerentur.* Under the circumstances, this must have been the most humane course in the interest of the Jews themselves. All large English towns at this time were imperfectly policed, and the temper of the populace savage and uncertain. A riot having been once set on foot, the only hope of safety for the Jews was in taking refuge in some royal castle. Thus at Norwich, where there was a massacre of Jews about this time (Feb. 6, Diceto), those of them who were found in private houses perished; those who escaped to the castle were safe. So at Lincoln, the rumour of an intended attack having come to their ears, the Jews of the town sought shelter in the "munitio regia" (Newb. iv. 9) and saved their lives. At York, where the hideous tragedy of their fate was on so large a scale as to attract the notice of history, the Jews, having been admitted into the castle, would have escaped with life but for their own suspicious folly, which led them to shut the gates against the governor, when for some cause he had gone outside the walls. But at Lynn in January, and at Stamford on the 7th March, there being no royal castle at either place, the resident Jews had been killed and plundered with impunity. At Bury itself (Harl. 1032, sub an. 1090; Diceto, 651) there was a murderous outbreak on Palm Sunday (March 18) in which, according to Diceto, fifty-seven Jews perished. There was no castle at Bury; to the abbot alone could the survivors look for protection; and Samson knew that he had not sufficient force at his command to ensure it to them. To banish them therefore was the best thing that could be done.

de villa sunt ejiciendi. Data est ergo licentia, ut eos ejiceret, ita tamen quod haberent omnia katalla, scilicet et pretia domorum suarum et terrarum. Et cum emissi essent, et armata manu conducti ad diversa oppida, abbas jussit sollemniter excommunicari per omnes ecclesias et ad omnia altaria omnes illos, qui de cetero receptarent Judeos vel in hospitio reciperent in villa Sancti Ædmundi. Quod tamen postea dispensatum est per justiciarios regis, scilicet, ut si Judei venerint ad magna placita abbatis ad exigendum debita sua a debitoribus suis, sub hac occasione poterunt duobus diebus et ij. noctibus hospitari in villa, tertio autem die libere discedent.

A.D. 1189 Sept.
Purchase of Mildenhall.

34. Abbas optulit regi Ricardo quingentas marcas pro manerio de Mildenhala,[a] dicens illud manerium lx. librarum et decem, et pro tanto esse rollatum in magna rolla de Wincestria.[b] Et cum ita spem voti sui concepisset, cepit res dilationem usque in crastinum. Interim venit aliquis dicens regi, manerium illud bene valere c. libras. In crastino ergo abbate petitioni suæ instante, dixit rex: "Nichil est, domine " abbas, quod quæris, vel mille marcas dabis, vel " manerium non habebis." Cum autem regina Ellienor secundum consuetudinem regni [c] deberet accipere c.

---

[a] *Mildenhala.* In Domesday Book this is entered among the king's manors, it being stated at the same time that it was granted by Edward the Confessor to St. Edmund, and held under the convent by one Stigand during Edward's lifetime.

[b] *magna rolla de Wincestria.* Domesday Book; the returns forming the basis of which " were trans-" mitted to a board sitting at Win-" chester, by whom they were " arranged in order and placed " upon record ": Lingard, i. 249.

[c] *consuetudinem regni.* The "custom" here alluded to is described by Blackstone (*Commentaries*, i. 229, edition of 1844) as " an ancient perquisite called " queen-gold or *aurum reginæ*," due, in the proportion of ten per cent., from every person making a voluntary offering to the king. " As, if an hundred marks of silver " be given to the king for liberty " to take in mortmain, or to have " a fair, market, park, chase, or " free warren, then the queen is en-" titled to ten marks in silver, or

marcas ubi rex cepit mille, accepit a nobis calicem magnum aureum in pretium c. marcarum, et eundem calicem nobis reddidit pro anima domini sui regis Henrici, qui eum primo dederat Sancto Ædmundo. Alia quoque vice, cum thesaurus ecclesiæ nostræ [a] portaretur Lundonias ad redemptionem regis Ricardi, eadem regina [b] eundem calicem adquietavit pro c marcis et nobis reddidit, accipiens cartam nostram a nobis in testimonium promissionis nostræ factæ in verbo veritatis, quod calicem illum nunquam pro aliquo casu ab ecclesia nostra alienabimus. Cum autem persoluta esset tanta pecunia cum magna difficultate adquisita, sedit abbas in capitulo, dicens se habere aliquam portionem de tanto quæstu tanti manerii. Et responsum est a conventu quod hoc justum est, et ad voluntatem vestram fiat. Et dixit abbas, se posse vindicare de jure dimidiam partem, ostendens se plusquam cccc. marcas cum magnis laboribus expendisse, sed dixit se esse contentum quadam portione illius manerii, quæ dicitur Ikelingham; quod concessum est ei libentissime a conventu. Abbas vero hoc audiens, dixit: "Et ego illam partem terræ recipio "ad meum opus, non ut retineam in manu mea, vel "ut parentibus meis donem, sed pro anima mea et

A.D. 1193. The church treasure employed in the ransom of King Richard.

Samson's generosity.

" (what was formerly an equivalent " denomination) to one mark in " gold."

[a] *thesaurus ecclesiæ nostræ.* The exaction of a heavy ransom by a German emperor (Henry VI.) from an adversary who had fallen under his power, like the substantially similar transaction in 1871, was conducted with all the forms of courtesy. The sum demanded was 70,000 marks; and Richard declared (in the letter to his mother written from Haguenau on the 19th April 1193, in obedience to which St. Edmund's and all other monasteries in the kingdom handed over their gold and silver to royal commissioners), that the treaty of amity which he had concluded with the emperor was worth all the money, and that if he were free and at home in England, he would voluntarily pay as much or more money to obtain such a treaty! (Hoved. iii. 209).

[b] *eadem regina.* "The Queen's " release of the golden chalice is " set forth in the Registr. Sacr., " fol. 29 v., and is printed in Dug- " dale" (Rokewode).

"pro animabus vestris communiter dono illam novo
"hospitali de Babbewell,ᵃ in sustentationem pauperum
"et usum hospitalitatis." Dixit, et ita factum est,
et carta regis postea confirmatum. Hæc et consimilia
facta, scriptis et laudibus æternanda, fecit abbas
Samson. Nichil tamen se dixit agere, nisi posset
facere in diebus suis dedicari ecclesiam nostram; post
quod factum, asseruit se velle mori: ad cujus facti
sollemnitatem dixit se esse paratum expendere duo
milia marcas argenti, dummodo dominus rex ibi esset
præsens, et res debito honore peragi possit.

35. Nuntiatum est abbati, quod ecclesia de Wlpet [1]
vacaret, Waltero de Constantiis electo ᵇ ad episcopatum
de Lincolnia. Mox convocavit priorem et magnam
partem conventus, et incipiens narrationem suam, et [2]
ait: "Bene scitis quod multum laboravi propter eccle-
"siam de Wlpet, propter quam habendam in proprios
"usus vestros iter arripui versus Romam per con-
"silium vestrum, tempore scismatis inter papam
"Alexandrum et Octavianum, transivique per Italiam,
"illa tempestate qua omnes clerici qui portabant
"literas domini papæ Alexandri capiebantur, et qui-
"dam incarcerabantur, quidam suspendebantur, qui-
"dam, truncatis naso et labiis, remittebantur ad
"papam in dedecus et confusionem ipsius. Ego vero
"simulavi me esse Scottum, et Scotti habitum in-

---

[1] Woolpit.   [2] *Sic.*

ᵃ A small ruined building in Northgate, a few yards N. of the bridge under the railway, on the right-hand side of the road leading to Thetford, is all that now remains of Samson's "Hospital of Bab-"well."

ᵇ Walter of Coutances, who, when archdeacon of Oxford, had been one of the witnesses to Henry II.'s will, was elected to Lincoln in July 1183, and consecrated in France, by Richard, archbishop of Canterbury. In the following year he was made archbishop of Rouen. Many interesting letters from him to Ralph de Diceto, dean of London, are preserved in the *Ymagines Historiarum* of the latter.

"duens, et gestum Scotti habens, sæpe illis qui mihi
"illudebant baculum meum excussi, ad modum teli
"quod vocatur *gaveloc*, de more Scottorum voces
"comminatorias proferens. Obviantibus et interro-
"gantibus, quis essem, nichil respondi, nisi: '*Ride,*
"'*ride Rome, turne Cantwereberei.*' Sic feci, ut me
"et propositum meum celarem,

"Tutius et peterem, Scotti sub imagine, Romam.

"Impetratis autem literis a domino papa pro voto
"meo, in redeundo transivi per quoddam castellum,
"sicut via mea ducebat ab urbe; et ecce ministri de
"castro circumdederunt me, capientes et dicentes:
"'Iste solivagus, qui Scottum se facit, vel explora-
"'tor est, vel portitor literarum falsi papæ Alex-
"'andri.' Et dum perscrutabantur panniculos meos
"et caligas, et femoralia, et etiam sotulares vete-
"res, quos super humeros portavi ad consuetudinem
"Scottorum, injeci manum meam in peram quam
"portavi cuteam, in qua scriptum domini papæ
"continebatur, positum sub ciffo parvo, quo bibere
"solebam: et Domino Deo volente, et sancto Æd-
"mundo, simul extraxi scriptum illud cum ciffo,
"ita quod, brachium extendens in altum, breve tenui
"sub ciffo. Ciffum quidem viderunt, sed breve non
"perceperunt. Et sic evasi manus eorum in nomine
"Domini. Quicquid monetæ habui abstulerunt a me,
"unde oportuit me ostiatim mendicare, sine omni
"expensa, donec in Angliam venirem. Audiens autem
"quod ecclesia illa data esset Galfrido Ridello, con-
"tristata est anima mea, eo quod in vanum laboravi.
"Veniens ergo domum, feretro Sancti Ædmundi la-
"tenter me supposui, timens ne dominus abbas me
"caperet, et incarceraret, qui nichil mali merueram;
"nec erat monachus qui mecum audebat loqui, nec
"laicus qui mihi auderet victum ministrare, nisi ali-
"quis furtive. Tandem, inito consilio, misit me abbas

"apud Acram ᵃ in exilium, ibique diu moram feci.
"Hæc et multa alia mala innumerabilia passus sum
"propter ecclesiam de Wlpet; sed benedictus Deus, qui
"omnia cooperat in bonum; ecce! ecclesia, pro qua tot
"mala sustinui, data est in manu mea, et nunc potesta-
"tem habeo donandi eam ubi voluero, quia vacat. Et
"ego eam conventui reddo, et in suos proprios usus
"assigno antiquam consuetudinem vel pensionem x.
"marcarum, quam perdidistis plus quam lx. annis.
"Integram libentius vobis eam darem, si possem; sed
"scio, quod episcopus Norwicensis mihi contradiceret,
"vel si hoc concederet, tali occasione subjectionem
"et obedientiam de vobis sibi vindicaret, quod est
"inconsultum et inconveniens. Faciamus ergo quod
"de jure possumus facere; ponamus clericum vica-
"rium, qui episcopo respondeat de spiritualibus, et
"vobis de decem marcis; et volo, si vos consulitis,
"ut vicaria illa donetur alicui consanguineo R. de
"Hengheham, monachi et fratris vestri, qui mihi fuit
"consors in illo itinere versus Romam, et eisdem
"periculis expositus et propter idem negotium." His
dictis omnes surreximus et gratias egimus; et receptus
est Hugo clericus, frater prædicti Rogeri, ad prædictam ecclesiam, salva nobis annua pensione x^{cem} marcarum.

circ. 1186.

36. In manerio monachorum Cantuariensium, quod dicitur Illegga, et quod est in hundredo abbatis, contigit fieri homicidium. Homines vero archiepiscopi noluerunt pati, ut illi homicidæ starent ad rectum in curia sancti Ædmundi. Abbas vero conquestus est regi Henrico, dicens, quod archiepiscopus Baldewinus vindicabat sibi libertates ecclesiæ nostræ, optentu cartæ novæ quam rex dederat ecclesiæ Cantuariensi post mortem sancti Thomæ. Rex autem respondit, se nunquam fecisse cartam aliquam in præjudicium ecclesiæ nostræ nec aliquid sancto Ædmundo velle auferre,

---

ᵃ See note *b*, p. 212.

quod habere solebat. Quo audito, dixit abbas consiliariis privatis suis: "Sanius consilium est, ut archiepi"scopus conqueratur de me, quam ego de archiepi"scopo. Volo me ponere in saisinam hujus libertatis,
" et post me defendam cum auxilio sancti Ædmundi,
" cujus jus hoc esse cartæ nostræ testantur." Subito ergo, summo mane, procurante Roberto de Cokefeld, missi sunt circiter quater xx. homines armati ad villam de Ilegga, et ex inopinato ceperunt illos tres homicidas et ligatos duxerunt ad Sanctum Ædmundum, et in fundum carceris projecerunt. Conquerente inde archiepiscopo, Ranulfus de Glanvilla justiciarius præcepit, ut homines illi ponerentur per vadium et plegios ad standum ad rectum in curia qua deberent stare, et summonitus est abbas, ut veniret ad curiam regis, responsurus de vi et injuria, quam dicebatur fecisse archiepiscopo. Abbas vero sine omni exonio se pluries præsentavit. Tandem in capite jejunii steterunt coram rege[a] in capitulo Cantuariensi, et lectæ sunt palam cartæ ecclesiarum hinc et inde. Et respondit dominus rex: "Istæ cartæ ejusdem antiquitatis sunt et ab
" eodem rege Ædwardo emanant. Nescio quid dicam:
" nisi ut cartæ ad invicem pugnent."[1] Cui abbas dixit: "Quicquid de cartis dicatur, nos in saisina
" sumus, et hucusque fuimus, et de hoc ponere me
" volo in verumdictum duorum comitatuum, scilicet,

A.D. 1187.
11 Feb.

---

[1] In margine hic legitur: "Quia
" carta quam habemus de sancto
" Ædwardo antiquior est, quam
" carta quam habent monachi Can"tuarienses. Quia carta, quam
" habent, non dat eis libertatem,
" nisi inter homines suos tantum:
" et carta nostra loquitur de tem"pore regis Ædwardi et de tem"pore matris suæ reginæ Emmæ,
" quæ habuit viii. hundredos et
" dimidium in dotem, ante tempora
" sancti Ædwardi, et Mildenhale
" insimul" (Roke.).

---

[a] *coram rege.* Gervase (i. 353) mentions this meeting, and the presence of Samson at it; but as usual he has nothing to say of anything that passed, except that which concerned the quarrel between the monks of Canterbury and the archbishop.

"Norfolchiæ et Suthfolchiæ, se hoc concedere."[a] Sed archiepiscopus Baldwinus, habito prius consilio cum suis, dixit, homines Norfolchiæ et Suthfolchiæ multum diligere Sanctum Ædmundum, et magnam partem illorum comitatuum esse sub ditione abbatis, et ideo se nolle stare illorum arbitrio. Rex vero iratus inde et indignans surrexit, et recedendo dixit: "Qui potest "capere capiat:" et sic res cepit dilationem, "et "adhuc sub judice lis est." Vidi tamen, quod quidam homines monachorum Cantuariensium vulnerati fuerunt usque ad mortem a rusticis de villa de Meldingis,[1] que sita est in hundredo Sancti Ædmundi; et qui sciverunt, quod actor forum rei sequi debet, maluerunt silere et dissimulare, quam inde clamorem facere abbati sive baillivis ejus, quia nullo modo voluerunt venire in curiam Sancti Ædmundi ad placitandum.

Matt. xix. 12.
Hor. de Arte Poet. 78.

His quarrel with William Longchamp, bishop of Ely, the chancellor. A.D. 1191.

37. Postea levaverunt homines de Illegga quoddam trebuchet, ad faciendam justitiam pro falsis mensuris panis vel bladi mensurandi, unde conquestus est abbas domino Eliensi episcopo, tunc justiciario et cancellario. Ille vero abbatem audire nolebat, quia dicebatur olfacere archiepiscopatum, qui vacabat[b] tunc temporis. Cum autem venisset apud nos, et susceptus esset ut legatus, antequam recederet, orationem fecit ad feretrum sancti martyris; abbasque, nacta opportunitate, dixit, cunctis audientibus qui aderant: "Domine epi-"scope, libertas, quam sibi vindicant monachi Can-

---

[1] Milding.

---

[a] Samson is willing to put himself on the verdict of the two counties, in confidence that *they will grant this*, viz., that the convent has been seized of the jurisdiction time out of mind.

[b] *vacabat.* Archbishop Baldwin died at Acre in November 1190; his successor, Reginald, bishop of Bath, was elected in Dec. 1191, and died after a few days. Hubert was elected in May 1192.

" tuarienses, est jus sancti Ædmundi, cujus corpus
" præsens est, et quia non vis me adjuvare ad tuen-
" dam libertatem ecclesiæ suæ, pono loquelam inter
" te et ipsum. Ipse de cætero procuret jus suum."
Cancellarius nichil dignatus est respondere; qui infra 29 Oct.
annum Angliam exire compulsus est, et divinam ultionem expertus est. Cum autem idem cancellarius
redisset de Almannia, et applicuisset apud Gippewic, A.D. 1193.
et pernoctasset apud Heggham,[1] venit rumor ad abbatem, quod cancellarius vellet transire per Sanctum
Ædmundum, apud nos missam in crastino auditurus.
Prohibuit ergo abbas, ne celebrarentur divina, dum
cancellarius esset in ecclesia præsens, quia dixit se
audisse, apud Londonias, Londoniensem episcopum
pronuntiasse cancellarium esse excommunicatum, et
excommunicatum[a] recessisse ab Anglia, coram sex 1191.
episcopis, et nominatim pro violentia illata archiepi- Sept.

---

[1] Hitcham.

---

[a] In Dr. Lingard's *Hist. of Engl.* no mention is made of this excommunication. Yet the Chronicle of Bromton (Twys. 1225) distinctly says, that when in Oct. 1191, Geoffrey, Archbishop of York, on being released from confinement, came up to London, the archbishop of Rouen (Walter de Coutances) and six English bishops pronounced a sentence of excommunication against the chancellor who had imprisoned him. Diceto probably gives the real facts; he says that the archbishop and bishops pronounced the excommunication at Reading, in general terms, against " omnes qui consilium, vel aux-
" ilium, vel mandatum dederunt,
" ut archiepiscopus Eboracensis
" extraheretur ab ecclesia, tracta-
" retur indigne, &c.," and specially against two confidential knights of the chancellor, Alberic de Marines and Alexander Puintel. (ii. 98, Rolls ed.) With this agrees in substance the account given by Gervase (i. 507, Rolls ed.). Newburgh, Hoveden, and bishop Hugh de Nunant (in the witty and abusive letter preserved by Benedictus Abbas) make no mention of any excommunication.

scopo Eboracensi apud Doffram.[a] Veniens ergo [b] in crastino cancellarius apud nos, non invenit qui missam ei cantaret, nec clericum, nec monachum. Immo, sacerdos stans ad primam missam ad canonem missæ, et ceteri sacerdotes, ad altaria cessaverunt, stantes inmotis labiis, donec nuntius veniret dicens, illum recessisse ab ecclesia. Cancellarius omnia dissimulans, multa gravamina intulit abbati, donec, procurantibus amicis, hinc et inde ad pacis osculum reversi sunt.

A.D. 1188, 21 Jan. Samson wishes to take the cross; the king will not allow it.

38. Cum rex Henricus accepisset crucem et venisset infra mensem ad nos orationis gratia, abbas ipse sibi fecit crucem occulte de lineo panno, et tenens in una manu crucem et acum et filum, petivit licentiam a rege, ut acciperet crucem; sed denegata est ei licentia, procurante episcopo Norwicensi Johanne, et dicente, quia non expediret patriæ, nec tutum esset comitatibus Norfolchiæ et Sutfolchiæ, si episcopus Norwicensis et abbas Sancti Ædmundi simul recederent.

A.D. 1193. His readiness to go to Germany and search till he had obtained certain tidings of the imprisoned Richard.

Cum rumor venisset Lundoniis de captione regis Ricardi, et incarceratione ejus in Alemannia, et barones convenissent pro consilio accipiendo, prosiliit abbas coram omnibus, dicens, se esse paratum quærere dominum suum regem, vel in tapinagio vel alio modo,

---

[a] *Doffram.* Geoffrey, who had just been consecrated at Tours, by pope Celestine's order, to the see of York, had sworn to the king, his half brother, that he would not return to England without his leave. He did return however; and on his landing at Dover (Sept. 1191) was arrested by the chancellor's orders, and thrown into prison.

[b] *Veniens ergo.* Longchamp fled the kingdom in 1191, after his fall from power. "He came to England in the following year, but was not suffered to proceed farther than Canterbury, and crossed the seas again. In 1193 the chancellor returned, bearing letters from the emperor, and met the Regency at St. Alban's. It was on this occasion that he passed through St. Edmundsbury, coming from his manor of Hitcham, after landing at Ipswich." (Rokewode.)

donec eum inveniret, et certam notitiam de eo haberet; ex quo verbo magnam laudem sibi adquisivit.

39. Cum cancellarius, episcopus scilicet Eliensis, legati fungeretur officio et concilium celebraret apud Londoniam,[a] et quædam decreta proposuisset contra nigros monachos, loquens de vagatione eorum ad sanctum Thomam et ad sanctum Ædmundum peregrinationis obtentu, et contra abbates loquens, præfiniens eis certum numerum equorum: respondit abbas Samson: "Nos non recipimus aliquod decretum contra "regulam sancti Benedicti, quæ permittit abbatibus "liberam dispositionem habere de monachis suis. Ego "vero baroniam sancti Ædmundi servo et regnum "ejus; nec sufficiunt mihi tredecim equi, sicut qui- "busdam aliis abbatibus, nisi plures habeam ad exe- "cutionem regiæ justitiæ conservandæ."

Council at Westminster, October 1190.

His answer to the chancellor.

40. Cum esset werra in tota Anglia, capto rege Ricardo, abbas cum toto conventu sollemniter excommunicavit omnes factores werræ et pacis turbatores, non timens comitem Johannem fratrem regis nec alium, unde abbas magnanimus dicebatur. Post quod factum ivit ad obsidionem de Windleshor, ubi armatus cum quibusdam aliis abbatibus Angliæ, vexillum proprium habens, et plures milites ducens ad multas expensas, plus ibi consilio quam probitate nitens.[b] Nos vero claustrales tale factum periculosum judicavimus, timentes consequentiam, ne forte futurus abbas cogatur in propria persona ire in expeditionem bellicam. Datis indutiis illo tempore ivit in Alemanniam, et ibi visitavit regem cum donis plurimis.

A. 1193.

His firmness and courage during the troubles following the king's imprisonment.

He finds out Richard in Germany.

---

[a] Gervase (i. 488, Rolls ed.), whose eyes seldom travel outside of Canterbury, describes the battle about precedence and privilege which ushered in this council, but has not one word to say of its proceedings. Matthew Paris (or rather Wendover), and Hemingford, speaking of the chancellor with strong prejudice, say that little or nothing was done in the council that was of any benefit to the Church. (Wilkins, Conc. i. 493.)

[b] The construction is incomplete.

A.D. 1194.

A set of riotous young knights disobey his orders and cause him trouble.

28 Jun.

41. Post reditum regis Ricardi in Angliam, data est licentia torneandi [a] militibus. Ad quod faciendum convenerunt multi inter Theford[1] et Sanctum Ædmundum, sed prohibuit eos abbas; qui resistentes, votum suum impleverunt. Alia vice venerunt quatuor viginti juvenes cum sectis suis, filii nobilium, ad vindicium faciendum cum plenis armis ad prædictum locum. Quo perfecto, redierunt in villam istam causa hospitandi. Abbas vero hoc audiens, portas jussit obserari, et eos omnes includi. Crastinus dies erat vigilia apostolorum Petri et Pauli. Fide ergo interposita, promittentes se non exire, nisi per licentiam, manducaverunt omnes cum abbate illo die; sed post prandium, abbate eunte in talamum suum, surrexerunt omnes et inceperunt carolare et cantare, mittentes in villam propter vinum, bibentes, et postea ululantes, abbati et conventui somnum suum auferentes, et omnia in derisum abbatis facientes, et diem usque ad vesperam hoc modo deducentes, nec propter mandatum abbatis voluerunt desistere. Vespere vero adveniente,

He excommunicates them.

seras portarum villæ fregerunt, et vi exierunt. Abbas vero omnes sollemniter excommunicavit, per consilium tamen archiepiscopi Huberti [b] justiciarii tunc temporis; quorum multi venerunt ad emendationem, absolutionem petentes.

1182. 31 March.

He sends to Rome, and obtains fresh privileges for the abbey.

1187. 21 Jan.

42. Romam misit abbas sæpius nuntios suos, non vacuos. Primi quos misit, statim postquam fuit benedictus, impetraverunt in genere omnes libertates et consuetudines quæ concessæ fuerant prius, etiam tempore schismatis, prædecessoribus suis; postea impetra-

---

[1] Thetford.

---

[a] *torneandi.* This seems to have been merely a scheme for raising money. No one could joust at a tournament without a license; and the licenses varied in price with the rank of the holder. As far as it went, it was a graduated income tax. (Hoved. iii. 268, Rolls ed.)

[b] Archbishop Hubert was elected in 1191, and died in 1205.

vit, primus inter abbates Angliæ, quod dare posset
episcopalem benedictionem sollemniter ubicunque fuerit; et hoc est impetratum sibi et successoribus suis.
Postea impetravit exemptionem generalem sibi et suc- A.D. 1188.
cessoribus suis ab omnibus archiepiscopis Cantuarien-
sibus, quam abbas H[ugo] prædecessor suus specialiter
sibi adquisierat. Plures et novas libertates in illis
confirmationibus apponi fecit abbas Samson, ad majorem libertatem et securitatem ecclesiæ nostræ. Venit
quidam clericus ad abbatem portans literas petitorias
de redditu ecclesiastico habendo. Et abbas extrahens His list of applicants
de scrinio suo septem scripta apostolica cum bullis for preferment.
pendentibus, ita respondit: "Ecce scripta apostolica,
" quibus diversi apostolici diversis clericis ecclesiastica
" beneficia petunt dari. Cum ergo illos pacavero qui
" prævenerunt, tibi redditum dabo, quia qui prius
" venit ad molendinum prius molere debet."

43. Facta est summonitio magna in hundredo de Claims of the earl of
Risebrigga, ut audiretur querela et rectum comitis de Clare concerning the
Clara apud Witham. Ipse vero constipatus multis hundred of Risebrigg.
baronibus et militibus, comite Alberico et multis aliis
assistentibus, dixit; quod ballivi sui fecerunt ei intelligere, quod ipsi solebant annuatim accipere ad opus
suum v. solidos de hundredo et ballivis hundredi, et
nunc detinerentur injuste; et allegabat, quod prædecessores sui fuerunt feoffati, ad captionem Angliæ, de
terra Alfrici filii Withari;[1] qui quondam fuerat
dominus illius hundredi. Abbas vero sibi consulens,
nec de loco se movens, respondit: "Mirum videtur,
" domine comes; quod dicis deficit. Rex Ædwardus Samson repels them.
" dedit Sancto Ædmundo et carta sua confirmavit
" hunc hundredum integre, et de illis v. solidis nulla
" fit ibi mentio. Dicendum est tibi, pro quo servitio,
" vel qua ratione exigis illos v. solidos." Et comes,
habito consilio suorum, respondit se debere portare

---

[1] Wisgari, Lib. Domesday, 389 b.; Withgari, ibid. 390. (Roke.)

vexillum Sancti Ædmundi in exercitu, et ob hanc
causam illos v. solidos sibi deberi. Et respondit abbas:
"Certe, inglorium esse videtur si tantus vir, utpote
"comes Clarensis, tam parvum donum pro tali servitio
"recipiat: abbati autem Sancti Ædmundi parvum
"gravamen est dare v. solidos. Comes R[ogerus]
"Bigot se saisiatum tenet, et saisiatum se asserit

<small>A.D. 1173.</small> "officio portandi vexillum Sancti Ædmundi, qui illud
"portavit quando comes Lehecestriæ fuit captus et <small>p. 209.</small>
"Flandrenses destructi. Thomas etiam de Mendham
<small>The matter is adjourned.</small> "dicit hoc esse jus suum. Cum vero dirationaveris
"versus eos hoc esse jus tuum, ego libenter v. solidos,
"quos quæris, persolvam." Comes vero respondit, se
esse locuturum inde cum comite R[ogero] cognato suo,
et sic res cepit dilationem usque hodie.

<small>A.D. 1191.</small> 44. Mortuo Roberto de Kokefeld, venit Adam filius
<small>The arrangement with Adam de Kokefeld for the property which he held of the abbey.</small> ejus et cum eo parentes sui, comes R. Bigot, et alii
multi potentes, et sollicitantes abbatem de tenementis
prædicti Adæ, et præcipue de dimidio hundredo de
Cosford tenendo per annuum censum c. solidorum, tanquam hoc esset jus suum hæreditarium, et dicentes
quod pater ejus et avus ejus tenuerunt illud quater
xx. annis retro et plus. Abbas vero, nacta opportunitate loquendi, apponens duos digitos suos ad duos
oculos suos, dixit: "Illa die et illa hora perdam oculos
"istos, qua alicui concedam hundredum hæreditarie
"tenendum, nisi rex inde vim mihi faciat, qui mihi
"potest auferre abbatiam et vitam." Ostendensque
<small>Samson will hear of no hereditary tenure.</small> rationem dicti, ait: "Si aliquis teneret hundredum
"hæreditarie, et ipse forisfaceret versus regem aliquo
"modo ita quod exhæreditari deberet, statim vice-
"comes Sutfolchiæ et ballivi regis saisiarent hun-
"dredum; et exercerent potestatem suam infra
"terminos nostros; et si haberent custodiam hundredi,
"periclitaretur libertas octo hundredorum et dimidii."[a]

---

[a] See ante, pp. 48, 128.

Convertensque sermonem ad Adam, ait: "Si tu, qui
"clamas hæreditatem in illo hundredo, acciperes in
"uxorem aliquam liberam feminam, quæ teneret
"saltem unam acram terræ de rege in capite, rex
"post mortem tuam saisiaret totum tenementum
"tuum et wardam filii tui, si esset infra ætatem; et
"ita ballivi regis intrarent in hundredum Sancti
"Ædmundi in præjudicium abbatis. Ad hoc, pater
"tuus recognovit mihi, se nihil juris hæreditarii
"vendicare de hundredo; et, quia servitium suum
"mihi placuit, permisi eum tenere omnibus diebus
"vitæ suæ, meritis suis exigentibus." His dictis,
oblata est abbati pecunia multa: sed nec potuit flecti
nec prece nec pretio. Convenit tandem inter eos ita:
Adam renunciavit juri suo quod ore dicebat se habere
in hundredo, et abbas confirmavit ei omnes alias terras
suas, sed de villa nostra de Cokefeld nulla fuit facta
mentio, nec cartam creditur inde habere; Semere et
Grotene tenebit ad tempus vitæ suæ.

45. Herbertus decanus levavit molendinum ad ven- *Dean Herbert's mill.*
tum super Hauberdun:[1] quod cum audisset abbas,
tanta ira excanduit, quod vix voluit comedere, vel
aliquod verbum proferre. In crastino, post missam
auditam, præcepit sacristæ ut sine dilatione faceret
carpentarios suos illuc ire et omnia subvertere, et
materiam lignorum in salvam custodiam reponere.
Audiens hoc decanus, venit dicens, se hoc de jure *Samson, in wrath,*
posse facere super liberum feudum suum, nec bene- *orders it to be pulled*
ficium venti alicui homini debere denegari, et dixit se *down.*
velle suum proprium bladum ibi molere, non alienum,
ne forte putaretur hoc facere in vicinorum molendinorum detrimentum. Et respondit abbas adhuc
iratus: "Gratias tibi reddo ac si ambos pedes meos
"amputasses; per os Dei, nunquam panem manducabo, donec fabrica illa subvertatur. Senex es, et

---

[1] Haberdon.

"scire debuisti, quod nec regi nec justitiario licet
"aliquid immutare vel constituere infra *bannamleu-*
"*cam* sine abbate et conventu; et tu tale quid
"præsumsisti? Nec hoc sine detrimento meorum
"molendinorum est, sicut asseris, quia ad tuum
"molendinum burgenses concurrent, et bladum suum
"molerent pro beneplacito suo, nec [in] eos possem de
"jure advertere, quia liberi homines sunt. Nec etiam
"molendinum celerarii noviter levatum stare susti-
"nerem, nisi quia levatum fuit antequam fui abbas.
"Recede," inquit, "recede; antequam domum tuam
"veneris, audies quid fiet de molendino tuo." Decanus

The dean removes it himself.

autem timens a facie abbatis, consilio filii sui magistri
Stephani, famulos sacristæ præveniens, molendinum
illud elevatum a propriis famulis suis, sine omni mora,
erui fecit; ita quod, venientibus servientibus sacristæ,
nichil subvertendum invenerunt.

A.D. 1194, et post.
Advowsons, claimed or contested.

46. Quarumdam ecclesiarum advocationem calumniatus est abbas et obtinuit. Quasdam etiam calumniatas retinuit; ecclesiam de Westle, de Meringetorp, de Brethenham, de Wenelinga, de Pakeham, de Neutona, de Bradefelda in Norfolcia, medietatem ecclesiæ de Bocsford, ecclesiam de Scaldewella, et ecclesiam de Endegate. Omnes ab aliis calumniatas retinuit, et tres portiones de ecclesia de Diccleburcha ad jus advocationis suæ revocavit, et illarum portionum tenementa ad liberum feudum ecclesiæ reduxit, salvo servitio quod inde debetur aulæ de Tiveteshala.[1]

Case of *darrein presentment.*

Ecclesia vero de Bocsford vacante, cum summonita fuisset inde recognitio, venerunt quinque milites tentantes abbatem, et quærentes quid inde deberent jurare. Abbas autem noluit eis aliquid dare, vel promittere, sed dixit: "Cum ad juramentum perventum
"fuerit, dicite rectum secundum conscientiam vestram."

---

[1] Titshall.

Ipsi vero indignantes recesserunt, et ei per juramentum suum advocationem illius ecclesiæ, scilicet ultimam præsentationem,[a] abstulerunt; quam tamen postea recuperavit, multis factis expensis, et datis decem marcis.   A.D. 1188.

Ecclesiam de Hungetona[1] non vacantem sed calumniatam retinuit abbas, tempore Durandi de Hostesli, licet ipse monstraverit in testimonium juris sui cartam W[illelmi] Norwicensis episcopi, qua continetur, quod Robertus de Valoniis socer ejus dederit illam ecclesiam Æarnaldo Luvello.

47. Vacante medietate ecclesiæ de Hopetuna, mota est controversia inde inter abbatem et Robertum de Ulmo, positoque die concordiæ[b] apud Hopetonam, post multas altercationes dixit abbas ad prædictum R[obertum], nescio quo impetu animi ductus: "Tu "jura in propria persona, quod hoc tuum jus est, et "ego concedo quod tuum sit." Cumque miles ille renuisset jurare, delatum est juramentum per consensum utriusque partis sexdecim legalibus de hundredo, qui juraverunt hoc esse jus abbatis. Gilbertus filius Radulfi et Robertus de Cokefeld, domini illius feudi, affuerunt et consenserunt. Prosiliens ibi magister Jordanus de Ros, habens tam cartam H[ugonis] abbatis, quam prædicti R[oberti], et hinc inde ut uter eorum dirationaret ecclesiam, ipse personatum haberet, dixit se esse personam totius ecclesiæ et clericum   Ante 1191.

Disputes with Jordan de Ros.

---

[1] Honington.

[a] A special assize for trying cases of *Nouvel Disseisin, Mort d'Ancestor,* and *Darrein Presentment,* was erected by clause 18 of Magna Charta. See Stubbs, *Const. Hist.* i. 617.

[b] A "dies concordiæ" was probably a "love day." Comp. Wyclif, in *Grete Sentens of Curs* (Works, Clar. Press, iii. 322); rich men's followers, he says, "schal " holde wrongis at love dayes, and " bere doun troupe and pore men " in here riȝt, by colomr of lordis " knelynge in þe chapel."

proximo mortuum fuisse vicarium ejus, reddendo ei
annuam pensionem de illa medietate, et inde ostendit
cartam Walchelini archidiaconi. Abbas vero turbatus
et iratus erga eum, nunquam eum in gratiam amicitiæ
recepit, donec ipse Jordanus in capitulo monachorum
de Theford,[1] instante abbate, reconsignavit in manus
episcopi ibi præsentis illam medietatem præcise, sine
omni conditione et spe recuperandi eam, coram multitudine clericorum. Quo facto, dixit abbas: "Domine
"episcope, ego ex promisso teneor dare redditum
"alicui clerico vestro: et ego dabo hanc medietatem
"hujus ecclesiæ cui ex vestris volueritis." Et episcopus petivit, ut amicabiliter redderetur eidem magistro Jordano, et sic ex præsentatione abbatis eam
suscepit Jordanus. Postea mota est controversia inter
abbatem et eundem Jordanum de terra Herardi in
Herlava, utrum esset liberum feudum ecclesiæ, an non.
Cumque inde summonita esset recognitio duodecim
militum in curia regis facienda, facta est in curia
abbatis apud Herlavam per licentiam Rannulfi de
Glanvilla, et juraverunt recognitores se nunquam
scivisse illam terram fuisse separatam ab ecclesia, sed
tamen illam terram debere abbati tale servitium quale
debet terra Eustachii, et quædam aliæ terræ laicorum
in eadem villa. Tandem convenit inter eos ita:
magister Jordanus in plena curia recognovit illam
terram esse laicum feudum, et se nichil inde vindicare,
nisi per gratiam abbatis; et illam terram tenebit
omnibus diebus vitæ suæ, reddendo inde annuatim
abbati xij denarios pro omnibus servitiis.

Jocelin's new year's gift to the abbot; a list of the names and values of all the bene-fices in the

48. Cum juxta consuetudinem Anglorum multi multa
darent munera abbati, ut domino, die Circumcisionis
Dominicæ, cogitavi ego Jocelinus quid dare possem.
Et incepi in scriptum redigere omnes ecclesias quæ

---

[1] Thetford.

sunt in donatione abbatis, tam de nostris maneriis *convent's and the abbot's gift respectively.*
quam de suis, et rationabilia pretia earum, sicut possent poni ad firmas, tempore quo bladus mediocriter venditur. Et intrante anno subsequente, dedi abbati schedulam illam pro munere ejus, quam valde gratanter accepit. Ego vero, quia placui tunc temporis in conspectu ejus, cogitavi in corde meo quod dicerem ei, ut aliquam ecclesiam daret conventui et assignaret in usum hospitalitatis, sicut desideravit quando pauper monachus claustralis fuit, et sicut ipse voluit ante electionem suam, ut fratres jurarent, ut super quem- *ante,* p. 225.
cumque sors abbatiæ caderet, hoc faceret. Sed dum hoc cogitavi, occurrit mihi memoriæ, quod quidam alius prius dixerat ei idem verbum, et audieram abbatem respondentem, se non posse demembrare baroniam, scilicet nec debere minuere libertatem et dignitatem, quam H[ugo] abbas et ceteri prædecessores sui habuerunt de ecclesiis donandis, qui nullam vel vix contulerunt conventui; et idcirco tacui. Scriptum tale fuit:

49. "Hæ sunt ecclesiæ de maneriis et sochagiis *List as aforesaid.*
" abbatis. Ecclesia de Meleford valet xl. libras, Ge-
" ventona[1] x. marcas, Saxham xij. marcas, Hargrava
" v. marcas, Brethenham v. marcas, Bocsford centum
" solidos, major Fornham c. solidos, Stowa c. solidos,
" Hunegetona v. marcas, Helmeswell tres marcas,
" Cottuna xij. marcas, Brocford v. marcas, Palegrava
" x. marcas, major Horningesherd v. marcas, Cune-
" gestuna iiij{or} marcas, Herlava xix. marcas, Stapel-
" forda tres marcas, Tiveteshala c. solidos, Wirlingword
" cum Bedingfeld xx. marcas, Saham vi. marcas, me-
" dietas ecclesiæ de Wortham c. solidos, Rungetona
" xx. marcas, Torp vi. marcas, Wlpet præter pensio-
" nem c. solidos, Ressebroc v. marcas, medietas ecclesiæ

---

[1] Chevington.

" de Hopetona lx. solidos, Richingale vi. marcas, tres
" partes ecclesiæ de Dicleburch, quælibet pars valet
" xxx. solidos et plus, medietas ecclesiæ de Gislingham
" quatuor marcas, Ichelingham vj. marcas. De ecclesia
" de Mildenhala, quæ valet xl. marcas, et de medie-
" tate ecclesiæ de Wederdena quid dicam? Wenelinge
" c. solidos, ecclesia de Len x. marcas, ecclesia de
" Scaldewelle v. marcas, de Werketona—.

50. " Hæ sunt ecclesiæ de maneriis conventus;
" Mildenhal, Bertona, et Horningesherth xxv. marcas
" præter pensionem, Rutham xv. marcas præter pen-
" sionem, Bradefeld v. marcas, Pakeham xxx. marcas,
" Suthreia c. solidos, Riseby xx. marcas, Neutona iiij^{or}
" marcas, Wepsted xiiij. marcas, Fornham Sancte
" Genovefe xv. marcas, Herningeswell ix. marcas,
" Fornham Sancti Martini iij. marcas, Ingham x.
" marcas, Lacford c. solidos, Alvedena x. marcas,
" Kokefeld xx. marcas, Semere xij. marcas, Grotone v.
" marcas, medietas ecclesiæ de Frisingfeld xiiij. marcas,
" Beccles xx. marcas, Broc xv. marcas, Hildercle x.
" marcas, Werketona x. marcas, Scaldewell v. marcas,
" Westle v. marcas, ecclesia in Norwico duas marcas
" præter pensionem alleciorum, et duæ ecclesiæ in
" Colecestra iii. marcas præter pensionem iiij. solidorum,
" Chelesword c. solidos, Meringetorp iiij. marcas,
" medietas ecclesiæ de Bradefeld in Norfolchia tres
" marcas: staffacres,[a] et foracres, et tertiæ partes
" decimarum dominiorum Wrabenesse, vj. marcas."

Samson obtains a recognition of the immunity of the abbey

51. Duo comitatus Norfolchia et Suthfolchia positi fuerunt in misericordia regis a justiciariis errantibus propter quoddam forisfactum, et positæ fuerunt l.

---

[a] "These staffacres, it would seem, were certain payments or fees due to the abbot's staff or crozier." (Roke.) Perhaps "foracres" were similar fees paid for the right of attending the market (*forum*) at Bury; see below § 57.

marcæ super Norfolchiam, et xxx. super Sutfolciam. Et cum quædam portio de illa communi misericordia poneretur super terras Sancti Ædmundi et acriter exigeretur, abbas sine omni mora adiit dominum regem, et invenimus eum apud Clarendonam; ostensaque ei carta regis Ædwardi, quæ liberas facit terras Sancti Ædmundi de omnibus geldis et scottis, præcepit rex per literas suas, ut sex milites de comitatu de Norforchia et sex de Sutfolchia summonerentur ad recognoscendum coram baronibus scaccarii, utrum dominia Sancti Ædmundi deberent esse quieta de communi misericordia; et electi sunt tantum sex milites, ut ita parceretur laboribus et expensis, et ideo quia habuerunt terras in utroque comitatu, scilicet Hubertus de Briseword, W. filius Hervei, et Willielmus de Franchevilla, et tres alii, qui Londonias iverunt nobiscum, et ex parte duorum comitatuum libertatem ecclesiæ nostræ recognoverunt. Justiciarii autem assidentes verumdictum illorum inrollaverunt.

52. Abbas Samson iniit certamen cum militibus suis ipse contra omnes, et omnes contra eum,—(proposuit eis quod deberent ei facere integre servitium quinquaginta militum in scutagiis, et in auxiliis, et in consimilibus, quia, ut aiebant, feudos tot militum tenebant,)—quare decem ex illis quinquaginta militibus essent sine servitio, vel qua ratione vel cujus auctoritate illi quadraginta reciperent servitium decem militum. Responderunt omnes una voce talem fuisse consuetudinem, ut decem ex illis semper adjuvarent quadraginta, nec se velle inde, nec debere inde respondere, nec in placitum intrare. Cum ergo fuissent summoniti inde responsuri in curia regis, quidam exoniaverunt se ex industria, quidam apparuerunt in dolo, dicentes, se non respondere sine paribus suis. Alia vice se præsentaverunt, qui prius se absentaverunt, dicentes similiter, se non debere respondere sine paribus suis, qui in eadem querela fuerunt.

Cumque sic sæpius illusissent abbati, et in magnis et in gravibus expensis vexassent, conquestus est inde abbas H[uberto] archiepiscopo tunc justiciario; qui respondit in generali concione quemlibet militem pro se ipso debere loqui et pro suo proprio tenemento. Et dixit palam abbatem bene scientem et bene potentem esse ad dirationandum jus ecclesiæ suæ contra omnes et singulos. Comes ergo R[ogerus] Bigot primus sponte confessus est in jure se debere abbati domino suo servitium trium militum integre, et in releviis et in scutagiis et in auxiliis, sed de warda facienda ad castellum Norwici tacuit. Venerunt postea duo ex militibus, postea tres, postea plures, postea sæpe omnes, et ad exemplum comitis idem servitium recognoverunt; et quia non sufficiebat recognitio inde facta in curia Sancti Ædmundi, secum ducebat omnes abbas Lundonias ad suos sumptus, et uxores et mulieres, qui erant terrarum hæredes, ut recognitionem facerent in curia regis, et singuli singulos chirographos acceperunt. Albericus de Ver, et Willelmus de Hastinga, et duo alii fuerunt in servitio regis ultra mare, quando hæc fiebant, et ideo loquela de eis differri debuit. Albericus de Ver ultimus erat qui abbati resistebat; abbas vero averia ejus cepit et vendidit, unde oportuit eum venire in curiam et respondere sicut pares sui. Inito ergo consilio, recognovit tandem Sancto Ædmundo et abbati jus suum.

He gets the better of them.

53. Superatis ergo omnibus militibus, ex tali victoria tale lucrum poterit abbati,[1] nisi abbas voluerit aliquibus parcere; quotiens xx. solidi ponentur super scutum, remanebunt abbati xij. libræ, et si plus vel minus ponatur, plus vel minus ei remanebit secundum debitam portionem. Item solebat abbas et antecessores sui semper in fine xx. ebdomadarum dare vij.

---

[1] Desiderari videtur "accrescere." Roke.

solidos ad wardam castelli de Norwico[a] de sua bursa pro defectu trium militum, quos comes R[ogerus] Bigot tenet de Sancto Ædmundo, et solebant singuli milites de quatuor constabiliis dare xxviij. denarios, quando intrabant ad wardas faciendas, et unum denarium marescaldo, qui illos denarios colligebat, et ideo xxviij. denarios et non amplius dabant, quia decem milites de quinta constabilia solebant adjuvare ceteros quadraginta; ita quod, ubi debebant dare tres solidos integre, dederunt tantummodo xxix. denarios, et qui debebat intrare ad wardam faciendam in fine iiij^{or} mensium, intravit in fine xx. ebdomadarum. Modo autem dant singuli milites plene tres solidos et remanet abbati superexcrescentia quæ excrescit ultra xxix. denarios, unde poterit se adquietare de prænominatis vii. solidis. Ecce patet quam vim obtinuerunt comminationes abbatis, quas fecit die prima, quando recepit homagium de militibus suis, sicut præscriptum est, quando singuli milites promiserunt ei xx. solidos, et statim se retraxerunt, nolentes dare ei in summa nisi xl. libras, dicentes quod decem milites deberent adjuvare ceteros quadraginta in auxiliis et wardis faciendis, et in omnibus consimilibus.

Est autem quædam terra in Tivetteshale de feudo abbatis quæ reddere solet vigilibus de castello Norwici, *Waite-fe*, id est, xx. solidos per annum, scilicet quinque solidos in quolibet jejunio quatuor temporum. Antiqua est hæc consuetudo, quam abbas libenter vellet mutare, si posset; sed impotentiam suam considerans in hac parte adhuc tacet et dissimulat.

The ancient payment of Waite-fe to the guards of Norwich castle.

---

[a] In 1173 the careless guard kept at Norwich had been the cause of the town's being taken and sacked by the Flemings (Will. de Neub. ii. 30); it was therefore to be expected that the defences of the castle would in after times be looked to more closely.

De Henrico de Esexia.[a]

The story of Henry of Essex, 54. Ad beati regis et martyris memoriam diffusius dilatandam, præscriptis non incontinue, ut credimus, istud connectimus; non quod ego tantillus et nullius fere momenti istud memoriali titulo commendaverim,[b] quia dominus Jocelinus, elemosinarius noster, vir religionis eximiæ, potens in sermone et opere, ad potestatis preces imperiosas, sic tandem exorsus est; quæ mea reputo, quia, juxta præceptum Senecæ, quicquid ab aliquo bene dictum est, mihi inpræsumptuose ascribo.[c]

as told by him to abbot Samson in the abbey at Reading. Cum venisset abbas apud Radingas, et nos cum eo, sicut decuit, suscepti sumus a monachis ejusdem loci; inter quos Henricus de Esexia devotus occurrit, qui, nacta loquendi opportunitate, abbati et omnibus assidentibus narravit qualiter victus fuit in duello, et qualiter Sanctus Ædmundus et ob quam causam confudit eum in ipsa hora pugnandi. Ego vero narrationem ejus in scriptum redegi, domino abbate præcipiente, et scripsi in hæc verba:

Quum non potest malum vitari nisi cognitum, actus et excessus Henrici de Estsexia memoriali scripto tradere dignum ducimus, ad cautelam quidem, non ad usum.

---

[a] The cowardice of Henry of Essex, the hereditary standard-bearer, who, in 1157, during an expedition into Flintshire, when the Welsh made a sudden attack, dropped the standard, and so brought the king and army into great peril, made a great sensation. Gervase (i. 165, Rolls ed.) briefly summarises the whole story; Diceto (*Ymay. Hist.* i. 310, Rolls ed.) records the duel fought between Henry and Robert de Montfort in 1163, and its result. Carlyle, with even more than his usual force and beauty of language, has made use of the monk's narrative in "Past and Present." Who this monk was is not known. The compiler in Bod. 240, p. 654, says it was Jocelin himself; but that seems inconsistent with the tenor of the opening sentence.

[b] "Sed" desideratur. Ro.

[c] Many things resembling this sentiment occur in the 109th Epistle of Seneca; but probably the passage meant is somewhere else in his works.

Utilis et indempnis solet esse castigatio, quam persuadent exemplaria. Prædictus itaque Henricus dum floreret in prosperis, inter primates regni vir magni nominis habebatur, genere clarus, armis conspicuus, regis signifer, verendus omnibus privilegio potestatis. Ceteri comprovinciales ecclesiam beati Ædmundi regis et martyris in rebus et redditibus ampliabant; ille vero non solum clausis oculis hoc præteribat, verum etiam vi et injuriis, et per injuriam, annuum redditum quinque solidorum abstraxit, et in proprios usus convertit. Processu vero temporis, cum in curia Sancti Ædmundi ageretur causa de raptu cujusdam virginis, accessit idem H. protestans et asserens, loquelam illam in curia sua debere tractari ratione nativitatis ejusdem puellæ, quæ in dominio suo de Lailand nata fuerat. Cujus rationis prætextu, curiam Sancti Ædmundi in itineribus et innumerabilibus expensis longo temporis tractu vexare præsumpsit. In his interim et consimilibus arridens ad votum, prosperitas perpetui subintulit causam doloris, et, sub fantasia jocundi principii, tristes in eum exitus moliebatur; ex usu etenim est ei arridere ut sæviat, blandiri ut fallat, extollere ut deprimat. Nec mora; insurrexit in eum Robertus de Monteforti, ipsius consanguineus, nec genere nec viribus impar, in conspectu principum terræ damnans et accusans eum de proditione regis. Asseruit nempe eum in expeditione belli apud Waliam in difficili transitu de Coleshelle vexillum domini regis fraudulenter abjecisse, et mortem ejus sublimi voce proclamasse, et in præsidium ejus venientes, in fugam convertisse. In rei veritate, prædictus Henricus de Esexia inclitum regem Henricum secundum, Walensium fraudibus interceptum, diem clausisse credidit extremum; quod revera factum fuisset, nisi Rogerus comes Clarensis, clarus genere et militari clarior exercitio, cum suis Clarensibus maturius occurrisset, et domini regis vexillum elevasset, ad corroborationem

The charge brought by Robert de Montfort.

A.D. 1157.

et animationem totius exercitus. Henrico quidem resistente prædicto Roberto in concione, et objecta penitus inficiante, evoluto brevi temporis spatio, ad corporale duellum perventum est. Convenerunt autem apud Radingas pugnaturi in insula [a] quadam satis abbatiæ vicina; convenit et gentium multitudo, visura quem finem res sortiretur. Et factum est, cum Robertus duris et crebris ictibus viriliter intonasset, et audax principium fructum victoriæ promisisset, Henricus parumper deficiens circumquaque respexit, et ecce in confinio terræ et fluminis vidit gloriosum regem et martyrem Ædmundum armatum et quasi in aere volitantem, et cum quadam vultus austeritate versus eum crebro capitis motu minas iracundiæ et indignationis plenas prætendentem; vidit et alium cum eo militem, Gilbertum de Cerivilla, non solum quantum ad apparentiam gradu dignitatis inferiorem, sed et ab humeris supra statura minorem, oculos quasi indignantes et iracundos in eum convertere. Hic ad præceptum ipsius Henrici, vinculis et tormentis afflictus, diem clausit extremum, intrusus occasione et accusatione uxoris Henrici, quæ propriam nequitiam in innocentem deflectens, dicebat se petitiones precarias Gilberti de illicito amore non posse sustinere. Hos itaque, tam sollicitus quam timidus, intuens, Henricus antiquum scelus novum ferre pudorem recordatur. Et jam totus desperans, et rationem in impetum convertens, impugnantis, non defendentis, assumpsit officium. Qui dum fortiter percussit, fortius percussus est; et dum viriliter impugnabat, virilius inpugnabatur. Quid multa? victus occubuit. Cumque mortuus crederetur, ad magnam petitionem magnatum Angliæ, ejusdem Henrici consanguineorum, concessum est mo-

---

[a] The fight on the Thames eyot, "now a verdant meadow," is still traditionally remembered at Reading; see Murray's Handbook for Berks., p. 35.

nachis ejusdem loci, ut darent ejus corpus sepulturæ. Postea tamen convaluit, et, resumpto sanitatis beneficio, sub regulari habitu, superioris ævi labem detersit, et, longam dissolutæ ætatis ebdomadam uno saltem sabbato curans venustare, studia virtutum in frugem felicitatis excoluit.

55. Galfridus Ridellus episcopus Eliensis petiit ab abbate materiem lignorum ad quædam magna ædificia facienda apud Glemesford; quod et abbas concessit, sed invitus; non ausus tunc eum offendere. Abbate moram apud Meleford faciente, venit quidam clericus episcopi, rogans ex parte domini sui ut ligna promissa possent capi apud Ælmeswell; et erravit in verbo, dicens Ælmeswell, ubi dicere deberet Ælmessethe, quod est nomen cujusdam nemoris de Meleford. Et mirabatur abbas de mandato, quia talia ligna non potuerunt inveniri apud Ælmeswell. Quod cum audisset Ricardus forestarius de eadem villa, dixit occulte abbati, episcopum misisse proxima ebdomada præterita carpentarios suos tanquam exploratores in boscum de Ælmessethe, et eligisse[1] meliora ligna totius bosci, et signa sua imposuisse. Quo audito, subito comperit abbas nuntium episcopi errasse in mandato, respondens ei se facere libenter voluntatem episcopi. In crastino recedente nuntio, statim post missam auditam ivit abbas cum carpentariis suis in boscum prænominatum, et omnes quercus prius signatas, cum plusquam centum aliis, suo signo signari fecit ad opus Sancti Ædmundi, et ad culmen magnæ turris, præcipiens ut quantocius succiderentur. Episcopus autem, cum ex responso sui nuntii intellexit ligna prædicta apud Ælmeswell esse capienda, eundem nuntium multis contumeliis affectum remisit ad abbatem, ut verbum in quo erraverat corrigeret, dicendo

Samson cleverly takes advantage of bishop Ridel's mistake between "Elmswell" and "Elmset."

---

[1] lege, *elegisse.*

Ælmesethe non Ælmeswell; sed antequam venisset ad abbatem, jam succisa erant omnia ligna quæ episcopus desideraverat, et carpentarii sui signaverant. Unde et eum ligna alia et alibi capere oporteret si vellet. Ego autem, quando hoc videbam, ridebam, et dicebam in corde meo: "Sic ars deluditur arte."

A.D. 1182. *The town of Bury and its government.*

56. Mortuo Hugone abbate, voluerunt custodes abbatiæ deponere præfectos villæ Sancti Ædmundi et novos constituere sua auctoritate, dicentes hoc pertinere ad regem, in cujus manu abbatia fuit. Nos autem inde conquerentes, misimus nuntios nostros domino Ranulfo de Glanvilla, tunc justiciario; qui respondit se bene scire xl. libras debere reddi de villa annuatim sacristiæ nostræ,[a] et nominatim ad luminaria ecclesiæ; et dixit H[ugonem] abbatem pro voluntate sua et in talamo suo sine consensu conventus præfecturam dedisse quotiens voluit et quibus voluit, salvis xl. libris altari reddendis; et ideo non esse mirandum si bailivi regis hoc ipsum exigerent ex parte regis, et acerbe loquens, nos omnes monachos stultos nominavit, ex hoc quod passi sumus abbatem nostrum talia fecisse; non advertens quod monachorum summa religio tacere est, et excessus suorum prælatorum clausis oculis præterire; nec attendens quod baratores dicuntur, si in aliquo, sive juste sive injuste, contradicimus, et quandoque rei læsæ majestatis, vel carceris vel exilii pœna damnamur; unde et sanius consilium mihi et consimilibus meis videtur, ut confessores, quam ut moriamur martyres. Redeunte ad nos nuntio nostro, et narrante quæ audierat et viderat, quasi inviti et coacti inivimus consilium ut, communi voluntate et conventus et custodum abbatiæ, deponerentur

---

[a] *debere reddi de villa . . . sacristiæ nostræ.* Mr. Rokewode finds in the Registrum Nigrum that, "Pope Eugenius III., at the "request of abbot Ording, con- "firmed the appropriation of the "rents of the town of St. Edmund "to the use of the sacrist."

veteres præfecti villæ, reluctante Samsone subsacrista nobiscum, quantum potuimus. Samson autem abbas factus, non immemor injuriæ conventui illatæ, in crastino Paschæ proximæ post electionem suam fecit conveniri in capitulo nostro milites et clericos et multitudinem burgensium, et coram omnibus dixit istam villam pertinere ad conventum et ad altare, nominatim ad invenienda luminaria ecclesiæ; et se velle renovare antiquam consuetudinem, ut coram conventu et cum communi assensu tractaretur de præfectura villæ et consimilibus quæ ad conventum pertinebant. Et nominati sunt eadem hora duo burgenses, Godefridus et Nicholaus, ut essent præfecti; habitaque disputatione de cujus manu cornu acciperent, quod dicitur *mot-horn*, tandem illud receperunt de manu prioris, qui post abbatem caput est de rebus conventus. Illi autem duo præfecti bailivam suam pacifice custodierunt per plures annos, quousque dicerentur remissi in justitia regis custodienda : dictante autem ipso abbate, ut major securitas daretur conventui super hac re, remotis illis, recepit Hugo sacrista villam in manu sua, novos servientes constituens, qui ei de præfectura responderent; sed processu temporis, nescio quomodo, postea novi præfecti substituti sunt alibi quam in capitulo, et sine conventu; unde vel simile vel majus timetur periculum post decessum abbatis Samsonis, quam fuerit post decessum Hugonis abbatis. Quidam autem ex fratribus nostris, de amore et familiaritate abbatis plenius confidens, nacta opportunitate, et modeste sicut decuit, convenit inde abbatem, asserens inde murmur fieri in conventu. Abbas vero, his auditis, diu tacuit, ac si aliquantulum inde turbaretur, et tandem ita dicebatur respondisse : "Nonne ego, ego sum abbas? nonne mea interest dis-
" ponere de rebus ecclesiæ mihi commissæ, dummodo
" sapienter egero et secundum Deum? Si defectus
" fuerit regiæ justitiæ in villa ista, ego calumniatus

"ero, ego ero summonitus, mihi incumbet labor
"itineris et expensæ, et defensio villæ et pertinen-
"tium; ego stultus habebor, non prior, non sacrista,
"non conventus; sed ego, qui caput eorum sum et
"esse debeo. Per me et consilium,[a] Domino adjuvante,
"erit villa servata indemniter pro posse meo, et salvæ
"erunt quadraginta libræ annuatim reddendæ altari.
"Murmurent fratres; detrahant; dicant inter se, quod
"voluerint; pater eorum sum et abbas; quamdiu
"vixero, honorem meum alteri non dabo." His dictis,
recessit monachus, qui eadem responsa referebat. Ego
autem de talibus verbis mirabar, et contrariis motibus
mecum disputavi; tandem dubitare coactus, eo quod
regula juris dicit et docet, ut omnia sint in dispositione abbatis.[b]

Quarrel arising out of the claim of the London merchants to be free of toll at Bury.

57. Mercatores Lundonienses voluerunt esse quieti
de theloneo ad nundinas Sancti Ædmundi; plures
tamen inviti et coacti dederunt illud; unde multus
tumultus et commotio magna facta est inter cives
Lundoniæ in suo hustengio. Convenientes ergo inde,
abbati S[amsoni] dixerunt, se quietos esse debere per
totam Angliam auctoritate cartæ, quam habuerunt de
rege Henrico secundo. Quibus abbas respondit, quod,
si necesse esset, bene posset trahere regem in warantum,
quod nunquam aliquam cartam eis fecit in præjudicium ecclesiæ nostræ, nec in detrimentum libertatum
Sancti Ædmundi, cui sanctus Ædwardus *tollum* et
themum et omnia jura regalia concessit et confirmavit, ante conquestum Angliæ; et quod rex Henricus
dedit Lundoniensibus quietantiam thelonei per dominia
sua propria, ubi poterat dare eam; quia in villa
Sancti Ædmundi non poterat, quod suum non erat.

---

[a] "Meum," desiderari videtur. Roke.
[b] Grat. Decr. Pars Secunda, xviii. 2, 9 : " Abbatis solicitudo, *ad quem potestas tota pervenire con- venit.*"

Audientes hæc Lundonienses, communi consilio decreverunt, quod nullus ex eis veniret ad nundinas Sancti Ædmundi, et duobus annis absentaverunt se, unde magnum detrimentum habuerunt nundinæ nostræ, et oblatio sacristæ minorata fuit in magna parte. Tandem, episcopo Lundonensi et aliis pluribus interloquentibus, ita convenit inter nos et eos, quod ipsi venirent ad nundinas, et aliqui ex eis darent theloneum, sed statim eisdem redderetur, ut sub tali velamento utrimque libertas servaretur. Sed processu temporis, cum fecisset abbas concordiam cum militibus suis, et quasi in pace dormisset, ecce iterum "Philistiim super te, Samson!" Ecce Londonienses, una voce comminantes, quod domos lapideas, quas abbas eodem anno ædificaverat, ad terram prosternerent, vel contra, namum de hominibus Sancti Ædmundi in centuplum acciperent, nisi abbas citius emendaret injuriam eis illatam a præfectis villæ Sancti Ædmundi, qui xv. denarios acceperant a carettis civium Londoniensium, quæ, venientes de Gernemue, allecia portantes, transitum per nos fecerunt. Et dicebant cives Lundonienses fuisse quietos de theloneo in omni foro, et semper et ubique, per totam Angliam, a tempore quo Roma primo fundata fuit, et civitatem Lundoniæ, eodem tempore fundatam, talem debere habere libertatem per totam Angliam, et ratione civitatis privilegiatæ, quæ olim metropolis fuit et caput regni, et ratione antiquitatis. Abbas vero competentes indutias quæsivit inde, usque ad reditum domini regis in Angliam, ut cum super hoc consuleret; et, habito consilio cum juris-discretis, replegiavit calumniatoribus illos xv. denarios, reservata utrique parti quæstione de jure suo.

58. Decimo anno abbatiæ S[amsonis] abbatis, de A.D. 1192. communi consilio capituli nostri, conquesti sumus abbati in curia sua, dicentes redditus et exitus

> *The monks complain to the abbot of the little benefit which they derive from their town, and of the encroachments of the burghers.*

omnium bonarum villarum et burgorum Angliæ crescere et augmentari, in commodum possidentium et emendationem dominorum, præter villam istam, quæ xl. libras dare solet, et nunquam ad plus extenditur; et burgenses villæ esse in causa hujusmodi rei, qui tantas et tot purpresturas tenent in foro, de sopis et seldis, et stalagiis, sine assensu conventus, et ex solo dono præfectorum villæ, qui annuales firmarii et quasi servientes sacristæ fuerunt, pro beneplacito ejus removendi. Burgenses vero summoniti responderunt, se esse in assisa regis, nec de tenementis, quæ illi et patres eorum tenuerunt, bene et in pace, uno anno et uno die, sine calumnia, se velle respondere contra libertatem villæ et cartas suas; et dixerunt talem fuisse consuetudinem antiquam, ut præfecti darent, inconsulto conventu, loca soparum et seldarum in foro per aliquem redditum præfecturæ annuatim reddendum. Nos autem reclamantes volumus, ut abbas dissaisiaret eos de talibus tenementis, unde warantum nullum habuerunt. Abbas vero veniens ad consilium nostrum, tanquam unus ex nobis, secreto nobis dixit, se velle nobis rectum tenere pro posse suo; sed ordine justiciario se debere procedere, nec sine judicio curiæ posse dissaisiare liberos homines suos de terris vel redditibus suis, quos per plures annos tenuerunt, sive juste, sive injuste: quod si faceret, dicebat se cadere in misericordiam regis per assisam regni. Burgenses ergo, ineuntes consilium, optulerunt conventui redditum c. solidorum pro bono pacis, et ut tenerent tenementa sua, sicut solebant. Nos vero hoc noluimus concedere, malentes ponere loquelam in respectum, sperantes forsitan, tempore alterius abbatis, vel omnia recuperare, vel locum nundinarum mutare; et ita res cepit dilationem per plures annos. Cum autem redisset abbas de Allemannia, optulerunt ei burgenses lx. marcas, et petierunt confirmationem suam de libertatibus villæ, sub eadem forma verborum, sicut præde-

> *Samson will proceed warily.*

cessores ejus Anselmus et Ordingus et Hugo eis confirmaverant; quod et abbas Samson benigne annuit eis. Nobis autem murmurantibus et grunnientibus, facta est eis carta, sicut eis promiserat: et quia pudor esset ei et confusio, si non posset implere quod promiserat, noluimus ei contradicere, nec ad iracundiam provocare. Burgenses autem, ex quo habuerunt cartam abbatis S[amsonis] et conventus, confidebant plenius, quod nunquam tempore abbatis S. amitterent tenementa sua nec libertates suas; unde nunquam postea, sicut prius, voluerunt prænominatum redditum centum solidorum dare nec offerre. Abbas autem, hoc tandem advertens, convenit burgenses super hoc, dicens quod, nisi facerent pacem cum conventu, prohiberet seldas eorum ædificari ad nundinas Sancti Ædmundi. Illi vero responderunt, se velle dare singulis annis cappam sericam, vel aliquod aliud ornamentum ad pretium centum solidorum, sicut prius promiserunt; sed tamen hoc pacto, ut quieti essent imperpetuum de decimis denariorum, quos sacrista acriter ab eis exigebat. Abbas autem et sacrista hoc contradixerunt, et ideo posita est iterum loquela in respectum. Nos vero illos c. solidos huc usque amisimus, secundum quod vulgariter solet dici: "Qui non vult capere quando potest, "non capiet quando volet."

59. Celerarii celerariis plures pluribus succedebant, et quilibet eorum in fine anni magno debito deprimebatur. Dabantur celerario in auxilium xx. libræ de Mildenhal, nec sufficiebant. Assignatæ sunt postea quinquaginta libræ celerario singulis annis de eodem manerio; et adhuc dicebat celerarius hoc non sufficere. Volens ergo abbas indemnitati et utilitati tam suæ quam nostræ providere, sciens in omni defectu nostro ad eum, tanquam ad patrem monasterii, esse recurrendum, quendam clericum de mensa sua, magistrum Ranulfum nomine, celerario nostro associavit, ut ei

tanquam testis et socius assisteret, et in expensis et in receptis. Et ecce! multi multa loquuntur. Densescunt murmurationes, fabricantur mendacia, consuuntur detractiones detractionibus, nec est angulus in domate, qui venenoso non resonet sibilo. Dicit aliquis alicui: "Quid est quod factum est? quis vidit talia? nunquam tale dedecus factum est conventui. Ecce! "abbas constituit clericum super monachum; ecce! "clericum constituit magistrum et custodem super "celerarium, ut nichil boni possit facere sine eo. "Monachos suos vilipendit abbas, monachos suspectos "habet, clericos consulit, clericos diligit. 'Quomodo "'obscuratum est aurum, mutatus est color optimus.'" [1.] Dixit item amicus amico: "Facti sumus in opprobrium "vicinis nostris. Omnes nos monachi vel infideles, "vel improvidi reputamur; clerico creditur, non "monacho: magis confidit abbas de clerico quam de "monacho. Numquid clericus ille magis fidelis est, "vel magis sapiens, quam aliquis monachus?" Item dixit socius socio: "Celerarius et subcelerarius nonne "sunt, vel esse possunt, tam fideles homines ut "sacrista, vel ut camerarius? Consequens ergo est, "ut iste abbas, vel successor ejus, clericum ponat "cum sacrista, clericum cum camerario, clericum cum "subsacristis, ad colligendam oblationem ad feretrum, "et sic cum singulis officialibus, unde nos erimus in "subsannationem et derisum omni populo." Ego autem talia audiens, solebam respondere: "Si ego "essem celerarius, vellem utique, ut clericus mihi "testis esset in omnibus agendis; quia si bene "facerem, ipse testimonium perhiberet de bono; si "vero in fine anni aliquo debito oppressus essem, "credi possem et excusari per clericum illum." Unum autem ex fratribus nostris, virum utique discretum et litteratum, audivi quiddam dicentem, quod movit me et plures alios: "Non est," inquit, "mirandum, si "dominus abbas de nostris rebus custodiendis partes

The abbot appoints a clerk to assist the celarer.

The monks murmur at, or criticise, the arrangement.

Lament. iv.

" suas interponat, qui portionem abbatiæ, quæ eum
" contingit, sapienter regit et domui suæ sapienter
" disponit, cujus interest defectum nostrum supplere,
" si ex incuria vel inpotentia nostra contingat. Sed
" unum," inquit, " restat periculum, post mortem
" S[amsonis] abbatis futurum, quale nunquam nobis
" contigit diebus vitæ nostræ. Venient sine dubio
" bailivi regis et saisiabunt abbatiam in manu sua,
" scilicet baroniam quæ pertinet ad abbatem, sicut
" olim factum est post mortem cæterorum abbatum ;
" et sicut olim post mortem H[ugonis] abbatis volue-
" runt ballivi regis constituere novos præfectos in villa
" Sancti Ædmundi, auctoritate [a] allegantes H[ugonem]
" abbatem hoc fecisse, consimili ratione, processu
" temporis, ballivi regis ponent clericum suum ad
" custodiendum cellarium, ut per eum et ad præceptum
" ejus omnia fiant; et dicturi sunt se debere hoc
" facere, quia abbas Samson sic fecit; et ita poterunt
" commisceri et confundi res et redditus abbatis et
" conventus, quos abbas Robertus [b] bonæ memoriæ
" requisito consilio distinxit, et ab invicem separavit."
Cum hoc et consimilia verba audirem a viro magni
consilii et provido, stupui et tacui, domnum abbatem
de tali facto nec volens condemnare, nec volens
excusare.

60. Hubertus Walteri [c] archiepiscopus Cantuariensis, *circa* A.D. 1196.
et legatus apostolicæ sedis et justiciarius Angliæ, cum Archbishop Hubert sends to say

---

[a] *auctoritate.* So J.; Mr. Gage Rokewode reads " auctoritatem." The meaning is the same in either case, " alleging in warrant," (or, " as their warrant") " that abbot " Hugo had done this."

[b] Abbot Robert II., who died in 1107, a few weeks after he had been blessed by St. Anselm; see App., B. Mr. Rokewode follows Battely here in his mistaken belief that Robert survived till 1112; see his note on the passage.

[c] *Hubertus Walteri.* Hubert's father, Harvey Walter, was descended from Hubert, the first Norman settler, who received grants of land at the time of the Conquest in Norfolk and Suffolk. Theobald, the favourite brother of the archbishop, migrated to Ireland, assumed the name of Boteler, and

that he wishes to visit the abbey as legate.

multas ecclesias visitasset, et multa mutasset et innovasset jure legatiæ, rediens de matre sua carnali [a] morante et moriente apud Derham,[b] transmisit ad nos ij. clericos suos, portantes literas domini sui signatas, quibus continebatur, ut dictis et factis eorum fidem haberemus. Illi vero abbati et conventui proposuerunt interroganda, utrum vellemus recipere dominum suum legatum ad nos venientem, sicut debet recipi legatus, et recipitur ab aliis ecclesiis. Quod et si concederemus, in brevi veniret ad nos, una cum consilio abbatis et conventus de rebus et negotiis ecclesiæ nostræ secundum Deum dispositurus; quod et si ei hoc nollemus concedere, clerici illi duo mandatum domini sui nobis plenius exprimerent.

After consultation, a reply is sent that he will be received with all honour and reverence;

Abbate vero convocante plures de conventu, tale consilium inivimus, ut clericis ad nos missis benigne responderemus, dicentes, nos velle dominum suum recipere, ut legatum, cum omni honore et reverentia, et mittere simul cum eis nuntios nostros, qui hoc domino legato ex parte nostra dicerent; et consultum habuimus ut, sicut prius feceramus episcopo Eliensi et aliis legatis, ei omnem honorem exhiberemus cum processione, et campanis resonantibus, et cum ceteris solempnibus, eum reciperemus, donec veniretur ad

but the monks resolve that they will submit to no scrutiny.

scrutinium in capitulo forsitan faciendum: quod si vellet facere, tunc demum ei omnes unanimiter resisteremus in facie, Romam appellantes et cartis nostris innitentes. Dixitque dominus abbas: "Si ad præsens " voluerit legatus ad nos venire, ita faciemus sicut

---

became the ancestor of the great house of Ormond. (Hook's Archbishops of Canterbury.)

[a] *matre sua carnali.* This was Maude, daughter of Theobald de Valoines, a sister of Bertha, the wife of Ranulf de Glanville. (Hook.)

[b] *Derham.* At West Dereham in 1188, Hubert, being then Dean of York, founded a house of Præmonstratensian canons, for the benefit of his own and his parents' souls, and of those of Ranulf de Glanville and Bertha his wife, "qui nos " nutrierunt." Dugdale, vi. 899.

" supradictum est; si vero adventum suum ad nos
" distulerit ad tempus, interim dominum papam
" consulemus, quærentes, quam vim habere debeant
" privilegia ecclesiæ nostræ, ab eo et antecessoribus
" suis impetrata, contra archiepiscopum, qui super
" omnes privilegiatas ecclesias Angliæ a sede apos-
" tolica potestatem impetravit." Tale fuit consilium
nostrum.

61. Cum autem audisset archiepiscopus, quod vel- *The archbishop is satisfied, but defers his visit.*
lemus recipere eum ut legatum, nuntios nostros
gratanter recepit, et cum gratiarum actione. Et
factus est domino abbati in omnibus negotiis suis
benignus et propitius, et adventum suum ad nos
quibusdam causis emergentibus distulit ad tempus.
Omni ergo dilatione postposita, misit abbas domino *Samson obtains from Rome a brief exempting the abbey from the visitation even of a legate, unless he were a legate a latere.*
papæ easdem literas, quas legatus miserat ei et con-
ventui, in quibus continebatur quod ipse venturus
esset ad nos auctoritate legatiæ suæ, et auctoritate
domini papæ, in quibus scribebatur, quod et ei data
fuit potestas super omnes exemptas ecclesias Angliæ,
non obstantibus literis Eboracensi ecclesiæ vel alicui
impetratis. Instante autem nuntio abbatis, scripsit
dominus papa domino Cantuariensi,[a] asserens ecclesiam
nostram spiritualem filiam suam nulli legato respondere, nisi legato a latere domini papæ misso, et
prohibuit, ne in nos manum extenderet; et adjecit

---

[a] *scripsit . . . . papa . . . . Cantuariensi.* No such letter is to be found in the Regesta of Innocent III.'s correspondence in 1198 and 1199, printed in Migne's *Patrologie* (vol. ccxiv.). It seems probable that Jocelin misunderstood what he heard from Samson, and that the letter referred to was that of the 1st Dec. 1198 (N° 457 of the Regesta), which the pope addressed, not to the archbishop, but to the abbot and convent of St. Edmund. This letter opens thus, " Cum ecclesia vestra " ecclesiæ Romanæ sit filia specialis " [note the resemblance of phrase], " et ad eam nullo pertineat me- " diante, vos . . . . ad apostolicam " sedem tanquam ad caput vestrum " in arduis ducitis recurrendum."

dominus papa de suo, prohibens etiam, ne in aliquam aliam ecclesiam exemptam potestatem exerceret. Rediit ad nos nuntius noster, et absconditum fuit hoc aliquot diebus. Significatum tamen hoc fuit domino Cantuariensi a familiaribus suis de curia domini papæ. Cum autem in fine anni visitationem suam faceret legatus per Norfolch et Suthfolch, et venisset primo apud Colecestriam, misit legatus ad abbatem nuntium occulte, mandans ei, quod bene audivit dici, quod abbas impetraverat literas contra legatiam suam, et petens, ut mitteret ei amicabiliter literas illas. Et ita factum est. Habuit enim abbas duo paria literarum sub eadem forma. Abbas vero nec visitavit legatum, nec per se, nec per interpositam personam, quamdiu fuit in episcopatu Norwicensi, ne putaretur velle facere finem cum legato de hospitio ei faciendo, sicut ceteri monachi et canonici fecerunt. Legatus autem turbatus et iratus, et timens excludi, si ad nos veniret, per Norwicum, per Acram, per Derham, transivit in Heli, Lundoniam tendens. Abbate autem apparente, infra mensem, coram legato, inter Waltham et Lundoniam, in via regia, convenit eum quod noluit ei occurrere utpote justitiario domini regis quando fuit in regione ista. Abbas autem respondit, eum non isse ut justitiarium, sed ut legatum, facientem scrutinium in singulis ecclesiis, et allegavit rationem temporis, et quod passio Domini instabat, et oportebat eum interesse divinis obsequiis et claustralibus observantiis. Cum autem verba verbis, objectiones objectionibus opposuisset abbas, nec posset minis terreri nec flecti, respondit legatus cum indignatione se bene scire quod disputator bonus esset, et illum esse meliorem clericum, quam legatus esset. Abbas ergo, nec tacenda timide præteriens, nec dicenda tumide loquens, in audientia plurium respondit se talem esse, quod nunquam sustinebit ecclesiæ suæ libertatem quassari, nec propter defectum scientiæ nec pecuniæ, etiamsi oporteret eum mori vel perpetuo exilio damnari. Finitis autem his et hujusmodi altercationibus, incepit legatus erubescere, abbate parcius loquente, et rogante, ut mitius ageret cum ecclesia Sancti Ædmundi, ratione natalis soli, quia quasi nativus Sancti Ædmundi et ejus nutritus[1] fuit. Erubuit quidem, quia virus, quod intus conceperat, inconsulte effuderat.

62. In crastino nuntiatum est archiepiscopo Cantuariensi, quod dominus Eboracensis veniret legatus in Angliam, et quod ipse suggesserat multa mala domino papæ de eo, dicens quod ipse gravaverat ecclesias Angliæ causa visitationis suæ de triginta millibus marcis argenti acceptis. Misit ergo legatus ad abbatem clericos suos, rogans, ut scriberet cum ceteris abbatibus domino papæ, et excusaret eum. Quod concessit abbas, et testimonium perhibuit quod dominus Cantuariensis nec ad nostram ecclesiam venit, nec illam nec aliam gravavit ecclesiam, loquens secundum conscientiam suam. Et cum abbas tradidisset literas illas nunciis archiepiscopi, dixit coram omnibus, se non timere etiamsi voluerit archiepiscopus in his literis malignari; et responderunt clerici in periculo animæ suæ dominum suum nichil doli velle machinari, sed tantum velle excusari, et ita facti sunt amici archiepiscopus [a] et abbas.

A.D. 1199. on whose behalf, however, Samson afterwards writes to pope Innocent.

and a reconciliation is effected.

63. Præcepit rex [b] Ricardus omnibus episcopis et abbatibus Angliæ, ut de suis baroniis novem milites facerent decimum, et sine dilatione venirent ad eum in Normanniam, cum equis et armis, in auxilium

A.D. 1198. Samson has to send four knights to king Richard in France.

---

[1] Nutritius? Roke.

---

[a] The sincere and faithful character of archbishop Hubert comes out in all this narrative, which is so far in full agreement with Gervase's laudatory biography in the *Actus Pontificum.*

[b] *Præcepit rex.* See Hoveden, iv. 40 (Rolls ed.).

contra regem Franciæ. Unde et abbatem oportuit respondere de iiij. militibus mittendis. Cumque summoneri fecisset omnes milites suos, et eos inde convenisset, responderunt, feudos suos, quod de Sancto Ædmundo tenuerunt, hoc non debere, nec se, nec patres eorum, unquam Angliam exisse, sed scutagium aliquando ad præceptum regis dedisse. Abbas vero in arcto positus, hinc videns libertatem suorum militum periclitari, illinc timens ne amitteret saisinam baroniæ suæ pro defectu servitii regis, sicut contigerat episcopo Lundoniensi et multis baronibus Angliæ, statim transfretavit; et fatigatus multis laboribus et expensis et exeniis quamplurimis quæ regi dedit, in primis nullum potuit facere finem cum rege per denarios. Dicenti ergo, se non indigere auro nec argento, sed iiij^{or} milites instanter exigenti, quatuor milites stipendiarios optulit abbas. Quos cum rex recepisset, apud castellum de Hou[1] misit. Abbas autem in instanti eis xxxvi. marcas dedit ad expensas xl. dierum. In crastino autem venerunt quidam familiares regis, consulentes abbati, ut sibi caute provideret, dicentes werram posse durare per annum integrum, vel amplius, et expensas militum excrescere et multiplicari in perpetuum damnum ei et ecclesiæ suæ. Et ideo consulebant, ut antequam recederet de curia finem faceret cum rege, unde posset quietus esse de militibus prædictis post xl. dies. Abbas autem, sano usus consilio, centum libras regi dedit pro tali quietantia, et ita cum gratia domini rediit in Angliam, breve regis portans secum, ut milites sui distringerentur per feudos suos ad reddendum ei servitium regis, quod ipse fecerat pro eis. Milites vero summoniti allegabant paupertatem suam, et multa genera gravaminum, et obtulerunt domino suo duas marcas de quolibet scuto. Abbas autem, non immemor, quod ipse eos

---

[1] En.

gravaverat eodem anno, et inplacitaverat de scutagio
integre reddendo, volens eos conciliare in gratiam,
gratanter accepit quod illi gratanter optulerunt. Tunc
temporis, licet multas expensas fecisset abbas ultra *He brings back from*
mare, non rediit vacua manu ad ecclesiam suam; *abroad gifts for the*
ferens crucem auream et textum pretiosum ad pretium *convent.*
quaterviginti marcarum. Alia quoque vice cum redisset
de ultra mare, sedens in capitulo dixit, quod si esset
celerarius vel camerarius, aliquem questum faceret,
qui suæ administrationi competeret; et cum esset
abbas, aliquid adquirere deberet quod abbatem deceret.
Hoc cum dixit, obtulit conventui casulam pretiosam
et mitram auro intextam, et sandalia cum caligis
sericis, et cambucam virgæ pastoralis argenteam et
bene operatam. Simili modo, quotiens de ultra mare
rediit aliquod ornamentum secum portavit.

64. Anno gratiæ M° C. nonagesimo septimo factæ *A.D. 1197.*
sunt quædam innovationes et immutationes in ecclesia *The convent still*
nostra, quæ sub silentio præteriri non debent. Cum *does not pay its way.*
non sufficerent celerario nostro antiqui redditus sui,
jussit abbas S[amson] ut quinquaginta libræ de Mildenhala darentur de incremento annuatim celerario per
manum prioris; non simul, sed particulatim per menses, ut singulis mensibus aliquid haberetur ad expen-
dendum, et non totum simul effunderetur in una parte
anni: et ita factum est uno anno. Celerarius autem
cum complicibus suis inde conquestus est, dicens, quod
si illam pecuniam haberet præ manibus, sibi provideret
et se instauraret. Abbas vero petitioni suæ cessit,
licet invitus. Intrante mensi Augusti, jam expenderat
celerarius totum, et insuper xx. sex libras debebat,
et quinquaginta debiturus erat ante festum Sancti
Michaelis. Audiens hoc abbas moleste tulit, et ita locutus est in capitulo: "Sæpius comminatus sum, quod *Samson threatens*
" ego capiam celerariam nostram in manu mea propter *to take their housekeep-*
" defectum et improvidentiam vestram, qui singulis *ing department into*

"debito magno vos obligatis. Clericum meum cum
"celerario vestro posui in testimonium, ut res consul-
"tius ageretur; sed non est clericus vel monachus
"qui audeat mihi dicere causam debiti. Dicitur
"tamen, quod inmoderata convivia in hospitio prioris,
"per assensum prioris et celerarii, et superfluæ ex-
"pensæ in domo hospitum per incuriam hospitiarii,
"sint inde causa. Videtis," inquit, "magnum debitum
"quod instat; dicite mihi consilium, quomodo res
"emendari debeat." Multi claustrales hoc audientes,
et quasi subridentes, gratum habebant quod dicebatur;
dicentes, occulte, quia hoc verum est quod abbas
dixerat. Retorquebat prior culpam in celerarium;
celerarius vero in hospitiarium; quilibet seipsum excusabat.
Veritatem quidem sciebamus; sed tacebamus,
quia timebamus. In crastino venit abbas, iterum
dicens conventui: "Dicite mihi consilium vestrum,
"quomodo celeraria vestra consultius et melius regi
"possit?" Nec erat qui aliquid respondebat præter
unum qui dixit, nullam omnino superfluitatem esse in
refectorio, unde debitum vel gravamen deberet oriri.
Tertio die dixit abbas eadem verba; et respondit
unus: "Consilium istud a vobis debet emanare, tan-
"quam a capite nostro." Et dixit abbas: "Cum nec
"consilium vultis dicere, nec domum vestram scitis
"per vos regere, mihi incumbit tanquam patri et
"summo custodi dispositio monasterii. Accipio," inquid,
"in manu mea celerariam vestram et expensam
"hospitum, et procurationem interius et exterius."
Hiis dictis, deposuit celerarium et hospitiarium, et
alios duos monachos substituit habentes nomina subcelerarii
et hospitiarii, clericum suum de mensa sua,
magistrum G. eis associans, sine cujus assensu nichil
in cibo vel potu, nec in expensis, nec in receptis
ageretur. Antiqui emptores removebantur ab emptione
in foro, et per clericum abbatis cibaria emebantur; et
de bursa abbatis defectus nostri supplebantur. Hos-

pites suscipiendi suscipiebantur et honorandi honorabantur; officiales et claustrales omnes pariter in refectorio reficiebantur, et undique superfluæ expensæ resecabantur. Dixerunt autem quidam claustrales intra se: "Septem, utique septem, fuerunt qui bona nostra "comederunt, de quorum comestionibus, si quis loque-"batur, quasi reus læsæ majestatis habebatur." Dicebat alius, tendens ad sidera palmas: "Benedictus "Deus qui dedit talem voluntatem abbati, ut talia "corrigat." Et dicebant plerique, quia bene est. Alii dicebant non, talem emendationem honoris depressionem æstimantes, et discretionem abbatis feritatem lupi appellantes; revocabant nempe ad memoriam antiqua somnia, scilicet quod futurus abbas sæviret ut lupus. Mirabantur milites, mirabatur populus super his quæ fiebant, et dicebat aliquis in plebe: "Mirum est quod "monachi, tot et literati viri, sustinent res et reddi-"tus confundi et commisceri cum rebus abbatis; quæ "semper solebant distingui et ab invicem separari. "Mirum est quod sibi non cavent de periculo futuro "post mortem abbatis, si dominus rex invenerit eos "in tali statu." Dixit quidam alius, abbatem solum sapientem esse in rebus exterioribus regendis, et eum debere regere totum, qui scit regere totum. Et erat qui dicebat: "Si saltem unus sapiens monachus esset "in tanto conventu, qui domum sciret regere, abbas "talia non fecisset." Et ita facti sumus subsannatio et illusio his qui in circuitu nostro sunt.

His conduct is variously judged.

65. In tali tempestate contigit diem anniversarium Roberti abbatis[a] recitari in capitulo, et decretum fuit, ut Placebo et Dirige cantarentur sollempnius solito, scilicet cum magnis campanis pulsatis, sicut in anniversariis Ordingi et H[ugonis] abbatum, propter nobile

Solemn and significant observance of the anniversary of abbot Robert.

---

[a] Abbot Robert died on the 16th September (see App. B.); but his anniversary seems to have been deferred to the 28th.

factum prædicti R[oberti] abbatis, qui distinxit res et
redditus nostros a rebus et redditibus abbatis. Fiebat
autem ista sollemnitas quorumdam consilio, ut saltem sic
moveretur cor domini abbatis, scilicet ad bene faciendum. Erat autem aliquis qui putabat hoc fieri in confusionem abbatis, qui dicebatur velle confundere et
commiscere res et redditus nostros et suos, eo quod
saisiaverat celerariam nostram in manu sua. Abbas
vero audiens insolitum sonitum campanarum, et bene
sciens et advertens hoc contra consuetudinem fieri,
causam facti sapienter dissimulavit et missam sollemniter cantavit. Die vero sequente Sancti Michaelis,
volens in parte compescere murmurationes quorumdam,
illum qui prius fuit subcelerarius constituit celerarium,
et quendam alium jussit nominari subcelerarium, remanente tamen prædicto clerico cum eis, et procurante
omnia sicut prius. Cum autem clericus ille metas
temperantiæ excederet, dicens, "Ego sum Bu.," id est,
celerarius, cum metas temperantiæ in bibendo exces-
sisset, et, inconsulto abbate, curiam celerarii teneret et
vadia et plegios caperet, et redditus annuos reciperet
et per manum suam expenderet, summus celerarius
publice dicebatur a populo. Cumque sæpius per curiam vagaretur et eum tanquam magistrum et summum
procuratorem multi sequerentur pauperes et divites de-
bitores, et calumniatores, diversi diversæ conditionis et
pro diversis negotiis, stetit forte aliquis ex obedientiariis nostris in curia, et hæc videns, præ confusione
et pudore lacrimatus est, cogitans hoc esse dedecus
ecclesiæ nostræ, cogitans consequens periculum, cogitans clericum monacho preferri in præjudicium totius
conventus. Procuravit ergo, quisquis fuit ille, per
mediam personam, ut hæc domino abbati congrue et
rationabiliter insinuarentur, factumque est ei intelligere
quod hujusmodi arrogantia in clerico, quæ fiebat in
dedecus et turpitudinem universitatis, posset esse causa
magnæ turbationis et discordiæ in conventu. Abbas

vero, cum hæc audisset, statim fecit mandari celera- rium et prædictum clericum, jussitque ut celerarius de cetero se haberet ut celerarium in recipiendo denarios, in tenendo placita, et in omnibus aliis rebus, salvo tamen hoc, ut prædictus clericus ei assisteret, non a pari, sed ut testis et consiliarius.

Samson being warned, restrains him, and restores part of his old powers to the celarer.

66. Hamo Blundus, unus ex ditioribus hominibus istius villæ, agens in extremis, vix aliquid testamentum voluit facere; tandem fecit testamentum ad pretium trium marcarum, nullo audiente nisi fratre suo et uxore sua et capellano. Quod cum abbas recognovisset post mortem ejus, illos tres convenit, et acriter corripuit super hoc, quod frater ejus, qui hæres erat, et uxor ejus non sustinuerunt aliquem alium accedere ad infirmum, cupientes omnia capere: dixitque abbas in audientia: "Ego fui episcopus ejus, et curam habui
" animæ ejus; ne mihi vertatur in periculum sacer-
" dotis et confessoris ejus inscitia, quia infirmo viventi
" consulere non potui absens, quod mea interest faciam
" saltem tarde. Præcipio ut omnia debita ejus et
" katalla mobilia, quæ valent cc. marcas, sicut dicitur,
" reducantur in scriptum, et una portio detur hæredi,
" et alia uxori, et tertia pauperibus consanguineis suis
" et aliis pauperibus. Equum autem, qui ductus est
" ante feretrum defuncti et oblatus est Sancto Æd-
" mundo, jubeo remetti et reddi: non decet enim
" ecclesiam nostram coinquinari munere ejus, qui de-
" cessit intestatus, et quem fama accusat quod ex
" consuetudine solebat pecuniam suam ad usuram dare.
" Per os Dei, si alicui de cætero tale quid contigerit
" diebus meis, non sepelietur in cimiterio." Hiis dictis, recesserunt cæteri confusi.

The will of Hamo Blundus.

Samson's stern comment upon it.

67. In crastino Natalis Domini fiebant in cimiterio conventicula, colluctationes, et concertationes inter servientes abbatis et burgenses de villa; perventumque fuit a verbis ad verbera, a colaphis ad vulnera, et ad effusionem sanguinis. Abbas vero, hæc audiens, con-

A riot in the cemetery on "Boxing Day."

vocatis clanculo quibusdam, qui ad spectaculum convenerant, sed a longe steterant, nomina malefactorum jussit in scriptum redigi, quos omnes summoneri fecit, ut starent coram eo in crastino Sancti Thomæ archiepiscopi in capella Sancti Dionisii responsuri; nec interim aliquem de burgensibus vocavit ad mensam suam, sicut prius solebat facere, primis quinque diebus in Natali. Die ergo statuto, acceptis juramentis a sexdecim legalibus hominibus, et auditis eorum attestationibus, dixit abbas: "Constat quod isti male"factores inciderunt in canonem [a] datæ [b] sententiæ; sed "quia laici sunt hinc et inde, et non intelligunt quan"tum facinus sit tale sacrilegium facere, ut ceteri magis "timeant, istos nominatim et publice excommunicabo,

The abbot excommunicates the offenders,

"et, ne in aliqua parte derogetur justitiæ, a domesticis "et servientibus meis incipiam." Sicque factum est, acceptis stolis et accensis candelis. Exierunt ergo omnes ab ecclesia, et, accepto consilio, omnes se exspoliaverunt, et omnino nudi præter femoralia prostraverunt se ante ostium ecclesiæ. Cumque venissent assessores abbatis, monachi et clerici, et dicerent lacrimabiliter, quod plusquam centum homines nudi ita jacerent, lacrimatus

but, touched by their humble and penitent behaviour, grants them absolution.

est et abbas. Rigorem tamen juris in verbo et vultu præferens, et pietatem animi dissimulans, a consiliariis suis voluit cogi, ut pœnitentes absolverentur, sciens quod misericordia superexaltanda est judicio, et quod ecclesia omnes pœnitentes recipit. Verberati ergo omnes acriter et absoluti, juraverunt omnes, quod starent judicio ecclesiæ de sacrilegio perpetrato. In crastino vero data est eis pœnitentia secundum insti-

---

[a] On Sacrilege, and the state of the law respecting it in the twelfth century, see Gratian's *Decretum*, Pars II., causa 17, quæst. 4.

[b] *late?* (Roke.). Mr. Gage Rokewode's correction is evidently right. Among the glosses to the passage quoted in the preceding note from Gratian, there is one which says, that if certain acts had been condemned beforehand by the bishop on pain of excommunication, " tum " dicerem quod statim excommuni-" catus est sacrilegus, non ratione " sacrilegii, sed *ratione sententiæ* " *dudum latæ.*"

tuta canonum, et sic omnes ad unitatem concordiæ revocavit abbas, minas terribiles omnibus proponens qui in dicto vel in facto materiam discordiæ præberent. Conventicula autem et spectacula prohibuit publice fieri in cimiterio; et sic, omnibus ad bonum pacis reductis, burgenses cum domino suo abbate diebus sequentibus comederunt cum gaudio magno. *A happy reconciliation.*

68. Facta est commissio[a] domini papæ H[uberto] Cantuariensi archiepiscopo, et domino Lincolniensi, et S[amsoni] abbati Sancti Ædmundi, de reformatione Conventrensis ecclesiæ et de monachis restituendis, sine causæ recognitione.[b] Convocatis ergo partibus apud Oxneford, receperunt judices literas precatorias a domino rege, ut negotium illud poneretur in respectum. Archiepiscopo et episcopo dissimulantibus et tacentibus, et quasi clericorum favorem venantibus, solus abbas aperte loquebatur, monachus pro monachis de Conventria, eorum causam publice fovens et defendens. Et eo procurante, eo tenus processum est illa die, quod quædam simplex saisina facta fuit uni ex monachis de Conventria cum uno libro. Sed dilata fuit corporalis institutio ad tempus, ut sic saltem petitioni domini regis satisfaceret abbas; vero illo tempore quatuordecim monachos de Conventria, qui ibi convenerant, recepit in hospitio suo, et sedentibus monachis ad mensam ex una parte domus, et ex alia parte magistris scholarum,[c] qui summoniti fuerant, laudabatur abbas magnanimus et magnificus in expensis, *A.D. 1197. The pope (Celestine III.) places Samson on a commission for restoring the expelled Coventry monks. His zeal in this service. He practises magnificent hospitality in his lodgings at Oxford.*

---

[a] *commissio.* Hugh de Nunant, bishop of Lichfield and Coventry (on whose career see Stubbs' preface to the Rolls ed. of Gervase of Canterbury), had a violent dislike for all monks, and whenever he could, put secular canons in their place. He had now turned out the monks at Coventry, and the natural result is a papal commission.

[b] See Gervase of Canterbury, i. 550 (Rolls edition).

[c] *magistris scholarum.* Not, apparently, Oxford teachers specially; but *scholastici*, or schoolmasters from the monasteries and collegiate churches which were within easy reach of Oxford. Samson had been a schoolmaster himself, and would be glad thus to show his respect for the calling.

nec unquam videbatur in vita sua magis lætus quam tunc temporis fuit, pro reverentia monastici ordinis reformandi. Instante festo sancti Hilarii, perrexit abbas cum magna hilaritate Conventreiam, nec victus labore nec expensis, et dicebat quod si oporteret eum feretro equitatorio portari, non remaneret. Veniente eo Conventreiam, et quinque diebus expectante archiepiscopum, omnes monachos prænominatos cum servientibus eorum honorifice secum tenuit, donec creatus fuit novus prior, et monachi sollemniter introducti essent. "Qui habet aures audiendi, audiat" factum memoriale.

69. Postquam convenit inter abbatem S[amsonem] et R[obertum] de Scalis super medietate advocationis ecclesie de Wetherdene, et idem [R[obertus]. recognovisset Sancto Ædmundo et abbati jus suum; abbas, nulla conventione prius habita, nullo prius facto promisso, dedit illam ecclesiæ medietatem quæ eum contingebat magistro R[ogero] de Scalis fratri ejusdem militis, hac conditione, ut annuam pensionem trium marcarum per manum nostri sacristæ redderet magistro scholarum, quincunque legeret in villa Sancti Ædmundi. Hoc autem fecit abbas memorandæ pietatis ductus affectu, et sicut prius emerat domos lapideas ad scholas regendas, ut pauperes clerici quieti essent a conductione domus, ita de cetero essent quieti ab omni exactione denariorum, quos magister scholarum, ex consuetudine, exigebat pro eruditione sua; Domino autem Deo volente, et abbate vivente, tota medietas prædictæ ecclesiæ, quæ valet, sicut dicitur, centum solidos, ad tales usus converteretur.

70. Cum abbas in villis suis per abbatiam multa et varia ædificia construxisset, et perhendinasset ad maneria sua sæpius et frequentius quam nobiscum domi, tandem quasi in se rediens, et quasi bonum in melius comumtans, dixit se magis solito domi commoraturum, et ædificia infra curiam ad usus necessarios

facturum, respectum habens ad interiora et exteriora, et sciens quia "præsentia domini provectus est agri."[a] Stabula ergo et officinas in curia circumcirca, quæ coopertæ erant arundine prius, novis tectis appositis, lateribus cooperiri jussit, procurante H[ugone] sacrista, ut sic omnis timor excluderetur et periculum ignis. Et ecce tempus acceptabile, dies desideratus! quod non sine gaudio scribo, qui curam hospitum habeo. Ecce! jubente abbate, resonat curia ligonibus et machinis cæmentariis ad subvertendam domum hospitum, et jam fere tota est prostrata: de reædificatione cogitet Altissimus! Lardearium novum sibi construxit abbas in curia, et vetus lardearium conventui ad opus camerarii dedit, quod indecenter sub dormitorio fuerat. Capellæ sancti Andreæ et sanctæ Katerinæ et sanctæ Fidis noviter plumbo coopertæ sunt.[b] Multæ quoque emendationes infra ecclesiam et extra factæ sunt. Si non credis, aperi oculos tuos et vide. Tempore quoque suo facta est elemosinaria nostra lapidea, quæ prius erat debilis et lignea, ubi quidam frater noster Walterus medicus, tunc temporis elemosinarius, multum apposuit, quod arte medicinali adquisivit. Item videns abbas quod tabula argentea magni altaris, et multa alia preciosa ornamenta, alienata fuerant propter recuperationem de Mildenhala et redemptionem regis Ricardi, tabulam illam noluit reformare nec alia consimilia, quæ consimili casu possent evelli et distrahi; sed ad cristam faciendam pretiosissimam super feretrum gloriosi martyris Ædmundi studium suum convertit, ut ibi ornamentum suum poneretur unde nullo casu posset abstrahi, nec aliquis hominum manus auderet apponere. Quippe captivato rege Ricardo in Alemannia, non erat thesaurus in Anglia, qui non daretur vel

He desires to incrust the feretory of the saint with great splendour.

---

[a] Mr. Rokewode cites "Pallad[ius] *de Re Rustica*] l. 1. tit. 6, but I have been unable to verify the reference.

[b] The ground plan and ichnography of the great abbey church of Bury will form the subject of a special study in the second volume.

redimeretur, sed feretrum Sancti Ædmundi remansit intactum. Venit tamen in questionem coram justitiariis ad scaccarium utrum feretrum Sancti Ædmundi saltem in parte excrustaretur ad redemptionem regis Ricardi, et abbas se erigens respondit: "Scitote pro " vero, quod nunquam hoc fiet per me, nec est homo " qui me ad hoc posset cogere, ut consentiam. Sed " aperiam ostia ecclesiæ; intret qui velit, accedat qui " audeat." Responderunt singuli justitiarii cum juramentis: "Nec ego accedam, nec ego accedam. In re- " motos et absentes sævit Sanctus Ædmundus; multo " magis in præsentes sæviet, qui tunicam suam ei " auferre voluerint." His dictis, nec feretrum fuit excrustatum, nec inde pretium datum. Cæteris ergo omissis, conversus est animus abbatis satis consulte et provide ad cristam feretri fabricandam. Et jam resonant laminæ aureæ et argenteæ inter malleum et incudem, et "tractant fabrilia fabri." Hor. Ep. li. 1, 116.

71. Adam de Cokefeld moriens filiam trium mensium reliquit hæredem; wardamque dedit abbas de feudo suo, ubi volebat. Rex vero Ricardus, sollicitatus a quibusdam familiaribus suis, petiit anxie wardam et puellam ad opus cujusdam servientis sui; quandoque per literas, quandoque per nuntios. Abbas vero respondit se wardam dedisse, et carta sua confirmasse; mittensque nuntium suum regi tentavit prece et pretio, si quomodo posset iram ejus mitigare. Et respondit rex cum magna indignatione, quod se vindicaret de superbo abbate, qui ei contradixit, nisi desisteret pro reverentia Sancti Ædmundi quem timuit. Redeunte ergo nuntio, abbas minas regis sapienter dissimulavit, et dixit: "Mittat rex si vult, et saisiet " wardam; vim et potestatem habet faciendi volunta- " tem suam, et auferendi totam abbatiam. Ego nun- " quam flectar, ut hoc velim quod petit, nec per me " hoc unquam fiet. Timendum enim est ne talia " trahantur ad consequentiam in præjudicium succes-

"sorum meorum; pro negotio isto nunquam regi pe- A.D.1198.
"cuniam dabo. Videat Altissimus. Ego quicquid
"contigerit patienter sustinebo." Cum ergo multi dicerent et crederent regem esse commotum versus abbatem, ecce! rex amicabiliter scripsit abbati, et mandavit ut de canibus suis aliquos ei daret. Abbas vero non immemor illius dicti sapientis,—

Munera (crede mihi) capiunt hominesque deosque;
Placatur donis Jupiter ipse datis,

canes, sicut rex mandaverat, insuper et equos et alia munera pretiosa, ei transmisit. Quæ cum rex gratanter suscepisset, probitatem abbatis et fidelitatem ejus publice coram comitibus et baronibus suis magnifice commendavit, et annulum pretiosum, quem dominus papa Innocentius tertius per magnam caritatem ei Pope Innocent's ring. donaverat, primum scilicet donum quod ei post consecrationem suam oblatum fuerat, abbati per nuntios suos misit in signum familiaritatis et amoris, et per breve suum de xeniis sibi transmissis gratias multiplices egit.

72. Multi mirabantur de consuetudinibus quæ im- Old oppressive customs mutabantur, domino Samsone abbate vel jubente vel changed or abrogated permittente. A tempore [a] quo villa Sancti Ædmundi by Samson. nomen et libertatem burgi accepit,[b] solebant homines de singulis domibus dare celerario unum denarium in principio Augusti, ad metendum segetes nostras, qui census dicebatur *rep-selver;* et antequam villa fuit libera, solebant omnes metere ut servi; sola hospitia militum et capellanorum et servientium curiæ quieta erant a

---

[a] From *A tempore* to *discordia concors* (p. 304) we possess an independent text; it may be seen at folio 123 of Harl. 1005.

[b] *villa . . . . . libertatem burgi accepit.* In Appendix A. is an extract from Domesday Book, showing what was the state of things in the town of Bury at the time of the survey. What progress the town had made since then, to the end of the twelfth century, I have endeavoured to state as accurately as the materials will allow in the Introduction.

tali censu. Processu temporis, pepercit celerarius quibusdam ditioribus villæ, nichil exigens ab eis; alii burgenses, hoc videntes, publice dicebant, quod nemo qui haberet messuagium proprium deberet dare illum denarium, sed illi qui alienas domos conducebant. Postea, omnes communiter hanc libertatem petebant, convenientes inde dominum abbatem, et annuum redditum pro tali exactione offerentes; abbas vero, attendens qualiter celerarius turpiter ibat per villam ad colligendum *rep-selver*, et qualiter faciebat capi vadia in domibus pauperum, quandoque tripodes, quandoque ostia, quandoque alia utensilia, et qualiter vetulæ exibant, cum colis suis, minantes et exprobrantes celerario et suis, decrevit ut viginti solidi darentur singulis annis celerario ad *portmane-mot* proximum, per manum præfecti, ante Augustum, a burgensibus qui attornaverunt redditum ad hoc solvendum. Sicque factum est, et carta nostra confirmatum; data eis alia quietantia cujusdam consuetudinis quæ dicitur *sor-peni*, pro iiij. solidis ad eundem terminum reddendis. Solebat enim celerarius accipere unum denarium per annum, de qualibet vacca hominum ville pro exitu et pastura; nisi forte essent vel vaccæ capellanorum, vel servientium curiæ, quas vaccas solebat imparcare, et circa hoc multum laborare. Post autem, cum abbas de hoc loqueretur in capitulo, indignabatur conventus et moleste tulit, unde et Benedictus supprior in capitulo respondens pro omnibus dixit: " Ille, ille abbas " Ordingus, qui illic jacet, non faceret tale quid pro " quingentis marcis argenti." Abbas vero inde iratus rem distulit ad tempus. Item facta est contentio magna inter R[ogerum] celerarium et H[ugonem] sacristam de pertinentiis officiorum suorum, ita quod sacrista nolebat accommodare celerario ergastulum villæ ad includendum latrones, qui capiebantur in feudo celerarii. Unde celerariuss æpius vexabatur, et, latronibus evadentibus, vituperabatur pro defectu justitiæ. Contigit autem, quod quidam libere tenens de celerario, extra portam manens, Ketel nomine, latrocinio calumniatus et duello victus, suspensus erat. Dolebat autem conventus propter opprobria burgensium, dicentium quod, si esset homo ille manens infra burgum, non pervenisset ad duellum, sed juramentis vicinorum suorum se ádquietasset, sicut libertas est eorum qui manent infra burgum. Videntes ergo hoc abbas et sanior pars conventus, et attendentes quod homines, tam extra burgam quam infra, nostri sunt, et omnes debent eadem libertate frui infra *bannamleucam*,[a] præter lancettos[b] de Herdewic et pares eorum, consulte providerunt quomodo posset hoc fieri. Volens itaque abbas officia sacristiæ et celerarii certis articulis, determinare, et contentiones sedare, quasi fovendo partem sacristæ, præcepit, ut servientes præfecti villæ et servientes celerarii intrarent simul feudum celerarii ad capiendos latrones et malefactores, et præfectus dimidium lucri haberet pro incarceratione et custodia et labore suo, et curia celerarii veniret ad *portmanne-mot*, et ibi communi consilio judicarentur judicandi. Statutum est etiam, ut homines celerarii venirent ad domum thelonei cum aliis, et ibi renovarent pleggios suos, et scriberentur in rolla præfecti, et ibi darent præfecto denarium, qui dicitur *borth-selver*, et celerarius haberet dimidiam partem; sed nunc nihil omnino inde capit celerarius. Hoc autem totum fuit

---

[a] *bannamleucam.* Ducange defines *bannaleuca* (*bannum leugæ*, *bannileuca, banleuca*) as a certain territory by the boundaries of which the jurisdiction and immunities of any place, whether a town or a monastery, were limited. *Bannum* is here used in the sense of jurisdiction, or of the ground within which such jurisdiction is exercised. And because the amount of territory so enfranchised was usually reckoned at a league either way, the phrase *banna leuca*, or *banlieue*, came into use.

[b] *lancettos.* "Colonorum species " apud Anglos præstationibus et " operis obnoxia"; Ducange. Spelman says lancettus is a corruption of *land-seta*, with which compare *cot-seta*, a cottier. It was a tenure by low and menial services.

factum, ut omnes æquali libertate gauderent. Dicunt tamen adhuc burgenses, quod suburbani non deberent esse quieti de theloneo in foro, nisi fuerint in gilda mercatorum. Præfectus autem, abbate dissimulante, placita et forisfacturas sibi vendicat de feudo celerarii his diebus.

73. Antiquæ consuetudines celerarii, quas vidimus, tales fuerunt; celerarius habebat messuagium et horrea sua juxta fontem Scuruni, ubi sollemniter curiam suam solebat tenere de latronibus et omnibus placitis et querelis, et ibi solebat ponere homines suos in plegios et inrollare, et renovare singulis annis, et inde lucrum capere sicut præfectus capiebat ad *portmane-mot*. Quod messuagium, cum horto adjacente, quem nunc infirmarius tenet, fuit mansio Beodrici, qui fuit antiquitus dominus istius villæ, unde et villa dicta fuit Beodrichesworth, cujus campi dominici nunc sunt in dominico celerarii. Quod autem nunc vocatur *averland*, fuit terra rusticorum ejus. Erat autem summa tenementi ejus et suorum tricesies triginta acræ terræ, quæ adhuc sunt campi istius villæ, quorum servitium, cum villa fuit facta libera, dividebatur in duas partes, ut sacrista sive præfectus acciperet liberum censum, scilicet de qualibet acra duos denarios; celerarius haberet araturas et alia servitia, scilicet araturam unius rodæ pro qualibet acra sine cibo (quæ consuetudo adhuc observatur); haberet et faldas ubi omnes homines villæ, præter senescaldum qui propriam faldam habet, tenentur ponere oves suas (quæ consuetudo adhuc observatur); haberet et *aver-peni*, scilicet pro singulis triginta acris ij. denarios; quæ consuetudo mutata fuit ante mortem H[ugonis] abbatis, Gilberto de Aluedena existente celerario. Solebant autem homines villæ, jubente celerario, ire apud Laginghehe[1]

---

[1] Alter textus (J'.), qui hunc locum exhibet (vide Proleg., § 16), habet *Lakinghethe*.

et reportare avragium de anguillis de Sutreia,[1] et sæpe vacui redire et ita vexari sine aliquo emolumento celerarii; unde convenit inter eos, ut singulæ triginta acræ de cetero darent unum denarium per annum, et homines remanerent domi. Terræ autem illæ, nunc tempore, in tot partes divisæ sunt, quod vix scitur a quo ille census dari debet; ita quod vidi celerarium in uno anno capere xxvii. denarios, sed vix nunc potest habere x. denarios et obolum. Item celerarius solebat habere potestatem in viis extra villam, ita quod nulli licuit fodere cretam vel argillam sine licentia ejus. Solebat etiam summonere fullones villæ, ut ei accomodarent pannos ad sal suum ducendum. Alioquin ipse prohiberet eis usum aquarum, et caperet telas quas ibi inveniret; quæ consuetudines adhuc observantur. Item quicumque emit a celerario bladum vel aliud, solebat esse quietus de theloneo ad portam villæ quando exiret, unde celerarius rem suam carius vendebat, quod adhuc observatur. Item celerarius solet accipere theloneum de lino, tempore rotationis, scilicet unam bottam de qualibet cerna. Item solus celerarius debet, vel solebat habere, liberum taurum in campis hujus villæ; nunc habent plures. Item quando aliquis delegabat terram burgagii in elemosinam conventui, et hoc assignabatur celerario vel alio officiali, terra illa solebat de cetero esse quieta de *haggovele*, et maxime celerario propter dignitatem officii, quia secundus pater est in monasterio, vel propter reverentiam conventus, quia favorabilis debet esse conditio eorum qui victum nostrum procurant; sed talem consuetudinem dicit abbas esse injustam, ubi sacrista amittit servitium suum. Item celerarius solebat warentizare servientibus curiæ, ut essent a scotto et tailagio quieti; sed nunc non est ita, quia burgenses dicunt, quod servientes curiæ debent esse quieti in eo quod sunt servientes,

Burdens and exactions formerly laid on its tenants by the convent are being gradually abated.

---

[1] Southrey.

sed non in hoc quod tenent burgagium in villa, et
quia ipsi vel uxores eorum faciunt publicas emptiones
et venditiones in foro. Item celerarius libere solebat
capere omnia sterquilinia ad opus suum, in omni vico,
nisi ante ostia eorum qui habebant *averland;* illis enim
solis licebat fimum colligere et habere. Ista consuetudo paulatim defecit tempore Hugonis abbatis, usque
quod Dionisius et Rogerus de Hehingheham fuerunt
celerarii, qui, volentes antiquam consuetudinem revocare, ceperunt redas burgensium fimo oneratas, et eas
exonerari fecerunt; sed reclamante multitudine burgensium et prævalente, quilibet in tenemento suo
fimum colligit, et pauperes suum vendunt, quando et
cui voluerint. Item celerarius in foro istius villæ tale
privilegium solet habere, quod ipse vel emptores sui
primam emptionem habebunt de omni cibo ad opus
conventus, si abbas domi non fuerit. Emptores abbatis
vel celerarii, qui prius venient in foro, prius ement,
sive isti sine illis, sive illi sine istis. Si autem hinc
et inde præsentes fuerint, deferendum est emptoribus
abbatis. Item tempore quo venditur allec, ement emptores semper abbatis centenarium de allec minus quam
ceteri, uno obolo; similiter celerarius et sui emptores.
Item si summa de pisce vel alio cibo venerit in curiam
primo vel in forum venerit, et summa illa non fuerit
discargiata de equo vel de carecta, celerarius vel emptores
sui summam integram ement et secum ducent sine
theloneo. Abbas autem Samson præcepit emptoribus
suis, ut cederent celerario et suis, quia, sicut ipse
dixit, maluit ut ipse esset in defectu quam suus conventus. Emptores ergo, honore se invicem prævenientes, Rom. xii. 10.
si aliquid emendum invenerint quod non sufficiat ambabus partibus, rem pariter emunt et a pari dividunt,
et sic capitis ad membra, patris ad filios, remanet
discordia concors.[a]

---

[a] There seems to be an allusion to Lucan, *Phars.* i. 98; *mansit concordia discors.*

ante, § 25. 74. Poeta dixit, "summa petit livor;" hæc idcirco repeto quia, cum aliquis præsens scriptum inspiceret, et tot bene acta legeret, adulatorem abbatis me nominavit, et venatorem favoris et gratiæ, dicens, quod quædam suppressi tacitus, quæ tacenda non essent. Cumque interrogarem quæ et qualia, respondit: "Nonne vides, quod abbas dat eschaetas terrarum de "dominicis terris conventus, et puellas hæredes terra- "rum, et viduas, tam in villa Sancti Ædmundi quam "extra, pro beneplacito suo? Nonne vides, qualiter "abbas abstrahit sibi loquelas et placita calumnian- "tium, per breve regis, terras que sunt de feudo "conventus, et maxime illas loquelas unde lucrum "surgit; et illas unde lucrum non sequitur, illas "remittit celerario vel sacristæ aut aliis officialibus?" Quibus respondi, ut scivi, forte bene, forte male, dicens, quod quilibet dominus feudi, cui sit homagium, debet de jure habere eschaetam, cum evenerit in feudo, unde ipse accepit homagium; et consimili ratione, generale auxilium burgensium et wardas puerorum et donationes viduarum et puellarum in illis feudis unde accepit homagium, quæ omnia soli abbati convenire videntur, nisi forte vacaverit abbatia. In villa tamen Sancti Ædmundi consuetudo extitit ratione burgi, ut proximus consanguineus habeat wardam pueri cum hæreditate, usque ad annos discretionis. Item de loquelis et placitis respondi, me nunquam vidisse abbatem sibi usurpasse placita nostra, nisi pro defectu justitiæ nostræ; sed tamen pecuniam aliquando accepisse ut, sua auctoritate interveniente, loquelæ et placita debitum sortirentur finem. Vidi etiam aliquando placita, quæ ad nos spectant, tractari in curia abbatis; quia non erat aliquis, qui in principio litis ex parte conventus forum allegaret.[a]

Jocelin defends himself from the charge of partiality.

---

[a] *forum allegaret*; lit. "might "allege the court"; *i.e.*, allege that the jurisdiction over the matter in litigation lay with the convent and not with the abbot.

75. Anno gratiæ Mº C. nonagesimo viijº. voluit gloriosus martyr Ædmundus terrere conventum nostrum et docere, ut corpus ejus reverentius et diligentius custodiretur. Erat quidam ligneus tabulatus inter feretrum et magnum altare, super quem duo cerei, quos solebant custodes feretri reclutare, et cereum cereo superponere, et indecenter conjungere. Erant sub tabulato illo multa reposita indecenter, linum et filum et cera, et utensilia varia, immo quicquid veniebat in manus custodum, ibi reponebatur ostio et parietibus ferreis existentibus. Cum ergo dormirent custodes nocte sanctæ Aleldrethæ, cecidit, ut credimus, pars cerei reclutati jam conbusti super prædictum tabulatum pannis opertum, et cœpit omnia proxima quæ supra et subtus erant accendere, ita quod parietes ferrei omnino igne candescerent. Et ecce furor Domini, sed non sine misericordia, juxta illud, "cum iratus fueris, misericordiæ recordaberis." Eadem Habac. iii. enim hora cecidit horologium ante horas matutinas, surgensque magister vestiarii, hoc percipiens et intuens, cucurrit quantocius et, percussa tabula tanquam pro mortuo, sublimi voce clamavit dicens feretrum esse combustum. Nos autem omnes accurrentes flammam invenimus incredibiliter sævientem, et totum feretrum amplectentem, et non longe a trabibus ecclesiæ ascendentem. Juvenes ergo nostri propter aquam currentes, quidam ad puteum, quidam ad horologium, quidam cucullis suis impetum ignis cum magna difficultate extinxerunt, et sanctuaria quædam prius diripuerunt. Cumque frigida aqua super frontem feretri funderetur, ceciderunt lapides et quasi in pulverem redacti sunt. Clavi autem, quibus laminæ argenteæ configebantur feretro, exiliebant a ligno subtus combusto ad spissitudinem digiti mei, et pendebant laminæ sine clavis una ex altera. Aurea quidem majestas in fronte feretri cum quibusdam lapidibus remansit firma et intacta, et pulcrior post ignem quam ante, quia tota aurea fuit.

76. Contigit etiam, volente Altissimo, tunc temporis magnam trabem, quæ solebat esse ultra altare, sublatam esse, ut nova sculptura repararetur. Contigit et crucem, et Mariolam, et Johannem, et loculum cum camisia sancti Ædmundi, et philateria cum reliquiis, quæ ab eadem trabe pendere solebant, et alia sanctuaria quæ super trabem steterant, omnia prius sublata esse; alioquin omnia conbusta essent, ut credimus, sicut pannus depictus conbustus fuit, qui in loco trabis pendebat. Sed quid fieret si cortinata esset ecclesia? Cum ergo securi essemus quod ignis in nullo loco perforasset feretrum, rimas et foramina, si qua essent, attentissime investigantes, et omnia frigida esse percipientes, mitigatus est in parte dolor noster: et ecce! clamaverunt quidam ex fratribus nostris cum magno ejulatu ciphum sancti Ædmundi esse combustum. Cumque plures hinc et inde quærerent lapides et laminas inter carbones et cineres, extraxerunt ciphum omnino inviolatum, jacente[1] in medio magnorum carbonum, qui jam extincti erant, et invenerunt eundem involutum panno lineo, sed semiusto. Pixis vero quercina, in qua ciphus de more ponebatur, combusta erat in pulverem, et solæ ligaturæ ferreæ et sera ferrea inventa sunt. Viso itaque miraculo, omnes lacrimati sumus præ gaudio. Majorem ergo partem frontis feretri excrustatam videntes, et turpitudinem combustionis abhorrentes, de communi consilio, accersito clam aurifabro, laminas conjungi fecimus et feretro apponi, sine omni dilatione, propter scandalum; vestigia quoque combustionis, vel cera, vel alio modo cooperiri fecimus. Sed teste evangelista, "Nichil opertum quod non revelabitur." Venientes summo mane peregrini oblaturi, nichil tale quid perceperunt: quidam tamen circumcirca intuentes quærebant, ubi fuit ignis quem circa feretrum fuisse jam

St. Edmund's cup is found uninjured.

Luc. xii. 2.

---

[1] lege, *jacentem.*

audierant. Cumque ergo omnino celari non potuit, responsum est quærentibus, candelam cecidisse et manutergia tria combusta esse, et ad ignis calorem lapides quosdam in fronte feretri deperisse. Fingebat tamen fama mendax caput sancti esse combustum: quidam dicebant capillos tantum esse combustos; sed cognita postmodum veritate, obstructum est os loquentium iniqua.[a] Hæc omnia facta sunt, providente Ps. 62. Domino, ut loca circa feretrum sancti sui honestius custodirentur, et ut propositum domini abbatis citius et sine dilatione debitum finem sortiretur; scilicet, ut ipsum feretrum cum corpore sancti martyris securius et gloriosius in loco eminentiore poneretur; quia antequam hoc prædictum infortunium accidit, jam crista feretri usque ad medietatem facta fuit, et lapides marmorei ad elevandum et sustinendum feretrum, ex parte magna, parati et politi fuerant.

The fire had a providential design.

77. Valde dolebat dominus abbas qui absens erat, auditis his rumoribus; qui domum rediens, et in capitulum veniens, hæc et consimilia et etiam majora pericula dixit posse evenire propter peccata nostra, et maxime propter murmurationes nostras de cibo et potu; culpam quodammodo in universitatem conventus retorquens, potius quam in avaritiam et negligentiam custodum feretri. Ut ergo nos prudenter induceret ad hoc, ut abstinentiam faceremus de pitantiis nostris, saltem uno anno, et, ad frontem feretri reparandam de puro auro, redditus de pitanceria apponeremus, ipse primus dedit exemplum largitatis, et totum tesaurum suum quem habebat de auro, scilicet xv. anulos aureos, valentes, ut creditur, sexaginta marcas, coram nobis ad reparationem feretri dedit. Nos autem pitanceriam nostram esse dandam ad tale opus, omnes concessimus; sed mutatum est consilium per sacristam

Samson lays some blame on the monks; exhorts them to deny themselves, that the work of adorning the shrine may be sooner done; and sets the example himself.

---

[a] Another copy of §§ 75, 76, down to this point, is in Bod. 297, p. 423.

dicentem, sanctum Ædmundum bene posse reparare feretrum suum sine tali auxilio.

78. Tunc temporis venit aliquis magni nominis, nescio quis, qui visionem suam narravit abbati, unde ipse multum movebatur, et eam in pleno capitulo asperrima narravit prolatione; et exposuit hoc modo: "Verum est," inquit, "quod quidam vir magnus per "visionem vidit, scilicet quod sanctus martyr Æd- "mundus videbatur extra feretrum suum jacere, et "gemendo dicere se pannis suis exspoliatum et maci- "lentum esse fame et siti, et suum cimiterium et "atria ecclesiæ suæ negligenter custodiri." Et hoc somnium exposuit abbas coram omnibus, retorquens culpam in nos hoc modo: "Sanctus Ædmundus "nudum se asserit, quia pannos vestros veteres sub- "trahitis nudis pauperibus, et inviti datis quod dare "debetis, et de cibo et de potu similiter. Desidia et "negligentia sacristæ et sociorum ejus patens[1] ex "recenti infortunio combustionis, quæ fuit inter fere- "trum et altare." His dictis constristabatur conventus, et post capitulum conveniebant plures fratres in unum et interpretabantur somnium hoc modo: "Nos," inquiunt, "sumus nuda membra sancti Ædmundi, et "conventus est nudum corpus ejus; quia nos spoliati "sumus antiquis consuetudinibus et libertatibus nostris. "Abbas omnia habet, cameriam, sacristiam, cellariam; "et nos perimus fame et siti, qui victum nostrum "non habemus, nisi per clericum abbatis et per ejus "administrationem. Si custodes feretri negligentes "fuerint, abbas sibi imputet; quia tales ipse consti- "tuit." Hoc modo multi loquebantur in conventu. Cum autem hæc interpretatio ostensa esset abbati in foresta de Herlaua, in redeundo de Lundoniis, valde iratus est et commotus, et respondens ait: "Volunt

---

[1] lege, *patent*.

"ipsi retorquere somnium illud in me; per os Dei!
"quam cito domum rediero, reddam eis consuetudines
"quas suas dicunt, et removebo clericum meum a
"celerario, et eos eis relinquam; et videbo sapientiam
"eorum in fine anni. Hoc anno residebam domi, et
"feci cellariam eorum servari sine debito; et tales
"michi reddunt gratiarum actiones!" Rediens ergo
domum abbas, habens in proposito transferre sanctum
martyrem, humiliavit se coram Deo et hominibus,
cogitans, ut se in omnibus emendaret, et pacem cum
omnibus, et maxime cum conventu suo, reformaret.
Sedens ergo in capitulo, celerarium et subcelerarium
per communem assensum nostrum eligi præcepit; et
clericum suum removit, dicens quod, quicquid fecerat,
propter commodum nostrum id fecerat, teste Deo et
sanctis ejus, et se multis modis excusavit.

79. Audite, cœli, quæ loquar, audiat terra factum
Samsonis abbatis. Igitur,[a] appropinquante festo sancti
Ædmundi, politi sunt lapides marmorei, et parata sunt
omnia ad elevationem feretri. Celebrato igitur die
festi, sexta feria, sequente die dominica, indictum est
triduanum jejunium populo; et ostensa est eis publice
causa jejunii. Abbas autem prædixit conventui, ut se
præpararent ad transferendum feretrum et consistendum super magnum altare, donec machina cementaria
perficeretur; et tempus et modum præfixit ad tale
opus. Cum ergo venissemus illa nocte ad horas
matutinas, stetit magnum feretrum super altare,
vacuum intus, ornatum coriis albis cervinis, sursum
et deorsum et circumcirca, quæ affigebantur ligno
clavis argenteis, et panellus unus stetit deorsum juxta
columnam ecclesiæ, et sanctum corpus adhuc jacebat,
ubi jacere solebat. Peræntatis laudibus, omnes acces-

---

[a] *Igitur.* The passage from this point, down to *pericula cautum* (p. 314), is extracted in Bod. 240, a text of the fourteenth century, p. 660. Another copy is in Bod. 297, p. 424.

simus ad disciplinas suscipiendas. Quo facto, vestiti sunt in albis dominus abbas et quidam cum eo, et accedentes reverenter, sicut decebat, festinabant detegere loculum. Erat autem pannus lineus exterius, qui loculum et omnia caetera includebat, qui quibusdam ligamentis suis desuper ligatus inventus fuit; postea quidam pannus sericus, et postea alter lineus pannus, et postea tertius, et ita tandem discoopertus est loculus stans super ligneum alveolum, ne ipse loculus possit laedi a lapide marmoreo. Jacuit super pectus martyris, affixus loculo exterius, angelus aureus ad longitudinem pedis humani, habens ensem aureum in una manu, et vexillum in altera; et subtus erat foramen in operculo, ubi antiqui custodes martyris solebant manus imponere ad tangendum sanctum corpus. Et erat versus superscriptus imagini:

Martyris ecce zoma servat Michaelis agalma.

Erantque annuli ferrei ad duo capita loculi, sicut solebat fieri in cista Norensi.[a] Sublevantes ergo loculum cum corpore, portabant usque ad altare, et apposui manum meam peccatricem in auxilium ad portandum, licet abbas praecepisset, ne aliquis accederet, nisi vocatus; et inclusus est loculus in feretro, panello apposito et conjuncto. Putabamus omnes, quod abbas vellet loculum ostendere populo in octavis festi et reportare sanctum corpus coram omnibus; sed male seducti sumus, sicut sequentia docebunt. *The loculus is placed in the feretry, which is closed up.*

80. Feria quarta, canente conventu completorium, locutus est abbas cum sacrista et Waltero medico, et initum est consilium, ut duodecim fratres vocarentur, qui fortes essent ad portandos panellos feretri, et prudentes essent ad conjungendos eos et disjungendos.

---

[a] Ducange gives "Norrensis" as an occasional equivalent for "Northmannus." Does "cista Norensis" then mean "a Norwegian chest"?

Samson is determined to see his patron.

Dixitque abbas se habere in votis videre patronum suum, et se velle sibi associari sacristam et Walterum medicum ad inspectionem; et nominati sunt duo capellani abbatis, et duo custodes feretri, et duo magistri de vestiario; et alii sex, sacrista Hugo, Walterus medicus, Augustinus, Willelmus de Dice, Robertus, Ricardus. Dormiente ergo conventu, vestiti sunt illi

Attended by twelve monks, he causes the loculus to be opened.

duodecim albis, et extrahentes loculum de feretro portaverunt illum, et ponentes super tabulam juxta antiquum locum feretri, paraverunt se ad disjungendum operculum, quod conjunctum et confixum erat loculo sexdecim clavis ferreis longissimis. Quod cum difficultate fecissent, jussi sunt omnes longius abire, præter duos socios prænominatos. Eratque loculus ita repletus sancto corpore, et in longitudine et in latitudine, quod vix posset acus interponi inter caput et lignum, vel inter pedes et lignum: et jacebat caput unitum corpori, aliquantum levatum parvo cervicali. Abbas ergo intuens cominus, invenit post pannum sericum velantem totum corpus, et postea pannum lineum miri candoris; et super caput pannum parvum lineum, et postea alium parvum pannum sericum et subtilem, tanquam hoc esset velum alicujus sanctimonialis feminæ.

The body is exposed to view.

Et postea invenerunt corpus involutum lineo panno; et tunc demum patuerunt omnia lineamenta sancti corporis. Hic restitit abbas, dicens se non esse ausum ultra procedere, ut sanctam carnem nudam videret. Accipiens ergo caput inter manus suas, ge-

Samson's devout words; he touches the martyr's limbs.

mendo ait: "Gloriose martyr, sancte Ædmunde, bene-
" dicta sit illa hora qua natus fuisti. Gloriose martyr,
" ne vertas michi in perditionem audaciam meam,
" quod te tango, peccator et miser; tu scis devotionem
" et intentionem meam." Et procedens tetigit oculos et nasum valde grossum, et valde eminentem, et postea tetigit pectus et brachia, et sublevans manum sinistram digitos tetigit, et digitos suos posuit inter digitos sanctos. Et procedens invenit pedes rigide erectos

tanquam hominis hodie mortui, et digitos pedum tetigit, et tangendo numeravit. Datumque est consilium, ut cæteri fratres vocarentur et miracula viderent, et venerunt sex vocati et sex alii fratres cum illis qui se intruserunt sine assensu abbatis, et videbant sanctum corpus; scilicet, Walterus de Sancto Albano, et 'Hugo infirmarius, et Gilbertus frater prioris, et Ricardus de Hehingham, et Jocellus celerarius, et Turstanus Parvus, qui solus manum apposuit et pedes sancti tetigit et genua. Et, ut esset copia testium, disponente Altissimo, unus ex nostris fratribus Johannes de Dice sedens supra testitudinem[1] ecclesiæ, cum servientibus de vestiario, omnia ista evidenter videbat. His factis, affigebatur operculum loculo eisdem clavis et totidem, et simili modo, ut prius, cooperto martyre eisdem pannis et eodem ordine, sicut prius inventus fuit. Et postea collocatus est loculus in solito loco, et positus est super loculum, juxta angelum, furulus quidam sericus, in quo reposita fuit schedula Anglice scripta, continens quasdam salutationes Ailwini monachi, ut creditur, quæ schedula prius fuit inventa juxta angelum aureum quando loculus detegebatur. Et jubente abbate, statim scriptum fuit et aliud breve, et in eodem furulo reconditum, sub hac forma verborum: " Anno ab incarnatione Domini Mº C. nonagesimo " octavo, abbas Samson, tractus devotione, corpus sancti " Ædmundi vidit et tetigit, nocte proxima post festum " sanctæ Katerinæ, his testibus—" et subscripta sunt nomina decem et octo monachorum. Involverunt autem fratres totum loculum panno lineo satis apto, et posuerunt desuper pannum sericum pretiosum et novum, quem Hubertus archiepiscopus Cantuariensis eodem anno obtulerat, et quendam pannum lineum duplicatum ad longitudinem loculi posuerunt proximum lapidi, ne loculus vel alveolus ejus posset lædi a lapide. Et

---

[1] Testudinem?

postea portati sunt panelli et decenter conjuncti in feretro. Cum autem veniret conventus ad matutinas cantandas, et ista perciperet, doluerunt omnes qui hæc non viderant, intra se dicentes: "quod male seducti sumus." Cantatis autem horis matutinis, convocavit abbas conventum ante magnum altare, et ostendens eis breviter rem gestam, allegabat quod non debuit nec potuit omnes vocare ad talia. Quibus auditis, cum lacrimis "Te Deum laudamus" cantavimus, et ad campanas in choro resonandas properavimus.

Grief of the monks who were not present.

81. Quarto die sequente, custodes feretri, et custodem sancti Botulfi, deposuit abbas; novos substituens, et leges eis proponens, ut sanctuaria honestius et diligentius custodirent. Magnumque altare, quod prius concavum erat, ubi sæpius quædam indecenter reponebantur, et spatium illud quod erat inter feretrum et altare, solidari fecit lapide et cemento, ne aliquid ignis periculum fieri possit per negligentiam custodum, sicut prius, juxta dictum sapientis dicentis:

"Felix, quem faciunt aliena pericula cautum." [a]

The sanctuaries to be more carefully looked after.

82. Cum abbas emisset favorem et gratiam regis Ricardi donis et denariis, ita quod omnia negotia sua crederet posse perficere pro suo desiderio, mortuus est rex Ricardus, et abbas perdidit opera[1] et impensam. Rex autem Johannes post coronationem suam, omissis omnibus aliis negotiis suis, statim venit ad sanctum Ædmundum voto et devotione tractus. Nos vero credebamus quod oblaturus esset aliquid magnum; pannum quidem sericum unum obtulit, quem servientes ejus a nostro sacrista mutuo acceperant, nec adhuc pretium reddiderunt. Hospitium vero sancti Ædmundi

A.D. 1199. Death of king Richard.

Visit of John, his successor, to Bury.

---

[1] operam?

[a] Erasmus, in the *Adagia*, gives this line as a "vulgo jactatus versus."

suscepit, magnis celebratum expensis, et recedens nichil omnino honoris vel beneficii sancto contulit, præter xiij. sterlingos, quos ad missam suam obtulit, die qua recessit a nobis.

83. Eo tempore conquesti sunt quidam obedientiarii nostri, dicentes in capitulo, Radulfum janitorem, servientem nostrum, stare in causis et querelis contra eos in damnum ecclesiæ et in præjudicium conventus. Præceptumque fuit a priore, de communi assensu, ut castigaretur secundum consuetudinem nostram, qua solent castigari servientes nostri, scilicet per subtractionem stipendiorum suorum. Præceptum est ergo, ut celerarius subtraheret ei, non conredium quod de jure pertinebat ad officium suum, secundum attestationem cartæ suæ, sed quasdam adjectiones et gratias quas celerarii et subcelerarii ei fecerant, inconsulto conventu. Radulfus vero prædictus, assumtis secum quibusdam de mensa abbatis, conquestus est abbati redeunti de Lundoniis, quod prior et conventus dissaisiaverant eum de conredio suo, quo saisiatus fuit quando abbas venit primo ad abbatiam. Dixerunt etiam abbati, quod hoc factum fuit sine eo, et ad dedecus suum, et irrationabiliter, eo inconsulto et causa incognita. Abbas vero credidit, et aliter quam decebat, vel solebat, motus est, Radulfum constanter excusans et innocentem esse protestans, veniensque in capitulum, et inde conquerens, dixit tale quid factum esse in præjudicio, eo inconsulto. Responsumque est ab uno, cæteris omnibus conclamantibus, hoc esse factum per priorem, et assensum totius capituli. Abbas vero inde confusus, et dicens, "filios enutrivi et exaltavi, ipsi vero spreverunt me," nichil dissimulans, sicut deceret propter pacem multitudinis, sed potius potentiam suam ostendens, nec vinci se sustinens, publice præcepit celerario, ut omnia sublata Radulfo plene et integre redderet, nec biberet aliquid nisi aquam, donec omnia redderet.

Jocellus vero celerarius, hoc audiens, elegit magis illa die bibere aquam, quam reddere conredium Radulfo contra voluntatem conventus; quod cum abbas scivisset, in crastino prohibuit celerario et esum et potum donec omnia redderet. His dictis, statim recessit abbas de villa, et absentavit se octo diebus. Eo die, quo recesserat abbas, surrexit celerarius in capitulo, et præceptum abbatis ostendens, tenensque claves suas in manu, dixit, se malle deponi de bailia sua, quam aliquid facere contra conventum. Factusque est tumultus magnus in conventu, qualem nunquam prius vidi; dixeruntque præceptum abbatis non esse tenendum. Seniores vero et sapientiores de conventu, discrete tacentes, tandem pronuntiaverunt obediendum esse abbati in omnibus, nisi in manifestis contra Deum, et assensum præbuerunt, ut hanc turpitudinem ad tempus sustineremus propter bonum pacis, ne deterius contingeret. Cumque prior incepisset cantare " Verba mea " Ps. 5. pro defunctis, sicut consuetudo est, restiterunt novitii et cum eis fere media pars conventus, et sublimi voce reclamaverunt et contradixerunt. Et prævaluit tamen senior pars conventus, licet pauci essent numero in respectu cæteræ multitudinis. Abbas vero absens per internuntios quosdam minis terruit, quosdam blanditiis attraxit, et majores de conventu, tanquam timerent tunicæ suæ, a consilio universitatis separavit, ut adimpleretur illud evangelium, " omne regnum in se divi-" sum desolabitur." Et dixit abbas, se nequaquam Matt. xii. venturum inter nos propter conspirationes et juramenta quæ, ut aiebat, feceramus in eum, cnipulis nostris occidendum. Rediens ergo domum sedensque in talamo suo, uni ex fratribus nostris, qui ei magis suspectus erat, mandavit ut ad eum veniret, et quia ad eum venire noluit, timens capi et ligari, excommunicatus est, et postea tota die compeditus, residens usque mane in domo infirmorum. Tres vero alios innodavit abbas leviori sententia, ut cæteri timerent.

In crastino initum est consilium, ut mandaretur abbas, et humiliaremur coram eo, verbo et gestu, quo animus ejus mitigari posset; factumque est ita. Ipse vero satis humiliter respondens, semper tamen justitiam suam allegans, et in nos culpam retorquens, cum vidit nos velle vinci, ipse victus est. Et perfusus lacrimis juravit se nunquam doluisse aliqua de causa, sicut in hoc casu, tum propter se, tum propter nos, et maxime propter notam infamiæ, quæ jam publicaverat dissensionem nostram, dicendo monachos sancti Ædmundi velle interficere suum abbatem. Cumque narrasset abbas, qualiter absentasset se ex industria, donec ira sua deferbuisset, repetens dictum philosophi, "In te vindicassem nisi iratus fuissem,"[a] lacrimans surrexit, et omnes et singulos recepit in osculo pacis. Ploravit ille; ploravimus et nos. Absoluti sunt illico fratres qui excommunicati fuerant, et sic "cessavit "tempestas, et facta est tranquillitas magna." Occulte tamen præcepit abbas, ut solitum conredium integre daretur Radulfo janitori, sicut prius; quam rem dissimulavimus, tandem comperientes, quod non est dominus qui dominari non velit, et periculosa est pugna quæ contra fortiorem initur et contra potentiorem arripitur.

Cic. Tusc. iv. 36.

Mark iv. 39.

Reconciliation.

84. Anno gratiæ M° CC^{mo} facta est descriptio de militibus sancti Ædmundi et de feudis eorum, unde antecessores eorum fuerunt feffati.

Albericus de Ver tenet quinque milites et dimidium; scilicet, in Lodenes[1][b] et in Brom, unum militem;

A.D. 1200. List of the knights of St. Edmund showing to what extent each was enfeoffed.

---

[1] Loddon.

[a] Seneca, *De Ira*, i. 15: "Inde est "quod Socrates servo ait, *Cæderem* "*te nisi irascerer.*" Lactantius (see Lipsius' note on the passage in Seneca) ascribes the saying to Archytas of Tarentum.

[b] The modern names of the places mentioned in this return are given at foot according to Mr. Gage Rokewode's determination, whose local knowledge may be safely trusted.

in Mendham et Prestun, j. militem; in Rede, j. militem; et in Cokefeld, dimidium; et in Livermere, duos milites.

Willielmus de Hastinges tenet v. milites; scilicet, in Lidgate et in Blunham et in Herlinghe, tres milites; et in Tibebeham [a] et in Gersinghe,[b] duos.

Comes Rogerus tenet tres milites, in Nortune et Brisingeham.

Robertus filius Rogeri tenet j. mil. in Marlesford.

Allexander de Kirkebi tenet j. mil. in Kirkebi.

Rogerus de Hou tenet duos milites, in Michlesfela [c] et in Topescroft.

Arnaldus de Charneles et parcenarii ejus j. militem, in Acle [d] et in Quidenham, et in Turstune [e] et Tutestun.[f]

Osebertus de Wachesham j. militem, in Marlingeford et in Wrtham.[g]

Willielmus de Totestoche [h] j. militem, in Randestune.

Gilbertus filius Radulfi tres milites; scilicet, in Teveltham [i] et in Hepeword,[j] j. militem; in Reidun [k] et in Gersinge,[l] j. militem; et in Saxham, j. militem.

Radulfus de Bucheham dimidium militem, in antiquum Bucheham.[m]

Willielmus de Berdewella duos milites, in Berningham, et in Berdewelle, et in Hunterestune,[n] et in Stantun.

Robertus de Langetot tenet tres milites, in Stowe,[o] et in Asfeld,[p] et in Trostune, et in parvo Waltham in Estsexia.

---

[a] Tibenham.
[b] Gissing.
[c] Mickfield.
[d] Oakley.
[e] Thurston.
[f] Stuston.
[g] Wortham.
[h] Tostock.
[i] Thelnetham.
[j] Hepworth.
[k] Reydon in Blithing.
[l] Gissing.
[m] Bukenham.
[n] Hunston.
[o] Stowlangtoft.
[p] Ashfield.

Adam de Kokefeld duos milites; scilicet, in Lavtnei[a] et in Honus,[b] j. militem, et Leleseia.

Robertus filius Walteri j. militem, in magno Facheham,[c] et in Sapestun.

Will. Blundus j. militem, in Torp.[d]

Gilbertus Peccatum duos milites; scilicet, in Waude et in Geddinge, j. mil.; in Falesham, et Eustuna, et in Grotena, j. militem.

Gilbertus de sancto Claro duos milites, in Bradefelda et in Watlesfelda.

Galfridus de Welfetham[e] et Gilbertus de Manetuna[f] j. mil., in Weletham et in Manetuna.

Hubertus de Hanesti[g] dimidium militem, in Brighingeham.[h]

Gervasius de Roinghe j. mil., in Clipeleie[i] et in Roinghe.[j]

Robertus de Halstede j. militem in Halsted, et dimidium in Broclei.

Rejnaldus de Brocleie unum militem, in Broclei.

Simon de Pateshala dimidium militem, in Whatefeld.

Petrus filius Alani dimidium militem, in Broclei.

Radulfus de Presseni dimidium militem, in Stanesfeld.[k]

Ricardus de Ikeworda duos milites, in Ikeworda[l] et in Wanford.[m]

Robertus de Horning dimidium mil., in Horning.[n]

Walterus de Saxham j. militem, in Asfelde[o] et in Saxham.

---

[a] Lavenham.
[b] Onehouse.
[c] Fakenham Magna.
[d] Thorp in Blackbourn.
[e] Whelnetham.
[f] Manston.
[g] Ansty.
[h] Briddinghoe in Bracksted Magna.
[i] Chipley.
[j] Rothing Alba.
[k] Stanningfield.
[l] Ickworth.
[m] Wangford.
[n] Horningsheath Parva.
[o] Ashfield Parva.

Willielmus de Wridewell dimidium militem, in Whelfetham.

Normannus de Risebi dimidium militem, in Risebi.

Petrus de Liveremere et Alanus de Flemetun j. militem, in Liveremere et in Ametuna.

Rogerus de Muriaus j. militem, in Torp.[a]

Hugo de Illeghe, in Illeghe,[b] et in Prestuna, et in Bradefelda, ij. milites.

Stephanus de Brochedis unum quater, in Brochedis.[c]

Adam de Berningham j. quater, in Berningham.

Willielmus de Wridewell, in parvo Liveremere, et in Wridewell,[d] j. quater.

Custody of manors; misconduct of Ruffus.

85. Galfridus Ruffus monachus noster, licet nimis seculariter se gereret, utilis fuit nobis in custodia iiij[or] maneriorum, Bertuna, Pakeham, Rucham, Bradefeld, ubi prius defectus sæpe solebat esse de firmis. Audiens abbas infamiam continentiæ ejus, diu dissimulavit, forte quia Galfridus utilis videbatur universitati. Tandem, cognita veritate, subito fecit capi cistas ejus, positas in vestiario, et omnia instauramenta maneriorum districte custodiri, et eundem Galfridum posuit in claustrum. Inventa fuit vis magna auri et argenti, ad valentiam cc. marcarum, quod totum dixit abbas esse apponendum ad fabricandum frontem feretri sancti Ædmundi. Instante festo sancti Michaelis, decretum est in capitulo, ut duo fratres, non unus solus, succederent ad custodiendum maneria, quorum unus erat R[ogerus] de Hehingham, qui publice promisit se velle et se bene posse custodire simul maneria et cellariam, et assensum præbuit abbas, sed conventu invito; et depositus est Jocellus de cellaria, qui bene et provide instauraverat officium suum, et duobus annis rexerat cellariam, sine debito, contra

---

[a] Thorp Morieux.
[b] Illeigh Combusta. Brent-Illeigh.
[c] Brockdish.
[d] Wordwell.

consuetudinem aliorum celerariorum, et factus est
subcelerarius. In fine autem anni, reddens R[ogerus]
celerarius rationem de receptis et expensis, protestatus
est se accepisse lx. marcas de instauramentis maneriorum ad supplendum defectum celerarii. Inito ergo
consilio, substitutus est prædictus Jocellus ad cellariam,
et concessa sunt ei Mildenhala et Chebenhala et
Sutwalda, et commissa sunt cætera maneria Rogero
et Albino, et divisa sunt a cellaria, ne vel maneria
distruerentur per cellariam, vel cellaria distrueretur
per maneria.

86. Mortuo Adam de Cokefeld, potuit abbas accepisse ccc. marcas pro warda unicæ filiæ ejusdem Adæ;
sed quia avus puellæ tulerat eam furtim, nec abbas
potuit habere saisinam puellæ, nisi per auxilium
archiepiscopi, abbas concessit wardam illam H[uberto]
archiepiscopo Cantuariensi, acceptis c. libris. Archiepiscopus, acceptis quingentis marcis, concessit Thomæ
de Burgo, fratri camerarii Regis, wardam illam, et
data fuit ei puella cum jure suo per manum abbatis.
Thomas ergo statim petiit saisinam trium maneriorum
quæ in manu nostra habuimus post mortem Adæ;
Kokefeld, Semere, et Grotona; credentes, quod omnia
possemus retinere in dominico nostro, vel saltem duo,
Semere et Grotona; tum quia Robertus de Cokefeld,
in extremis agens, dixerat publice, se nichil in illis ij.
maneriis jure hæreditario posse vendicare, tum quia
Adam filius ejus in plena curia reconsignaverat nobis
illa duo maneria, et cartam suam inde fecit, qua continetur, quod ille tenet illa ij. maneria per gratiam
conventus, solummodo in vita sua. Thomas ergo,
quærens inde breve de recognitione, fecit summoneri
milites, ut venirent apud Theochesberie, coram Rege
juraturi. Carta nostra lecta in publico nullam vim
habuit, quia tota curia erat contra nos. Juramento
facto, dixerunt milites se nescire de cartis nostris, nec

de privatis conventionibus; sed se credere dixerunt, quod Adam et pater ejus et avus a centum annis retro tenuerant maneria in feudum firmum, unusquisque post alium, diebus quibus fuerunt vivi et mortui; et sic dissaisiati sumus per judicium curiæ post multos labores et multas expensas factas, salvis tamen antiquis firmis annuatim reddendis.

87. Videbatur dominus abbas "decipi quadam specie recti," quia scilicet scriptura dicit, "honorem meum alteri non dabo." Abbati Cluniacensi venienti ad nos, et a nobis sicut decuit suscepto, cedere noluit abbas noster, nec in capitulo, nec ad processionem factam die dominico, quin sederet et staret medius inter abbatem Cluniacensem et abbatem Certesiensem; unde diversi diversa sentiebant et multi multa locuti sunt. Hor. de Art. Poet. 25.
Esai. xlii. 8.

88. Languescente Roberto priore et adhuc vivente, dictæ sunt multæ sententiæ de substituendo priore. Narravit ergo aliquis, quod dominus abbas, sedens in choro et omnes fratres intuens, a primo usque ad ultimum, non invenit aliquem, super quem requiesceret spiritus ejus ad faciendum priorem, nisi Herebertum capellanum ejus. His et consimilibus voluntas domini abbatis pluribus claruit. Audiens hæc aliquis respondit, hoc esse incredibile; asserens quod abbas, homo industrius et sapiens, nunquam tali homini, et juveni et fere imberbi novicio xij. annorum, qui non nisi iiij^{or} annis claustralis fuit, nec probatus in regimine animarum, nec in scientiæ doctrina,—"tali," inquit, "nunquam dabit prioratum." Mortuo autem priore, morabatur abbas apud Londonias; et dixit quidam: "Nondum transiit mensis quod abbas "fecit Herebertum capellanum subsacristam, et quando "bailiam illam ei commisit in capella sancti Nigasii,[1] "promittendo, quod, si posset aliquo modo eum "priorem facere, curam omnimodam ad hoc adhi- Num. xi. 26.

---

[1] Nicasii.

" beret." Audiens hoc aliquis, volens placere abbati et priori futuro, plures sollicitavit in precibus, senes cum junioribus, ut, data opportunitate, Herebertum nominarent, saltem cum aliquibus aliis, ad prioratum; et juravit quod per hoc possent placere abbati, quia talis fuit voluntas ejus. Erant autem multi, tam de senioribus quam de junioribus, qui eundem Herebertum hominem amabilem et affabilem asserebant, et dignum magno honore. Erant et alii, pauci quidem numero, sed consilio laudabiliores et de saniore parte conventus, qui magistrum Hermerum suppriorem, hominem maturum, literatum et eloquentem, in animarum regimine peritum et expertum, qui tunc temporis xiiij. annis claustrum disciplinate rexerat, supprior probatus, et notus,—hunc, inquam, volebant præferre ad prioratum, juxta illud sapientis, "experto crede " magistro." Sed latenter grunniebat multitudo in contrarium; dicens illum esse hominem iracundum, impatientem, inquietum, turbulentum et anxium, litigiosum et turbatorem pacis, illudentes ei et dicentes quia "sapientia viri in ejus patientia dignoscitur." Item dixit aliquis: "Hoc unum, tanquam scandalum, valde " timendum est, ne supprior[1] removeatur, clerici " literati habitum religionis de cetero dedignentur " suscipere penes nos, si forte contingat aliquam sta- " tuam mutam erigi, et truncum ligneum præferri in " tali conventu;" et adjecit idem frater, dicens quod talis deberet esse prior nostri conventus, ut, si quid majoris oriretur quæstionis de ecclesiasticis vel sæcularibus negotiis, abbate absente, ad priorem quasi ad majorem et discretiorem posset referri. Hæc et consimilia audiens, quidam fratrum ait: "Quid est quod " verba tot et talia multiplicatis? Cum abbas domum " venerit, voluntatem suam inde faciet: forte quæret " consilium singulorum et sigillatim et cum magna

---

[1] *si* excidisse videtur ante *supprior.*

" sollemnitate; sed in fine operis sui, per allegationes
" et per rationes verisimiles et circumlocutiones ver-
" borum, tandem descendet ad voluntatem suam
" implendam; et sicut ipse præcogitavit, futurum est
" negotium."

The abbot propounds the matter in chapter.

The name of Hermer is ill received.

89. Reverso ergo abbate, in capitulo sedente, multa proposuit et satis eloquenter, qualis deberet esse prior substituendus; et respondit Johannes tertius prior, coram omnibus, suppriorem dignum esse et idoneum. Sed statim reclamavit multitudo, dicens: "Homo pacis, " homo pacis detur nobis." Responderunt duo ex nobis tantæ multitudini, dicentes talem esse substituendum, qui novit regere animas, et discernere "inter " lepram et lepram," quod verbum valde displicebat, quia videbatur fovere partem supprioris. Abbas autem tumultum audiens, dixit se velle, post capitulum, consilium singulorum audire, ut sic consulte procederet in negotio, et in crastino, secundum sese[1] esse operaturum. Interim dixit aliquis, quod abbas talem sollennitatem faceret, ut supprior removeretur caute a prioratu; tanquam hoc fieret per consilium conventus, et non per voluntatem abbatis, et ipse abbas haberetur excusatus; et hac arte obstrueretur os loquentium iniqua. Deut. xvii.

Ps. lxii. 12.

Next day Samson names four, and requires the chapter to choose one of them.

90. In crastino, sedente abbate in capitulo, lacrimatus est valde: dicens, se totam noctem duxisse insomnem præ anxietate et timore, si aliquem nominaret qui Deo non placeret; juravitque in periculo animæ suæ, se nominaturum quatuor ex nobis, qui secundum opinionem suam magis essent utiles et idonei, ut unum ex illis iiij^or eligeremus. Nominavit ergo abbas in

---

[1] *res se?* Roke. Sed *secundum sese* potest significare *secundum voluntatem suam*, scilicet consilio prius habito cum aliis.

primis sacristam, de quo constabat ei quod impotens et insufficiens erat, sicut ipse sacrista testatus est cum juramento. Statim, coram omnibus, nominavit etiam Johannem tertium priorem, suum consanguineum, et Mauricium capellanum suum et Herebertum prænominatum, omnes quidem juvenes, quasi xl. annorum vel infra, et omnes mediocris scientiæ, et ad regimen animarum potius docendi quam docti, dociles tamen. Hos tres abbas nominavit et prætulit, postposito suppriore, et postpositis aliis pluribus senioribus, prioribus, maturioribus, literatis, et antiquitus magistris scholarum, et omnibus aliis. Morabatur autem abbas in loquendo, et commendando personam Johannis in multis, sed tamen allegando in contrarium, dicens, quod parentum multitudo hujus provinciæ collo ejus incumberet, si prior esset. Et etiam cum vellet abbas (possetque) idem allegare de Mauricio, ut sic artificiose perveniret ad faciendam mentionem de Hereberto, interim interruptus est sermo ejus, dicente uno ex prioribus conventus: "Domine cantor, tuum est habere primam " vocem: nomina dominum Herebertum." At ille, " Bonus homo est," inquit. Audito nomine Hereberti, abbas loquenda suppressit, et conversus ad cantorem, dixit: "Herebertum recipiam libenter, si vultis." His dictis, clamavit totus conventus, "Bonus homo est: " bonus homo est et amabilis;" et hoc idem attestati sunt plures ex prioribus; statimque cantor et socius quidam cum eo, et alii duo ex alia parte cum omni festinatione surrexerunt, et Herebertum statuerunt in medio. Herebertus vero in primis humiliter veniam cepit, dicens se insufficientem esse ad tantam dignitatem, et maxime, sicut dixit, quod non esset tam perfectæ scientiæ, quod sciret facere sermonem in capitulo, sicut deceret priorem. Obstupuerunt plures qui talia viderunt, et præ confusione obmutuerunt. Abbas vero in consolatium ejus et quasi in præjudicium literato-

The choice falls on Herbert, as Samson had wished.

rum multa respondit, dicens quod bene posset recordari et ruminare alienos sermones, sicut et alii faciebant; colores rethoricos et phaleras verborum et exquisitas sententias in sermone damnabat, dicens quod in multis ecclesiis fit sermo in conventu Gallice vel potius Anglice, ut morum fieret ædificatio, non literaturæ ostensio. Quibus dictis, ivit prior jam receptus ad pedes abbatis, et deosculatus est eos. Abbas autem cum lacrimis suscepit eum, et propria manu posuit eum in sede prioris, et præcepit omnibus ut debitam reverentiam et obedientiam ei deferrent sicut priori.

<small>The abbot places him in the prior's seat.</small>

<small>Jocelin's meditation on the qualities which recommended the choice.</small>

91. Facto capitulo, sedebam ego hospitiarius in porticu aulæ hospitum, stupidus et revolvens in animo quæ videram et audieram; et subtiliter cogitare cœpi, ob quam causam et propter quas meritorum gratias, homo talis ad tantam dignitatem deberet promoveri. Et animadvertere incepi, quod homo est staturæ decentis, et personalis apparentiæ; homo pulcher facie et amabilis aspectu; semper hilaris, vultu risibilis tam mane quam sero, benignus omnibus; homo compositus in gestu, in incessu gravis, verbo facetus, dulcem vocem habens in cantando et facundam in legendo; juvenis, fortis, et sanus in corpore, et expeditus ad laborandum pro necessitate ecclesiæ; pro loco, pro tempore, nunc laicis, nunc clericis, nunc ecclesiasticis, nunc sæcularibus viris sciens se conformare; liberalis et socialis et facilis ad castigandum, non invidus, non suspiciosus, non avarus, non tædiosus, non desidiosus; sobrius et volubilis linguæ in Gallico idiomate, utpote Normannus natione; homo mediocris intelligentiæ, quem si litteræ facerent insanire, homo perfectæ probitatis dici posset. Cum hæc adverterem, dixi in animo meo, talem hominem esse gratiosum, sed "nichil "omni parte beatum," et lacrimatus sum præ gaudio, dicens "quia visitavit nos Dominus: sicut Domino

<small>ante, p. 219.</small>

<small>ante, p. 221.</small>

"placuit, ita factum est." Sed subito dixit mihi alia cogitatio mea, "parcius lauda novem hominem, quia "honores mutant mores, vel potius monstrant. At- "tende prius quos et quales consiliarios habebit, et "quibus credet, quia quidlibet ad suum naturaliter "trahit consimile. Exitus acta probabit, et ideo lauda "parcius."

<small>Ovid. Her. ii. 85.</small>

92. Eodem die convenerunt quidam illiterati fratres, tam officiales quam claustrales, et exacuerunt linguas suas, ut sagittarent in occultis literatos, et repetentes dicta abbatis quæ eodem die dixerat, quasi in præju- dicium literatorum, dixerunt ad invicem: "Accipiant "modo philosophi nostri philosophias suas; modo "patet quid prodest philosophia eorum! Tantum de- "clinaverunt boni clerici nostri in claustro, quod "omnes declinati sunt. Tantum sermocinaverunt in "capitulo, quod omnes repulsi sunt. Tantum locuti "sunt de discretione inter lepram et lepram, quod "tanquam leprosi dejecti sunt. Tantum declinaverunt "*musa, musæ*, quod omnes musardi reputati sunt." Hæc et consimilia protulerunt quidam in derisionem et opprobium aliorum, suæque imperitiæ consulentes; scientiam literarum reprobaverunt, et literatis detraxe- runt, multum lætantes et magna sperantes quæ forte nunquam evenient, quia—

<small>Ps. 63.</small>

<small>The gibes of the un-lettered monks against their learned brethren.</small>

<small>Ov. Her. xvii. 234.</small>

Fallitur augurio spes bona sæpe suo.

93. Sapiens dixit, "nemo ex omni parte beatus;" nec ergo abbas Samson. Hoc idcirco dixerim, quia, judicio meo, non est commendandus abbas in facto quod fecit, quando cartam fieri et dari jussit cuidam servienti suo, de sergancia Johannis Ruffi habenda, post mortem ejusdem Johannis: decem marcæ, ut dicebatur, oculos sapientis excæcaverunt. Unde et magistro Dionisio monacho dicenti, tale factum inau- ditum esse, respondit abbas, "Non desinam facere

<small>Deut. xvi. 19.</small>

<small>Samson's misdeeds. He is said to have sold certain offices.</small>

"voluntatem meam magis pro te, quam pro juvencello "illo." Consimile fecit abbas de sergencia Adæ de infirmario, acceptis c. solidis. De tali facto dici potest, "modicum fermenti totam massam corrumpit." Gal. v. 9.

To improve his fishpond at Babwell, he kept up the waters, and so half ruined the fields higher up.

Item est et alia malæ operationis macula quam lacrimis pœnitentiæ abluet, Domino volente, ne tantam summam bonorum unus deturpet excessus. Stagnum vivarii de Babbewella, ad novum molendinum, in tantum levavit, quod ex retentione aquarum non est homo, dives vel pauper, habens terram juxta aquam a porta villæ usque ad portam orientis, quin amiserit hortum suum et pomeria sua. Pastura celerarii, ex alia parte ripæ, perdita est, terræ etiam arabiles vicinorum deteriores factæ sunt. Pratum celerarii periit, pomerium infirmarii submersum est ex abundantia aquæ, et omnes vicini inde conqueruntur. Convenit eum quandoque celerarius in pleno capitulo super damno tanto, qui cito commotus respondit, vivarium suum non esse perdendum propter pratum nostrum.

Advantages in choosing an abbot from some convent not his own.

94. Decanus Londoniensis ita scribit in cronicis suis.[a] "Rex" Henricus secundus, "habito tractatu" de vacantibus abbatiis "cum archiepiscopo et cum "episcopis, sic in abbatibus substituendis canonum "observavit censuram, ut emendicatis aliunde suffra"giis uteretur; arbitrans forsitan, quod si de corpore "proprio, locis in singulis crearentur pastores," contracta prius familiaritas vitiis repromitteret impunitatem; conversatio par indulgentiis crimina sullevaret; remissio nimia vagaretur in claustris. Dixit quidam alius: "Non videtur pastor eligendus de propria "domo, sed potius de aliena; quia si aliunde sumatur,

---

[a] Diceto, *Ymag. Hist.*; Rolls ed. The motive which he ascribes to Henry is quite different from that assigned by Jocelin; it is merely a fear lest "regiæ dignitatis "auctoritas vacillaret."

"semper credet, secundum quantitatem conventus
"quem regendum suscepit, plures esse industrios,
"quorum consilium appetat, si bonus est; quorum
"probitatem timebit, si malus est. Domesticus vero
"singulorum imperitiam, impotentiam, insufficientiam,
"plenius cognoscens, securius serviet, mutans quadrata
"rotundis." Monachi Ramesiæ hac ratione ducti,
cum libere possent aliquem eligere de seipsis si
vellent, bis abbatem elegerunt de alienis domibus,
diebus istis.

·95. Anno gratiæ M° cc° j°, venit abbas de Flaviaco apud nos, qui per assensum abbatis, et per prædicationem suam, fecit mutari publicas emptiones et venditiones, quæ fiebant in foro dominicis diebus, et statutum est illas fieri secunda feria. Consimiliter operatus abbas ille in multis civitatibus et burgis Angliæ.[a]

A.D. 1201. The preaching of Eustace of Flay.

96. Eodem anno levaverunt monachi de Heli[1] forum venale apud Lachinghehe,[2] habentes inde assensum et cartam regis. Nos vero, inprimis, cum amicis et vicinis nostris pacifice agentes, nuntios misimus ad capitulum de Eli, et prius domino Heliensi literas quoque precatorias, ut ab incepto desisterent, adjicientes quod xv. marcas datas pro carta regis impetrata amicabiliter solveremus pro bono pacis, et occasione mutuæ dilectionis observandæ. Quid multa? Noluerunt desistere; et erant verba hinc et inde comminatoria,

Dispute between Ely and Bury concerning the market set up at Lakenheath.

---

[1] Ely.   [2] Lakenheath.

---

[a] Hoveden (Chron. iv. 123, 167, Rolls ed.) gives many particulars of the extraordinary career of Eustace, abbot of Flay. Under 1201 he says, "Eodem anno Eustacius "abbas de Flay rediit in Angliam, "et prædicans in ea verbum Do- "mini de civitate in civitatem ... "prohibuit ne quis forum rerum "venalium in diebus Dominicis "exerceret." He adds (p. 172) that the effect of his preaching was transient.

Lucan i. 7. "et pila minantia pilis." Nos vero adquisivimus A.D. 1202. breve de recognitione, utrum mercatum illud levatum fuerit in præjudicium nostrum, et in detrimentum mercati villæ Sancti Ædmundi. Et factum est juramentum, et protestatum est, hoc factum fuisse in detrimentum nostrum. Quod cum mandatum esset regi, rex fecit inquiri per registrum suum cujusmodi cartam dedisset monachis de Eli, et compertum est quod dederat eis prædictum mercatum sub tali conditione, si non foret ad detrimentum vicinorum mercatorum. Rex vero, promissis xl. marculis, fecit nobis cartam suam, ut nullum mercatum de cætero fieret infra libertatem Sancti Ædmundi, nisi per assensum abbatis. Et scripsit G.[1] filio Petri, justitiario, ut mercatum de Lachenheth tolleretur. Justiciarius hoc idem scripsit vicecomiti de Sutfolch. Vicecomes, sciens quod non potuit intrare libertates Sancti Ædmundi, nec aliquam potestatem ibi exercere, mandavit hoc abbati per breve suum, ut hoc ipsum exequeretur juxta formam regii mandati. Propositus ergo hundredi, veniens illuc, ad diem mercati, cum testimonio liberorum hominum, ex parte regis prohibuit publice mercatum illud, ostendens literas regis et vicecomitis ; sed affectus contumeliis et injuriis, infecto negotio, recessit. Abbas vero negotium differens ad tempus, Lundoniæ existens, et sapientes inde consulens, mandavit bailiis suis ut, acceptis hominibus Sancti Ædmundi cum equis et armis, mercatum tollerent, et ementes et vendentes, si quos invenirent, vinctos secum ducerent. Media autem nocte exierunt fere secenti homines bene armati, tendentes versus Lachinheth. Cum autem exploratores nuntiarent eos venire, discurrerunt omnes huc et illuc qui in foro erant, nec inventus est unus. Prior autem Heliensis cum bailiis suis venerat nocte eadem illuc, suspicans adventum hominum nostrorum, ut pro posse suo ven-

---

[1] Galfrido.

dentes et ementes defenderet; sed domum suam exire
noluit: et cum bailivi nostri quæsiissent ab eo vadium
et plegium standi ad rectum in curia Sancti Ædmundi
de injuria illata, et dare noluisset, inito consilio, furcas
viii. 8. macelli et tabulas stallorum in foro everteruut, et
secum asportaverunt, et omnia averia, oves et boves,
universa insuper et pecora campi, secum duxerunt,
tendentes versus Ikilingheham. Baillivi prioris sequentes petierunt averia sua per plegia usque in xv.
dies. Et factum est sicut petierunt. Infra xv. dies
venit breve, quo abbas summonitus est, ut veniret
ad scaccarium responsurus de tali facto, et quod averia
capta interim dimitterentur quieta. Episcopus enim
Heliensis, homo eloquens et facundus, in propria
persona conquestus est inde justiciario et magnatibus
Angliæ, dicens inauditam superbiam factam fuisse in
terra Sanctæ Ætheldrethæ tempore pacis, unde et
multi commoti fuerunt adversus abbatem.

97. Interim est et alia causa discordiæ orta inter *A conflict of jurisdic-*
episcopum Eliensem et abbatem. Cum quidam juvenis *tion between the same.*
de Glemesford calumpniatus esset in curia Sancti
Ædmundi de pace regis fracta, et quæsitus esset diu,
et hic in comitatu, tandem senescaldus episcopi pro-
duxit juvenem illum, petens curiam Sanctæ Ætheldrethæ,
cartas et libertates domini sui ostendens. Nostri vero
baillivi, petentes loquelam et saisinam talis libertatis,
audiri non potuerunt. Comitatus vero posuit loquelam
in respectum usque coram justiciariis errantibus, unde
Sanctus Ædmundus supersaisitus fuerat. Abbas vero
hoc audiens proposuit transfretare; sed, quia infirma-
batur, rem voluit differre usque ad Purificationem.

98. Et ecce! die sanctæ Agnetis, venit nuncius *A.D. 1203. 21 Jan.*
regis, breve domini papæ portans,[a] quo continebatur, *Samson is nominated by the pope on a commission.*

---

[a] This brief may be read among the letters of Innocent III. for 1202, printed in Migne's Patrologia, vol. 214.

quod dominus Eliensis et abbas Sancti Ædmundi scrutinium facerent de G[alfrido] filio Petri, et de W[illelmo] de Stutevilla, et quibusdam aliis magnatibus Anglie qui crucem acceperant, pro quibus dominus rex absolutionem petierat, allegans infirmitatem corporum et consilium eorum ad conservationem regni sui.

A royal letter summons him to court. Portavit idem nuntius literas domini regis, præcipiens, ut, visis literis, veniret ad eum de mandato domini papæ locuturus. Dan.'xiii. Turbatus est abbas, et dixit: "Angustiæ sunt michi undique, vel Deum vel regem "offendam; per Deum verum, quicquid postea acci- "derit, sciens non mentiar." Veniens ergo domum cum omni festinatione, aliquantulum castigatus infirmitate corporis, et humiliatus et magis solito timidus, mediante priore, quæsivit a nobis consilium, quod rarissime ante fecerat, quomodo agendum esset de libertatibus ecclesiæ periclitantibus, et unde expensæ provenirent, si ipse hoc iter arriperet, et cui abbatiam committeret custodiendam, et quid faceret de pauperibus servientibus suis qui diu servierant. Et responsum fuit, ut ipsemet iret, et pecuniam sufficienter appruntaret, solvendam de nostra sacristia et de pitanciis nostris, et de aliis redditibus nostris ad voluntatem suam; et quod commendaret abbatiam priori custodiendam et alicui clerico, quem divitem fecerat, et qui interim posset vivere de suo, ut ita parceretur expensis abbatis, et cuilibet de servientibus suis denarios daret secundum quod servierat. Illo autem audiente tale consilium gratum habuit: et factum est ita. Veniens ergo abbas in capitulum, proxima die, antequam recessit, fecit portari secum omnes libros suos, et eos ecclesiæ et conventui præsentavit, et commendavit consilium nostrum, quod significaveramus ei per priorem.

The monks ask him to restore their lost privileges. 99. Interim murmurantes quosdam audivimus, dicentes, quod abbas diligens est et sollicitus de libertatibus baroniæ suæ, sed de libertatibus conventus, quas perdidimus tempore suo, scilicet de curia et libertatibus celerarii amissis, et de libertatibus sacristiæ super præfectis villæ instituendis per conventum, nichil loquitur. Suscitavit itaque Dominus spiritum in tribus fratribus mediocris intelligentiæ, qui, accitis pluribus aliis, convenerunt inde priorem consulentes, ut inde loqueretur cum abbate, et rogaret eum ex nostra parte, ut in recessu suo provideret indemnitati ecclesiæ suæ de libertatibus illis. Abbas hoc audiens, plura non dicenda respondit, jurans se fore dominum quamdiu viveret. Vespere autem adveniente, mitius inde locutus est cum priore. In crastino vero, recessurus et licentiam petiturus, in capitulo sedens, dixit se pacasse omnes servientes suos, et testamentum suum fecisse, sicut tunc temporis deberet mori, et incipiens loqui de libertatibus illis, excusavit se, dicens, se mutasse antiquas consuetudines ne esset defectus regalis justitiæ: et retorsit culpam in sacristam, et dixit, quod, si Durandus præfectus, tunc infirmus, moriretur, sacrista teneret præfecturam in manu sua, et poneret præfectum coram capitulo, sicut consuetudo antiquitus fuerat, sic tamen ut hoc fieret per consilium abbatis; sed dona et xenia annuatim a præfecto facienda nullo modo remitteret. Cum vero quæreremus quid fieret de curia celerarii amissa, et præcipue de obolis quos celerarius solebat accipere ad plegios renovandos, commotus inde quæsivit, qua auctoritate exigeremus jus regale, et ea quæ ad regales consuetudines pertinent: et responsum est, quod id a fundamentis ecclesiæ semper habuimus, et etiam iij. annis postquam suscepit abbatiam, et hanc libertatem habemus in omnibus maneriis nostris ad renovationem plegiorum. Et diximus, quod pro c. solidis, quos private accipiebat de præfecto singulis annis, non deberemus amittere jus nostrum; et audacter petivimus saisinam qualem habuimus suo etiam tempore.

Abbas vero, quasi in arcto positus quid responderet, volens nos in pace relinquere et pacifice recedere, jussit ut oboli illi, et cætera quæ celerarius exigebat, ponerentur in sequestro usque ad reditum suum; et promisit quod in reditu suo cum consilio nostro operaretur in singulis, juste dispositurus, et unicuique reddituris quod suum esse debet. His dictis, facta est tranquillitas, sed non magna, quia—

Samson makes fair promises.

Pollicitis dives quilibet esse potest. Ov. Art. Amat. i. 444.

Declaration by William of Diss, the chaplain, that he heard Robert de Kokefeld acknowledge that he had no hereditary right in certain lands which he held under the abbey.

100. Robertus de Kokefelda recognovit domino abbati Samsoni, multis præsentibus, scilicet, magistro W. de Banham, fratre W. de Dice, capellanis, Willelmo de Breitona, et multis aliis, se nullum jus hæreditarium habere debere in villis de Grotona et Semere, quia tempore regis Stephani, pace turbata, monachi Sancti Ædmundi, cum consensu abbatis, concesserunt prædictas ij. villas Adæ Cokefeldo patri suo, tenendas omnibus diebus vitæ suæ; scilicet, Semere reddendo annuatim c. solidos, et Grotone faciendo annuatim unam firmam pro ea. Quod Adam potuit defendere prædictas villas contra castellanos vicinos, contra W. de Mildinges, contra W. de Ambli, utpote habens castrum suum vicinum prædictis maneriis, scilicet, castellum de Leleseia. Post mortem prædicti Adæ, concesserunt prædicta maneria Roberto de Kokefelda, filio ipsius Adæ, duplicata censa de Semere, reddendo scilicet annuatim pro ea x. libras, quamdiu dominus abbas et conventus vellent; sed nunquam cartam inde habuit, nec etiam ad terminum vitæ suæ. Cartas bonas habuit de omnibus tenementis quæ jure hæreditario tenuit de Sancto Ædmundo, quas ego Willelmus, dictus de Dicia, tunc temporis capellanus, legi, multis audientibus, in præsentia abbatis prædicti; scilicet, de terris Leleseia, quas Ulfricus de Leleseia tenuit in eadem villa de Sancto Ædmundo; cartam

abbatis et conventus de socagiis de Rutham, quas domina Rohais de Kokefeldo, uxor quondam Adæ junioris, habet in dotem; de terris etiam quas Lenmerus progenitor suus habuit in villa de Kokefeldo jure hæreditario, quæ, tempore regis Stephani, per consensum Anselmi abbatis Sancti Ædmundi, attornatæ fuerunt in feodum dimidii militis, cum primo essent socagia Sancti Ædmundi. Cartas etiam habuit abbatis et conventus sancti Ædmundi de terris, quæ sunt in villa Sancti Ædmundi; de terra, scilicet, Hemfridi Criketot, ubi domus dominæ Adelitiæ sitæ quondam fuerunt. Habent cartam et hæreditariam, per servitium xij. denariorum, magni mesuagii, ubi aula Adæ de Kokefelda primi quondam sita fuit cum berefrido ligneo, septies [a] xx. pedum in altitudine: eis confirmatum fuit hæreditarie per cartam abbatis et conventus, in qua carta distinguitur longitudo et latitudo ipsius platiæ et mesuagii, tenendum per servitium ij. solidorum. Cartam etiam habent hæreditariam de terris, quas Robertus de Kokefelda, filius Odonis de Kokefelda, modo tenet in Bertona; sed cartam nullam habent de villa de Kokefelda, illa scilicet portione quæ ad victum pertinet monachorum Sancti Ædmundi. Inde breve unum Regis Henrici primi, per quod mandat abbati Anselmo ut permittat Adæ de Kokefelda primo, tenere in pace firmam de Kokefeld et alias, quamdiu plene firmas reddidit; breve autem illud sigillatum est tantum ex una parte, formam regiam repræsentans, contra formam omnium brevium regalium. Robertus tamen de Kokefelda recognovit, in præsentia domini abbatis et prædictorum, se credere Kokefelde esse jus suum hæreditarium

In Kokefeld he thought that length of possession had made his tenure hereditary.

---

[a] The word in the MS. is *seties*, which means here, I think, *septies*. Mr. Rokewode's suggestion, *centies*, would involve a height of 2,000 feet for the tower of the Kokefelds.

propter longam tenuram; quia avus suus Lemmerus tenuit illud manerium diu ante mortem suam, et Adam primus, filius ipsius, tempore vitæ suæ, et ipse Robertus tota vita sua, fere lx. annis; sed nunquam cartam abbatis seu conventus Sancti Ædmundi de prædicta terra habuerunt.

APPENDIX.

APPENDIX A.

EXTRACT from the DOMESDAY BOOK for SUFFOLK (Facsimile, Sir H. JAMES, 1863), concerning the TOWN and MONASTERY OF ST. EDMUND.

In villa ubi quiescit humatus S. Eadmundus rex & martyr gloriosus, tempore Eadwardi regis B[aldwinus] abbas tenuit ad victum monachorum C et XVIII. homines, et pot. dare & vendere terram suam, et sub eis LII. bord. a quibus abbas potest habere aliquid adjutorii. LIII. liberos satis inopes. XLIII. elemosin. quisque eorum habet I. bord. Modo II. molen. & II. vivar. vel piscin. Hæc villa tunc valebat X. lib., modo XX. Habet in long. I. leug. & dim. & in lat. tantum.

Bury St. Edmunds in 1086.

Et quando in hundrito solvitur ad gelt. I. lib., tunc inde exeunt LX. d. ad victum monachorum. Sed hoc est de villa sicut in tempore Edwardi regis, si ita est; modo vero majori ambitu continetur, de terra quæ tunc ar. & seminabatur. Ubi sunt XXX. inter presbyteros diaconos & clericos, XXVIII. inter nonnas & pauperes, qui quotidie pro rege & omni populo Christiano deprecantur. LXXX. minus V. inter pistores cervisiarios sartores lavatores sutores parmentarios kokos portitores dispensatores; et hi omnes quotidie ministrant Sancto & abbati & fratribus. Præter quos sunt XIII. super terram præpositi, qui habent domos suas in eadem villa, & sub iis 5 bord. Modo XXXIV. milites inter Francos & Anglicos, & sub eis XXII. bord. Modo inter totum CCCXLII. dom. de dominio terræ S. Edmundi arabilis tempore Edwardi regis.

APPENDIX B.

PASSAGES chiefly written on the margins of a copy of
MARIANUS SCOTUS (MS. Bod. 297).

I.

p. 327, ad calcem paginæ. Hoc etiam anno [A.D. 945.] rex
Eadmundus dedit hoc privilegium sancto Eadmundo regi et
martyri:—

<small>Charter of Edmund II.</small> In nomine sanctæ Trinitatis. Quamvis decreta pontificum
et verba sacerdotum velut fundamenta montium in districtis
ligaminibus fixa sint, tamen plerumque tempestates[1] et tur-
bines sæcularium rerum etiam religio sanctæ Dei ecclesiæ
maculis reproborum dissipatur ac rumpitur. Idcirco incer-
tum futurorum temporum statum providentes, posteris succedentibus profuturum esse decrevimus, ut ea quæ communi
tractu salubri consilio definiuntur, certis litterulis roborata
confirmentur. Quapropter ego Eadmundus rex Anglorum
terrarumque gentium in circuitu persistentium gubernator et
rector, ad memoriam revoco gesta antecessorum meorum, qui
terrenis opibus ecclesias sanctorum ditaverant; quorum ex-
empla imitatus, ad monasterium quod situm est in loco qui
dicitur Badericeswirthe, in quo sanctus Ædmundus rex et
martyr quiescit corpore, terram quæ circa illum locum esse
videtur libenter tribuo et æternaliter persistat, catenus, ut
illam ejusdem monasterii familia possideat, atque suis pos-
teribus [sic] eadem ditione derelinquant. Sit autem prædicta
terra libera ab omni mundiali obstaculo, cum omnibus quæ
olim ad ipsum locum pertinere dignoscuntur, tam in magnis
quam in modicis rebus, campis, pascuis, pratis, sylvis. Et
non reddat aliquid debitum nisi ad necessitatem familiæ
ejusdem ecclesiæ. Si quis autem propria temeritate violenter
invadere præsumpserit nostram prænotatam donationem, sciat
proculdubio ante tribunal districti judicis titubantem treme-
bundumque rationem redditurum, nisi prius hic digna satisfactione emendare maluerit Istis terminibus prædicta terra
circumgyrata esse videtur;—

This synden tha landgemæro, the Ædmund kyng gebocade
into Sce. Ædmunde, thonne is theer ærest suth be eahte
treowan, and thonne up be Ealhmundes treowan, and swa
forth to Osulfes lea, and swa forth on gerichte be manige
hyllan, and thanan up to Hamarluda, and swa forth to fower

---

[1] ante *tempestates, inter* videtur excidisse.

hogas, and swa æfter them wege to Litlantune, and thonan ofer tha ea æfter tham wege to Bertunedene, and swa on gerihte east to Holegate, and swa forth an furlong be eæsten Bromleaga, and thonan suth to Niwantune meadwe. [Fa]cta est hæc præfata donatio anno ab incarnatione domini nostri Jhesu Christi 945, indictione III. [E]go Ædmundus rex Anglorum præfatam donationem cum sigillo sanctæ crucis indeclinabiliter confirmavi.

[E]go^a Elfgyva regina firmiter confirmavi et corroboravi.

[E]go^b Odo Dorobernensis ecclesiæ archiepiscopus ejusdem regis principatum & benevolentiam cum sigillo sanctæ crucis ✠ conclusi.

[E]go Theodred Lundoniensis ecclesiæ episcopus corroboravi.

[E]go Ælfheah Wintoniensis ecclesiæ episcopus testitudinem sanctæ crucis ✠ subscripsi & confirmavi.

[E]go Kenwald episcopus prædictum donum consensi.

[Æ]thelm dux [Æ]dmund miles [Æ]lfgar miles.

[E]go Ælfric episcopus consignavi [Æ]thelstan dux [W]ulfric miles [W]ithgar miles.

[E]go Ælfred episcopus confirmavi, [Æ]lfgar dux [Æ]lfstan miles [Æ]lfred miles.

[E]go Burhric episcopus consensi [Æ]thelwold dux.

[Æ]lfheah miles [Æ]thelgeard miles.

[E]go Æthelgar episcopus roboravi [ ]ulbhelm dux [Æ]thered miles [Æ]thelsige miles.

[E]go Æthelweold episcopus consignavi [Æ]thelmund dux [Æ]lfsige miles.

II.

p. 350 [A.D. 1020], in textu:—

Eodem etiam anno Indictione III., Canutus rex Anglorum aliarumque gentium plurimarum, cum consilio et decreto archiepiscoporum, episcoporum, et optimatum suorum, maxime vero Ælfgyve[1] reginæ suæ, et Alfwini præsulis Orientalium Anglorum,[2] * et Turkilli comitis, constituit monachos in monasterio quod Badriceswrde vocatur, in quo sanctissimus rex et martyr Eadmundus incorrupto corpore diem expectat beatæ resurrectionis; præfecitque eis patrem et abbatem nomine Uvium, virum scilicet humilem, modestum, mansuetum et pium, Presbyteros

Canute settles monks at Beodricsworth.

Uvius the first abbot.

---

[1] superius scriptum est, *Emme*.   [2] excidit hic vocabulum quoddam.

[a] Above is written *Sancta*.   [b] Above is written *Sanctus*.

vero qui inibi inordinate vivebant aut in eodem loco ad religionis culmen erexit, aut datis aliis rebus de quibus abundantius solito victum et vestitum haberent, in alia loca mutavit.

III.

p. 353, in textu :—

<small>Consecration of new church.</small>

A.D. 1032. Constructam basilicam apud Bedricheswrtham beatæ memoriæ Doroberneusis archipræsul Ægelnothus consecravit in honore Christi et Sanctæ Mariæ sanctique Eadmundi regis et martyris, die XV. Kal. Novembris. Ipso tempore sed

<small>A.D. 1028.</small>

et ante aliquot annos, id est anno MXXVIII. Indict. xi. benignissimus rex Canutus concessit sanctissimo regi et martyri Eadmundo hoc privilegium :- -

<small>Charter of Cnut.</small>

In nomine poliarchis Jhesu Christi salvatoris mundi totiusque creaturæ creatoris, cujus divino dominatui quæque dominationes debito servitio subnixe deserviunt, cujus etiam omnipotentatui universi potentatus obsecundari ex amussim præproperant, quia bonitas ejus bonitatis est incomprehensibilis, et miseratio interminabilis, dapsilitas bonitatis ineffabilis, longanimitas quoque super pravorum nequitias quantitatis prolixitate cujuslibet longior, qui quotidianis admonitionibus religionam conversationem ducentes monet, ut piæ sectando justitiæ culturam non eam deserendo linquant, quin potius perseverabili instantia in ejus cultura ut permaneant paterno affectu hortatur, qui nihilominus eadem affectione mandat peccatoribus ut resipiscant, a suis iniquitatibus convertentes, quia eorum execratur mortem. Ejus amoris stimulo et fide suffultus cujus longiflua miseratione ego Cnut rex totius Albionis insulæ aliarumque nationum plurimarum in cathedra regali promotus, cum consilio et decreto archiepiscoporum, episcoporum, abbatum, comitum, aliorumque omnium meorum fidelium, elegi sanciendum atque perpeti stabilimento ab omnibus confirmandum, ut monasterium quod Badriceswrde nuncupatur sit per omne ævum monachorum gregibus deputatum ad inhabitandum, et ab omni dominatione omnium episcoporum comitatus illius funditus liberum, ut in eo Domino servientes monachi sine ulla inquietudine pro statu regni Dominum prævaleant precari. Placuit etiam mihi hanc optionis electionem roborare privilegio isto, in quo indere[1] præcepi libertatis donum, quod jam olim Eadmundus rex Occidentalium Saxonum largitus est suo æquivoco, pro nan-

---

[1] *videre*, Dugd.; male.

ciscenda ejus gratia et mercede æterna, scilicet Eadmundo regi et martyri, quod bonæ voluntatis[1] voto augere cupimus, quatenus ejus promereri precibus merear portionem ejus beatitudinis post hujus cursum vitæ.

Tali libertate concedo fundo frui illi, in quo idem sanctus pausat, ut quoties populus universus persolvit censum Danis, vel ad naves seu ad arma, persolvant inhabitantes in ipso fundo eadem, ad usus quos elegerint fratres illius loci. Sitque nobis remedio hoc, mihi quippe, æque reginæ meæ Ælfgeve,[2] ac filiis nostris, omnibusque qui pridem ei hoc contulerunt.

Huic libertati concedo additamentum, scilicet maritimos pisces qui mihi contingere debeant[3] annualiter per thelonei lucrum, et piscationem quam Ulfkytel habuit in Wylla,[4] et omnia jura quarumcumque causarum in villis quæ monasterio adjacent, et quæ adjiciendæ sint per gratiam Dei. Dedi quoque reginæ meæ assensum, concedens ei pro sua elemosina dare iv. millia anguillarum cum muneribus quæ pertinent ad illas pro annuali censu in villa quæ cognominatur Lakyngehythe. Si quislibet, quod absit, istam libertatem quoquolibet conatu nititur servitutis jugo subigere, vel prava intentione transmutare, ut rursus clericos in eo collocet loco, sit addictus captivitati æternæ, carens sempiterna libertate, et mancipatus servitio diaboli, ejusque consortio sit inextricabilibus habenis constrictus, nisi satisfactio ejus erratui subveniat, quod prorsus optamus.—

✠ Ego Cnut rex gentis Anglorum aliarumque nationum hoc privilegium jussi componere, et compositum cum signo dominicæ crucis confirmando impressi.

✠ Ego Ælfgyva regina omni alacritate mentis hoc confirmavi.

✠ Ego Ailnothus Cantuariensis archiepiscopus corroboravi.

✠ Ego Wlstanus archiepiscopus Eboracensis consensi.

✠ Ego Godwinus episcopus confirmavi.

✠ Ego Ælfwinus episcopus assensum dedi.

✠ Ego Ealfsinus episcopus[5] consignavi.

✠ Ego Eathericus episcopus conclusi.

✠ Ego Ealfwinus episcopus roboravi.

✠ Ego Brihtwoldus episcopus confirmavi.

---

[1] Dugd.; om. G.
[2] superscriptum est, manu coæva, *Emme*.
[3] *debent*, Dugd.
[4] *villa*, Dugd.
[5] Superscriptum est, manu coæva, "Wintoniensis."

+ Ego Yric dux.
+ Ego Ulf dux.
+ Ego Hacun dux.
+ Ego Godricus dux.
+ Ego Ealfwardus abbas.
+ Ego Ealfsinus abbas.
+ Ego Vulfredus abbas.
+ Ego Oslacus miles.
+ Ego Turhkyllus miles.
+ Ego Brocher miles.
+ Ego Ealfwinus miles.
+ Ego Ealfricus.
+ Ego Ealfricus.

+ Ego Godwinus dux.
+ Ego Eglaf dux.
+ Ego Leofwinus dux.
+ Ego Leofricus abbas.
+ Ego Eathelstanus abbas.
+ Ego Leofwinus abbas.
+ Ego Oskytelus abbas.
+ Ego Thoredus miles.
+ Ego Thrym miles.
+ Ego Ealfricus miles.
+ Ego Ealfwius miles.
+ Ego Leofsinus.
+ Ego Leofricus.

+ Ego Thurkyllus Eastanglorum comes libenter cousilium dedi.

IV.

p. 358; in textu :—

[A.D. 1043.]

St. Edmund's brother a hermit at Cernel.

Ibi [apud Cernel in Dorsetania] succedentibus annis Edwoldus frater Eadmundi regis et martyris vitam heremiticam solo pane et aqua trivit. Post vero religiose actam vitam magna sanctitatis opinione ibidem sepelitur.

V.

p. 370; in textu :—

Abbot Baldwin

[A.D. 1065.] Leofstanus abbas decessit XVII. Cal. Augusti die Saturni. Successit ei vir venerandus abbas Baldwinus, genere Gallus, natus scilicet apud Carnotum, nutritus ac monachus professus in nobili monasterio Sancti Dionisii, rexitque ecclesiam Sancti Eadmundi annis XXXII. mensibus V. Iste præclarus vir tam vita religiosa quam insigni doctrina idem monasterium, a Domino Jesu Christo et a rege Anglorum Eadwardo Aðeldredi filio sibi canonice et catholice creditum, ut verus Christianus fideliter rexit, de bono in melius strenue provexit, et terris atque maximis possessionibus copiosissime augmentavit.

Favours granted to him by the Conqueror.

Gloriosus rex Willelmus, qui primus ex Normannorum gente prudentia sua et fortitudine totam Angliam suo subjugavit imperio, hanc licentiam et facultatem eidem Baldwino contulit ut quocunque modo posset terras ecclesiæ S. Eadmundi adjiceret, vel pecunia eas a vicinis suis redimendo, vel dono ipsorum proprio et spontanea eorum voluntate adquirendo. Unde factum est ut plures liberos homines quos

Sokemannos vocamus et illorum homagia adquireret, et corum adquisitione monasterium suum locupletaret.

Cum autem his atque aliis modis infinitus honor per eum crevisset ecclesiæ, crevit in quibusdam et exarsit insatiabilis fames avaritiæ, ita ut eundem locum invaderent, et suo eum dominio subjugare tentarent. Extitit malitiæ hujus exactor et princeps quidam Erfastus Tedfordensis episcopus, qui propter cupiditatem possessionum apud Sanctum Dei Eadmundum sibi constituere volebat episcopatum. Orta vero tali de causa inter episcopum et abbatem gravi contentione et gravi controversia, dominus Baldewinus abbas consilio et auxilio famosissimi regis Willelmi Romam profectus esset, dominumque Alexandrum papam secundum in sede beati Petri principantem invenit. A quo benigne et diligenter susceptus, maximo honori et venerationi habitus, insigne privilegium ad gloriam et laudem beati regis et martyris Eadmundi obtinuit, cujus premunitione eandem ecclesiam usque ad finem sæculi in maxima libertate Deo protegente collocavit. Fuit autem cum domino Papa conversans aliquantis diebus, donec eum ad ordinem presbyterii promoveret, et quibusdam dignitatibus ultra quosdam abbates honorifice insigniret. Dedit ei virgam pastoralem et annulum, curamque ei delegavit animarum. Altare præterea quoddam ex porphyritico lapide pretiosum et in honore beatæ Dei genitricis et sanctissimi regis Eadmundi sollemniter ab ipso consecratum cum maxima dulcedine et dulci devotione abbati Baldewino dominus Papa dedit, eique in hæc verba denuntiavit, dicens, "Si totum regnum An"glorum aliqua excommunicationis causa a divino cessaret "officio, quamdiu altare istud integrum et illibatum custo"dire poteritis, nunquam a sacris missarum sollenniis pro "aliqua prohibitione, nisi dominus Papa hoc nominatim in"terdixerit, cessabitis." Et, ut in privilegio subsequenti patebit, ex auctoritate Dei et beati Petri apostolorum principis et sanctorum canonum sancivit et confirmavit ut idem locus sub abbatis regimine in perpetuum ordini monastico deserviat, neque aliqua ecclesiastica aut secularis persona eundem in sedem episcopalem convertat.

Privilegium vero ita incipit:—

Alexander episcopus servus servorum Dei dilecto in Christo filio Baldoguino abbati monasterii S. Eadmundi, quod Badricesnurde nuncupatur in Anglia, constituti, ejusque successoribus in perpetuum: Quanquam sedes apostolica universalis mater et omnium ecclesiarum princeps universas ecclesias communi jure & dispositione contineat, pleræque tamen inveniuntur, quæ in singulare patrocinium sanctæ Romanæ ecclesiæ commendari, ac proprie ejus juri applicari ac submitti cupiunt, quatenus singulari providentia et caritate suæ matris amplexæ, usquequaque liberiores et munitiores existant, et ad exercenda divinæ servitutis obsequia inde tranquillitatis et præsidii munitiones accipiant, unde magisterium sacræ traditionis expectant. Si igitur in eadem apostolica sede præsidenti hæc sollicitudo et cura singularis incumbit, ut ex ipsa consideratione regiminis omnibus tam in defensione et corroboratione diligentiam, quam in spirituali speculatione et doctrina vigilantiam, quantum Deo auxiliante prævalet, circumferre debeat, valde congruit, ut siquando ea quæ ad honorem et utilitatem ecclesiarum Dei pertinent ab eo postulantur, benigna donatione concedat, et ad sinum matris, id est, sanctæ Romanæ ecclesiæ domicilium propriæ commendationis devotione fluentes, egregia benignitate affectuque custodiendi suscipiat. Nos itaque, dilectissime fili Baldognine, in apostolatus administratione non nostris meritis sed divina locati gratia, æquitatem tuæ postulationis et commissæ tibi congregationis, necnon karissimi filii nostri Guillelmi regis benigna interpellationis vota attendentes, videlicet, ut prædictum monasterium S. Eadmundi, cui divina dispositione præesse dignosceris, in tutelam et defensionem sanctæ Romanæ ecclesiæ susciperemus, ejusque statum et attinentia bona apostolici privilegii firmamento muniremus, cum omni benevolentia et caritate vobis concedendum esse pervidimus. Quapropter in hac præsenti sanctionis nostræ pagina, salva quidem in omnibus hujus sanctæ sedis reverentia, concedimus et confirmamus, tibi tuisque successoribus præfatum monasterium, cum omnibus quæ nunc sibi jure pertinent, aut in futurum Deo annuente ibi conferenda sint, ut sine omni molestia et inquietudine illud in vestra gubernatione teneatis: Statuentes et apostolica auctoritate corroborantes, ut idem monasterium in hoc statu et monastico ordine perpetua stabilitate permaneat, nec aliqua potestas sæcularis aut ecclesiastica eundem venerabilem locum ad episcopalem sedem mutare possit aut debeat; et quæcunque donationes rerum aut libertatis eidem monasterio regiis statutis et præceptis traditæ sint aut in posterum pro Dei nomine conferendæ, ex nostra apostolica confirmatione ratæ illibatæque permaneant, salva apostolicæ sedis reverentia.

Igitur ad honorem Dei et utilitatem prædicti monasterii cupientes hanc nostram constitutionem sempiterna stabilitate teneri, sancimus et apostolica auctoritate firmamus, ut nullus rex, dux, comes, episcopus, abbas seu aliqua persona sæcularis aut ecclesiastica jam sæpe fatum monasterium vel fratres ibi Deo servientes inquietari præsumat, nec aliquid eorum quæ nunc jure habet aut in futurum Deo concedente adquisierit, cujuscunque modi sint, ab eo alienare aut invadendo diripere, nec aliqua occasione vexare aut sine licentia abbatis tenere audeat. Siquis autem temerario ausu hæc nostra statuta contaminare præsumpserit aut infringere, anathematis laqueo se innodatum, et judicio superni judicis plectendum esse cognoscat. Qui vero piæ devotionis intuitu hujus nostræ sanctionis custos et observator extiterit, et bona sua ad amplificationem ejusdem monasterii contulit aut conferre studuerit, apostolicæ benedictionis gratiam consequatur, et æternæ retributionis gloria repleatur. Bene valete.

Deus nostrum refugium et virtus
Magnus ✝ Dominus noster
et magna virtus ejus

Datum Lateranis VI. Kal. Novembris, per manus Petri sanctæ Romanæ ecclesiæ presbyteri cardinalis ac bibliothecarii, anno XI. pontificatus domini Alexandri secundi papæ, anno, videlicet, Dominicæ incarnationis millesimo septuagesimo primo: Indictione septima.

VI.

p. 387, in textu :—
[A.D. 1081].

Finitis placitis calumniis et querimoniis quas Arfastus episcopus faciebat Baldwino abbati, videlicet de ecclesia S. Eadmundi, et de villa in qua sanctus martyr requiescit die pridie Kal. Junii apud Wintoniam coram rege et principibus terræ, dedit rex Willelmus glorioso regi et martyri Eadmundo hoc privilegium.

℞ Willelmus rex Anglorum princeps Normannorum atque Cynomannensium archiepiscopis episcopis abbatibus comitibus et cæteris suis fidelibus. *Charter of William the Conqueror.*

Quoniam nos ad regni fastigia Dei miseratione provectos esse credimus, oportet ut de prospera stabilitate plebis nobis subjectæ et maxime eorum qui in Domini servitio die ac nocte desudant vigilare curemus. Igitur notum facimus fidelibus regni nostri præsentibus et futuris, quod Arfastus episcopus ecclesiam beati Eadmundi, in qua ipse venerabilis rex et martyr incorrupto corpore diem expectat beatæ resurrectionis, suam episcopopalem debere esse sedem nobis et multis aliis referebat. Unde inter Baldwinum abbatem prædictæ ecclesiæ et ipsum episcopum per multum temporis facta quam maxima altercatione, consilio archiepiscoporum episcoporum et aliorum multorum nobis fidelium, ut utrorumque super his ratio in nostra discuteretur curia, dignum censuimus. Qui dum die statuto coram adessent, episcopus suum satis facunde fecit clamorem, sed scriptis et testimoniis omnimodo vacuum. Abbas vero e contra, quomodo Canutus rex a prædicta ecclesia cum communi consilio archiepiscoporum episcoporum et optimatum suorum presbyteros qui inibi inordinate vivebant ejecerit et monachos posuerit; quodque postmodum ipsam ecclesiam Ailuodus archiepiscopus Cantuariensis jussu prælibati regis dedicaverit, atque primum abbatem loci illius episcopus Lundoniensis, secundum episcopus Wintoniensis, ipsum etiam Baldwinum qui tertius erat abbas, archiepiscopus Cantuariensis sacraverit; et quia post LIII. annos sine alicujus jam dicti Arfasti antecessoris contradictione monachi prædicti loci a quibus voluerunt episcopis ordines susceperint, ex ordine luculenter enarravit. Ostendit denique et præcepta, videlicet Canuti regis atque gloriosissimi regis Eadwardi, in quibus ab omni dominatione omnium episcoporum comitatus illius funditus sæpe dictam ecclesiam liberam perpetualiter ipsi reges esse concesserunt. Quod Cantuariensis archiepiscopus Lanfrancus, et Thomas Eboracensis archiepiscopus, et Odo Baiocensis episcopus frater meus et comes Cantiæ, et plerique alii episcopi, Rotbertusque filius meus atque cæteri principes regni nostri qui aderant, audientes censuerunt tanti loci tantam auctoritatem inviolatam usque in finem sæculi debere permanere. Quorum irrefutabili judicio, prout dignum fuit, assensi, et consensum præbeo.

Placuit etiam nobis, consilio archiepiscoporum, episcoporum, comitum, aliorumque militum nobis fidelium, atque digna petitione Baldwini abbatis, qui nostram humiliter requisivit serenitatem, antecessorum nostrorum Anglorum regum, scilicet Eadmundi, Canuti, Hardecanuti, atque illustris Eadwardi, cujus miseratione Domini genere et dono sumus hæredes, præcepta quæ jam sæpe nominatæ ecclesiæ contulerunt, nostro roborare præcepto, ex hoc ut ab Arfasti episcopi omninmque sibi per tempora succedentium episcoporum dominatione ipsa ecclesia et villa in qua sita est eadem ecclesia sit libera. Et ut hæc auctoritas nostris et futuris temporibus circa ipsum sanctum locum perenniter firma et inviolata permaneat, manus nostræ subscriptione cartam hanc decrevimus roborare, et sigilli nostri impressione firmare.

✠ Ego Willelmus Dei gratia Anglorum rex hoc præceptum jussi scribere, et scriptum cum signo Dominicæ crucis confirmando impressi.

✠ Ego[a] Mathildis regina corroboravi.
✠ Ego Lanfrancus Cantuariensis archiepiscopus confirmavi.
✠ Ego Thomas archiepiscopus Eboracensis roboravi.
✠ Ego Odo Baiocensis episcopus assensum dedi.
✠ Ego Gosfridus Constantiensis episcopus consignavi.
✠ Ego Hugo Lundoniensis episcopus consensi.
✠ Ego Walquelinus Wintoniensis episcopus conclusi.
✠ Ego Wulstanus Wigornensis episcopus assensum præbui.
✠ Ego Remigius Lindisfarnensis episcopus non renui.
✠ Ego Stigandus Bathoniensis episcopus affirmavi.
✠ Ego Osbertus Axoniensis episcopus assensum dedi.
✠ Ego Petrus Cestrensis episcopus consensi.
✠ Ego Arfartus Theodfordensis episcopus collaudavi.
✠ Ego Gundulfus Rofensis episcopus laudavi.
✠ Ego Osmundus Searuberiensis episcopus roboravi.
✠ Ego Rodbertus Herefordensis episcopus consensi.
✠ Ego Rodbertus regis filius assensum dedi.
✠ Ego Willelmus filius regis collaudavi.
✠ Ego Heinricus filius regis confirmavi.
✠ Ego Mauricius regis cancellarius relegi et sigillavi.
✠ Ego Bernardus capellanus regis.
✠ Ego Scollandus S. Augustini abbas.
✠ Ego Wlfwoldus Certesiensis abbas.
✠ Ego Vitalis abbas de Westmonasterio.
✠ Ego Ægelnothus Glastoniensis abbas.
✠ Ego Ægelwinus Eoveshamensis abbas.
✠ Ego Ægelsinus Ramesiensis abbas.
✠ Ego Turoldus Burgensis abbas.
✠ Ego Rogerius comes de Monte Gumerici.
✠ Ego Hugo comes Cestrensis.
✠ Ego Alanus comes Orientalium Anglorum.
✠ Ego Albericus comes Nordanhymbronum.
✠ Ego Rodbertus de Bellomonte.
✠ Ego Hugo de Monteforti.
✠ Ego Ricardus Gisleberti comitis filius consignavi.
✠ Ego Baldwinus frater ejus.
✠ Ego Henricus de Ferrariis.
✠ Ego Hugo de Grentemaisnilo.
✠ Ego Walterius Giffardus.

Data pridie Kal. Junii anno XV^{mo} regnante Willelmo rege gloriosissimo, ab incarnatione autem Domini anno MLXXXI.

---

[a] The initial letter of the "Ego" in each of the signatures is coloured red, or green, or yellow.

Indictione IV. Actum apud Wintoniam in palatio regio. In Dei nomine feliciter. Amen.

VII.

p. 389: in textu.

Litteræ regis quas ipse misit cum sigillo suo ad comitatum et ad vicecomitem.

Royal letter to the sheriff of Norfolk.

Willelmus rex Anglorum Rogerio Bigoto cæterisque omnibus fidelibus suis salutem. Sciatis quod de calumnia et querimonia quam Arfastus episcopus faciebat Baldwino abbati, videlicet de ecclesia S. Eadmundi, et de villa in qua est sita, meo præcepto coram me archiepiscopi et episcopi abbates et comites aliique mei proceres judicium inter episcopum et abbatem tenuerunt, et juste judicaverunt, et assenserunt unanimiter, quod Arfastus episcopus prædictam ecclesiam et villam injuste requirebat, et abbas ea juste habere debebat. Quod sic stare et firmiter inviolatum manere amodo præcipio. Valete.

VIII.

p. 395; ad calcem paginæ:

Death of Alan, count of Bretagne;

[A.D. 1093.] Circa istum annum Dominicæ incarnationis obiit Alanus comes Brittanniæ, & constructor nobilis cœnobii Sanctæ Mariæ extra urbem Eboracam; sed apud S. Ædmundum, cujus ecclesiæ multorum bonorum impensor extiterat, ab abbate Baldewino juxta australe ostium ecclesiæ primo sepultus est; sed succedente tempore infra[1] ecclesiam supplicatione monachorum Eboracensium et parentum suorum in opposito loco prioris tumulationis conditus est. Cujus nobilitatem exornat epytabfium, quod super eum sic scriptum monstratur:—

his tomb and epitaph.

Stella ruit regni; comitis caro marcet Alani:
Anglia turbatur; satraparum flos cineratur.
Ja. Brito, flos regum, modo marcor in ordine rerum.
Præcepto legum, nitet ortus sanguine regum.
Dux viguit summus, rutilans a rege secundus;
Hunc cernens plora; Requies sibi sit, Deus! ora.
Vixit nobilium præfulgens stirpe Brittonum.

---

[1] *intra?*

IX.

p. 397, in marg.:

[A.D. 1094.] Religiosus prior S. Eadmundi Benedictus, qui Saxo dicebatur, circa hunc annum obiit, et in capitulo fratrum tunc temporis sepultus est. Erat enim primitus capellanus Eadighe reginæ Eadwardi regis, et tali honore a rege habitus est, ut, [si] ei curæ esset, pontifical[es] honor[es pro]fecto adeptus fuisset. Post ipsos autem vita extractos religiose conversatus est cum canonicis qui habitabant apud sanctum Johannem Beverlacensem, et factus est eorum decanus. Exinde, abbate Baldwino invitante, apud S. Eadmundum monachus et dein prior loci effectus, p . . . mos[1] annos in sancta conversatione vitæ transeuns. Cujus vita quantum fuit Deo accepta satis claruit, dum post plus[quam] XXX. annos, tempore abbatis Ans[elmi], in loco quo prius fuerat cap[itulum] pararetur claustrum infirmorum, [et] placeret removere eum et ju[xta pa]rietem ecclesiæ recondere. Et [cum in remo]tione sarcofagi cooperculum motum esset, apparuit ipse jacens pæne incorruptus, et cuculla ejus pæne to[ta], atque tanta suavitas [ama]bilis odoris de corpore ejus [mana]vit, ac si illic [omnia] odorum genera congesta sint; et sic post multorum conspectum in loco quo decretum fuit conditus est.

Life and character of prior Benedict.

X.

ibid. ad calcem paginæ:

[A.D. 1095.] Venerabilis abbas Balduuinus monasterii S. Eadmundi, destructa ecclesia quam condiderat gloriosus rex Cnutus & ejus regina Emma, simplici facta schemate, nec sic artificialiter ut quædam construuntur hoc tempore, monitu senioris regis Willelmi artificiorem & pulchriorem jactis fundamentis inchoavit, columnari, testudinali, marmorali opere fabrefacta, qua multi qui viderunt speci[osi] orem et delectabiliorem nunquam se vidisse testati sunt. Et ut perducta sunt ad perfectum ædificia presbyterii, anno ab incarnatione Domini MXCV°, a passione S. Eadmundi CCXXV°, III° Kal. Maii, præsente jam dicto abbate B., et monachis ejus disponentibus, digno cum honore beatus martyr die Dominica transfertur a Walchelino Wintoniensi episcopo & a Ranulfo tunc regis capellano postea Dunhelmensi episcopo in

Baldwin's new church; the beauty of its architecture. Translation of St. Edmund into it.

---

[1] *plurimos?* Locum hunc usque ad finem, tinearum injuria depravatum, pro posse restitui.

APPENDIX.

præparatam sibi basilicam, astante innumerabili caterva cleri populique, et retro magnum altare decenter reconditur. Tunc, cum tanta esset aeris siccitas ut uredo et aurugo solis inclementia germinantia quæque pessum dederit, et pæne tota periclitaretur Anglia, populus ab episcopo monitus, quatinus Deum per sanctum suum invocaret sibi misereri, tertia supplicatione Kirrieleison; statimque viderunt pluviarum copiam terram madefacere, atque diu sic temporaneam fuisse, ut præmarcida sata viverent, et quod minitabatur in germine non expleretur in propagine, quia seriem multorum annorum tunc frugum incrementa proven . . . .

Cujusdam etiam militis brachium in exitu illisum parieti vi multitudinis ut abrasis carnibus pæne nuda facies ossis pateret, et statim sanum et incolume est repertum sola cicatrice ad testimonium veritatis permanente.

Also of St. Botolph and St. Jurmin.

Translati sunt nihilominus cum rege beatissimo et reliquiis multis sanctorum corpora duorum sanctorum, videlicet Botulphi [1] episcopi et Jurmini clitonis Christi, amboque, ut percipimus, illo delati sunt tempore Lefstani abbatis. Corpus namque beati Botulphi episcopi primitus apud quandam villam Grundesburc nominatam humatum est; cujus translatio cum obscura nocte fieret, columna lucis super feretrum ejus ad depellendas tenebras protendi visa est. Corpus vero beati Jurmini similiter apud villam quandam Blihteburc primum jacuit; in cujus plumbea theca in qua delatus est tale ephithaphium inscriptum continebatur: Ego Jurminus commendo, in nomine Trinitatis sanctæ, ut nulla persona audeat deprædare locum sepulturæ usque in diem resurrectionis; sin autem, remotum se sciat a sorte sanctorum.

XI.

Death of abbot Baldwin.

p. 400; in textu:—

[A.D. 1097.] Eximiæ vir religionis monasterii S. Eadmundi abbas Baldwinus, genere Gallus, artis medicinæ bene peritus, IV. Kal. Januarii die dominica feria III. in bona senectute decessit,[a] & in medio choro principalis ecclesiæ sepultus requiescit.

---

[1] duo verba exinanita sunt.

---

[a] A marginal note here adds, in a hand of the same century, "annos "triginta duos a sumpta abbatia, "[ætat]is, ut putabatur, plusquam "octoginta."

XII.

p. 402; ad calcem paginæ:—
[A.D. 1100.] Deditque [Henricus] ipso die consecrationis suæ abbatiam S. Eadmundi Rotberto Hugonis Castrensis comitis filio, et abbatiam Elyensem Ricardo Ricardi filii Gisleberti comitis filio.

Nomination of abbot Robert I.

XIII.

Ibid. in textu:—
[A.D. 1101.]
Ad ipsum vero negotium [a] conficiendum directi a rege sunt tres episcopi, Girardus videlicet Herefordensis nuper factus archiepiscopus Eboracensis, Herebertus Tydfordensis, Rotbertus Cestrensis. Sed horum episcoporum duos sua quoque causa Romam agebat, Girardum scilicet adeptio pallii, et Herbertum [b] non æqua cupido dominandi super abbatiam beati Eadmundi. Eadem quippe abbatia, ex quo primum fundata fuit, salva primatis obedientia, semper a subjectione omnis episcopi libera fuit, libertatem ipsam quasi a beati martyris jure trahens, qui loco in quo sita est regali potentia præsidens, speciali quadam eum, inibi corporaliter dum viveret degens, libertate [donaverat. Hanc quoque libertatem [1]] cum privilegia Romanorum pontificum, tum instituta & sanctiones principum ipsi regi in

Attempt to fix the see at Bury renewed by Herbert, bishop of Norwich;

p. 403.

---

[1] Supplentur hæc quatuor verba in marg.

---

[a] The dispute between Anselm and Henry I. about investitures. The compiler of *Bod.* 297 has copied this passage from Eadmer's *Historia Novorum,* but gives a different turn to the conduct of bishop Herbert, as the next note will show.

[b] From this point the compiler of the Bury volume quits Eadmer, in order to give his own view of Herbert's motives. Eadmer proceeds as follows: "Herbertum in- "tentio recuperandi ablatam ec- "clesiæ suæ curam Christianitatis "super abbatiam S. Eadmundi. "Ante paucos siquidem annos "Baldwinus ipsius cœnobii abbas "Romam adierat, et apud Alexan- "drum papam privilegium ipsi ab-

"batiæ adquisierat, per quod eam a "subjectione omnium episcoporum, "salva primatis obedientia, liberam "effecerat. Quod factum Lan- "francus archiepiscopus moleste "accipiens, ipsum privilegium ab- "bati abstulit, nec illud ei nisi "circa finem vitæ suæ multorum "precibus motus reddere voluit. "Præfatus ergo episcopus episco- "patum Theodfordensem seu Nor- "wicensem, in cujus parrochia "eadem abbatia esse scitur, suo "jure non jure privatum esse ægre "ferens, ut diximus, Romam ire, "et si forte posset in antiquam "dignitatem ecclesiam cui præsi- "debat restituere, adminiculante "æquitate, cogitabat. Hic itaque "Herbertus," &c., as below.

regnum Angliæ succedentium, tum nihilominus decreta et
confirmationes celebratæ astipulationibus generalium concilio-
rum annuerunt, roboraverunt, et inconvulsa manere constituerunt, solius primatus nutum in sacramentis et consecrationibus
ecclesiasticis abbatiam ipsam expectaturam in commune de-
cernentium. Hic itaque Herbertus, cum relictis sociis Burgun-
diam cum suis venisset, et partes Lugdunensis provinciæ
impiger attigisset, comprehensus a quodam Guidone viro
præpotente ac fero est; et quod episcopus de Anglia esset,
quodque pro damno domini sui Anselmi Cantuariorum archiepiscopi Romam iret, ab eodem calumniatus. Negat ille, nec
ei creditur. Instat negando et dejerando, sed nequidquam.
Tandem prolatis sanctorum reliquiis super eas jurare cogitur,
et asseverare se nulla omnino ratione Romæ quid scienter
acturum, quod aut honori aut voluntati patris Anselmi videri
posset obnoxium. Quo facto, ut pace ac securitate viri comitatus viæ reddi[1] mereretur, ferme quadraginta, sicut fertur,
marcas argenti ei non grata largitate reliquit, quas suo negotio contra ecclesiam S. Eadmundi adminiculaturas Anglia
egrediens mage putavit. Emensa dehinc longitudine viæ,
nuncii Romam una venerunt; sui adventus causam, pro eo
quem præferebat tenore, apostolicis auribus suggerunt; tanti
mali dirimendi consilium proni deposcunt. Audit ille quæ
feruntur, et non invenit verba quibus exprimat quantum inde
miretur. Cum tamen magno ab episcopis opere precaretur
suis rebus præcavere, ac definitæ prædecessoris sui sententiæ
rigorem, ut undique pax esset, temperare, asseruit se nec pro
capitis sui redemptione hoc facturum; 'decreta,' dicens indig-
nando, ' et institutiones sanctorum patrum minis actus unius
hominis dissiparem?' Finierat in istis. Super hæc scriptas epi-
stolas regi et Anselmo cuique suam destinavit, regi inter alia
ecclesiarum investituras judicio Sancti Spiritus interdicens,
et Anselmum ut quæ agebat ageret, et quæ loquebatur per-
loqueretur, affectuose deprecans, firmata et apostolicæ sedis
auctoritate roborata in omnibus sui primatus dignitate.

XIV.

p. 405; in textu:—

[A.D. 1102.] Primum itaque ex auctoritate patrum symoniacæ
hæresis surreptio in eodem concilio damnata est. In qua
culpa inventi depositi sunt Wido abbas de Perscore et Wi-
mundus de Tavestoc et Ealdwinus de Ramesei, et alii nondum
sacrati remoti ab abbatiis, scilicet Godricus de Burgo, Haimo

---

[1] ita Eadmer, *Hist. Nov.*, p. 132, Rolls ed.; *redimereretur*, G.

de Cernel, Œgelricus de Middeltune, absque symonia vero remoti sunt ab abbatiis pro sua quisque causa, Ricardus de Heli, et Robertus de S. Eadmundo, et qui erat apud Micelenei.[a]

XV.

p. 406; ad calcem:—

[A.D. 1102.] Anno eodem et in eodem concilio idem, tertio Henrici regis anno, Herebertus episcopus Norwicensis proposuit calumniam satis facunde de subjectione ecclesia[1] S. Ædmundi multisque de causis justam ac necessariam ibi fore suam prælationem. Sed causa diligenter ventilata, calumniam ipsius irritam esse debere comprobavit ac decrevit universa synodus; quia episcopi quamplures et abbates necnon duces regii considentes affirmaverunt se interfuisse causis Arfasti episcopi et Baldwini abbatis, ipsumque Arfastum a causa cecidisse, abbatem vero Baldwinum per legitimos testes comprobasse se ac suam abbatiam per LIII. annos liberam et quietam ac sine calumnia fuisse ab omnibus antecessoribus ipsius Arfasti. Demonstrasse quoque testati sunt prædictum abbatem suum monasterium dedicatum ab archiepiscopo Agethnotho Dorobor[n]ensi, seque postea abbatem consecratum fuisse a metropolitano ejusdem sedis. (*Here follows the account of the consecrations of the abbots, his predecessors, as on p.* 348.) Discussa tandem causa, calumniaque præfati Herberti honestis rationibus refutata per decretum universalis concilii, ne mutire quidem ausus est deinceps contra ecclesiam S. Eadmundi quoad vixerat.

Claim of bishop Herbert finally disposed of.

XVI.

p. 408; ad calcem paginæ:—

[A.D. 1107.] Deposito canonice per concilium Rotberto filio Hugonis comitis Cestrensis eo quod invaserat ecclesiam S. Eadmundi martyris sine electione monachorum ejusdem loci, Rotbertus prior Westmonasterii electus est abbas ab ipsis fratribus, et jussu Henrici regis ab Anselmo archiepiscopo consecratus die Assumptionis S. Mariæ. In cujus ordinatione præsente Rannulfo episcopo Dunhelmensi et Halgoto abbate

Election of abbot Robert II.

His consecration by St. Anselm.

---

[1] lege *ecclesiæ*.

[a] This passage is taken word for word from Eadmer's *Historia Novorum*.

APPENDIX.

Claim that no profession of obedience should be made by him.

ecclesiæ S. Audoeni Rotomagensis atque pluribus religiosis viris, fratres præmissæ ecclesiæ S. Eadmundi probabili auctoritate demonstraverunt ipsum abbatem consecrari debere sine professione facta metropolitano aut cuilibet alii episcoporum Angliæ. Quod et factum est, dum constabat antecessorum ejus alterum, id est, Uvium, ordinatum fuisse ab episcopo Lundoniensi, alterum, hoc est, Leofstanum, a præside Wintoniensi, et Baldwinum, qui tertius successit duobus prioribus, ab archiepiscopo Dorobernensi, nec quemlibet posse demonstrare ipsos tres abbates professionem fecisse alicui episcoporum vel metropolitanorum.

His character and labours.

Cui[a] quidem ecclesiæ ante consecrationem amplius quam IV. annis jure abbatia præfuerat, capitulo tamen, nisi vocatus a fratribus aliqua utilitatis causa, reverenter abstinens. Et inter cætera bona interim claustrum, capitulum, refectorium, dormitorium, et cameram suam ædificari fecerat. Sed non nisi IIII. ebdomadas et totidem dies post consecrationem supervivens, oleo sacro unctus, et . . . munitus XVI. Kal. Octobris feria II. viam patrum ingressus est. (Portions of two lines follow, the greater part of which has been cut off by the binder's knife; but thus much can be made out): Qui quidem inter omnes abbates optimus custoditor et adquisitor terrarum laudatur . . . . annos amplius fuisset ad maximam terrarum et rerum . . . .

XVII.

p. 413; in textu:—

Election of abbot Albold.

[A.D. 1015.] Conventus monasterii S. Eadmundi elegerunt Alboldum priorem S. Nicasii Meldensis ecclesiæ sibi abbatem. Qui consecratus est in festivitate Omnium Sanctorum ab archiepiscopo Cantuariensi Radulfo sine professione conscripta juxta prædictam rationem legitime a monachis confirmatam in præsentia Anselmi archiepiscopi, quando ordinatus est dominus abbas Rotbertus prædecessor ipsius Alboldi.

XVIII.

p. 415.

Death of Albold.

[A.D. 1119.] (Between the deaths of Godfrey, bishop of Hereford, and Herbert, bishop of Norwich, a hand nearly contemporary has written above the line,) . . . . et Alboldus abbas ecclesiæ S. Eadmundi, prima die Kal. Martii.

---

[a] The rest of this passage is in a somewhat later hand; it refers of course, not to Baldwin, but to Robert, second abbot of the name, who was consecrated in 1107.

APPENDIX C.

(A curious passage from the *Estorie des Engles* of Geoffrey Gaimar (ll. 2261-2930), describing the Danish invasion of East Anglia and Edmund's martyrdom, had been marked for insertion here, but finding that the whole of that poem has just been published in the Rolls Series, the Editor deems it unnecessary to carry out his intention, and refers the reader to p. 118 of vol. I. in that edition.)

APPENDIX D.

Joannis Saresberiensis *Polycraticus*, Lib. VIII. cap. 21; quod est de finibus tyrannorum.

In gente quoque Britannorum, sicut quædam nostratum testatur historia, ad compescendam et puniendam tyrannidis rabiem, gloriosissimi martyris et regis Edmundi [Deus] manum exercuit. Cum enim Suanus Britanniæ insulam, quam ex magna parte occupaverat, vastaret, spoliaret, et membra Christi persecutionibus multis affligeret, indictione census, quem lingua Anglorum Donageldum nominant, provinciam oneravit, præcepitque possessiones memorati martyris conferre in censum. Supplicatumque est ei; contemsit preces. Missus a martyre religiosus frater, sub interminatione inhibuit, ne ecclesiam Christi, domum martyris, et liberam familiam ejus, tyrannus indebita premeret servitute. Sed impietas ad preces obsurduit, intumuit ad prohibitiones, ad minas induruit, et conviciis et injuriis afficiens humilem nuncium, Dei ultricem acceleravit manum, flagellum provocavit, et, patientia Dei contempta, temeritate cæcus incurrit in mortem. Nec mora; nam tyrannus e vestigio expiravit. Inter milites enim agens in castris, solus, sicut ipse confessus est, cum telo vidit adesse beatum Edmundum, increpantem eum durissime et cædentem ad mortem. Et ab ea quidem die, licet insula graves tyrannos habuerit, ecclesia Beati Edmundi a præfata indictione fisci mansit immunis. Nemo enim eorum martyrem ausus est provocare, aut in opprimenda ecclesia ejus periculum facere sui.

Nostris tamen temporibus Eustachius filius Stephani, qui in ecclesiam Dei sævire decreverat, cum omnia pro virili depopulatus esset, et terram beati Edmundi, cui omnes præ-

A.D. 1014. The death of king Sweyn,

who having laid a tax on the convent, was slain by St. Edmund himself,

with an excellent deterring effect.

A.D. 1153. In our own day, prince Eustace,

358   APPENDIX.

violating the immunity of St. Edmund, fell ill, and in about a week's time was dead.

dones detulerant, videret opulentam, sibique non esset, consumptis opibus regni, unde semel et secundo militibus æra procederent, jam enim defecerant donativa, prædia jam dictæ ecclesiæ depopulatus est. Nondum tamen digesserat cibum quem de facultatibus loci acceperat, ipsaque die, antequam se domi suæ reciperet, quæ nimis vicina erat, tactus est martyris manu, et letali percussus morte, die circiter octava rebus cessit et vita.

APPENDIX E.

EXTRACTS from MS. Bod. 240.*

*A.D. 1020.
Bishop Alfwin suggests to Canute that the custody of St. Edmund's body should be committed to monks.
A.D. 903.
A.D. 922.
The clerks in charge for a hundred years were leading an irregular life.*

Anno igitur prædicti regis [Canuti] quarto, Alfwinus episcopus Elmanensis, Eliensis autem monachus, suggessit regi et reginæ de clericis qui habitabant apud S. Edmundum, dicendo justum et Deo beneplacitum videri, quatenus in loco eorum monasticus ordo succederet, ut scilicet peculiari famulatu ac honestiori cultu sanctus, ut dignus est, excoleretur. Ab anno enim xix. translationis S. Edmundi de Hoxne usque ad Beodricesworthe, quo nunc incorrupta carne quiescit, assignati erant obsequio Dei & S. Edmundi clerici seculares, qui tepescente devotione beneficia eidem martyri collata inter se dividebant et corpus sanctum absque condigno honore dimittebant.

*Ex Cronicis

de Ely.*

When the bishop visited them, and asked for a portion of their revenues, they insulted him.

Contigit autem quodam tempore Ayelwynum episcopum diocesim visitare, et in eadem villa de Beodricesworthe hospitari, ubi incontinentiam illorum clericorum et alias enormitates audiens intendebat eos corripere et ad meliora provocare. Sed nichil suam prævalere monitionem intelligens, partem suæ prebendæ, quæ sibi de illa ecclesia debebatur, et alia quæ ad jus episcopi pertinebant petivit. Illi vero hoc audientes indignati sunt, et ad episcopum in veru fixa frusta carnis, quæ de carnibus porcinis et vaccinis ad oblationem venerant, sicut per frusta sibi partiti sunt, frustatim palam cum indignatione miserunt. His itaque perceptis episcopus aliquantulum permotus est; tacitus tamen rem perferebat, conferens

---

* For an account of this MS. see Introduction, § 3.

in corde suo, sicut erat patientissimus et morum operatione sua mansuetissimus. Tamen de excellentia loci et sanctitate martyris S. Edmundi, et præsentia corporis illius incorrupti, absque venerabili cultu religionis sic diutius permanere, non leviter in se ipso commotus est. Unde non quievit, nec spiritus ejus requiem habuit, donec hæc omnia venerandæ reginæ peroraret, et quod aptissime fieri posset tantus locus, pro salute regis et commodo patriæ, & pro tanti martyris excellenti sanctitate, et miraculorum frequentia quæ in eodem loco fiebant creberrime, locus dicatus religioni et servitio Christi. Sicque de his prævenit venerabilem reginam in benedictionibus dulcedinis, et postea propositum suum regi Canuto peroravit, adjutus suggestionibus reginæ, et benevolentia ac diligentia comitis Turkilli, in cujus ditione locus ille fundatur. Rex autem super hoc habito cum suis sermone, convocatoque consilio archiepiscoporum, episcoporum, abbatum, priorum, comitum, atque baronum totius Angliæ, præcepit ut in prædicta basilica fierent monachi, qui die noctuque ibidem Deo et Sanctæ Mariæ servirent devote. Deinde præfato episcopo Elmanensi, qui hujus innovationis caput extiterat et causa, negotii perficiendi curam delegavit. Hic igitur, ipsius regis auctoritate et præcepto, et Turkilli comitis auxilio, clericis motis et alibi constitutis, quosdam de Hulmo sancti Benedicti, et quosdam de ecclesia Eliensi monachos ibi collocavit; anno ab incarnatione Domini MXX°, et a passione S. Edmundi CL°. Placuit enim prædicto regi, ut de ecclesia beati Benedicti de Hulmo antiquitus constituta pars dimidia fratrum ad ecclesiam Beodricensem dirigeretur. Ea vero tempestate xxvj. monachi, viri religiosi et bonæ famæ, in ecclesia de Hulmo Deo et sancto Benedicto famulabantur. De illa namque parte dimidia fratrum ad Beodricesworthe directa vir prudens et honestus Uvius erat, qui in ecclesia beati Benedicti officium prioratus agebat, et in ecclesia S. Edmundi apud Beodricesworthe abbas extitit primus; et cum eo alius frater, Leofstamus nomine, qui in eodem loco post ipsum abbas effectus est secundus.

2. Hæc autem sunt nomina aliorum xj. fratrum, qui cum ipsis sunt introducti, Ailfwinus, Ailwardus, Leofdricus, Alfricus, Bondo, Edericus, Alfwoldus, Leofsinus, Sparafocus, & pueri Oswaldus et Ordricus. In quorum quidem introductione ita divino cultu et religione locus ille præfecit,[1] ut statim mutato nomine præclarius ei nomen inoleret, id est, S. Edmundi oppidum. Concessit idem præsul Ayelwinus in

---

[1] lege *profecit.*

360 |APPENDIX.

The bishop divests himself of all power of episcopal direction over the monastery.

ingressu monachorum præfato monasterio omne jus suum ac jurisdictionem et episcopalia sacramenta intra idem monasterium et oppidum, et in circuitu ejusdem oppidi, per ambitum unius stadij, ad augmentum gloriæ et loci dignitatem, et contemplationem sanctissimi regis et martyris Edmundi. Nec ad illorum ingressionis officia nec ad benedictionem abbatis interesse voluit, licet provinciæ illius episcopus fuerat; sed a Londoniense præsule ordinatus fuit eorum primas abbas. Sibi vero præfatus antistes nec minimum quid reservati voluit, sed in toto conferens monasterio jurisdictionis suæ dignitatem quam illi contulerat ob reverentiam S. Edmundi, et in ceteris omnibus ministrans eis suum consilium et præsidium. Didicerat enim in sua ecclesia de Hely idem præsul, ubi educatus et nutritus fuerat, quanta gravamina sæpe imminere solent monasteriis solummodo constitutis in potestate illorum, qui magis quærant quæ sua sunt, quam quæ Jhesu Christi. Unde, quia de aliis nequeunt, dominationem ex hoc in cœnobiis sibi usurpant. Statuta fuit et annotata hujusmodi dimissio præsulis Alwini pro se et successoribus suis in perpetuum anno regis Canuti quinto. In his quippe operibus et servorum Dei multis commodis, et ad ministrationem, quamdiu in episcopatu fuit, delectatus est beatus antistes, et in reparandis eorum ædificiis, et ecclesia renovanda jugiter instabat. Anno siquidem introductionis monachorum secundo, destructa basilica antiqua et lignea clericorum, cœpit idem episcopus construere novam sumptibus suis propriis, una cum pecunia de caruagio et oblationibus proveniente, quam archiepiscopus Agelnothus anno xii° sequente perfectam et completam in honore Sanctæ Mariæ et Sancti Edmundi dedicavit, anno Domini м°xxxi°.

A.D. 1021.

The wooden church is pulled down, and a new one commenced, which is finished in 1031.

3. Ipse quoque rex Canutus libertatem, quam rex Edmundus eidem sancto et clericis contulerat, monachis dedit et confirmavit, adjiciendo quod monasterium S. Edmundi sit per omne ævum monachis deputatum ad inhabitandum, et ab omni dominatione omnium episcoporum liberum. Et quotiens populus universis persolvit sensum[1] Danis, vel ad naves seu ad arma, persolvant habitantes in ipso fundo eadem ad usus monachorum. Deditque S. Edmundo thelonenm piscium maritimorum, quod ad ipsum regem pertinebat annualiter in fundo prædicto, et piscationem quam Ulfketil habuit in Welle, et omnia jura quarumcumque causarum in villis quæ monasterio adjacent et quæ adjiciendæ sunt per Dei gratiam. Dedit quoque reginæ suæ assensum, dare S. Edmundo quatuor

Exemptio S. Edmundi per regem.

Privileges and favours bestowed by Canute on the monastery.

---

[1] lege *censum.*

millia anguillarum, cum muneribus quæ pertinent ad illas, pro annuali censu in villa de Lakynghethe.[a] Hæc omnia rex Canutus assensu omnium procerum regni sui eidem S. Edmundo et monachis suis contulit, anno regni sui duodecimo, per cartam quæ sic incipit, "In nomine poliarchis."[b] Videns enim patrem suum sic divinitus per S. Edmundum interemptum, mitius deinceps cum Sancto egit, et terram illius fossa magna circumduxit, immunitatem terræ sancti præter fossatum ab omni præstatione et inquietudine tribuit. Exactores quoque vectigalium, qui alias per Angliam debacchantur, fas nefasque juxta metientes sibi, supplices contra fossatum S. Edmundi litigationes sistunt.

W. de Malmesb. li. 2° de gestis pontificum.

4. Concessit insuper rex Canutus monachis in augmentum venerandi loci et eorum suffragia, transferre corpora sanctorum Botulphi episcopi et Jurmini clitonis Christi de Grundesburgh et Blideburgh ad monasterium S. Edmundi. Quod postea tempore Leofstani abbatis sollemniter est executum. Corpus namque beati Botulphi episcopi primitus apud Grundesburgh humatum est, ubi concursus populi et creberrime fiebant miracula. Cujus translatio cum obscura nocte fieret, columna lucis super feretrum ejus ad depellendas tenebras protendi cœlitus visa est. Corpus vero beati Jurmini similiter apud Blideburgh cum patre suo Anna primum jacuit; in cujus plumbea theca . . . [What follows about Jurmin's epitaph seems to have been copied from the entry in *Bod.* 297 (p. 352), but other particulars are derived from a source described in the margin as "quodam libro de Bliburgh."]

Ex Cronicis de Ely et Mariani.

It is authorised that the bodies of SS. Botolph and Jurmin be translated to Bury from Grundisburgh and Blythburgh.

Incidentia de caruagio monasterii S. Edmundi.

5. Cum enim Suanus rex Danorum Angliam sibi subjugando tributum importabile sibi solvi præcepisset, accedentes[1] episcopatus Estangliæ parochiani, tam de Northfolchia quam de Suthfolchia, ad S. Edmundum, devote supplicantes quatenus eos potenter a tam crudeli depressione liberaret. Exaudivit ergo more solito S. Edmundus orantem populum; exaudivit et Deus orantem Edmundum. Nocte siquidem diei Purificationis Beatæ Mariæ ipsi Suano apud Geynesburgh apparuit S. Edmundus, et eum lancea transverberans mortuumque relinquens disparuit, et patriam ab importabili

Sweyn imposes a heavy tribute;

his death, A.D. 1014.

---

[1] *accesserunt?*

[a] See p. 343.   [b] p. 342.

tiranni tributo taliter absolvit. Quo quidem divulgato miraculo, incredibili populus exultavit tripudio. Volens et S. Edmundo rependere gratiarum actiones, unanimi omnium assensu, de qualibet carucata terræ in toto episcopatu Estangliæ, quatuor denarios annuos in perpetuum Sancto Dei conferre decreverunt ; quod usque modo eadem de causa caruagium appellatur. Quibus sic auctoritate episcopali confirmatis, universisque vota sua annuatim alacriter conferentibus, accrevit pecuniæ summa, de qua, et de aliis oblationibus aliunde provenientibus, incepta est ecclesia nova. Anno quoque duodecimo ab inceptione perfecta, in honore Christi, Sanctæ Mariæ, et S. Edmundi, ab Agelnothe Cantuariæ archiepiscopo dedicatur. Postea, tempore regis Willelmi secundi, Herbertus primus episcopus Norwicensis, qui sedem episcopalem de Thefordia transtulit ad Norwicum, et ecclesiam magnificam ibidem construxit, videns ecclesiam S. Edmundi consummatam, accessit ad conventum S. Edmundi, et impetravit ab eis, utpote ab hominibus minus cautis, quatinus caruagium ad ecclesiam suam perficiendam ei accommodarent; post cujus perfectionem caruagium prædictum bona fide promisit illis esse restituendum. Quo quidem ei ab incautis,—excepto caruagio infra libertatem S. Edmundi, et caruagio hundredi de Stowe in Suthfolch, et caruagio decanatus de Belihowe in Northfolchia,—concesso, de ipso caruagio suam consummavit ecclesiam ; nostrisque deinceps minus considerate agentibus, Norwicensi ecclesiæ de prædicto caruagio continuis annis ab ipsius diocesis incolis respondetur, eo tamen excepto, quod de duobus decanatibus, uno scilicet de Stowe in Suthfolchia, et alio de Belihowe in Northfolchia, in testimonium juris nostri pristinum nobis retentis, Stowe nobis more solito respondet ; sed Bilihowe sacrista Norwicensis nobis deforciat, et hac quidem ratione. Cum propter distantiam decanatus de Bilihowe ab ecclesia S. Edmundi inter sacristas S. Edmundi et Norwici convenisset, quod datis sacristæ S. Edmundi annuatim decem solidis idem decanatus de Bilihowe sacristæ Norwici de caruagio responderet, et cum per multos annos sacristæ S. Edmundi de decem solidis continuis annis sacrista Norwici satisfecisset, volens sacrista S. Edmundi sacristam Norwici aliquo visitare munusculo, cœpit ei unum taurum uno anno transmittere, atque alio anno forte non. Quibus sic procedentibus, post multa tempora sacrista Norwici cœpit calumpniari, quod nisi taurum reciperet, decem solidos pro caruagio de Bilibowe non solveret. Processive calumpniatum est, quod nisi taurus decem valeret solidos, in nullo sacristæ S. Edmundi responderetur. Quod ut omnibus liqueat, præsentibus duxi inserendum.

APPENDIX.

De privilegiis et libertatibus S. Edmundo ab Hardecanuto et Sancto Edwardo [concessis].

6. Cum rex Canutus regnum Angliæ strenue per plures annos gubernasset, laudabili exempto vitæ curriculo viam universæ carnis ingreditur. Certantibus autem Haraldo et Hardecanuto filiis ejus de prioratu, quinquennale circiter infortunium gemebundi traxerunt insulani. Nam quicquid emolumenti sobrietas Canuti contulerat, filiorum tempestate pessumisse visum est. Hardecanutus tamen S. Edmundo talem dedit libertatem, confirmando cartam patris sui Canuti, ut nullus archiepiscoporum vel episcoporum vel aliarum personarum eis adhærentium præsumat quicquam consuetudinis sive dominationis amodo in eodem monasterio et villa super monachos clericos aut laicos proclamare, usurpare, justitiam aliquam facere, aut missas celebrare, nisi monitus fuerit ab ipsius loci abbate. Siquis vero hoc aggressus fuerit calumpniari, aut infringere decretum præsentium ecclesiasticorum prolatæ excommunicationi subjaceat, et insuper regio fisco triginta auri talenta persolvat. Tandem manu Dei Haraldo et Hardecanuto velut minus fructuosis palmitibus a regno succisis, qui fractus putabatur suæ rursus olivæ ramus inseritur. Egressus enim a Normannia Edwardus regis Etheldredi filius domesticum pariter et stipendiarium secum habens exercitum copiosum, jus paternum exposcere non torpescit, sed cum summo tripudio susceptus ab Anglis hæres legitimus ad honoris insignia promovetur, anno Domini millesimo xliij° regali diademate coronatus. Nec multo post, anno videlicet Domini millesimo xliiij., sanctum martyrem Edmundum pro statu et prosperitate regni supplicaturus adiit, cujus ecclesiam in tantam semper habuit reverentiam, quod quum oraturus ibidem veniebat, a miliario ad ipsam non nisi pedibus procederet. Sane circa primum annum regni ipsius ad monasterium S. Edmundi perveniens hilari gratulationis voto propensiori fratrum excipitur obsequio.[a] Ubi quanta Deo piæ confessionis holocausta, quanta puræ orationis effuderit libamina, quis digne fari sufficiat? Gratiam devotionis operis approbat exhibitio. Quoniam, ne infructuosus ejus esset adventus, loco eidem manerium de Mildenhale cum pertinentiis et octo hundreda et dimidium prima vice contulit. Deinde

---

[a] There is a marginal note here, in an early 15th century hand:— "Anno Domini MXLIV. et coronationis suæ secundo dedit S. Edwardus Confessor Sancto Edmundo Mildenhale."

APPENDIX.

He grants Mildenhall and the eight and a half hundreds to St. Edmund,

confirmavit libertates a Canuto et Hardecanuto S. Edmundo collatas, et quod monachi liberam sui abbatis habeant electionem, et sokam et sakam ubicunque terras habeant, vel in posterum habebunt, et quod ille locus nunquam sit locatus cum aliis personis quam cum monachis, nec aliquis episcopus habeat unquam potestatem in eodem monasterio nec infra fines ejusdem villæ crucibus designatos. Hanc igitur libertatem mutantibus seu in aliquo adnichilantibus, ipse rex poenam apposuit, videlicet quod sint anathematizati, et in Jehenna igne demersi, nisi in vita sua resipuerint. Idem rex

besides other favours, especially in the matter of taxation.

sanctus alia vice concessit S. Edmundo æternam libertatem in villa de Beodricesworthe ita pleniter sicut umquam habuit, videlicet ut quotiens homines censum persolverint exercitui vel navibus, totiens villæ habitatores censum persolvant ad necessitatem abbatis & monachorum, et quod nunquam aliquis transmittet abbatiam ad alterius ordinis viros, nisi velit separari a communione Dei et omnium sanctorum ejus. Item dedit S. Edmundo Pakenham, quod prius habuit Osgothus Claf, de quo scribitur infra inter miracula S. Edmundi. Item

p. 54, 155.

Several manors, a mint, &c., are among his gifts

dedit S. Edmundo Konegeston, Wulpet, Risby, Stantone, Castre, et monetarium sive cuneum infra burgum S. Edmundi. Hic dixit in cartis suis quas sancto contulit Edmundo, se cognatum ejus fore. Cujus ecclesiæ multas alias dignitates et libertates concessit, et terris et redditibus eam valde multiplicavit.

De morte prædantium, et de duobus insarceratis per S. Edmundum et S. Thomam a vinculis liberatis.

A.D. 1173.
At the time of the great coalition against Henry II.

7. Henrici regis tempore dimicatio magna et miranda inter ipsum et filios suos, reges Galliæ et Scotiæ, comitem Flandriæ, et comitem Hugonem Bigoth, et alios comites et barones exorta fuit et exacta patuit. Hic itaque rex Henricus solus quam omnes prædictos et dimicavit et convicit. Hujus dimicationis exordio jam pullulante, Hugo Bigot comiti

Earl Bigot invites a large body of Flemings into Norfolk,

Flandriæ nuncios misit, rogans eum quatinus viros bellatores, prædatores rapaces et maleficos, sibi remittere dignaretur. Comes igitur populi multitudinem citius ei transmisit. Qui Angliam ingressi sub protectione Hugonis Bigoth hac et illa irruunt, rapiunt, prædantur, et occidunt. Inter tantam multitudinem iniquorum comes quidam Leicestriæ[a] præminebat et præerat, qui die quodam importuno cum omni exercitu

---

[a] See Jocelin's Chronicle, ante, p. 209.

suo rapidissima ferocitate per portas S. Edmundi regis incliti transire studuit et ingredi, maligneque temptavit. Cui viri S. Edmundi cum armis occurrentes, percutiunt, vulnerant, capiunt, et occidunt. Sicque vix horæ unius brevitate comitis et mille bellatorum et prædatorum corpora cum eo ante portas S. Edmundi cecidere. Reliqui vero quibus vita brevis favebat, quidam capti, quidam ad feretrum S. Edmundi confugientes, mortem vitasse congratulati sunt. Hæc audientes et intelligentes, Deum et S. Edmundum laudant, admirantes tam paucos tantos et tot superbos destruxisse et adnichilasse. In sanguine igitur interfectorum profundo sub corporum strage quidam vulnerati et semimortui, ut timidi mortem confingentes, usque ad noctis crepusculum latuerunt. Quorum duo vota Deo, S. Edmundo, et S. Thomæ archiepiscopo devote foventes, quatinus a mortis periculo liberarentur, peregrinationis et orationis iter suum arripuerunt, viamque terra aliena et odibili penitus ignorantes, hominibusque propalare contremiscentes, errabundi et vagi abierunt. Tandemque capti vinculis ferreis gravioribus venerunt, fameque et inedia corporis ingravescente, cum carcere obscuro, duro, et immundo, mortem optarunt millesies et ultra. Mors optata sæpe vocata tarda videbatur; congemiscunt et condolent se mortem sodalium vitasse, fugitivosque fuisse. Non cessant igitur nocte ac die clamare et invocare Deum in S. Edmundo et S. Thoma. Quibus incessantibus, orantibus, adest Dei clementia et maturius se solutos sentiunt. Sed vere se solutos dubitant, nimio timore perterriti; vincula ferrea refirmant; tandem nimis doloris tristitia constricti ante auroram sopori traduntur. Quibus statim videntur duo viri præclari accedere, vincula ferrea contringere,[1] et per carcerem dispergere; vigilantibus autem ipsum sit idem. Igitur in se reversi laudant Deum & super miraculo constupescunt; deinde ad S. Edmundum et S. Thomam, quorum interventu sine dubio liberantur, iter arripiunt, Deum in sanctis suis per omnia magnificantes.

De ultione capta super quendam prædatorem, rapientem pavonem de dominio S. Edmundi.

8. Eodem tempore quidam prædator villas confines invasit. Ad villam de Brokedisch veniens, domum cujusdam Stephani[a] viri incliti et hominis S. Edmundi aggreditur, domosque

---

[1] Sic MS. Aut *contingere* aut *constringere* tolerabilem sensum præbet.

[a] The name of Stephen of Brockdish (a village near Harleston, on the Waveney) occurs in the list of St. Edmund's knights; see Jocelin's Chronicle, § 84 (*ante*, p. 320).

vacuas cernens, quippe præ timore omnes ad ecclesiam cum bonis suis confugerant, unum pavonem naturali splendore rutilantem repperit, invadit, rapit, et sub brachio comprehendit et asportat. Transiens autem per portas ecclesiæ, matronam nobilem prospicit uxorem Stephani prænominati, quæ pavonem suum videns exclamavit et ait, "O mi pavo! " heu, de terra sanctissimi regis Edmundi sum, et ego et " omnia mea; dimitte pavonem, dimitte, aio." Cui raptor subridens et cachinnans ait, "Sic et sic; omnia sunt Edmundi, " omnia nunc Edmundi, sed hoc meum, hoc est, inquam, " meum." Imprecatur igitur mulier, et circumstantes secretius maledicunt. Turgidus et pervidens discedit et discurrit, et tandem ad mare veniens cum pavone, cum lacerto gurgitis transnavigare capacitatem accelerans, statim in ingressu fit fluminis preda, fluctuque periclitans ille nocens,[1] exilit non periclitans pavo innocens. Evolat et abvolat, nec usque prædictæ ecclesiæ summitatem desistit, ibidemque tribus diebus ac tribus noctibus recumbit et quiescit. Tandem prædictus Stephanus vir inclitus, cum uxore sua quæ pavonem diripi viderat et doluerat, egressus, pavonem culmine ecclesiæ residentem miratur et congratulatur, paneque ei porrecto manu domini sui et dominæ assueta aspecta et cognita, descendit, appropinquat, et vescitur. Sicque mortem sibi destinatam ejus destinatore mortuo vitavit, evasit, vitamque diutius et innocentius protelavit.

De visione Radulphi monachi.

9. Vidimus virum religiosum nomine Radulphum, S. Edmundi monachum, qui cum a juventute vitæ suæ usque ad canos in religione perseverasset, jussuque dompni abbatis Hugonis altare S. Thomæ martyris ædificasset, hac S. Botulphum, illa S. Jurminum, medioque reliquias S. Thomæ et aliorum quam plurimum auratis et gemmatis feretris præclare collocasset, ægrotare cœpit. Nocte igitur quadam dominicali, morbo ingravescente, visione dulcissima visus est sibi Dominus Jesus Christus, Edmundus quoque cum Thoma, Botulphus etiam cum Jurmino et Nicholao appropinquare. Cui cum melliflua allocutione alloquerentur, tandem aiebant, "Adorna, dilecte, " thalamum cordis tui, et veni ad nos; quid ulterius? venies " ad requiem et gloriam æternam." Facta igitur tam sancta visione, mox confessorem sibi accersiri jussit, cui cum hæc retulisset, et facta confessione Domini cum corpus perce-

---

[1] excidit *submergitur* vel aliquid tale.

pisset, Deo et Beatæ Mariæ sanctoque Edmundo ceterisque præmissis, nec non et omnibus sanctis spiritum commendans, in pace quievit.

De quodam a mortis periculo preservato.

10. Regio præcepto viri homicidæ, fures, et hujusmodi e diversis provinciis inquirebantur, capiebantur, et coram judicibus regiisque ministris apud S. Edmundum ducebantur, et in carcere claudebantur. Et ne dolo malo liberarentur, judicum præcepto in tribus brevibus eorum nomina scribebantur. Inter quos quidam Robertus, cognomine Putridus, sotular de Banham, pro rato semet scribi et vidit et audivit. Hic inter orationes, afflictiones, lacrimas, et devotiones votum vovit Deo et S. Edmundo, quatinus si eum eriperet de hujus periculo, prestantiorem quatuor bovum suorum ei redderet unum. Mane igitur his eductis, nominatimque cum scriptis accersitis, ut aquæ examine purgarentur, hujus Roberti nomen in nullo est repertum. Libens igitur et gaudens ad propria remeavit, votique sui non immemor bovem adduxit, et cum maxima devotione Deo et S. Edmundo obtulit. Sicque deinceps beatius vitam suam protelavit. *Robert of Banham, being in prison, and about to stand the water ordeal, vows the best of his four oxen to St. Edmund if he escapes from peril. His name is not found on the list of malefactors, and he is liberated.*

De naufragantibus Donewici per S. Edmundum a morte liberatis.

11. Quidam portus Donewicensis navigio remigantes more piscario in altum mare tendebant, retiaque laxantes tota nocte jactabantur salo. Subitoque eis tempestas exorta certavit eosdem propellere ad mortis extrema. Quibus diu vexatis, vitaque desperata, animas suas Deo commendabant, sæpe clamantes S. Edmundi nomen, S. Edmundi auxilium, et inter clamores et dolores sibi vota sua voverunt, quatinus si mortis periculum evaderent quam citius possent eum peterent et oblationibus venerarentur, annuatimque diebus omnibus vitæ suæ persolverent. Vix facto peracto, tranquillitas facta est in mari, ita ut mirati sunt; et qui prius æstimaverunt escam se fore piscibus maris, jam cum retibus eosdem extrahentes in escam habuerunt. Vota itaque persolvere festinantes, munera et oblationes coaptavere, et inter cætera anchoram quandam ceream construxere. Tandem ad S. Edmundum venientes anchoram prædictam offerentes suspendere, laudantesque Deum et S. Edmundum ad propria cum gaudio redierunt. *Some Dunwich fishermen, caught in a storm, invoke St. Edmund with vows. They come off safe, and hang up an anchor of wax before the shrine.*

Qualiter S. Edmundus et S. Thomas apparuerunt cuidam dolenti pro morte filii sui.

Simon Earl loses his only son; he is consoled by a vision.

12. Quidam valens et egregius, Symon comes dictus, unicum habuit filium, qui jam in proximo armis militaribus sublimari debuit, sed languore et morte præoccupatus patrem absque hærede superstitem invitus reliquit. Igitur pater ejus dolens precibus assiduis Deo et Sancto Edmundo martyri et S. Thomæ archipræsuli Dorobornensi devote vacabat. Nocte siquidem una, tanquam in visione, viri duo veste præclara sibi astitere, quorum unus sic orsus est: "Quare tanta dolo-"ris anxietate constringeris? doles tamen pro filio tuo. Noli "dolere; filius enim tuus gaudio perfruitur; veni et vide." Quibus ille respondit; "Quinam estis vos tam præclari?" Et illi servi Domini Jesu: "En iste est Edmundus egregius "rex et martyr. Ego vero Christi servus et martyr Thomas "Cantuariensis. Et quia basilica ubi filius tuus sepelitur "mei amore construitur, territorium vero in quo construitur "hujus est S. Edmundi, nos ideneo tuæ consolationi adsumus. "Et ut perfectius jam dictis credas, veni et vide si cognoscas "filium tuum." Et adduxerunt eum tanquam in domum Dei. Et vidit filium suum inter juvenes dealbatos ludentem et gaudentem inter præclaros in domo Dei; videre et videntem alloqui optavit, sed ab eisdem Sanctis prohibitus, allocutione privatus discedit. Hæc episcopis abbatibus virisque sanctæ religionis enucleans Dei magnalia glorificabat.

De tribus viris sub undis maris a submersione mirabiliter præservatis.

Three men, their ship being wrecked, are cast on a sandbank.

13. Ex relatione viri bonæ opinionis monachi & sacerdotis Radulphi de Carleflod, Christi laudes et S. Edmundi multorum memoriæ tradere curavimus. Siquidem aiebat, quamplures Anglicos navigio de partibus aquilonis versus Angliam more mercenario tendere; sed subito tempestas eis diutius incumbens naves præclaras dispersit et eas diripuit, cum has confringens, tum has submergens. Heu dolor! tot animæ cum multimoda divitiarum copia submersæ evanuerunt, vitaque præsenti infra breve caruerunt. Hæc inter tres ibidem viri, inter fluctus marinos hac illacque jactati, usque in cumulum arenosum in medio mari propellebantur. Quorum unus gladio accinctus etsi vix tum duos alloquitur, "Invocemus Deum et Sanctum "Edmundum cum lacrimis, ut nos a morte dignentur eripere." Maris igitur fluctuatio tumescit, circuit, et appropinquavit; et quanto magis, tanto et hii timent et proclamant, ne vita

periclitentur. Circuit igitur mare fluctibus et spargit; hac frigus, inde timor; quia mors vicina patescit. Deo igitur inspirante, solus ille gladiatus exsurgit, et in nomine Dei et S. Edmundi gladium educens cum fide perfecta pro se sociis-que suis orat, et ait eis, "O socii, constantes estote in "oratione et nolite timere. Habemus enim potentem advo-"catum et dominum, sanctum regem et martyrem Edmun-"dum; hic suis perfecte invocantibus nec terra nec mari de-"esse solet. Invocemus igitur, et voveamus nosmet ei in "Christo, ut quamdiu supervixerimus anno quolibet ad eum "cum oblationibus veniemus." His auditis maturius favent et conclamant, "S. Edmunde, adjuva nos," clamore autem vix propalato, ecce tempestatis procella undique concutitur. Hic vera fide magis armatus quam gladio, fluctibus objectus signat arenam circa se et socios, circulum agens cum gladio. Interim fluctus turgescit et crescit in altum, mortemque minatur. Signat humum; vocat atque Deum; fluctus resistunt; *[They invoke St. Edmund and make vows.]*

Concrescunt; tum alta petunt, signumque refutant.
Stat mare in excelsis; hi cernunt atque stupescunt.
Crescit adhuc pontus, sed eos non transiit unda.
Exspectant, fenestra patet, dant lumina cœli.
Stetit et unda fluens ut murus, et undique constat;
Vixque vident celum, tantum mare crevit in altum.

Hii vero in spiritu humilitatis et animo contrito de profundis clamabant in excelsum, et exaudita est eorum oratio. Et quamvis mora longa, semper Deum et sanctum Edmundum invocabant. Hic cum gladio signat humum in nomine sanctæ Trinitatis, nunc circulum agens circa se et socios, nunc minantibus undis etsi altissimis, et quasi usque ad nubes elatis, obstat et minatur. Tandem fluctus more marino diffluere, eosque sicut prius super arenam relinquere. Hæc inter piscatores solito sulcantes procul aspexere, et appropiantes extraxere, et ad litora perduxere, miraque vicinis divulgantes Deum et sanctum Edmundum laudavere; præcipue illi qui mortis pericula tam mirifice evasere. His igitur tota illa provincia divulgatis, ad S. Edmundum iter suum arripientes et illuc advenientes ejus ecclesiam intravere, et vota sua cum oblationibus devotissime persolvere. Quibus visis et anditis monachi, rei veritatem ex ordine perscrutantes, laude multimoda Deum et sanctum Edmundum cum hymnis et organis laudavere. *[Their lives are wonderfully preserved. They visit Bury.]*

De peregrino et uxore sua sub undis maris a submersione mirabiliter liberatis.

14. Aliud consimile jucundum et insigne contigit miraculum, diverso tamen tempore. Vir quidam devotus, natus de North- *[A Norfolk man and his wife]*

folchia, in mari procella sæviente et navi sua naufragante, cæteris percuntibus ad arenam substracto mari exsiccatam cum uxore sua naufragium evasit. Cum autem mare vehementer reflueret, videns sibi mortem iterato proximam, flebiliter Dei misericordiam imploravit, gloriosumque Dei martyrem Edmundum precibus invocavit; et in ejus virtute plenius confidens, circulum circa se et uxorem suam cum suæ peregrinationis baculo fecit, voce magna clamans ad mare, et dicens; "In virtute Dei omnipotentis, et "ex parte gloriosi regis et martyris Edmundi, tibi prohibeo "ne nobis noceas, nec infra circulum istum intrare "audeas." Mira dicturus sum sed vera; mare sævienter superundavit nec circulum intravit, sed quasi murus solidus et altus undique circa circulum stetit, donec more solito reverteretur in abyssum, Christo Jesu cum S. Edmundo providente naufragantium saluti, cujus magnalia longe late vulgata patescunt.

De milite decem denarios offerente, quorum duo in manu sua miraculose remanserunt.

15. Quidam miles Lunellus Lemensis, nomine Willelmus, dapifer comitis Wareniæ, cum duobus clericis et uno cliente, capitulum monachorum S. Edmundi introiit, acceptaque fraternitate humiliter ait; "Placeat sanctitati vestræ parum quod "loquar audire. Ego cum uxore mea, nomine Flandrina, "devote nudis pedibus ecclesiam S. Edmundi martyris in- "travi, adoransque Deum ante crucem memoriæ revocavi "fieri oblationem Deo et sancto suo Edmundo pro me et octo "liberis meis. Igitur a marsupio meo pro singulis denarios "educens, unum quorum pro uxore mea, decimumque pro "me ipso, decem connumeravi, itemque renumeravi, et inven- "tus est idem numerus perfectus, et tum, enumeratis, [duo] in "manu mea remanserunt. Miratus itaque tertio connumeravi "singillatim, et idem fiebat. Accedens igitur ad feretrum "hunc ibidem hominem pro teste huc adductum vocavi, "dicens, Vide si decem nummos hic offero; quo vidente "decem optuli, et tamen duo e numero computato et ibi "oblato in manu mea remanserunt. Siquidem satis mirans "et Deum in sancto Edmundo laudans illos duos item pro "me et uxore [obtuli]."

De filio militis per S. Edmundum a morte liberato.

16. Quidam miles egregius habuit filium diutius ægrotantem, et tandem ægrotando morti appropiantem. Quadam enim die,

patre et matre cum vicinis et amicis astantibus et plangenti- *invocations being made on his behalf, suddenly recovers.*
bus, vitæ suæ extremitas jam finita videbatur. Cujus mater
maternali dilectione ardore æstuans flebiliter ait ad virum
sanctum, "Heu, heu, mi domine, utquid differs filium nos-
"trum jam mortuum, quamvis sero, Deo et sancto Edmundo
"regi et martyri glorioso vovere et votum citius reddere?
"Voveto ergo, et fide perfecta perfice." Qui maturius accum-
bens filium defunctum Deo et S. Edmundo cum lacrimis vovit
et revovit. Dei igitur et sancti invocato nomine, citius defuncti interioribus fragor ingens insonuit, irrupit, et tanquam
bacello fracto aura redundans audientes stupidos reddidit
admirantes. Revixit igitur puer et surrexit, et S. Edmundi
meritis in toto convaluit.

De filio Henrici Cantuariensis a morte suscitato.

17. Filius cujusdam militis Cantuariensis, nomine Henrici, *The same thing happens in the case of the son of one Henry, a knight of Canterbury.*
usque ad mortis exitum ægrotavit et languit. Quo tandem
moriente vel potius mortuo, ejusdem parentum devotio con-
dolens suimet corporis mensuræ candelarum luminaria co-
aptaverunt, et oblationes S. Edmundo devoverunt; quibus
factis puer revixit et convaluit, moxque parentes properave-
runt et vota sua S. Edmundo reddiderunt.

18. Filius Willielmi de Bealver, domini egregii, usque *And also in that of the son of William de Bealver.*
ad mortem ægrotavit, sed a parentibus nomine Domini et
sancti Edmundi invocato, citius convaluit et surrexit, unaque
cum eis S. Edmundum adiit; luminarium oblationibus vota
parentum cum mentis affectu, caterva nimia constipante,
persolvit.

19. Vir quidam senex de partibus Northumbriæ, ab ætate *An old blind man from Northumberland joins a party of pilgrims going to Bury. Coming within sight of the high bell-tower of the abbey church, all kneel down and pray. The blind man recovers his sight, and leads the way into Bury.*
juvenili cæcus, cum vicinis & amicis, servulo suo patrem
ducente, iter peregrinationis et orationis usque ad S. Edmundum arripuit. Transeundo igitur versus locum, præ visa
celsitudine campanilis ecclesiæ S. Edmundi omnes ejusdem
consocii, et ipse cæcus cum aliis, genibus flexis Deo et S. Edmundo supplicant, votaque secretius enucleant et effundunt.
Tandem exsurgunt et incedunt, ut iter arreptum peragant.
At cæcus inter ceteros exsurgens profert, et exclamavit, "O
"Edmunde sanctissime, en temet-ipsum video, en te hic
"video præcedentem! O vos convicini mei, ductorque, laudes
"Deo et S. Edmundo persolvatis, quia Deo gratias ego regia
"via rectoque vestigio sine ductore procedo; vos subsequimini
"et præcedo." Mirantur cum qui cæcus erat solum incedere,

372   APPENDIX.

et etiam præcedere, plusquam, ut æstimatur, sex millibus, cumque subsequuntur ad basilicam S. Edmundi, exultantes et Deum in sancto suo Edmundo glorificantes.

A.D. 1190. A soldier at the siege of Acre falls ill; he invokes the saint, and is cured.

20. Tempore quo Richardus rex Angliæ Achonem obsedit, quidam de terra gloriosæ virginis Etheldredæ ipsa obsidione miserabili inflatione toto corpore torquebatur, in tantum ut nec oculi nec dentes nec ungulæ manuum vel pedum possent discerni. Insuper a lumbis usque ad talos [tam] niger quam pannus nigerrimus fuit, nec verbum proferre nec aliquantulum se movere potuit, et sic duobus diebus permansit. Die vero tertia inspirabat ei Deus gloriosum et martyrem Edmundum pro populis Anglorum interventorem optimum fideliter invocare et corpus suum ad eum mensurare. Quo facto statim surrexit et sanus inventus fuit. Quod miraculum intuentes et audientes S. Edmundi commendabant, et in eo Dominum Deum glorificabant, qui martyribus suis amaritudinem tormentorum recompensat per dulcedinem miraculorum.

A licentious priest from the diocese of Chichester falls sick; demons are ready to seize him; he repents, invokes St. Edmund, and is delivered.

21. Sacerdos quidam in episcopatu Cicestrensi carnali lasciviæ nimis deditus fuit; qui, cum a viris magnis et honestis sæpius corripitur, nec pro reverentia sui ordinis, nec pro amore patriæ cælestis, nec timore pœnæ infernalis emendare voluit. Decidens autem in ægritudinem tandem penituit, et Dei misericordiam precibus devotis imploravit; beatum quoque Edmundum Christi martyrem sibi in auxilium constanter exoravit, et suæ correctionis, si convalesceret, quasi obsidem apud Deum flebiliter instituit. Positus autem in agonia domum plenam demonibus, ejus animam rapere volentibus, inspexit. Intuens siquidem inter eos beatum Edmundum, audivit eum dicentem, "Quid agitis hic, perversi? quid hic "quæritis, maligni?" Et dixerunt, "Animam hujus pres- "byteri, qui luxuriose vivendo nostræ se subdidit servituti." Quibus martyr respondit, "Non est vester, quia jam penituit; "votum michi fecit, et me pro eo fidejussorem et inter- "cessorem ad Deum instituit." Sumens ergo beatus Edmundus filum quo ad eum mensuratus erat, fecit cum ipso filo circulum circa infirmum et ait, "O miseri et maligni, "si potestis, ingredimini circulum et irruite in infirmum. "Sin autem, revertimini in locum vestrum." Qui statim virtute martyris compressi cum confusione recesserunt. Presbyter autem corpore et anima convaluit; miraculum exposuit, et beatum Edmundum magnificando ad ejus ecclesiam cum oblatione properavit.

A boy of seven years meets with an accident; his father

22. Puer quidam septennis, super quem olla cum fabis vehementer ebulliens corruit et incendit, quasi in procinctu mortis novem diebus jacebat exanimis. Cui pater ejus con-

dolens ipsum puerum beato Edmundo ut cum sanaret offe- *vows to give him up to St. Edmund; the boy recovers; the father, after a warning, does as he had promised.*
rebat. Puero vero per martyrem sanato, pater votum non
implevit. Apparuit ergo beatus Edmundus fratri ipsius
pueri, dicens, "Dic patri tuo ut membrum michi solvat quod
" promisit." Cui respondit, "Domine, quod vel quale mem-
" brum quæris?" Qui ait, "Filium suum quæro, quem mihi
" vovit, quem michi solvat ut promisit." Pater autem audita
visione commonitus, ipsum puerum glorioso martyri tradidit
obsequendum.

23. Summus imperator, famam sui militis non solum in *A clerk in the church at Chichester, falling from a great height to the ground, invokes St. Edmund and is but little hurt.*
propriis sed etiam in remotis et diversis partibus excellenter
attollens, in natali ipsius sancti martyris Edmundi in ecclesia
Cicestrensi magnum pro eo fecit miraculum. Clericus enim
nocte illa circa altare beati Edmundi super voltas ibidem con-
structum ministrans ab altitudine quasi xlvij. pedum corruit.
Incipiensque ruere voce querula et anxia invocat auxilium
martyris egregii, cujus servivit honori. Cum autem post
tantam ruinam mors repentina putaretur, ecce, die tertia
meritis sancti Edmundi plene convaluit, et more solito debitum exequebatur ministerium, dicens et prædicans beatum
Edmundum sibi dum caderet fuisse suffragatum.

24. Monachus quidam de Evesham, in membris virilibus *An Evesham monk, on invocation, is cured of a painful disease.*
diutino languore cruciatus, cum nec medicis nec medicinis
curari posset, beatum Edmundum piis precibus invocabat.
Nocte igitur quadam apparuit in visione ipsi monacho dicens,
"Nunquid dormis?" Et respondit, "Non." Et statim visum
est ei quod de lecto eum extraheret, gladium in manu tenens,
et dicens, "Lege quod scriptum est in hoc gladio." Inspi-
ciens autem gladium vidit et legit in eo scriptum, 'Hæc est
victoria qua mundum vicit Edmundus'; visumque est ei
quod beatus Edmundus illo gladio infirma illius membra
abscinderet. Qui evigilans et clamans monachos per totum
dormitorium excitavit, qui accurrentes, et cutem membrorum
incisam et magnam putredinem effusam fratremque miraculose curatum intuentes, virtutem martyris magnifici commendabant.

25. Quidam Flandrensis, ad feretrum beati Edmundi cum *A Fleming, approaching the feretry under pretext of devotion, tries to bite away a gold piece*
devotus accedens,[1] versipellis aureum foretro infixum quasi
deosculans cum dentibus conabatur eripere. Quem beatus
Edmundus non sustinens, stupidum reddidit, et dentem talento
hærentem feretro conjunxit, nec dentem nec pedem amovere

---

[1] *accederet ?*

attached to it. His teeth are glued to the coin, and he cannot stir. He confesses the act and is set free.

potuit. Accurrebant igitur monachi et alii plurimi, virtutem martyris reverentes, et ejus pietatem pro misero Flandrensi humiliter exorantes. Qui tandem martyre compatiente resolutus, facinus suum retulit manifeste, et condignam ultionem pertulisse; nec ausus est postmodum ad feretrum accedere. In hoc miraculo instruuntur glorioso martyri magnam exhibendam esse reverentiam.

The paralytic son of Matilda, a woman from London, is cured.

26. Mulier quædam Londoniensis, Matildis nomine, puerum suum qui per tres ebdomadas nec manum nec pedem movere potuerat, exposuit sub martyris Edmundi feretro, preces et vota lacrimabiliter effundendo. Cumque puer sub feretro paululum obdormisset, statim virtute sancti Edmundi sanatus est. Sit igitur gloria laus et honor Spiritui sancto, qui tam magnifice operatur in suo martyre glorioso.

A girl, afflicted with a great swelling, when the physicians can do nothing for her, invokes St. Edmund, drinks thrice from his cup, and is cured.

27. Puella quædam vinculo morbi miserabilis afflicta beatum Edmundum multis precibus devotis et gemitibus exoravit. Conceperat enim per quendam potum circa pectus mortalem inflaturam, pro qua medicinalem potionem receperat. Cumque medicinalis potio nec tumorem nec dolorem mitigavit, sed intolerabiliter augeret, prudentem medicum consuluit, qui dixit ei, "Nisi te recepta medicina evacuet, tumor et dolor tibi vita comite permanebunt." Puella vero tristis et anxia celestem medicum interpellat, qui ei tandem inspirat ut gloriosum martyrem Edmundum humiliter adiret, ipsumque confidenter exorans salutem acciperet. Quæ dictis confortata venit ad S. Edmundum, et salutem ab eo, sicut ei a Domino promissum fuerat, devotis precibus exoravit; ubi de ejus cipho in nomine sanctæ Trinitatis trina vice devote potavit. Cumque ab hora prima usque ad tertiam in tanta supplicatione persisteret, statim virtute gloriosi martyris Edmundi tota illius inflatura, quæ gemino fetu similis fuit, sine omni purgamine mirabiliter evanuit, totus dolor abcessit, et puella sanata permansit.

A young man from Shimpling, taken in war, tortured, and loaded with chains, invoking St. Edmund and St. Nicholas, is set free.

28. Juvenis quidam de Symplynge, in guerra semel secundo et tertio captus, et de tortoribus in tortores, de malis in pejores venditus, et a singulis miserabiliter afflictus, manibusque fune fortissimo ligatis intolerabiliter cruciatus, gloriosum regem et martyrem Edmundum et reverendum confessorem Christi Nicholaum flebiliter et instanter invocabat. Qui nimio dolore pioque clamore paululum obdormivit, et interim virtus sanctorum a vinculis eum absolvit. Evigilans autem liberum et solutum se inspicit, vinculum quo ligatus fuerat gloriosissimo martyri et regi Edmundo tanquam liberatori gratias agens optulit, ipsius quoque virtutes magnifice collaudavit.

APPENDIX. 375

29. Erat quidam molendinarius in obsequio martyris Edmundi apud Werketone,* quem ministri regales injuste ceperunt, et in castello Norhamptoniæ cum novendecim captivis simul in uno compede constrinxerunt. Ipse vero lacrimis votis et suspiriis S. Edmundum exoravit, ut nativum suum non desereret. Die igitur octavo gloriosum martyrem Edmundum sibi mirabiliter patrocinantem percepit. Vidit enim pedes suos extra compedes solutos, et pedes omnium sociorum sicut fuerant simul compeditos. Liber surrexit, et ad ecclesiam beati Edmundi in villa Norhamptoniæ constructam gratias agens perrexit. Miraculum istud magnifice commendat, per quatuor custodes compeditorum, videntes eum solutum recedere, nec eum impedire, nec aliquid ei dicere potuerunt.

A miller at Warkton, unjustly thrown into prison at Northampton by the king's officers, invoking St. Edmund, is freed from his fetters and escapes.

30. Fuit autem apud Swynesheved quidam præco Roberti de Gresley compedibus et annulis ab ipso crudeliter arctatus, nec prece nec pretio apud eum aliquam invenit gratiam. Cucurrit igitur fide et gemitu ad fontem misericordiæ Jesum Christum, gloriosi martyris Edmundi et beatæ virginis Etheldredæ flebiliter implorans auxilium. Sexta vero die apparuit ei S. Edmundus in visione dicens, "Surge et vade hinc "velociter." Qui respondit, " Domine, non possum, quia com- "pedibus et annulis constrictus sum." At ille, " Immo, potes. "Surge et recede." Evigilans igitur compedes et annulos facillime quasi festucas dissolvit, et ad beatum Edmundum gratias agens festinavit.

Similarly, the bailiff of Robert de Gresley at Swineshead, whom his master had thrown into prison, invoking St. Edmund and St. Awdry, is delivered from his bonds.

31. Quidam rector institutus erat in ecclesia S. Edmundi civitatis Londoniæ, ad collationem prioris sanctæ Trinitatis Londoniensis pertinente. Modicum post institutionem suam, accessit ei voluntas agere ad hoc, ut cum quodam vicario perpetuo extra civitatem beneficiato quasi excambium faceret beneficii. Ex hoc proposito, quo cogitabat ibi esse vicarius, voluit ut sagitta quædam quæ jam erat in ecclesia S. Edmundi, ubi adhuc rector erat, transferretur ad locum præfatæ vicariæ, et in hoc consenserat vicarius ille, qui exspectabat mutationem beneficiorum, sicut et ipse rector ecclesiæ S. Edmundi. Erat autem sagitta illa pretiosa in opinione rectoris, pro eo quod audierat quod corpus S. Edmundi in tempore martyrii sui de ea inter alias fuerat sagittatum. Ventum est igitur ad hoc, ut secundum dispositionem rectoris sagitta acciperetur, et per suos ad locum vicariæ per aquam de Billingaste in

The rector of St. Edmund's church, London, wishing to exchange benefices with a vicar outside the city, arranges to take with him an arrow, said to be one of those which were the instruments of St. Edmund's martyrdom.

---

* Werketone, now Warkton, a village near Kettering in Northamptonshire, is mentioned by Jocelin (*ante*, p. 268) among the manors which, in the apportionment of the estates effected by abbot Robert, fell to the share of the convent.

Londonia deferretur. Intrant batellum, qua ulterius ad locum vicariæ processuri. Stat batellus in aqua nullo modo nulla arte ulterius ductilis; quod videntes, suspicantur quod sagitta sit in causa, vel potius rectoris intentio alienandi eam ab ecclesia S. Edmundi, cujus factum erat memoriale et speciale loci jocale. Dicunt quidam eorum, si hæc sit causa cito perpendemus. Exeat de batello qui sagittam portat; si absente sagitta batellus reddatur ductilis, certum nobis esse post quod immobilitas batelli ad sagittæ causam pertinet. Fit quod condicitur; exit portans sagittam, et ceteri remanent; ductilis redditur batellus ad quamcumque partem volunt qui in ea remanserunt. Excogitat rector quod sagitta illa per terram posset deferri ad locum vicariæ. Veniens igitur super pontem qui eam detulit, nullo visibiliter sibi obsistente, obicem invisibilem super ipsum pontem invenit, quod nullo pacto potuit ulterius versus locum statutum procedere. Cogitur igitur, velit nolit, redire, et sagittam ad locum suum reportare. Hæc magna et mirabilia dignatus est in parvis facere Maximus in S. Edmundi favorem, ut ostendat qualis gratiæ sit apud eum etiam in magnis.

This he finds himself unable to do.

De quodam blasphemo punito.

Letter of Richard de Argentin to his kinsman Richard de l'Isle, prior of St. Edmund's, telling him of the signal retribution which had overtaken a man who, in St. Edmund's church at Damietta, had spoken contumelious words concerning the saint.

32. Dilecto cognato suo domino Ricardo de Insula priori S. Edmundi suus Ricardus de Argentin salutem quam sibi. Sciatis quod dominus noster S. Edmundus post captionem civitatis Damietæ[a] primus in ea fuit feodatus, nam post recessum comitis Cestriæ fundavi ibi ecclesiam bene ornatam, et in ea, ad titulum S. Edmundi constituta, tres capellanos cum clericis suis pro servitio Domini Nostri Jesu Christi et S. Edmundi stabilivi. Et si S. Edmundus advocatus meus mihi vellet quantum vobis suffragari, in brevi melius erit in regno Babiloniæ servitio famulantium honoratus, quam sit in Anglicana regione ab Anglicis obministratus. Vos autem pro certo scire volo miraculum quod post fundamentum ecclesiæ prædictæ et celebrationem divinorum in ea primitivam contigit, notorie et publice manifestum. Quidam serviens Flandrensis, de Flandria ortus, bajulans clavem in manu sua, ecclesiam subintrando imaginem S. Edmundi ex novo ad dispositionem meam sculptam et depictam prospexit, et verba contumeliosa eidem protulit, quoniam quosdam de gente sua, ut

---

[a] *Damietæ.* In the crusade led by Andrew, king of Hungary, the one gleam of success was the taking of Damietta, in November 1219. It was retaken by the Saracens in 1221.

dixit, S. Edmundus aliquando interfecit, et sic versus sanctum litigio maximo et manifesto murmuravit. Qui post opprobria S. Edmundo illata volens de ecclesia semper rixando exire, accidit miraculose quod lignum quoddam supra ostium ab antiquo Saracenorum tempore constitutum dictæ ecclesiæ de alto corruens grave vulnus ruina sua in caput ipsius servientis inflixit. Qui tum pro lesione maxima tum pro sanguinis assidua effusione nullatenus sine aliorum auxilio potuit de ecclesia exitum habere, nec ad hospitium proprium reverti. Scriptum Anno Domini 1220.

A.D. 1220.

De canonico Herefordiæ per S. Edmundum a febre quartana curato.

33. Ad declaranda beati Edmundi præconia contigit dominum Robertum de Haseleia, canonicum Herefordiæ, febre quartana vexari. Qui statim sancto se vovit Edmundo profecturum, sperans per sanctissima ejus merita ab infirmitate se posse sanari. Ob devotam igitur quam erga sanctum habuit voluntatem, citam recipere meruit sanitatem. Sanus autem effectus, versus S. Edmundum proficiscitur, de sua gratias redditurus prosperitate. Sed vix octo leucas in die perficere potuit, propter debilitatem contractam ab infirmitate. Verum mox, per virtutem Dei et S. Edmundi meritum, ita in itinere est melioratus, ut qui prius octo in die leugas ire non posset, viginti postea perageret non gravatus.

A canon of Hereford cured of a quartan ague.

De capellano ejus.

34. Capellanus siquidem prædicti canonici, Rogerus nomine de Avestoun, pari devotione, multo tempore elapso, S. Edmundo se devoverat, sed tandem obstante morbi gravedine sancti limina non poterat adire. Cum vero de morte territus exitum sui spiritus præstolaretur, innumeram demonum multitudinem ——[a]

The case of Roger, the said canon's chaplain.

---

[a] The narrative breaks off imperfect, at the same words as those with which the MS. Titus A. viii. closes (*ante*, p. 208), which is a text of the second half of the thirteenth century.

www.ingramcontent.com/pod-product-compliance
Ingram Content Group UK Ltd.
Pitfield, Milton Keynes, MK11 3LW, UK
UKHW020635180226
10775UKWH00034B/379